에너지가 세상의 판을 바꾼다!

에너지 빅뱅

에너지 빅뱅

초판 1쇄 | 2017년 10월 23일
6쇄 | 2022년 7월 30일

지 은 이 | 이종헌
발 행 인 | 김영희

발 행 처 | (주)와이에치미디어(**프리이코노미북스**)
등록번호 | 2017-000071
주　　소 | (08054) 서울특별시 양천구 신정로 11길 20
전　　화 | 02-3771-0245
팩　　스 | 0502-377-0138
홈페이지 | www.yhmedia.co.kr
E - mail | fkimedia@naver.com
I S B N | 978-89-6374-251-9 03320
정　　가 | 1만 9,500원

이 도서의 국립중앙도서관 출판예정도서목록(CIP)은 서지정보유통지원시스템 홈페이지(http://seoji.nl.go.kr)와
국가자료공동목록시스템(http://www.nl.go.kr/kolisnet)에서 이용하실 수 있습니다. (CIP제어번호 : CIP2017026154)

에너지가 세상의 판을 바꾼다!

에너지

ENERGY BIG BANG

빅뱅

이 종 헌

프리이코노미북스

'에너지 기적'을
준비하자

윌리엄 게이츠는 어릴 적부터 책에 빠져 살았다. 변호사인 아버지 서재에서 세계백과사전 전집을 꺼내 알파벳 순서로 모두 읽어 버렸다. 어린 아들이 책을 손에서 놓지 않자 보다 못한 아버지는 밥 먹을 때만큼은 책을 보지 못하게 했다. 그리고 책벌레인 아들을 윌리엄 대신 '빌'이라 불렀다. 빌은 하버드대학교에 진학하였으나 중퇴하고 친구와 함께 마이크로소프트를 세워 세계 최고의 부자가 되었다. 이름부터가 '지폐Bill'가 들어오는 '문Gates'이니 돈을 쓸어 담을 수밖에. 빌 게이츠의 재산은 850억 달러, 우리 돈으로 96조 원이다. 얼마나 큰돈인지 실감이 오지 않는다고? 예수가 태어난 해부터 매일 1억 3,000만 원씩 꼬박 모아야 되는 돈이다.

그렇게 돈이 많은 빌 게이츠가 다시 태어나면 꼭 공부하고 싶은 분야가 있다고 했다. 바로 에너지, 인공지능AI, 생명공학이다. 2017년 5월 하버드대 졸업식을 앞두고 전한 축하 메시지에서 이 세 분야가 세상을 바꿀 것이라며 후배들에게도 적극 권유했다. '독서 대통령'으로 불리는 빌 게이츠는 반드시 읽어야 할 책으로 『더 그리드The Grid: The Fraying Wires Between Americans and Our Energy Future』를 꼽았다. 미래의 전기에너지 공급 문제를 다룬 책이다. 빌 게이츠는 앞으로 15년간 세상이 '에너지 기적energy miracle'을 경험하게 될 것이라고 예언했다.

세계 최고 갑부의 말을 빌리지 않더라도 에너지가 미래를 바꾼다는 것은 분명하다. 그가 예측한 15년이 그다지 길지 않은 시간이니 두고 보면 될 일이다. 에너지가 과거를 바꾸었듯 현재도 바꾸고 있고 미래도 바꿀 것이다. 에너지를 아는 자가 미래를 알고 변화의 흐름을 먼저 잡을 수 있고 빌 게이츠처럼 '돈이 들어오는 문'도 열어젖힐 수 있다.

변화는 이미 시작되었다. 2014년 하반기부터 진행되어 온 저유가가 그 신호다. 필자는 SK증권 손지우 연구위원과 공동 집필한 2015년의 저서 『오일의 공포』에서 유가의 대폭락과 장기적인 저유가 시대의 도래를 예측했다. 불행인지 다행인지 예측대로 유가는 폭락에 폭락을 거듭했고 중화학비중이 크고 해외의존도가 높은 우리나라 경제에도 '공포'로 작용했다. 저서의 경고 때문이었는지는 모르나 우리 기업들은 비교적 발 빠르게 저유가 시대에 대응하고 있다. 우리는 에너지 패러다임의 변화에 직면해 있다. 지금의 저유가는 수요와 공급의 변동에 따라 움직이는 사이클이 아니라 에너지 패러다임 그 자체의 변화를 반영한 것이다. 석유의 시대가 끝나고 새로운 에너지의 시대가 열리고 있는 것이다. 그것이 이번 유가 하락의 본질이다. 4차 산업혁명의 기술과 연결되어 새로운 에너지를 만들고 그 새로운 에너지가 5차, 6차 산업혁명을 이끌 것이다.

『오일의 공포』가 유가 하락에 대한 '경고'였다면, 이 책은 장기적인 저유가와 세계 에너지 시장의 변화가 우리에게 어떤 '기회'를 줄 것인지를 다루고 있다. 석유시장의 변화를 넘어 석탄, 천연가스, 원자력, 신재생, 전기를 아우르는 에너지원의 흐름을 설명하고 새롭게 열리는 에너지 시장에서 우리나라가 어떤 선택을 해야 할지를 제안하고, 에너지가 어떻게 우리의 미래를 바꿀 것인지에 대해 이야기했다.

1장에서는 에너지가 경제를 어떻게 바꾸는지를 다루었다. 나무와 숯을 넘어 석탄과 석유, 천연가스와 전기까지 새로운 에너지원의 개발이 4차에 이르는 산업혁명을 이루었고 그것이 국가의 경제와 부의 축적에 어떻게 기여했는지를 설명한다. 또한 에너지 패러다임의 변화가 일어나고 있는 지금 경제의 대변동도 시작되었음을 알린다.

2장은 에너지 지정학이다. 에너지를 둘러싸고 벌어지는 세계 각국의 경쟁과 협력을 이야기한다. 에너지의 보고인 중동, 새로운 에너지 강자로 올라선 미국, 에너지를 빨아들이는 중국, 에너지 판로를 찾는 러시아, 에너지에서 기회를 찾는 일본 등 주요 국가들이 처한 에너지 상황과 전략을 살펴본다. 그리고 에너지 시장의 변화가 이들의 대외정책에 어떤 영향을 주고 있는가를 설명하고 우리에게 주는 정책적 함의를 알아본다.

3장에서는 에너지의 경제적·지정학적 변동이 한반도와 대한민국의 미래에 어떠한 영향을 줄 것인지를 이야기한다. 분단으로 인해 섬처럼 고립된 우리나라가 에너지를 통해 다른 나라들과 연결될 방안들을 알아본다. 북한을 통과하는 가스 파이프라인과 동북아시아를 전기로 연결하는 슈퍼그리드의 타당성과 이를 현실화시킬 수 있는 방안들을 제시한다. 논란이 되는 북한의 원유 수급과 핵 개발 등 당면한 문제들을 풀기 위한 해법들도 제시한다. 또한 새로운 에너지 환경에서 우리나라가 펼쳐야 할 정책을 제안한다. 미세먼지, 기후변화, 석탄발전, 원자력 등 우리나라 에너지 정책의 새로운 방향도 제시한다.

에너지라는 렌즈를 통해 경제를 보고, 국제관계를 보고, 한반도의 미래를 보면 이해가 되지 않던 상황들도 이해가 될 수 있고, 도저히 풀릴 것 같지 않은 문제들도 해결의 실마리가 마련될 수 있다. 미국이 왜 갑자기 다른 얼굴을 내밀고 있는지, 중국과 러시아는 왜 한반도 문제에서 한 몸처럼 움직이고 있는지, 일본은 왜 미국의 신뢰를 빠르게 얻어가고 있는지 에너지의 시각으로 보면 금방 이해된다. 30년 동안 한반도를 짓누르는 북한의 핵문제도 에너지로 접근하면 풀 수 있다는 희망이 생기고, 불편한 이웃인 중국, 일본, 러시아와도 에너지를 통해 미래지향적인 관계로 거듭날 수 있다.

빌 게이츠가 말한 '에너지 기적'은 바로 이 땅 한반도에서 일어날 것이다. 에너지가 한반도에서 기적을 일으킬 것이다. 에너지로 연결되어 새로운 번영을 이룰 것이다. 친환경에너지로 만든 전기가 한반도와 동북아시아를 연결하고 그 전기를 받은 자율주행차가 고속도로를 타고 중앙아시아를 넘어 유럽까지 내달릴 것이다. 석탄발전소의 연기는 멈출 것이며 말도 많고 탈도 많은 원전도 서서히 막을 내릴 것이다. 전기가 들어온 북한은 산업화가 진행될 것이며 한반도의 지정학적 리스크는 완전히 소멸될 것이다.

불과 몇 년 전까지 이 모든 것은 우리에게 이루지 못할 꿈이었다. 공급자 우위의 에너지 시장에서 우리가 할 수 있는 것이 아무것도 없었기 때문이다. 우리는 필요한 물량 확보에 급급했고 계약에서 온갖 불이익을 감내해야만 했던 '을'의 신세였다. 그러나 패러다임이 변했다. 에너지 시장도 바뀌었고 에너지의 흐름도 바뀌었다. 갑을관계도 변했다. 우리가 지금까지 한 번도 가져보지 못한 에너지 환경이다. 우리에게 천우신조의 기회가 찾아온 것이다. 이제는 우리가 기적을 만들 차례이다. 이 책이 한반도의 '에너지 기적'을 이루는 데 적으나마 도움이 되길 바란다.

이 종 헌

목 차

Chapter1.
에너지, 경제를 바꾼다!

01. 역사를 바꾼 자는 누구인가 _016

02. 에너지를 가진 자, 세상을 지배하다 _027

Chapter2.

에너지, 세계를 바꾼다!

05. 일본, 에너지 위기를 기회로 만들다 _282

Chapter3.
에너지, 한반도의 미래를 바꾼다!

01. 세상은 더 빠르고 촘촘하게 연결되고 있다 _298

02. 에너지, 북한문제 해결의 돌파구 _318

03. 진정한 대박은 '연결'이다 _342

04. 에너지 시장의 변화는 우리에게 큰 기회 _362

05. 에너지 대전환의 기회에 올라타자 _388

Chapter1.

에너지,
경제를 바꾼다!

바야흐로 새로운 에너지 환경이 도래했다. 탈석유 시대가 눈앞에 펼쳐지고 있다. 100년을 이어온 석탄의 시대가 가고 석유가 그 후 100년의 에너지를 책임졌듯이 이제는 석유가 그 자리에서 물러나고 있는 것이다. 마지막 화석연료인 천연가스가 석탄과 석유가 남겨놓은 역할을 할 것이며 그 또한 신재생에너지에 밀려날 것이다. 말도 많고 탈도 많은 원자력도 함께 사라질 것이다. 신재생과 핵융합의 완성으로 에너지 문제는 마침내 종지부를 찍을 것이며 세상은 또 다른 전환점을 맞을 것이다.

01
역사를 바꾼 자는
누구인가

에너지의 가치

어떤 사물의 진정한 가치를 알아내는 가장 좋은 방법은 그것이 갑자기 없어진다고 가정해보는 것이다. 그것이 없어짐으로써 받는 고통이나 불편함이 클수록 그 가치는 높다고 할 수 있다. 한 번쯤 이렇게 생각해보면 우리가 가지고 있는 것들에 대한 소중함을 더욱 절실하게 느낄 수 있을 것이다. 만약 어느날 갑자기 사라져 버린다면 무엇이 우리를 가장 힘들게 할까. 만약 에너지가 없어진다면 어떤 일들이 생길까.

우리가 사용하는 에너지는 값비싼 대가로 얻은 것이다. 막대한 경제적 비용뿐만 아니라 수많은 생명까지 희생한 결과이다. 인류 역사상 최고 수준의 과학기술을 자랑하는 지금도 전 세계에서 해마다 만 명이 넘는 광부들이 탄광에서 희생되고 있다. 석유와 천연가스를 캐는 현장에서, 전기를 만들고 보내는 과정에서도 적지 않은 인명피해가 발생한다. 우리가 사용하는 에너지는 탄소와 미세먼지 등 수많은 오염물질을 남기고 있고, 이 또한 인간에게 치명적인 영향을 미친다.

미국 경제잡지 《포브스》가 세계보건기구WHO와 미국의 국립과학아카데미, 질병통제센터 등의 자료 분석을 통해 1조 와트시Wh라는 전력량을 생산하는 데 에너지원별로 몇 명이 사망하는지에 대한 통계를 제시했는데, 석탄이 10만 명, 석유가 3만 6,000명, 천연가스가 4,000명, 태양광은 440명, 풍력 150명, 원자력은 90명이다. 그야말로 '죽음의 에너지killer energy'이다. 에너지는 탄소발자국만 남기는 것이 아니라 이렇게 '죽음의 발자국death print'도 남기는 것이다.

인간의 에너지 사용은 지구도 망쳐놓고 있다. 지구는 계속 뜨거워지고 있고, 자연재해와 기상이변도 늘어나고 있다. 일기예보에서 나오는 '기상 관측 사상 처음'이나 '폭염', '폭우', '폭설'이란 거친 말들도 이젠 낯설지 않다. 우리가 절대적으로 의존하고 있는 화석에너지는 탄화수소hydrocarbon이다. 일상생활에서 쓰는 대부분의 제품들도 탄화수소에서 만들어진 것이다. 원유의 경우 탄소 85%, 수소 12%로 이루어져 있고 황, 질소, 산소도 소량 포함하고 있다. 땅속에 묻혀 있던 이 탄화수소가 에너지로 사용되면서 많은 양의 탄소가 대기 중으로 날아가 지구온난화를 유발하는 것이다.

이렇게 치명적인 에너지이지만 인류의 문명은 에너지를 통해 만들어져 왔다. 4차 산업혁명으로 이어지는 현대문명의 발전은 에너지 없이 불가능한 일이다. 에너지가 없다면 인류의 오늘도 없고 미래도 없다. 인류문명의 진보는 결국 에너지의 발전이었다. 그것이 에너지의 가치이다.

호모 이그니스! 인류의 역사는 불의 역사다

수십만 년 전 인류는 돌을 쪼개 무기로 만들어 사냥하며 살았다. 산불을 통해 처음으로 불을 경험하고 불씨들을 모아 이용하기 시작했다. 사냥한 고기를 익혀 먹고, 불을 피워 따뜻함을 얻었으며 사나운 짐승들로부터 스스로를 보호할 수 있게 되었다. 불을 통해 도구를 만들고 금속을 얻었다. 모닥불을 피워 놓고 마주보고 함께 이야기를 나누면서 공동체가 형성되었다. 물질이 산소와 만나 빛과 열을 내면서 타는 불은 인류 최초의 에너지였다.

인류가 우연히 산불을 통해 불을 얻게 되었는지, 고대 그리스 신화에 나오는 것처럼 제우스가 감춰둔 불을 프로메테우스가 훔쳐 인간에게 주었는지는 알 수 없으나 분명한 것은 불이라는 에너지를 통해 인류가 비약적인 발전을 이루었으며 문명을 만들었다는 것이다. 21세기 현재도 우리가 쓰는 에너지의 근원은 불이다. 다만 자연 산불을 기다리지 않고도 불을 얻을 수 있고 그 불을 이용해 전기를 만들어 쓴다는 것이 달라졌을 뿐이다. 불은 인류문명의 근간이다.

인간들뿐만 아니라 신들에게도 불은 정말 소중했는가 보다. 신들만이 향유하는 불을 훔쳐 인간에게 준 죄로 프로메테우스는 세상에서 제일 높은 산 정상의 바위에 묶여 날마다 간을 독수리에게 쪼아 먹히고 밤새 자라나면 또 쪼아 먹히는 끔찍한 형벌을 받게 된다. 프로메테우스라는 이름의 뜻은 '미리 안다'는 것이다. 이름 그대로 자신의 비참한 종말을 미리 알고 있었음에도 그는 왜 불을 훔쳐 인간에게 건넨 것일까. 아직 불을 발견하지 못해 동물들처럼 지내고 있는 인간을 불쌍히 여겨서 그랬다고 한다. 불을 통해 인간도 신처럼 살 수 있도록 돕고자 하는 착한 마음에서 말이다. 그것이 신과 인간의 경계를 허문 중죄임을 잘 알지만 인간을 돕고자 하는 자신의 신념을 위해 극형을 피하지 않았다는 것이다.

그런 착한 프로메테우스에게 제우스는 왜 그토록 야만적인 형벌을 내린 걸까. 불이 인류 최고의 선물인 동시에 인류를 위협하는 무서운 존재임을 경고하기 위해서 그런 것일까. 불은 없어서는 안 되지만 잠시라도 방심하면 모든 것을 앗아가 버리는 두려움의 존재인데 그것을 다룰 능력이 없는 인간에게 불을 전해줘서 화가 난 것일까. 불은 누가 어떻게 사용하느냐에 따라 득이 될 수도 독이 될 수도 있다. 불이 만들어낸 화약과 폭탄은 물론이고 불을 지피기 위해 과도하게 사용하고 있는 화석연료가 인류를 위협할 수도 있다. 결국 불이 잉태한 전쟁과 환경파괴로 인류문명이 끝나는 걸까. 오늘도 절벽에 묶인 채 독수리에 간을 쪼아 먹히고 있을지도 모를 프로메테우스는 이름 그대로 인류의 미래도 미리 알고 있을까.

금속의 탄생 : 나무가 숯으로, 숯이 금속으로

나무를 태운 불을 통해 빙하기를 견뎌낸 인류는 1만 년 전 신석기 시대를 열었다. 소와 말의 근육을 이용해 농사를 짓고 이동을 하기 시작했으며, 6000년 전에는 나무를 태운 숯을 이용하기 시작했다. 나무로 불을 지필 때보다 더 높은 온도를 낼 수 있다는 사실을 알게 되었고 이것이 또 세상을 바꾸었다. 숯으로 불을 지펴 온도를 높인 뒤 구리원석을 넣고 태웠더니 노란색 액체가 나왔다. 그것이 굳어 구리가 되었다. 금속이 섞인 덩어리를 숯과 함께 고열로 가열하면 뭔가 새롭고 단단한 물질이 나온다는 사실을 안 것이다. 금속의 탄생이다.

불에 구리 덩어리와 주석 덩어리를 함께 넣고 태워 청동을 발명했다. 숯 덕택에 높은 온도로 가열하는 것이 가능했기 때문이다. 청동으로 처음 만든 것은 당연히 무기였다. 더 단단한 청동무기가 탄생했고 전쟁이 터지면 더 많은 사람들이 죽어 나갔다. 구리와 주석이 함께 묻혀 있는 곳은 많지 않았다. 사람들은 이 둘을 얻기 위해 교역을 시작했다. 무역의 탄생이다. 그러나 청동은 여전히 구하기 힘든 금속이었고 청동무기는 귀족만의 전유물이었다.

이번에는 철광석을 숯에 넣고 태웠더니 청동보다 더 단단한 금속인 철이 탄생했다. 구리와 주석을 동시에 구하지 않아도 되고 철광석은 구하기도 쉬워 더 많은 철기제품을 더 쉽게 만들었다. 드디어 평민들도 철제 무기를 가질 수 있었다. 무기의 '민주화'가 실현된 셈이다. 더 많은 전쟁과 더 많은 살상도 뒤따랐다. 땅을 팔 수 있을 정도로 단단한 철기로 농기구를 만들었고 농업이 비약적으로 발전했다. 나무로 불을 지펴 음식을 익히고 몸을 데우다가, 나무에서 나온 숯을 태워 금속을 탄생시켰다. 이때까지 불을 만들기 위한 에너지의 원천은 나무가 전부였다. 인류는 400만 년 동안이나 나무에 전적으로 의존했다.

세상을 바꾼 석탄과 증기기관

사람들은 불이라는 에너지를 얻기 위해 점점 더 많은 나무를 베기 시작했다. 전쟁을 하고 농사를 짓기 위해선 더 많은 금속이 필요했고 숯을 만들기 위해 더 많은 나무가 베어졌다. 주변의 산들은 점점 벌거숭이가 되어갔다. 변화의 시작은 14세기에 이르러서야 이루어졌다. 석탄이 연료로 사용되기 시작한 것이다. 석탄으로 불을 지피니 더 높은 온도로 가열을 할 수 있어서 더 질 좋은 철을 생산할 수 있게 되었다. 석탄은 빠르게 나무를 대체해 나갔다.

석탄의 효용성이 알려지자 사람들은 너도나도 석탄을 찾기 시작했다. 노천 탄광으로는 수요를 맞추기 어렵게 되자 땅을 파기 시작했다. 더 많은 석탄이 필요하자 더 깊숙한 곳에서 캐내야 했다. 문제는 지하로 파내려 갈수록 땅의 습기 때문에 많은 물이 고인다는 것이었다. 깊은 탄광 속으로 내려가 캐낸 석탄을 끌어 올려야 하고 고인 물도 퍼내야 하니 이만 저만 고역이 아니었다. 말에 도르래를 매달아 끌어 올리긴 했지만 동물의 힘은 한계가 있었다.

새로운 에너지원인 석탄을 캐내기 위한 인간의 집념은 새로운 장치를 발명하게 했다. 17세기 말부터 그 시도는 계속되었고 토마스 세이버리 등 몇몇 탁월한 발명가들의 시행착오를 거쳐 1712년 영국의 엔지니어인 토마스 뉴커먼이 피스톤과 실린더를 갖춘 새로운 펌프를 고안했다. 석탄으로 높은 온도의 불을 지펴 물을 끓여서 많은 수증기를 만들고 이 수증기가 좁은 통로를 따라 실린더로 올라가서 실린더 뚜껑을 밀어내는 힘으로 피스톤을 움직여 갱도의 물과 석탄을 끌어 올리는 것이었다. 주전자에 물을 끓이면 수증기가 발생해 뚜껑을 밀어 올리는 힘이 생기는 간단한 현상을 활용한 것이지만 불을 지펴 열에너지를 만들고 이를 운동에너지로 바꾸는 최초의 증기기관이었다.

열에너지를 운동에너지로 바꾸는 증기기관의 발명은 가히 혁명이었다. 나무를 태운 열에너지로 음식을 익히고 몸을 데우는 것만으로도 획기적인데, 이것을 어떤 물체를 움직이게 하는 운동에너지로 바꾼다는 것은 상상할 수 없는 일이었다. 그 당시 열에너지를 운동에너지로 전환할 수 있는 것은 사람과 동물뿐이었다. 무언가를 먹고, 즉 열량을 섭취한 후 그것을 운동에너지로 바꾸는 몸은 인체의 신비였다. 그런데 증기기관의 발명으로 열을 일로 바꾸는 그 신비로운 역할을 기계가 대신하게 된 것이다. 뉴커먼이 이것을 가능하게 했다. 그것도 25명의 사람과 10마리의 말이 일주일 동안 꼬박 걸리던 일을 기계로 하루 만에 해치웠다.

뉴커먼의 증기기관은 50년 동안 널리 쓰였지만 큰 문제가 있었다. 증기기관은 실린더를 통해 수증기를 팽창시켜 피스톤을 움직이는데, 피스

톤이 원래 위치로 내려와 왕복운동을 하기 위해선 실린더 안의 증기를 다시 압축시켜야 했다. 공기를 압축시키기 위해서는 많은 물을 뿌려 실린더를 냉각시켜야 하는데, 문제는 증기와 함께 실린더 자체가 식어버린다는 것이었다. 다시 피스톤을 움직이기 위해서는 실린더를 가열해야 하는데 식어버린 실린더를 데우는 데 연료와 시간이 너무 많이 들었다.

역사를 바꾼 자는 누구인가

스코틀랜드 출신의 기술자 제임스 와트가 뉴커먼의 증기기관을 수리하다가 기발한 아이디어를 냈다. 물을 뿌려 수증기를 냉각시키는 별도의 응축기를 실린더 바깥에 달아놓는 간단한 방법이었다. 실린더가 식어버리는 문제점이 해결되니 이를 가열하기 위해 소비되는 석탄의 양이 4분의 1로 줄어들었다. 자신감을 얻은 와트는 증기기관을 더욱 개선시켰다. 피스톤을 통해 위아래로만 움직이며 지하수를 꺼내는 기능에 그친 증기기관에 자전거의 크랭크처럼 바퀴를 회전할 수 있는 장치를 고안하여 위아래 왕복운동을 회전운동으로 바꾸는 데 성공하였다. 새로운 증기기관은 방직공장, 제철소 등으로 빠르게 전파되었고 증기기관차와 증기선 등 운송수단으로 확장되었다.

이후 와트는 증기기관의 대명사가 되었고, 증기기관은 인류의 역사를 바꾼 산업혁명을 일으켰다. 증기기관을 탄생시킨 영국은 산업혁명의 본거지가 되었고 오랫동안 세계 최강국으로 군림했다. 영국은 이를 기리기 위해 1889년 새로운 전력단위 명칭을 그의 이름을 따 '와트W'로 명명했고 그의 이름은 일상생활을 통해서 아직까지 살아 있다.

증기기관 원리의 핵심은 불을 지펴 액체인 물을 끓이면 기체 상태인 수증기로 변하고 열을 흡수한 기체는 분자 간의 거리가 멀어져 부피가 증가하여 피스톤을 움직이는 힘, 즉 운동에너지를 발생시킨다는 것이다. 이 엄청난 증기기관을 처음 발명한 사람은 제임스 와트가 아니었다. 최초 발명가인 뉴커먼은 이름조차 낯설다. 와트는 응축기를 분리하여 연료 소비를 줄이고 왕복운동을 회전운동으로 바꾸는 발상의 전환을 통해 세상을 바꾼 산업혁명을 일으킨 장본인이 되었다. 반드시 최초를 장식한 사람만이 세상을 바꾸는 것은 아니다.

세계사를 바꾼 석탄

산업혁명으로 세상의 풍경이 완전히 바뀌었다. 논밭에 대형 공장이 들어서고 사람들은 일자리를 찾아 도시로 몰려들었다. 공장에 설치된 거대한 기계가 상품을 대량생산하고 증기기관차와 증기선으로 대량수송이 가능해졌다. 영국의 스티븐슨이 발명한 기관차가 1830년 리버풀과 맨체스터를 시속 46km로 달리는 데 성공하였고 그것은 당시 사람들에게 '빛처럼 빠른 괴물'로 충격 그 자체였다. 태어난 곳에서 평생을 보내야 했던 인류는 증기기관의 발명으로 이동의 공간적·시간적 제약에서 벗어나게 되어 문명의 새로운 전기를 맞았다. 세상은 가까워지고 경제는 비약적으로 성장하기 시작했다. 영국의 증기기관은 이웃 국가들로 빠르게 전파되었고 대영제국의 초석을 놓았다. 영국의 확장은 유럽과 전 세계의 국제정치와 세력균형의 판도까지 바꾸어 놓았다. 인간의 노동이 사회문제로 대두되었고 사회주의의 탄생으로 이어졌다. 역사는 산업혁명 이전과 이후로 나누어지게 되었다. 그 역사를 바꾼 산업혁명의 동력은 석탄이었다.

석탄이 처음 발견된 것은 이보다 훨씬 이전이다. 4세기 중국에서 이미 석탄을 사용했다는 기록이 있다. 석탄이 불을 만들어낼 수 있다는 것을 중국 사람들이 먼저 발견한 것이다. 7세기 당나라는 세상의 중심이었고 전 세계 GDP의 55%를 차지했을 정도로 초강대국이었다. 그런데 왜 1100년이나 지난 18세기에 이르러서야 영국이 세상을 바꾼 산업혁명의 주역이 된 것일까. 케네스 포메란츠 미국 시카고대학 역사학 교수는 그의 책 『대분기 The Great Divergence』에서 19세기 초까지 별 볼일 없던 영국이 당대 최고의 선진국이었던 중국을 제칠 수 있었던 것은 '석탄' 덕택이었고, 이 새로운 에너지를 바탕으로 식민지를 개척해 대영제국이 탄생했다고 설명했다. 산업혁명이 더 일찍 중국에서 일어났을 수도 있다는 이야기다.

그러면 왜 중국이 아닌 영국의 탄광에서 증기기관이 탄생한 것일까. 그것은 영국 탄광의 약점 때문이었다. 중국의 탄광은 건조해서 캐내기가 비교적 쉬웠던 반면, 영국의 탄광은 땅에 습기가 많아 물이 금방 차버려 석탄을 캐기가 어려웠다. 그래서 물을 퍼낼 힘 좋은 펌프가 필요했고 그 펌프를 기계적으로 움직이기 위해 증기기관이 발명된 것이다. 중국은 광활한 영토에 석탄이 많이 매장되어 있었지만 쉽게 생산된 지역은 주로 서북부라서 경제의 중심지인 동부까지 나르기 어려웠다. 게다가 중국에는 목재가 풍부해서 굳이 멀리서 어렵게 석탄을 실어올 필요가 크지 않았다.

반면, 영국에서는 지나친 벌목으로 나무가 부족해지고 인구가 급증해 16세기 중엽부터는 심각한 에너지난에 직면해 있었다. 자연스럽게 나무를 대체할 새로운 에너지원에 대한 욕구가 강했고 이것이 적극적인 석탄 개발로 이어졌다. 대체에너지에 대한 필요와 약점을 극복하기 위한 노력이 영국과 중국의 역사를 바꾼 것이다. 불과 몇 십 년 후 석탄 동력의 막강한 증기기관을 장착한 영국의 함대는 아편을 빌미로 중국을 무력으로 굴복시키고 홍콩을 빼앗았다. 포메란츠 교수의 말을 빌리지 않더라도 석탄이 아니었다면 영국과 중국의 역사가 뒤바뀌는 '역사의 역전'은 없었을 것이고 산업혁명 이후 지속되고 있는 유럽의 우위도 없었을 것이다.

석탄은 악마의 에너지인가

환경오염의 주범으로 지탄받고 있는 석탄은 현재의 시각으로 보면 악마의 에너지로 불릴 수도 있다. 그러나 석탄이 없었다면 지구상의 모든 나무는 사라졌을지도 모른다. 영국에서는 16세기에 이미 산림이 황폐해졌고 토양의 침식과 홍수 등 자연재해에 시달렸다. 인구가 급속도로 늘어난 18세기 생태계의 파괴는 심각한 국면에 이르렀다. 공장 하나 가동하는 데 숲 하나가 날아갔다. 산림 파괴의 또 다른 주범은 영국 해군이었다. 군함 건조에 엄청난 양의 목재가 투입되었기 때문이다. 숲이 늘어나고 생태계도 복원되기 시작한 것은 석탄 사용이 본격화된 다음부터였다. 석탄이 없었다면 지구의 생태계는 진즉 거덜났을지도 모른다. 또한 석탄이 없었다면 증기기관과 산업혁명도 없었을 것이고, 어쩌면 지금 누리고 있는 현대문명의 혜택도 없었을지 모른다.

사실 석탄은 지저분한 연료이다. 캐기도, 나르기도, 저장하기도 어렵고 만지면 손이며 얼굴이며 다 엉망이 된다. 나무를 태우면 은은한 냄새가 코끝을 자극하지만 석탄 타는 냄새는 매우 고약하다. 그래서 영국 왕 에드워드 1세는 석탄이 타면서 내는 매캐한 연기를 끔찍이 싫어해서 의회 개회기간 중에는 석탄의 사용을 금했고, 이를 위반한 자는 극형으로 다스렸다는 기록도 남아 있다. 그럼에도 석탄은 영국에서 최대의 에너지원이 됐고 19세기 중반 이후로는 유럽의 나머지 지역도 휩쓸었다.

알고 보면 석탄도 나무에서 나온 것이다. 수억 년 전, 고생대 석탄기 중 해안가에 형성되어 있던 원시림이 지각 변동으로 땅에 묻히고 높은 열과 압력이 가해져 단단하게 쌓이면서 두터운 층을 이루었다. 이것들이 오랫동안 쌓이면서 식물을 구성하고 있던 수소, 산소, 질소 등은 서서히 빠져 나가고 탄소 성분만 남게 되었는데 이것이 석탄층이다. 이 시기 탄층이 형성된 미국, 호주, 중국 등이 세계적인 석탄 산지가 된 것은 이 때문이다. 미국은 세계 석탄 매장량의 22%, 중국은 12%, 호주는 8%를 차지한다. 석탄의 종류는 탄화된 상태에서 탄소가 얼마나 많이 남아 있느냐에 따라 탄소성분이 95%인 무연탄과 80~90%인 역청탄, 70%인 갈탄 등 유연탄으로 나뉘는데, 우리나라에서 생산되는 것은 무연탄이고 북한에서는 유연탄도 생산되고 있다. 무연탄은 불이 늦게 붙으며 연기가 나지 않고, 연기를 내는 유연탄은 불에 잘 붙고 화력이 무연탄보다 강하다. 그래서 세계적으로 유연탄이 더 널리 쓰이고 있다.

예나 지금이나 석탄은 '불'을 만드는 용도로 주로 사용된다. 연탄, 분탄 등으로 만들어져 열을 내는 난방용이나 취사용으로 많이 쓰였다. 증기기관이 만들어진 후에는 열에너지를 운동에너지로 바꾸는 데 사용되어 증기기계, 증기기관차, 증기선 등에 쓰다가 전기가 탄생한 다음에는 전기를 만드는 데 주로 사용되고 있다. 현재 전 세계 전기 생산의 40% 정도를 석탄이 담당하고 있다. 전기도 석탄이 만든 불로 물을 끓여 생긴 수증기의 힘으로 만든다. 석탄은 또 시멘트의 주요 원료로도 널리 쓰이고 철강 제조에도 많이 사용되는 등 아직까지도 세계 최대의 에너지원으로 석유와 어깨를 나란히 하고 있다.

02
에너지를 가진 자, 세상을 지배하다

석유, 세상을 지배하다

석유라는 물질이 처음 사용된 것은 무려 4000년 전부터였다. 고대 메소포타미아와 중동지역에서 바위틈에 묻어 있는 석유를 채취해 치료제, 선박 방수, 도로 건설 등에 쓰였다는 기록이 있다. 그러나 에너지로서의 석유의 태동은 19세기 중반에서야 이루어졌다. 1859년 미국 펜실베이니아에서 에드윈 드레이크 대령이 처음으로 땅을 파서 원유를 캐낸 것이다. 이 당시 주 용도는 조명용으로 쓴 등유였다. 그래서 원유에서 등유 성분만 뽑아낸 뒤 나머지는 버렸다. 싸고 풍부한 등유 덕택에 기름을 얻기 위해 남획되던 고래들의 생명도 연장될 수 있었다. 1년 후인 1860년 펜실베이니아에서 생산된 등유를 가득 실은 엘리자베스 와트호가 런던으로 출발했다. 세계 최초의 유조선이다. 이 등유는 159리터의 맥주통에 실렸는데 이것이 지금 석유의 단위인 1배럴이 된 것이다. 1940년 즈음부터는 중동에서도 대규모 유전들이 발견되면서 석유가 세상을 지배하는 에너지로 등극했다.

석유의 등장은 불가피했다. 석탄은 고체이기 때문에 기체인 산소와 혼합이 잘 안 된다. 따라서 불완전 연소가 일어나 에너지 효율이 낮고 탄소와 황, 질소 등 오염물질을 대기 중에 발생시킨다. 그리고 일정 열량을 낼 때까지 오랜 시간 예열이 필요했다. 부피가 커서 보관과 수송도 불편했다. 반면 액체 상태인 석유는 예열을 오래하지 않아도 바로 열을 방출할 수가 있고 열효율 또한 석탄보다 훨씬 높았다. 액체 상태라 보관과 수송도 편리하다. 석유는 석탄 무게의 4분의 1로도 같은 거리를 이동할 동력을 발생시켰다. 석탄으로 몇 시간씩 걸리던 일이 석유를 쓰니 몇 십분 만에 해결될 정도였다. 때마침 19세기 말 미국의 '석유왕' 존 록펠러가 조장한 저유가 석유전쟁이 펼쳐지면서 석탄에 대한 가격경쟁력도 개선되어 석유는 빠르게 석탄을 대체하기 시작했다.

세계 곳곳에 보편적으로 분포되어 있는 석탄과 달리 석유는 북미와 중동, 러시아, 카스피해 등 일부 지역에만 대량으로 매장되어 있다. 그래서 석유를 차지하기는 쉽지 않았고 석유 때문에 다툼도 잦아졌다. 바야흐로 석유를 가진 자가 강한 자가 되고 세상을 지배하는 시대가 열린 것이다.

석유의 사용이 널리 퍼지게 된 계기는 제1차 세계대전이었는데, 해군의 선박용으로 경유가 사용되었기 때문이다. 세계를 평정하던 영국 해군의 함대는 석탄을 연료로 썼는데 항해에 많은 양이 필요해 배에 싣는 데 시간이 많이 걸렸다. 게다가 무거워 충분히 많은 양을 실을 수도 없었다. 그래서 세계 곳곳에 석탄 보급기지를 만들어야 했다. 반면 후발국가인 독일은 석탄 보급기지가 없었기 때문에 원유에서 추출한 경유를 연료로 쓰는 함대를 도입했다. 액체인 경유는 석탄보다 훨씬 빠르게 배에 실을 수 있었고 한 번 주유하면 더 오래 항해할 수 있었다. 영국도 대영제국을 만든 석탄 대신 경유를 쓰는 함대로 바꾸었다. 석유가 해상 연료로 석탄을 완전히 대체하게 된 것이다. 육상에서도 경유 열차가 석탄 열차를 밀어내고 물자를 수송하기 시작했다. 결국 전쟁의 승패는 석유의 확보 여부에 갈렸고, 풍부한 유전지대를 갖고 있던 미국이 이끄는 연합군의 승리로 귀결되었다. 이후 미국의 연료가 된 석유는 곧 세계의 연료가 되었다. 석탄을 가진 자가 세상을 지배하던 시기가 끝나고, 석유를 가진 자가 세상을 지배하는 시대가 도래한 것이다.

2차 산업혁명을 이끈 석유

사실 석유 역시 석탄처럼 나무와 유기물질에서 나온 것이고, '불'을 만들기 위해서 사용되었다. 불을 일으켜 물을 끓이고 증기를 발생시켜 피스톤을 밀어내는 힘을 만들어내기 위한 것인데, 외부의 기관에서 따로 연소시켜 동력을 만드는 석탄과 달리 석유는 실린더 내부에서 연소시켜 에너지를 만들 수 있기 때문에 수송 연료로서 적합했다. 석유는 연소되면서 발열반응을 일으켜 높은 압력의 기체를 만들어 피스톤을 밀어내고 이 힘으로 크랭크축으로 연결된 엔진을 구동시켜 자동차의 바퀴를 움직였다. 높은 연료 효율과 엔진의 소형화로 오늘날의 자동차 출현을 가능하게 한 것이다.

석유는 2차 산업혁명의 동력이 되었다. 2차 산업혁명이 1880년대 말 미국을 중심으로 일어난 것은 미국이 세계 최초의 석유 생산국인 것이 가장 큰 이유다. 1차 산업혁명이 석탄의 증기력을 이용한 소비재 경공업 중심이었던 것에 반해 2차 산업혁명으로 부가가치가 큰 생산재 산업인 중화학 공업으로 전환되었다. 여기에 사용된 핵심 동력이 바로 석유이고

2차 산업혁명은 석유가 에너지의 중심이 되는 세상을 의미한다. 이 시기 가솔린엔진 등 내연기관이 발명되어 수송의 혁신이 이루어졌다.

2차 산업혁명이 1차에 비해 생산성의 약진 측면으로 보면 다소 밀리는 면도 없지 않지만 2차 산업혁명을 발판으로 석유가 연료로서뿐만 아니라 근대산업의 핵심 원료로 사용되었다는 점에서 '혁명'이라는 찬사를 붙여도 과하지 않을 듯하다. 나일론, 플라스틱 등 석유에서 뽑아낸 원료가 세상의 모든 것을 만드는 세상이 되었기 때문이다.

보이지 않는 존재, 전기의 혁명

산업혁명의 단계는 모호하다. 2차 산업혁명의 동력으로 석유와 함께 전기가 거론되지만 전기 에너지의 발명은 그 자체로 '혁명'이다. 눈에 보이지 않는 '전기'를 에너지로 만드는 것은 지금도 잘 믿겨지지 않을 정도이다. 자석의 주변에 눈에 보이지 않는 자기장이라는 것이 존재한다. 자석 주위에 나침반을 가져가면 바늘이 움직이는 것을 볼 수 있는데, 이것이 바로 자기장 때문이다. 그런데 이 자기장처럼 눈에 보이지 않는 전기장이라는 것도 존재하는데 이 또한 눈에 보이지 않는 전류의 주변에 생기는 것이다. 겨울철 정전기가 튀는 순간 전류는 그 존재감을 나타낸다. 따끔한 통증은 전기장 때문이다. 그렇게 인간의 눈을 무력화시킨 채 전기가 우리의 주변에 머무르고 있었던 것이다.

그 위대한 전기의 힘을 인위적으로 만드는 방법이 개발되었다. 1831년 영국의 과학자인 마이클 패러데이는 구리 전선을 고리모양으로 감은 후 그 안에 막대자석을 넣었다 뺐다 하며 N극과 S극을 교차하는 실험을 하면서 그 순간 코일에 전류가 흐르는 것을 발견하였다. 코일에 전류가 흐르면 마치 자석처럼 N극과 S극이 생기는데 코일의 N극에 자석의 N극을 가까이하면 서로 밀어내는 힘이 발생하고 S극을 가까이하면 서로 잡아당기는 힘이 생긴다. 이것이 바로 전기모터의 원리이다.

현재 발전소에서 만드는 전기도 같은 원리이다. 커다란 코일 사이에 자석을 넣고 회전하면서 N과 S를 교차시켜 전기를 만들어내는 것이다. 자석과 연결된 프로펠러, 즉 터빈을 돌리면 자석이 같이 회전하면서 전기를 만드는데, 이 터빈을 돌리는 원리는 증기기관과 같다. 물을 끓여 증기를 발생시켜 밀어내는 힘으로 터빈을 돌리는 것이다. 물을 끓이기 위해 불을 때야 하니 화력발전으로 불리며, 불을 만들기 위한 연료로 석탄이나 천연가스, 석유를 사용한다. 1866년 독일의 베르너 폰 지멘스는 전자석을 이용한 대형 발전기를 발명했고, 1882년에는 에디슨이 뉴욕 도심부에 최초의 상업용 화력발전소를 건설했다.

전기를 인위적으로 만들기 시작하면서 세상은 완전히 바뀌었다. 전기가 석유나 석탄 등 기존 에너지원과 근본적으로 다른 것은 열에너지, 운동에너지와 함께 빛에너지도 동시에 만들어낸다는 것이다. 열, 힘, 빛으로 언제든 변환할 수 있을 뿐만 아니라 큰 손실 없이 먼 거리로 빠르게 전달할 수 있고, 광범위한 영역에 동시에 공급할 수 있다. 전기가 사용되기 전과 후의 세상은 혁명적 변화 그 이상이다. 그러나 전기를 만들기 위해 석탄이나 천연가스, 석유, 우라늄 등 연료가 필요하다. 그래서 전기는 1차 에너지원이 아니라 최종 에너지이다.

4차 산업혁명과 에너지

3차 산업혁명은 컴퓨터와 인터넷의 발명으로 시작된 정보통신기술의 발전을 말한다. 지금 화두가 되고 있는 4차 산업혁명은 일반적으로 인터넷과 사물이 연결되는 기술융합을 말하는데 현재 진행 중이기 때문에 개

넘이 모호하다. 사실 '산업혁명'이란 말은 영국 경제사학자 아놀드 토인비가 1884년에 쓴 『영국 산업혁명 강의』에 처음 나온다. 1760년대부터 1830년대에 걸쳐 진행된 산업혁명 시절엔 산업혁명이란 말 자체가 없었다. 차수를 바꾸어 연이어 나오는 산업혁명이라는 말이 적절한가에 대한 논란도 있다.

에너지의 관점에서 보면 차수가 좀 다르다. 석탄이 1차 산업혁명을, 석유가 2차 산업혁명을 만들었다. 정보통신기술의 발전인 3차 산업혁명은 전기가 동력이었다고 할 수 있다. 그러나 4차 산업혁명은 에너지의 변화가 직접적으로 만들어낸 것은 아니다. 에너지의 관점에서 엄밀히 말하자면 우리는 아직 2차 산업혁명 단계에 있다. 전기가 3차 산업혁명의 동력이었다고는 하지만 전기는 여전히 1, 2차 산업혁명 시대의 연료인 석탄과 석유를 주로 사용해 만들기 때문이다. 에너지의 관점에서 보면 21세기는 고체인 석탄과 액체인 석유에 이어 기체인 천연가스로 넘어가는 과도기에 있을 뿐이다.

그러나 한편으로 전기라는 완전히 다른 에너지가 등장하고 그것을 기반으로 정보통신기술의 괄목할 만한 진보를 이루었기에 3차 산업혁명이라는 말도 타당하다. 모든 것이 연결되어 새로운 세상을 만드는 4차 산업혁명도 지금은 모호하지만 혁명이란 말에 걸맞은 엄청난 변화를 몰고 올 수도 있다. 지금까지는 에너지원이 산업에서의 혁명을 만들어왔지만 4차 산업혁명에서는 기술에서의 혁명이 에너지의 혁신을 불러올 수도 있기 때문이다. 인간이 기계의 도움을 받을 수 있게 된 것이 1차 산업혁명인데, 이제는 기계가 사람의 도움 없이 스스로 생각하고 움직일 수 있으니 또 다른 혁명이라는 말도 맞다.

사실 에너지와 기술은 떼려야 뗄 수가 없다. 석탄을 캐내기 위한 기술은 당시에는 놀라운 진보였고 증기로 달리는 기관차는 보고도 믿지 못하는 괴물에 가까웠다. 석유 탐사에 인류가 만든 당대 최고의 기술이 적용되었다. 해저 수천km 아래에 숨어 있는 원유를 꺼내고 정제하여 자동차에 넣기까지 첨단기술 없이는 불가능한 것이다. 에너지 시장에 엄청난 변화를 몰고 온 셰일 붐은 '수평시추'와 '수압파쇄'라는 혁신적 기술의 결과였다. 이것은 '혁명'이라는 수식어를 에너지 분야에는 처음으로 붙게 했다. '셰일혁명'으로 불리는 데는 이유가 있는 것이다.

기술이 융합된 4차 산업혁명 시대에는 어쩌면 모든 것이 가능할 수도 있다. 내리쬐는 햇빛이, 살랑거리는 바람이, 일렁이는 파도가 에너지가 되고 전기가 되는 세상. 햇빛이 없는 한밤에도, 바람이 없어도, 파도가 치지 않아도 에너지 저장설비를 활용하여 언제든 전기를 마음대로 쓸 수 있는 세상. '스마트'하게 모든 것이 연결되어 소비자가 생산자가 되는 '에너지 프로슈머', '인터넷 에너지'의 세상. 4차 산업혁명의 기술이 새로운 에너지원을 만들 것이고 이것이 석유와 석탄을 갈아치울 것이다. 4차 산업혁명과 에너지의 결합은 우리가 상상하지 못했던 새로운 세상을 열 것이다.

100년 전 100km로 달린 전기자동차

놀랍게도 전기자동차는 화석연료 기반의 내연기관 자동차보다 먼저 개발되었고 시장에도 먼저 등장하였다. 1828년 헝가리 발명가 아뇨스 예드릭이 전기모터를 발명한 뒤 이를 장착한 차량을 처음 고안한 것이다. 1899년에는 로켓모형의 전기차가 완성되었고 세계 최초로 시속 100km의 벽을 돌파했다. 비싼 가격, 충전의 불편함, 짧은 주행거리가 문제였지만 1900년경에는 미국 자동차 시장의 40% 가까이를 차지했을 정도로 성장했다. 이에 비해 휘발유 엔진을 갖춘 내연기관 자동차는 칼 벤츠에 의해 1886년 탄생했다. 전기차에 비해 58년이나 늦은 셈이다.

먼저 시동을 건 친환경 전기차가 화석연료의 내연기관 자동차에 밀리게 된 것은 미국 텍사스에서 대형 유전이 개발되면서부터이다. 게다가 미국의 '석유왕' 록펠러가 생산증대와 함께 저유가 전쟁을 조장하면서 휘발유 가격이 급격히 하락했다. 여기에 1908년 대량생산방식으로 출시된 포드의 내연자동차 '모델T'가 값싼 휘발유를 바탕으로 빠르게 시장을 장악해 전기차를 대체한 것이다. 석유기업들의 공격적인 로비도 내연자동차의 확산에 일조했다. 록펠러의 대량생산과 저유가 전쟁이 없었다면 지금의 자동차 시장은 완전히 다른 모습이었을지도 모른다.

1970년대 들어 대기오염 문제가 제기되고 환경규제가 강화되면서 제너럴모터스GM의 도심형 전기차가 개발되는 등 전기 자동차에 대한 관심이 다시 일었으나, 당시 납 배터리의 무게가 엄청나고 충전과 주행거리 문제 등 기술의 한계를 넘지 못한 채 시장에서 사라졌다.

그러던 전기차가 다시 각광을 받게 된 것은 환경오염이 심각한 문제로 대두되기 시작한 1990년대 들어서다. 급증한 석유 자동차가 대기오염과 지구온난화 등 환경 파괴의 주범으로 지목받은 것이다. 2000년 이후 유가가 큰 폭으로 오르기 시작한 것도 전기차의 재등장을 자극했다. 배터리 기술이 진전을 이루어 전기차에 니켈-메탈 배터리가 사용되면서 자동차의 무게도 줄어들고 주행거리도 크게 늘어났다. GM은 한번 충전으로 최고 시속 130km로 160km를 달릴 수 있는 EV1을 1996년 처음 선보였다. 이 차는 2002년 생산이 중단됐지만 전기차 부활의 신호탄이 되었다. 2008년 테슬러가 2인승 스포츠카 '로드스터'를 내놓았고 2010년에는 닛산이 '리프'의 생산을 시작했다. GM이 '볼트'를 출시했고, 2012년 테슬라는 420km를 주행할 수 있는 '모델S'로 전기차의 새로운 이정표를 세웠다.

전기자동차의 운명이 달린 배터리

전기차는 구조가 단순하다. 내연자동차는 화석연료에서 열에너지를 만들고 이를 기계에너지와 전기에너지로 바꾸는 등의 복잡한 전환과정을 거쳐 동력을 얻는다. 그러나 전기차는 극단적으로 말해 좋은 배터리와 모터에 바퀴를 달고 운전대만 있으면 된다. 3만여 개의 부품이 놀라울 정도로 '신비롭게' 연결되어 달리는 내연자동차와 달리 전기차의 부품은 1만 개 정도에 불과하다. 엔진도 변속기도 필요 없다. 그만큼 만드는 데 필요한 시간과 인력도 훨씬 적다. 완성차 업계의 향후 최대 고민은 인력관리일 수밖에 없는 것이다. 실제로 산업혁명이 진화할 때마다 인간의 노동력은 일터에서 밀려났다. 19세기 방직기계의 등장으로 인해 실직의 공포에 싸인 영국의 섬유 노동자들은 기계를 부수는 '러다이트Luddite' 운동을 벌였다. 내연자동차, 비행기, 컴퓨터, 인터넷 등 산업혁명의 총아들은 당대의 '잡 킬러job killer'였다. 그것은 어쩌면 4차 산업혁명에서 정점에 달할지도 모른다. 전기차와 AI, 로봇의 등장으로 일자리가 크게 감소할 수도 있기 때문이다.

보다 적은 인력으로 간편하게 만든 전기차의 핵심은 배터리다. 그래서 전기차 제조비의 3분의 1이 배터리 비용이다. 좋은 배터리만 있으면 적은 부품으로 쉽게 조립해 사용할 수 있다. 게다가 3D 프린터로 자동차도 만들 수 있는 4차 산업혁명의 시대가 아닌가. 사실 전기차는 연료의 문제가 아니다. 전기차를 이용하는 것이 친환경적이라서가 아니라 석유차로는 자동차의 새로운 시대를 열어갈 수많은 전자장비들을 구동할 수 없기 때문이다. 엄밀히 말하면 전기차 자체가 아니라 전기로 구동되는 스마트카가 핵심인 것이다.

　이제 곧 도로를 가득 채울 전기차는 달리는 스마트폰이다. 그것도 기계가 알아서 운전하는 자율주행이다. 인공지능과 이동통신기술이 결합된 자동차 안에서 정보를 검색하고 화상회의를 하고 영화를 보는 등 다양한 기능을 활용할 수 있는 커넥티드카connected car이다. 자동차와 무선통신을 결합한 새로운 개념의 차량 무선인터넷 서비스인 '텔레매틱스', 자동차 안에서 즐길 수 있는 영화, 게임, TV, SNS 등과 같은 엔터테인먼트 기능과 내비게이션 등 정보를 제공하는 '인포테인먼트'는 이제 현실이다. 이런 자동차가 센서와 고성능 카메라 등 첨단 전자장비를 달고 스스로 운행하는 것이다. 여기에 무수한 소프트웨어가 연결되어 있다. 자율운행으로 대변되는 스마트카는 그 많은 전자장비를 구동시킬 전기를 담은 배터리가 핵심이다. 전기차의 배터리가 아니고서는 수많은 전자장비들을 구동시킬 수 없기 때문이다.

　석유 자동차의 배터리는 납축전지로 용량은 0.5kWh(와트시) 정도이다. 선진국의 1인당 가정용 전자제품 소비전력이 5kWh 가량인 점을 감안하면 석유차의 배터리가 스마트카의 전기소비를 감당할 수는 없다. 현재 2세대 전기차에 탑재하는 리튬이온 배터리 용량은 20~30kWh인데 용량이 빠른 속도로 늘고 있어 60kWh에 이어 100kWh 배터리도 등장을 앞두고 있다.

　전기차의 가장 큰 걸림돌은 짧은 주행거리와 충전의 불편함이다. 1회 충전 시 주행거리가 100km 초반대인 1세대 전기차에 이어 현재의 2세대 전기차는 200km 정도까지 달릴 수 있다. 급속으로 충전하더라도 30분 정도는 소요된다. 그것으로는 한참 부족하다. 널려 있는 주유소에 들러 5분 만에 기름을 채우면 400km를 달리는 휘발유차와 경쟁이 어렵다. 전기차가 소비자를 만족시키기 위해선 한번 충전으로 400~500km는 달려야 하고 충전시간도 지금보다 훨씬 짧아져야 한다. 그것은 오롯이 배터리의 진화에 달려 있다.

V2G와 ESS

성능 좋은 배터리를 장착한 전기자동차는 그 자체가 발전소이다. 배터리를 전력망grid에 연결하는 것, 즉 전기차를 충전했다가 다시 방전할 수 있는 양방향 충전방식인 'V2Gvehicle to grid'이다. 전기차를 사용한 후 주차장에 세워두면서 전력소비가 많은 피크타임에 남은 전기를 팔고 전력수요가 낮은 시간에 충전하여 자동차를 다시 사용할 수 있는 것이다.

전기는 특성상 저장이 힘들다. 생산과 동시에 소비가 이루어져야 하고 남으면 버려야 한다. 그래서 전력설비는 최대 수요보다 많게 준비되어 있어야 한다. 만약 최대 수요에 맞추어 생산하지 못하면 송전을 제한할 수밖에 없다. 대규모 정전사태가 불가피한 것이다. 그러나 최대 수요 이외의 시간에는 항상 전기가 남아돈다. 이때 쓰는 전기는 훨씬 저렴하다. 전기차가 배터리를 이용해 전력수요가 적을 때 충전grid-to-vehicle해서 사용하고 수요피크에 되파는vehicle-to-grid 것이다. '에너지 프로슈머'로 작은 발전소 역할을 할 수 있다. 30kW(킬로와트)의 전기차 1,000대가 동시에 연결되면 3만 kW 즉 30MW(메가와트)의 발전소가 되는 것이다. 석탄발전소인 영동1호기의 5분의 1 규모이다. 배터리 용량이 커지고 연결되는 자동차가 많아지면 '전기차발전소'의 용량도 훨씬 커진다. 가령 100kW의 전기차 1만 대가 연결되면 1GW로 원자력발전소 1기에 해당하는 것이다.

전기차를 통한 배터리 기술의 진화는 에너지저장시스템Energy Storage System을 획기적으로 발전시킬 수 있다. 배터리가 전기차의 생명이듯이 ESS는 신재생에너지의 생명줄이다. 태양광, 풍력 등 신재생에너지는 날씨에 따라 발전량의 변동폭이 매우 크기 때문에 안정적인 전력공급에 큰 걸림돌이 되고 있다. 그래서 전기사용이 적은 시간에 저장했다가 사용량이 많을 때 꺼내 쓰는 ESS가 반드시 필요하다. 배터리 업체뿐만 아니라 테슬라 등 전기차 기업들도 배터리 설비를 기반으로 ESS 사업에 뛰어들고 있다. 전기차 업체가 핵심인 리튬이온 배터리의 용량을 늘리기 위해 투자를 늘리면 리튬이온 ESS도 따라서 발전한다. 수요가 있으면 기술의 진보는 이루어지게 되어 있다. 4차 산업혁명의 신기술과 연결된 에너지 기술은 우리의 미래를 획기적으로 바꿀 것이다.

꿈의 에너지, 핵융합

태양과 지구의 거리는 약 1억 5,000만 km나 된다. 빛의 속도로 가도 8분 19초를 가야 하는 먼 거리에 있지만 우리가 쓰는 모든 에너지의 원천은 태양이다. 지난 수백 년 동안 인류의 에너지원이었던 화석연료는 태양광을 받아 합성된 유기물들이 오랜 시간에 걸쳐 쌓인 결과이다. 인간이 에너지를 얻기 위해 섭취하는 음식의 칼로리도 태양 덕분에 만들어진 것이다. 신재생에너지도 근원은 태양이다. 지표면에 내리쬐는 태양 에너지는 인간 소비 에너지의 1만 배나 된다고 한다. 그야말로 쓰고 써도 닳지 않는 에너지다. 그런 태양을 우리가 인공적으로 만들 수만 있다면 '게임 끝'이다. 인류 에너지 문제의 완벽하고 불가역적인 해결이다.

과연 인공 태양을 만들 수 있을까? 태양이 에너지를 만들어내는 원리를 역추적하면 이론적으로 가능하다. 1,500만 도에 이르는 초고온과 초고압 상태인 태양의 내부에서는 수소와 같은 가벼운 원자가 융합하면 무거운 헬륨 원자핵으로 바뀌는데 이 과정에서 감소되는 질량만큼 에너지가 발생한다. 태양을 모방하면 인공 태양을 만들 수 있다. 즉, 초고온의 환경을 만들고 가벼운 원자핵들을 융합시키면 더 무거운 원자핵이 되고 이 과정에서 에너지가 만들어진다. 원자가 가벼울수록 핵융합 반응이 일어날 가능성이 커지는데, 가장 가벼운 원소가 수소이기 때문에 핵융합의 원료로는 수소가 사용되며, 중수소-삼중수소 반응이 핵융합 반응에 가장 유리한 조건이다.

원자력발전소는 무거운 원자인 우라늄을 핵 분열시키는 과정에서 나오는 에너지를 활용하는 것이다. 원자력의 열효율은 다른 연료가 따를 수 없다. 그런데 핵융합은 핵분열보다 7배나 많은 에너지가 나온다. 우라늄-235 1kg이 핵분열 시 나오는 에너지는 200억 kcal 정도인데, 수소 1kg이 핵융합할 때 나오는 에너지는 1,500억 kcal나 된다. 핵분열에 '의문의 1패'를 안기는 것이다.

그런데 문제는 태양과 같은 조건을 어떻게 만드느냐는 것이다. 일단 핵융합을 위해선 플라즈마 상태를 구현해야 한다. 기체를 계속 가열하면 많은 에너지를 흡수한 전자가 원자로부터 떨어져 나오고, 전자를 잃은 원자는 양이온 상태가 되는데, 이처럼 고온에서 이온과 전자가 뒤섞여 존재하는 상태가 플라즈마이다. 고체, 액체, 기체 등 3가지 상태와 다른 네 번째 상태로 당연히 지구상에선 존재하지 않는다. 플라즈마가 안정적으로 유지되려면 중력이 강력하거나 아니면 온도가 매우 높아야 한다. 지구는 태양보다 크기가 훨씬 작아 그만큼 중력도 약하기 때문에 압력으로는 불가능하다. 대신 태양보다 훨씬 높은 1억 5,000만 도의 초고온 상태를 만들면 가능해진다. 세계 각국에서 이 상태를 만들기 위한 연구가 활발히 진행 중인데 우리나라는 7,000만 도까지 구현해냈다. 미국은 1950년대부터 군사적 목적으로 핵융합 연구를 시작하였으며, 이후 에너지원으로 이용하기 위한 연구도 진행 중이다.

핵융합 발전을 이루기 위해서는 핵융합로의 대형화가 필요해 천문학적인 금액의 투자가 있어야 하며, 리스크도 크기 때문에 한 나라의 힘으로는 부족하다. 그래서 여러 국가들이 모여 공동으로 대형 핵융합로를 건설하기로 했는데 이것이 바로 국제핵융합실험로International Thermonuclear Experimental Reactor이다. 여기에는 우리나라와 미국을 비롯해 EU, 러시아, 일본, 중국, 인도 등 7개국이 참여중이다. ITER이 2020년 완공되면 핵융합에너지의 상용화가 성큼 앞으로 다가오는 것이다.

우리나라는 1995년 초고온의 플라즈마를 자기장을 이용해 가두는 장치인 '토카막KSTAR'을 건설하기 위해 국가핵융합연구개발 기본계획을 수립하면서 연구가 본격화되었다. 2007년 KSTAR를 완공하고 2008년 최초 플라즈마 발생 실험에 성공함으로써 주요 핵융합 연구개발 국가로 부상하였다. 2040년대 상용 핵융합발전소 건설을 목표로 하고 있다. 핵융합 기술은 기존 원자력발전과는 달리 방사성폐기물이 거의 발생하지 않으며 사고위험도 거의 없다. 핵융합발전에서 나오는 방사성 폐기물은 삼중수소인데 반감기는 12년에 불과하다. 기존 원전의 핵폐기물의 반감기는 수십만 년에 이른다. 핵융합은 핵무기로 쓰이는 우라늄과 플루토늄을 사용하지 않기 때문에 오롯이 에너지로만 쓰인다. 온실가스와 미세먼지 배출도 거의 없으며 원료가 되는 중수소는 바닷물 속에 무한정 존재한다. 말 그대로 '꿈의 에너지'이다.

물론 앞으로도 난제는 많고 상용화까지 오랜 시간이 걸릴 것이다. 그러나 역사는 도전과 응전의 연속이다. 절실히 필요하면 그것을 이루는 기술은 발전하게 되어 있다. "Technology responds to needs and to price(필요와 가격이 기술을 만든다)." 이 말은 인류를 끊임없는 진보의 길로 가게 할 것이다.

전기는 권력이다

전기는 영어로 'power'이다. 말 그대로 힘이자 권력이다. 오늘의 편리하고 쾌적한 생활을 가능하게 하는 동력이자 인류문명 진보의 증거이다. 지구상에는 아직도 전기가 들어오지 않는 곳이 많다. 전체 인구의 20%는 전기가 없는 곳에서 살고 있다. 전기의 확산은 빈곤을 줄이는 가장 빠르고 확실한 길이다. 전기가 들어와야 질병이 치료되고 교육이 이루어지며 가난이 해소된다. 전깃줄이 지나가면 분쟁이 줄어들고 평화가 온다. 그래서 전기는 많이 만들수록 좋은 것이며 풍족하게 쓸수록 좋은 것이다. 전기를 풍족하게 쓰게 된 것, 그것이 인류 역사의 진보이고 발전이다.

산업혁명의 단계가 올라갈수록 전기에 대한 의존이 심화되었다. 우리의 미래를 바꿀 4차 산업혁명도 전기 없인 불가능하다. 4차 산업혁명의 총아인 전기차는 말 그대로 전기로 달린다. 로봇도 전기 플러그만 빼버리면 고철이나 마찬가지고 3D 프린터도 전기와 연결되어 있지 않으면 무용지물이다. 인공지능, 빅데이터 어느 하나 전기를 먹지 않고 돌아가는 것이 없다. 5차, 6차 산업혁명 때에는 더 많은 전기가 필요할 것이다. 무엇으로, 어떻게 전기를 생산할 것인가에 대한 진지한 고민이 필요하다.

핵융합이 에너지 문제를 완벽하게 해결해 줄 것이라는 말은 그것이 공짜나 다름없는 비용으로 자연에 전혀 부담을 주지 않으면서 전기를 마음대로 쓸 수 있게 해주기 때문이다. 무공해 전기가 무한정 공급되면 에너지 사용의 판도도 단번에 바뀔 것이다. 전기가 모든 에너지원을 대체한다는 말이다. 지금은 전기를 만들기 위해 석탄도 때고 석유와 천연가스도 쓰고, 불안한 원전도 가동하지만 무한정한 바닷물을 원료로 전기를 만들면 화석연료도 원자력도 필요 없어지게 될 것이다. 전기로 자동차도 굴리고 비행기도 띄울 것이다. 이것은 화석연료의 종말을 의미한다.

석유의 역설

석유가 없는 세상을 상상해 본 적이 있는가? 당장 주요 이동수단이 무용지물이다. 자동차도, 기차도, 비행기도, 선박도 발이 묶이게 된다. 우리 자신의 근육이나 동물의 힘에 의존할 수밖에 없다. 인류는 금방 고립에 빠지게 되고 겨울에는 추위에 떨어야 할 것이다. 그러나 수송용·난방용 석유는 전체 소비의 절반도 되지 않는다. 훨씬 더 많은 양이 석유화학제품의 원료로 쓰인다. 우리가 지금 일상생활에서 사용하는 거의 모든 것이 석유화학제품이다. 시장에 쌓여 있는 품목 중 과일이나 육류 등 천연식품을 제외한 거의 모든 것이 석유에서 출발한다. 생활용품, 가전제품, 자동차 등 석유에 기반하지 않은 것을 찾기 힘들다. 옷, 신발, 가방, 안경 등 머리끝에서 발끝까지 우리는 석유에 신세를 지고 있다.

그래서 아이러니컬하게도 화석연료인 석유는 지구환경 보존에 큰 역할을 하고 있다. 만약 석유가 없어진다면 우리는 동물의 뼈와 털, 가죽으로 안경테와 옷, 가방 등을 만들어야 한다. 더 많은 동물들이 도살장으로 끌려가야 한다. 책상과 의자를 만들기 위해 더 많은 나무가 잘려나가고 광물을 찾기 위해 더 많은 산들이 파헤쳐질 것이다. 지구환경 파괴의 주범으로 몰린 석유의 역설이다.

세계적 에너지 전문가이자 미래학자인 토니 세바 스탠퍼드대 교수의 강연은 항상 두 장의 사진으로 시작한다. 1900년에 찍은 뉴욕 5번가 사진은 거리에 마차가 가득 차 있고 자동차는 딱 한 대밖에 없다. 1913년에 찍은 사진엔 같은 거리가 자동차로 뒤덮여 있고 마차는 한 대뿐이다. 그는 불과 13년 만에 그런 엄청난 변화가 일어났고 그 변화는 자동차라는 '파괴적disruptive' 기술이 만들어냈다고 설명하며 지금도 이런 파괴는 일어나고 있다고 강조한다.

그 사진을 보면서 드는 엉뚱한 생각은 만약 자동차가 발명되지 않았으면 그 많은 말들이 쏟아내는 엄청난 배설물이 어떻게 처리되었을까 하는 것이었다. 말 한 마리가 20kg가 넘는 대변과 4리터 이상의 소변을 배설한다는데 수천 마리의 말들이 대변과 소변을 한꺼번에 쏟아내면 길거리는 어떻게 되었을까? 당시 미국에서 생산되는 곡물의 4분의 1을 말들이 먹어치웠다고 한다. 자동차가 아니었다면, 아니 석유가 아니었다면 지구는 진작 거덜났을 수도 있다. 이 또한 석유의 역설이다.

나프타와 에탄의 대결

석유는 현대문명의 상징이다. 석유가 없었다면 지금 우리가 누리는 현대문명은 존재하지 않았을 것이다. 석유가 사용되기 시작한 지 150여 년, 석유는 인류의 모든 것을 바꿔놓았다. "천국은 정의로 운영되지만 지상은 석유로 운영된다"는 말이 있을 정도로 석유에 대한 의존이 절대적이다.

그러나 이제 석유와의 이별을 준비할 때가 됐다. 석유가 현대문명에서 해왔던 거의 모든 역할들을 보다 친환경적인 연료가 대신할 수 있기 때문이다. 태양광과 풍력으로 만든 전기로 달리는 자동차가 이제 곧 도로를 가득 채울 것이다. 전기로 에어컨을 돌리고 아파트도 데울 수 있다. 수송과 난방용으로서의 석유는 전기와 천연가스에 그 자리를 내줄 것이다. 원유에서 뽑아내던 석유화학 원료도 천연가스에서 뽑아낼 수 있다.

석유화학의 핵심 원료는 에틸렌인데, 원유를 정제해서 나오는 나프타를 분해naphtha cracking해서 만들 수 있고 천연가스에서, 정확히 말하자면 천연가스액natural gas liquids: NGL에서 나오는 에탄을 분해ethane cracking해서 추출할 수 있다. 오랫동안 나프타가 에틸렌의 원료로 사용되었는데 세일혁명으로 미국의 천연가스 가격이 크게 하락하면서 에탄으로 빠르게 이동하고 있다. 그래서 나프타를 기반으로 하는 우리나라의 석유화학 업계에는 한동안 암울한 기운이 지배했다. 천연가스의 생산증대로 에탄 생산이 늘어나면 나프타의 수요를 크게 위축시킬 것이기 때문이다. 2013년 한 세미나에서 석유화학업체 간부는 '아들아, 석유화학을 떠나거라'라는 자조 섞인 말로 발표를 시작하기도 했다. 2009년 이탈리아가 재정위기에 빠지자 최고 명문대학의 총장이 아무도 책임지지 않는 정치권과 암울한 미래를 한탄하면서 일간지에 '아들아, 조국을 떠나거라'라는 기고문을 실어 큰 화제를 모았는데 그것을 빗댄 표현이었다.

그러나 그 석유화학업체 간부의 아들은 석유화학을 떠나지 않아도 되었을 것이다. 2014년 하반기 유가 폭락으로 나프타 가격이 크게 떨어져 에탄과의 가격경쟁력이 회복되었기 때문이다. 저유가 덕택에 나프타 기반의 우리나라 석유화학업계는 큰 이익을 내고 있다. 나프타의 강점은 에틸렌 외에도 다른 석유화학 원료를 뽑아낼 수 있다는 것이다. 앞으로도 한동안 저유가가 지속될 것으로 보여 원유에서 생산되는 나프타의 가격경쟁력이 어느 정도 유지될 것이다.

그러나 세일혁명의 진원지인 미국에서는 에탄분해설비ECC가 빠르게 나프타분해설비NCC를 대체하고 있다. 미국의 세일층에서 나오는 천연가스는 전통 천연가스에 비해 NGL 비중이 높아 에탄 성분이 훨씬 많다. 그래서 미국의 천연가스 생산 증가분보다 NGL 생산 증가폭이 훨씬 크다. 넘치는 미국의 천연가스가 대규모로 아시아 시장으로 몰려든다면 상황은 달라질 것이다. 천연가스를 생산하고 있는 중동 국가들도 2010년에 이미 대규모로 ECC를 증설했다. 지금 진행되고 있는 미국의 세일가스 생산의 기술 수준과 추이를 볼 때 앞으로도 생산은 더 늘어날 것으로 보이고, 트럼프 대통령의 강력한 수출 드라이브가 진행될 것으로 보이기 때문에 우리 석유화학업체의 적절한 대응이 필요하다.

석유와의 이별을 준비하자

천연가스가 발전연료로서 석탄을, 그리고 수송연료와 석유화학 원료로서 석유를 대체하고 있는데, 이 모든 것은 미국의 셰일혁명으로 천연가스의 가격이 현격히 떨어졌기에 가능했다. 유가 폭락에도 불구하고 석유는 아직도 상대적으로 비싸 전기를 만드는 데 많이 투입되지 않는다. 그러나 가격경쟁력이 향상된 천연가스는 더 많은 물량이 전기 생산에 쓰이고 있다. 현재 전 세계 전기 생산의 20%를 천연가스가 담당하고 있는데 이 비중은 앞으로 더 증가할 것이다. 또한 천연가스가 연소하면서 배출하는 오염물질은 석탄의 절반 정도, 석유의 3분의 2에 지나지 않는다.

셰일층에서 천연가스가 쏟아져 나오고 이것이 석유를 대체하니 석유는 갈 데가 없고 유가는 폭락을 거듭할 수밖에 없는 것이다. 이것이 2014년 이후 유가 하락의 본질이다. 그래서 저유가는 일시적인 현상이 아닌 에너지 패러다임의 변화를 반영한 것이다. 고체연료인 석탄의 시대 100년이 지나고 액체연료인 석유의 100년 시대를 지나 기체연료인 천연가스라는 새로운 에너지원의 세상이 열리는 것이다. 미국의 셰일 붐이 '혁명'으로 불리는 이유가 바로 이 때문이다. 산업과 에너지 시장의 판도를 바꾸어놓았기 때문이다.

또한 놀라운 것은 셰일 에너지의 개발은 4차 산업혁명의 기술과 연결되어 그 잠재력이 무궁무진하다는 것이다. 일례로 기존의 전통 유전에서의 채굴은 컵 속에 모아져 있는 물을 빨대로 빨아올리듯이 간단한 것이었다. 그래서 석유가 어디에 몰려 있는가를 찾는 것know-where이 관건이었다. 그러나 셰일오일은 카펫에 적셔져 있는 물기처럼 넓게 퍼져 있어 이것을 뽑아내기가 여간 어렵지 않다. 게다가 지하 2~4km에 아스팔트처럼 넓게 퍼진 셰일이라는 단단한 퇴적암층에 갇혀 있는 에너지이다. 19세기 초부터 이 존재를 알고 있었지만 꺼낼 방법know-how이 없었다.

세상을 바꾼 기술, 수평시추와 수압파쇄

암석에 갇힌 셰일가스를 탈출시켜 세상의 빛을 보게 만든 것은 획기적인 기술의 진전 덕택이다. 바로 '수평시추horizontal drilling'와 '수압파쇄 hydraulic fracturing' 공법이다. 시추기계로 수직으로 땅을 파내려 가는 것은 기존의 '빨대식' 시추와 동일하다. 그러나 현대 채굴기술의 집약체인 이 수평시추공법은 드릴이 2km 지하에 수평으로 누워 있는 셰일층을 만나면 그때부터 'ㄴ'자로 수평으로 정교하게 꺾여 셰일층을 파고 들어가는 것이다.

수평시추 기술은 생산을 획기적으로 늘린 신기원이었다. 기존의 '빨대식' 수직시추는 유전에서 어느 정도 채굴하면 원유가 사이사이에 많이 남아 있어도 그냥 덮을 수밖에 없었는데, 수평시추기술로 시추봉이 유전의 밑바닥에서 가로로 쫙 퍼질 수 있게 되어 원유를 남김없이 뽑아 올릴 수 있는 것이다. 생선으로 치자면 예전에는 등쪽의 큰 살점만 먹고 버렸는데 이제는 가시 밑에 숨어 있는 작은 살까지 발라내는 것이다. 수평시추의 개발로 채굴의 생산성이 획기적으로 증대되었다. 덕택에 전 세계의 석유 매장량도 2016년 말 기준 1조 7,067억 배럴로, 20년 전 1조 1,488억 배럴, 10년 전 1조 3,883억 배럴보다 크게 증가했다. 지난 20년간 전 세계가 소비한 석유의 양을 감안하면 실로 엄청난 양의 석유가 새로 발견된 것이다.

그 수평시추 기술이 한 단계 진보하여 지하 2km의 단단한 셰일층 채굴에 적용되었다. 수평시추로 셰일층을 여러 갈래로 1.5km 정도 가로로 파고 들어가면 그 다음부터는 또 다른 기술의 총아인 수압파쇄의 역할이다. 파고들어간 바위에 화약을 터트려 촘촘히 균열을 내고 모래와 화학 첨가물을 섞은 물을 강력한 압력으로 분사하여 천연가스와 원유가 분리되면 파이프로 끌어올리는 것이다. '셰일가스의 아버지'로 불리는 미국의 석유개발자 조지 미첼은 이 공법을 사용하여 1998년 텍사스에서 처음으로 천연가스를 채굴하는 데 성공했다. 그리고 2000년대 후반부터 미국 전역의 셰일층에서 천연가스와 원유가 쏟아져 나왔고 이 덕택에 2008년 '리먼 사태'로 대변되는 전대미문의 금융위기도 넘기고 미국은 다시 세계의 절대 강자로 군림할 수 있게 되었다.

진화 중인 미국 셰일유전의 생산비 절감 DNA

수평시추와 수압파쇄라는 최첨단공법이 현실화될 수 있었던 것은 1970년대 오일쇼크와 2000년대 고유가가 있었기 때문이다. 오일쇼크 이후 미국은 자국 내 대체 에너지 개발에 대한 지원을 아끼지 않았고, 개발비용이 많이 들었지만 고유가로 채산성이 맞았다. 2014년 하반기 이후 유가가 반 토막이 났지만 끊임없는 기술혁신으로 셰일 개발비용을 낮추어 석유시장에서 돌풍을 일으키고 있다.

사실 지하 깊숙이 가로로 넓게 퍼져 있는 셰일층에서 원유와 천연가스를 뽑아 올리는 것은 여간 어려운 일이 아니다. 그러나 기술 혁신으로 채굴비용이 빠르게 떨어지고 있다. 유정에 구멍을 하나씩 뚫던 것을 이제는 철도처럼 레일을 깔아 매우 빠르고 효율적으로 유정을 뚫고 있어 최근 2년 동안 채굴비용이 반 이상 줄었다. 화학첨가물과 많은 물을 써야 하기 때문에 환경에 대한 우려가 있었지만 그 또한 기술적으로 잘 해결하고 있다.

　기존의 전통유전은 승인에서 시추까지 3~5년씩 걸렸는데 셰일유전은 6개월 정도밖에 걸리지 않는다. 시추에서 생산까지는 1~2개월이면 충분하다. 유가가 하락하면 잠시 덮어 두었다가 유가가 반등하면 바로 다시 가동할 정도로 신속하고 역동적이다. 이제는 유정에서 채취한 샘플에 붙어 있는 미생물의 DNA를 분석해 정확히 어느 지점을 뚫을지 정할 정도의 과학적 경지에 올라와 있다. 이 DNA 분석은 채굴 비용을 10% 정도 추가적으로 낮추고 있다. 이로써 셰일유전의 손익분기점은 배럴당 30달러까지 떨어졌다.

　한때 미국에서 가동 중인 석유굴착기인 오일 리그oil rig의 수가 감소하고 있다는 데이터를 기반으로 원유 생산이 줄고 따라서 유가도 반등할 것이라는 예측이 많이 있었으나 이는 정확한 분석이 아니다. 가격의 하락으로 채산성이 줄면 업자들은 더욱 치밀한 분석을 통해 더 경제성이 높은 유정 즉 '스윗 스팟sweet spot'을 찾아내 생산을 집중하고 채산성이 떨어지는 굴착기는 가동을 중단시켜 평균적인 손익분기점을 낮추는 것이다. 그래서 리그 수가 준다고 해서 생산도 같이 줄어드는 것은 아니다. 그러나 리그 수가 늘어나면 스윗 스팟뿐만 아니라 다른 유정에서도 생산이 재개된다는 의미이니 원유생산은 늘어날 수밖에 없다. 그렇게 셰일에너지 생산의 DNA는 하루가 다르게 진보하고 있다.

　게다가 원유와 천연가스를 품고 있는 셰일층은 전 세계에 널리 골고루 분포되어 있다. 땅 크기에 거의 비례하기 때문에 중국이 세계에서 제일 많은 셰일가스를 매장하고 있다. 유럽과 남미에도 많은 셰일가스가 묻혀 있다. 현재까지 확인된 매장량만으로도 전 세계가 150년을 쓰고도 남을 정도이다. 전통 천연가스가 풍부해 셰일가스가 아직은 필요 없는 러시아는 통계에 잡혀 있지도 않다. 우리나라 남해안에도 셰일층이 있는 것으로 분석되는데 크기가 작아 경제성이 떨어져서 아쉬울 따름이다. 수평시추 수압파쇄의 원천기술을 가지고 있는 미국과 캐나다가 셰일가스를 생산하고 있고, 중국에서도 국가적 차원에서 개발을 시작했다. 아르헨티나 등 남미지역도 곧 생산이 본격화될 것으로 보인다.

유가 예측은 불가능한 것인가

유가를 정확하게 예측할 수 있을까? 그럴 수만 있다면 누구든 큰돈을 벌 수 있을 것이다. 유가는 수십 가지 다양한 변수들에 의해 결정된다. 수요는 물론이고, 산유국들의 공급량 조절과 여유생산 능력, 생산비용, 재고상황, 정제설비 가동률, 석유제품 품질규제 움직임, 주요 소비국들의 경제동향, 지정학적 위험, 기후변화 등. 여기에 미국의 통화정책과 달러화 가치, 연금과 헤지펀드의 움직임, 투기세력의 움직임, 주식시장과의 연계성, 시장 분위기에 따른 심리적 요인과 쏠림 현상으로 사재기를 할 때도 있고 갑자기 투매하기도 한다. 일명 '공포 프리미엄fear premium'이다. 유가에는 이렇게 셀 수 없는 변수들이 등장한다. 게다가 각종 거래시장에서 석유가 금융상품화되고 있어 주식시장처럼 혼란스럽다. 따라서 유가는 묘할 수밖에 없다. 그 묘한 유가를 정확하게 예측한다는 것은 사실상 불가능에 가깝다.

2014년 하반기부터 시작된 유가 대폭락을 예측한 사람을 본 일이 있는가? 폭락 직전까지도 유가는 더 올라 130달러니 150달러니 하면서 많은 전문가들이 상승에 배팅했다. 이들이 유가가 30달러 밑으로 떨어지는 것을 보기까지 채 2년이 걸리지 않았다. 유가가 폭락에 폭락을 거듭할 때도 세계 유수 전문기관들의 헛발질은 계속되었다. 국제에너지기구IEA, JP

모건, 골드만삭스, 석유회사 CEO들도 예외가 아니다. 그들이 여기가 유가의 바닥이라고 말하는 순간 보란 듯이 더 떨어졌다. 유가 하락은 그 후로도 한참 지속되어 2016년 1월 21일 두바이유 기준으로 22.83달러의 최저점을 찍었다. 누구도 예측하지 못했던 대폭락이었다.

그렇다면 유가 예측은 도저히 불가능한 것인가? 단기 예측은 쉽지 않다. 2017년 6월, OPEC을 중심으로 한 산유국들이 감산연장을 발표했는데 유가는 예상과 달리 더 떨어졌다. 산유국들뿐만 아니라 수입국들도 곤란하기는 마찬가지다. 특히 우리나라와 같이 정유와 석유화학의 비중이 큰 나라들은 원가인 유가의 흐름에 민감할 수밖에 없다. 그래서 넋 놓고 있을 수는 없는 노릇이다. 석유시장의 생리를 알면 적어도 흐름의 방향과 크기는 어느 정도 예측할 수 있다.

석유시장을 이해하면 유가가 보인다

석유시장과 유가흐름을 가장 쉽게 이해하는 방법이 있다. 일단 석유시장의 참여자들을 알아본다. 먼저 수요자는 크게 선진국인 경제협력개발기구OECD와 개도국으로 나뉘는데, 2016년의 경우 세계 전체 수요 하루 평균 9,650만 배럴 중 OECD가 48.4%, 개도국이 51.6% 정도를 차지하고 있는데 격차는 조금씩 벌어지고 있다. 2016년 세계 소비량은 2015년보다 1.5% 증가했는데 이 중 비OECD가 1.2%를 기여해 소비를 주도하고 있고 OECD 증가율은 0.3%에 그쳤다. 최대 석유소비 국가는 미국, 중국, 인도와 일본 등이다. 글로벌 수요는 유가 하락으로 조금 반등하고 있지만 전체적으로는 정체된 흐름을 보이고 있다. 석유수요는 가격보다 경기에 더 민감하게 반응하는데 2016년 세계경제 성장률 3.2%와 비교하면 1.5%인 석유수요 증가율은 많이 낮은 편이다.

석유 공급은 최대 산유국 카르텔인 OPEC와 미국, 러시아 등 비OPEC 산유국들로 나뉜다. 전 세계 원유 생산은 2016년 하루 평균 9,690만 배럴이었는데 이 중 OPEC의 공급량은 3,930만 배럴로 41%를 차지하고 비OPEC의 공급량은 5,760만 배럴로 59%였다. 지난 십 수 년 동안 항상 비OPEC의 생산이 OPEC의 생산량보다 2,000만 배럴 정도 많게 유지되고 있다. OPEC의 산유국 중 전체 생산에서 차지하는 비중은 사우디아리비아가 14%를 조금 넘고 이라크와 이란, 아랍에미리트연합UAE이 각각 4%대 중반, 쿠웨이트가 3%대 중반을 점유하고 있다. 적도기니가 2017년 7월 OPEC에 새로 가입해 총 회원국은 14개국이 되었다. 비OPEC 산유국 중에서는 미국과 러시아가 총 생산의 14% 정도를 차지하고 중국이 5%에 약간 못 미친다. 이외에도 노르웨이, 멕시코, 영국 등이 있고 그리고 중동에서는 유일하게 오만이 비OPEC 산유국이다.

2016년 세계 석유공급은 2014년부터 시작된 유가 폭락에도 불구하고 2015년보다 0.3% 증가했다. 미국이 저유가의 여파로 생산을 줄였지만 OPEC은 이란이 증산을 본격화함에 따라 전년보다 1.1% 늘었다. 이라크와 사우디, UAE 등 중동 산유국들은 생산을 늘린 반면 남미와 아프리카의 생산은 줄었다. 러시아도 소련 해체 이후 최대인 하루 1,134만 배럴을 생산해 1,042만 배럴을 생산한 사우디를 제치고 최대 산유국 지위를 유지했다. 2017년의 공급은 OPEC의 감산합의로 0.6% 증가에 그쳐 9,750만 배럴을 기록했다.

석유 수요는 경기에 따라 움직이는 일정한 패턴을 띠고 있다. 따라서 유가의 단기 변동은 공급자들에 달려 있으므로 공급자간 역학관계를 이해하는 것이 중요하다. 간단하게 정리하면, 사우디가 주도하는 OPEC은 시장의 주공급자이고 미국을 위시한 비OPEC 산유국들은 생산자뿐만 아니라 주요 소비자의 역할도 함께 한다. 비OPEC 산유국들은 자신들이 생산한 원유를 먼저 사용하고 부족한 부분은 OPEC에서 수입한다. 공급자가 수요자로 바뀌는 것이다. 그래서 OPEC은 '잔여 공급자residual supplier' 또는 '시장 균형자market balancer'로 불린다. 즉, OPEC의 공급량은 재고가 반영된 세계 수요에서 비OPEC 산유국들의 공급을 뺀 잔여물량이다. 따라서 비OPEC 국가들이 자신들이 생산한 물량 이외에 추가로 필요한 수요보다 OPEC 국가들이 더 많이 생산하면 가격이 떨어지고 더 적게 생산하면 가격이 상승한다. 비OPEC 산유국들의 추가수요도 일정한 패턴을 가지고 있기 때문에 결국 이에 대응하는 OPEC의 공급량에 따라 가격이 결정된다. 그래서 OPEC의 수장인 사우디가 내놓는 공시가격을 보면 단기적 유가의 흐름을 예측할 수 있다.

유가의 흐름을 가장 심플하게 보는 방법이 바로 OPEC의 실제 생산과 잔여 공급자로서 OPEC에게 요구되는 물량, 즉 '콜 온 오펙call on OPEC'의 차이를 보는 것이다. 2014년 하반기 유가 하락과 2016년의 반등 등 유가의 주요 흐름이 이 차이에 따라 움직였다. 물론 '콜 온 오펙'이란 말은 다분히 미국 중심적 시각에서 나온 것이고 공정한 경제적 개념이 아니다. 가령 자동차 생산에 비유하면, 미국 정부가 GM과 포드로 국내수요를 채우고 나머지 부분을 현대차나 도요타가 채우도록 한다면 공정한 시장경쟁이 아니다. 그래서 이 용어의 사용에 대해서는 논란이 있다. 그러나 어려운 유가의 흐름을 예측하는 중요한 도구로서의 역할은 아직 유효하다.

석유시장, 정치적 이해가 필요한 마켓

장기 저유가를 예측한 저자의 2015년 저서 『오일의 공포』에서 강조했듯이 유가는 다른 상품처럼 '보이지 않는 손'에 의해 정해지는 것이 아니다. 물론 수요와 공급은 가격을 결정하는 가장 큰 변수이지만 여기에 매몰되어 있으면 유가의 흐름을 제대로 예측할 수 없다.

석유의 수요는 경기의 변동과 같이 움직이며 일정한 패턴이 있기 때문에 예측 못할 정도는 아니다. 그러나 공급은 다르다. 석유시장은 공급자가 정해져 있는 독과점 시장이다. 게다가 공급자들은 담합에 의해 움직이며 언제든지 물량을 조정할 수 있다. 수요가 증가하여 가격이 오르면 공급자들은 수익을 극대화하기 위해 물량을 늘린다. 반대로 수요가 감소해 가격이 떨어지면 공급물량을 줄인다. 그런데 문제는 공급자들이 수요에만 반응하는 것이 아니라는 것이다. 이들은 재고와 성장률 등 경제변수뿐만 아니라 국내정치적 상황, 다른 나라들과의 관계, 이해득실 등 다양한 상황에 따라 공급물량을 조절한다. 그래서 가격이 하락한다고 무조건 공급을 줄이고, 가격이 상승한다고 시장에 더 많은 물량을 내놓는 것이 아닌 것이다.

석유시장의 역사에 있어 수요와 공급의 원칙이 그대로 지켜진 사례가 많지 않다. 가격이 급락하는데 오히려 공급을 늘린 경우가 더 많다. 공급은 여러 정치적 과정에서 나온 결과물이기 때문이다. 그런데 정치적 결정으로 나온 결과물에 불과한 공급 데이터만 가지고 수요에 맞춰 가격을 예측하니 그것이 맞을 리가 만무하다. 생물처럼 움직이는 석유시장의 다이나믹스dynamics에 대한 이해가 부족하기 때문이다. 이처럼 석유시장만큼 정치적 이해가 필요한 부분도 없다.

석유를 지배하는 자들은 누구인가

유가는 '보이지 않는 손'이 아니라 공급을 좌지우지하는 '큰 손'에 의해 움직이고 그 큰 손은 정치적 이해관계에 따라 움직인다. 그렇다면 그 큰 손은 누구인가? 오랫동안 석유시장의 가장 큰 손은 미국이었다. 미국 석유의 역사는 존 록펠러 없이 논할 수 없다. '석유왕'으로 불린 록펠러는 미국 석유의 알파요 오메가며, 처음이자 끝이다. 그는 1870년 석유회사 스탠더드 오일Standard Oil을 세웠고 이를 통해 미국 석유시장의 90%를 독점했다. 석유 개발과 정제뿐만 아니라 운송, 송유관 등 관련된 모든 사업을 손에 넣었다. 그는 극단적인 저유가 전략으로 경쟁자들을 몰아냈고 트러스트를 형성해 약탈적 방법으로 석유시장을 장악해 엄청난 부를 챙겼다. 그의 부가 대를 이어 록펠러재단이라는 형태로 지금도 유지되고 있을 정도이다.

록펠러가 등장했던 19세기 후반은 석탄의 시대였다. 석유는 열효율 면에서 석탄을 압도했고 다루기도 쉬웠지만 문제는 비싼 가격이었다. 록펠러의 전략은 가격 인하였다. 석탄을 밀어낼 만큼 충분히 석유의 가격을 내리는 것이었다. 가격이 싸진 석유는 석탄을 대체하기 시작했고 록펠러는 석유를 발판으로 전체 에너지 시장도 손아귀에 넣었다. 록펠러의 독점은 티오도어 루스벨트 대통령에 의해 끝났다. 그가 반트러스터법을 발동시키면서 스탠더드 오일은 1911년 해체되어 36개의 독립회사로 공중분해되었다. 여기에서 끝났으면 석유왕 록펠러가 아니다.

그의 DNA는 그 이름도 유명한 '세븐 시스터즈seven sisters'에 의해 고스란히 이어진다. 한글로 굳이 표현하자면 '7공주'쯤으로 할 수 있는데 자매보다는 석유 '왕' 록펠러의 자식들이기 때문에 공주가 더 와닿는 것 같다. 7공주는 스탠다드 오일의 후예들이다. 이들은 뉴저지 스탠다드 오일, 뉴욕 스탠다드 오일, 캘리포니아 스탠다드 오일, 텍사코, 걸프오일, 브리티시페트롤리엄BP 그리고 로열더치셸RoyalDutchShell이다. 이들 중 일부는 스탠더드 오일의 직접적 후신은 아니지만 나중에 스탠더드 계열로 흡수

되거나 굳건한 공조체제를 취했기 때문에 실제로는 한 몸처럼 움직인 카르텔이나 마찬가지였다. 록펠러의 뒤를 이은 7공주의 저유가 전쟁으로 석탄은 더 빨리 시장에서 물러났고 석유 의존도는 1950년 10%에서 1965년 45%로 급증했다. 이는 1970년대 오일쇼크의 충격을 가중시키는 결과를 낳았다.

록펠러와 7공주파 그리고 OPEC

7공주는 록펠러의 바턴을 이어받아 문패만 바꾼 채 석유시장의 독과점을 이어갔고, 석유의 보고인 중동까지 진출하여 싹쓸이했다. 1970년대 초까지 석유시장은 이들의 독무대였다. 이들이 정하면 그것이 가격이 되었다. 아무도 물을 수도 따질 수도 없었다. 록펠러의 DNA가 여기서 끝난 것이 아니다. 이 7공주들은 20세기 막판 장기 저유가의 고비를 넘기기 위해 M&A를 통해 지금의 석유메이저들이 되었는데, 엑손모빌, 쉐브론, BP, 셸 등이 그들이다. 19세기 록펠러의 그림자가 21세기 지금까지 드리워져 있는 것이다.

7공주들은 록펠러의 상대편 고사전략을 이어받아 막대한 물량을 시장에 퍼부어 가격을 떨어뜨려 신생업체의 진입을 막았다. 가격하락 전쟁은 거대 산유국 소련을 자극했다. 소련도 가격을 낮추어 점유율을 지키려 했다. 덕택에 1970년대 초반까지 원유의 명목가격은 3달러를 넘지 못했고 현재의 물가로 환산한 가격도 20달러 초반에 머물렀다.

중동 산유국에 진출하면서 7공주는 이득의 반 정도를 해당국가에게 나눠주고 나머지는 그들이 차지했다. 중동국가들도 처음에는 좋았다. 자신들은 가만히 앉아만 있어도 떼돈을 챙길 수 있었다. 그러나 소련과의 가격경쟁으로 유가가 계속 하락하여 그들이 받는 수익이 자꾸 감소하자 중동 산유국들의 불만은 점점 높아졌다. 그리고 자신들의 땅이 품고 있는 석유의 가치에 눈을 뜨기 시작했다. 자기들의 땅에서 파낸 석유가 외국자본에 의해 '헐값'으로 팔려나가자 중동 산유국들은 1960년 9월 이라크의 바그다드에 모여 그들의 이익을 대변하기 위한 조직을 결성했다. OPEC이 탄생한 것이다. 여기에 남미 등 다른 지역 산유국도 동참해 덩치를 키웠다. 석유시장에서 미국과 OPEC 양자 구도가 형성된 것이다.

힘의 균형은 1973년 1차 오일쇼크 이후 급속도로 OPEC으로 기울었다. 미국은 국내 원유생산이 줄기 시작한 데다 석유수요가 급증해 중동산 원유도입을 늘리고 있었는데 아랍 산유국들이 숙적 이스라엘을 도운 미국에 대해 수출금지조치를 취하면서 미국을 큰 혼란에 빠뜨렸다. 석유시장의 헤게모니를 OPEC이 잡은 것이다. 이때부터 유가는 당대의 큰 손인 OPEC의 몫이었다. OPEC의 좌장 사우디는 공시가격인 OSP^{Official Selling Price}, 즉 현재 가격 대비 어느 정도의 할증 또는 할인을 해서 팔겠다는 의도를 통해 가격을 통제했다.

중동 산유국들이 OPEC을 통해 그들의 집단적 힘을 보여 준 것은 1973년 10월 제4차 중동전쟁이 터지면서부터이다. 아랍진영의 이집트와 시리아 연합군은 유대교의 가장 중요한 휴일인 욤 키푸르^{Yom Kippur}의 틈을 타 이스라엘을 기습 공격하여 큰 타격을 가했다. 제3차 중동전쟁(6일 전쟁) 때 이스라엘에게 빼앗겼던 지역을 되찾기 위해 벌인 전쟁이다. 이에 미국이 이스라엘에 대한 지원에 나서자 전세는 바뀌어 아랍진영에 불리하게 전개되었다. 아랍진영은 보복수단으로 석유를 들고 나왔다. 석유가 무기로 사용되기 시작한 것이다. 미국 등 이스라엘을 지원하는 국가에는 석유수출을 금지하고 산유량도 매월 5%씩 줄이는 한편 공급가격도 담합하여 올리기로 결정했다. 1차 오일쇼크가 온 것이다. 이로 인해 원유가격이 1973년 10월부터 1974년 1월까지 5배 이상 급등했다.

이것이 끝이 아니었다. 국제유가 상승이 잠잠해지던 1979년 2차 오일쇼크가 터졌다. 2차 오일쇼크는 1978년 발생한 이란의 '이슬람 혁명'에서 시작되었다. 종교학생 데모가 발단이 된 이슬람 혁명은 팔레비 왕조를 무너뜨리는 성공을 가져왔지만, 혁명기간 중 발생한 유전 노동자의 파업으로 석유수출은 전면 중단되었고, 이로 인해 하루 560만 배럴의 공급 차질이 발생해 유가는 급등했다. 여기에 OPEC 회원국들의 자원민족주의 강화와 이란·이라크 전쟁 발발, 미국 쓰리마일섬의 원전사고로 인한 석유의존도 심화 등이 더해져 유가는 사상 처음으로 배럴당 30달러선을 넘게 되었다. 2차 오일쇼크로 인한 세계경제의 침체는 1차 오일쇼크 때보다 장기화되었다. 2차 오일쇼크는 1978년부터 1982년까지 5년간 지속되었고, 이 기간 동안 국제유가는 3배나 올랐으며 세계경제 성장률은 1979년 이후 4년간 하락했다. 미국 MIT 석유 경제학자 모르스 아델만은 석유가 샤넬 향수보다 더 비싸지는 시기가 곧 올 것이라며 고유가 시대를 전망했다.

서울 중심에 '테헤란로'가 생긴 이유

서울 강남의 빌딩 숲 사이로 길게 쭉 뻗은 시원한 대로의 이름은 생뚱맞게도 '테헤란로'이다. 50년이 넘는 동맹인 미국의 도시 이름을 딴 '워싱턴로'도 없고 '뉴욕로'도 없는데 우리와 큰 인연이 없고 생소한 중동국가 이란의 수도인 '테헤란로'라니. 그것은 오일쇼크로 기름 한 방울도 소중하던 시절 원유 공급선을 확보해야 한다는 절박감에서 나온 외교적 노력의 일환이었다.

1970년대 오일쇼크로 원유를 전량 수입에 의존해야 했던 우리나라는 큰 충격을 받았다. 주유소마다 깡통을 들고 긴 줄을 서 배급받듯 석유를 구입해야 했으며 공장조업 시간은 단축되었고 집집마다 전등도 마음대로 못 켰다. 1차 오일쇼크로 물가상승률은 3.2%에서 24.3%로 급등했고 경제성장률은 12.3%에서 7.4%로 추락했다. 그나마 경제가 더 나빠지지 않은 것은 이란 덕택이었다. 오일쇼크 때 중동국가 중 유일하게 이란이 우리나라에 석유를 공급해 주었기 때문이다.

우리나라는 이란의 마음을 잡아야 했다. 모든 외교적 역량도 동원되었다. 1977년 서울과 테헤란은 자매결연을 맺고 그 상징적 조치로 강남의 '삼릉로'를 '테헤란로'로 명칭 변경하였고 테헤란에도 '서울로Seoul Road'가 생겼다. 우리에게는 그만큼 에너지 확보가 절박했다. 여차하면 세종로가 사우디의 '리야드로'나 이라크의 '바그다드로'가 될 뻔한 것이다.

상황은 바뀌어 이제 막 제재를 벗어난 이란이 원유를 팔기 위해 안간힘을 쓰고 있다. 우리나라는 의리를 지키며 적극적으로 이란산 원유를 도입하고 있다. 이란 원유는 다른 나라 원유보다 가격이 저렴해 우리로서는 마다할 이유가 없다. 특히 이란산 초경질유인 콘덴세이트는 다른 지역보다 품질도 우수하여 도입량을 늘리고 있다. 이란은 2016년 우리나라에 1억1,194만 배럴의 원유를 수출해 사우디, 쿠웨이트, 이라크에 이어 4번째로 큰 원유 공급 국가가 되었다.

2011년 이란에 대한 국제제재가 시작되기 전에는 1년에 800만 배럴 정도를 도입하다가 제재 후에는 절반 가까이 줄었는데 제재가 해제된 2016년 초부터 수입량이 급증했다. 우리나라는 이란 제재에 적극적으로 가담하지는 않았고 원유 도입도 크게 줄이려 하지 않았으나 세계 해상보험을 장악한 유럽의 회사들이 이란 원유에 대한 보험을 거절했기 때문에 어쩔 수 없이 도입물량을 줄였다. 그나마 이란이 수출물량에 대해 자국의 유조선으로 수송해주고 운항 리스크도 책임지기로 했기 때문에 그보다 더 줄이지는 않았다. 실제로 200만 배럴의 원유를 싣고 다니는 유조선이 보험 없이 운항하기는 힘들다. 유가가 배럴당 100달러로 치면 200만 배럴은 2억 달러, 우리 돈으로 2,200억 원이 넘으니 사고가 나거나 해적한테 피랍되면 큰 낭패를 겪기 때문이다.

석유시장의 큰 손이 4강 체제로 재편되다

1978년 이란 혁명을 계기로 발생한 2차 오일쇼크로 석유 가격은 또 한 번 폭등했지만 1차 오일쇼크 이후 계속된 신규 유전개발에 대한 노력이 결실을 거두어 원유생산이 대량으로 늘어나면서 유가는 급락하기 시작했고, 이후 2000년대 초까지 긴 저유가의 터널로 빠져들었다. 이와 함께 오일쇼크 이후 절약이 몸에 배면서 석유수요도 정체되었다.

유가가 장기하락 국면에 들어가 '수요자의 시장'으로 전환되자 공급자들의 힘은 약화되고 시장의 기능이 강화되었다. 석유의 공정거래시장은 이때부터 형성되기 시작했다. 석유의 원조인 미국에서 먼저 1983년 뉴욕상업거래소NYMEX: New York Mercantile Exchange가 개설되어 미국에서 주로 생산하는 저유황 경질유를 중심으로 한 선물거래가 시작했다. 현물은 미국 남부의 석유허브인 오클라호마의 쿠싱에서 인도된다. 1988년에는 북해에서 생산되는 브렌트유를 선물 거래하기 위해 런던에 ICEIntercontinental Exchange가 생겼다. 아시아지역에는 이보다 많이 늦은 2007년 중동산 원유의 선물거래를 위한 두바이상업거래소DME: Dubai Mercantile Exchange를 만들었지만 거래량은 아직도 미미해 큰 영향을 주지 못하고 있다. 중동산 원유는 선물이 아닌 현물로 대부분 거래되기 때문이다. 중국과 러시아는 상하이와 상트페테르부르크에 각각 원유 선물시장 개설을 추진하고 있다.

시장이 생겼지만 실제적 권력은 여전히 독과점 공급자들이 가지고 있었다. 미국이 독점하던 석유시장에 OPEC이 만들어지면서 양강구도가 형성되어 시장을 나눈 것뿐이다. 게다가 미국과 OPEC의 좌장 사우디는 달러패권 유지와 왕정보호라는 서로의 최대 이익을 위해 석유시장에서 한 편이 되어 움직였다. 이들의 석유시장 장악은 그 후로도 오랫동안 지속되었다.

상황은 2000년대부터 변하기 시작했다. 이른바 브릭스BRICS(브라질, 러시아, 인도, 중국, 남아공) 붐으로 유가가 폭등하기 시작했고, 이 틈을 타 석유를 매장하고 있는 개발도상국가들이 자원민족주의로 무장하여 대규모 유전개발을 통해 석유시장에 뛰어든 것이다. 이들은 압도적 매장량으로 기존의 큰 손들을 위협했다. 브라질과 베네수엘라 등 남미 국가들과 중국, 말레이시아 등 아시아의 떠오르는 산유국들에 더해 소련 붕괴 후 전열을 정비한 러시아도 본격적으로 시장에 뛰어들었다. 이로써 석유시장의 큰 손은 미국, OPEC, 러시아, 개도산유국 등 4강 체제로 재편되었다.

03
대변동의
서막이 올랐다

2014년 유가 폭락의 이유 : 중국요리집과 석유시장

세계 에너지 시장의 혼란과 대변동은 파이, 즉 수요는 정해졌는데 공급자들이 늘어 자신들의 지분이 줄어든 데서 비롯되었다. 점유율 전쟁이 시작된 것이다. 규모가 정해진 시장에 신규 진입자가 들어올 때 이들을 내쫓는 가장 좋은 방법은 파격적인 가격 인하다. 예를 들어, 어떤 동네에서 중국요리집을 새로 내려는 사람은 돈이 들더라도 식당을 한껏 치장해 차별화를 시도할 것이다. 그 동네에서 이미 영업을 하고 있던 가게들이 이 새 점포를 몰아내기 가장 좋은 방법은 요리가격을 파격적으로 인하하는 것이다. 자신들에게도 어느 정도 타격이 있지만 큰 빚이 없어서 그럭저럭 운영만 하면 버틸 수 있다. 그러나 신규 진입자는 기존의 가격을 바탕으로 한 수입을 예상하고 돈을 들여 가게를 치장했기 때문에 파격적인 가격인하에 동참할 수 없다. 서로 자신의 허리띠를 졸라매는 싸움에서 과도한 투자를 한 쪽이, 즉 더 가난한 쪽이 결국은 지게 되어 있다.

2000년대 초 유가가 천정부지로 오르고 있을 때 자원이 풍부한 개발도상국들도 자신들의 땅에 묻혀 있는 석유를 내다팔고 싶은 충동이 생겼다. 과거 세븐 시스터즈가 중동에 진출하여 석유를 싹쓸이한 것을 본 적이 있기에 그들은 자신들이 스스로 개발하기로 마음을 먹었다. 그래서 기술과 자본을 겸비한 서구의 메이저 석유개발회사들을 자원민족주의라는 깃발 아래 다 내쫓았다. 그들에게는 당장 돈이 없으니 석유를 캐내기 위해선 빚을 내야 했다. 자국이 보유한 매장량을 담보로 엄청난 부채를 일으켰다. 물론 피도 눈물도 없는 서구 금융권에서 돈을 빌렸다. 당시 유가가 배럴당 100달러를 훌쩍 넘었고 곧 120달러, 150달러로 오른다는 달콤한 전망들이 있으니 무리하게 빚을 내더라도 곧 갚을 수 있을 것이라 생각했다. 몇몇 나라들이 석유를 캐내 시장에 내놓기 시작했다. 가격도 좋아 그들은 곧 선진국의 반열에 오를 것이라 생각하고 돈을 흥청망청 쓰기 시작했다. 정치적 반대세력을 제압하기 위해서라도 더 많은 돈을 선심성 복지사업에 썼다. 막대한 매장량을 바탕으로 그들은 빠른 속도로 석유시장을 잠식해 들어오기 시작했다. 제4의 '큰 손'이 된 것이다.

가만히 앉아서 당할 기존 세력들이 아니었다. 그들은 '전가의 보도'인 가격인하를 단행했다. 더 많은 물량을 생산해 더 싸게 시장에 내놓았다. 가격이 떨어져 손해가 생기지만 시장을 영원히 나누어 가지기보단 단기간의 고통이 따르더라도 자신의 시장점유율을 지키겠다는 것이다. 가격하락에도 산유국들이 생산을 늘리는 이유가 바로 여기에 있다. 가격이 내려가면 공급을 줄이는 것이 '보이지 않는 손'의 역할이지만 석유시장에서는 보이지 않는 손은 영원히 보이지 않는다. 오직 시장을 주무르는 큰손이 있을 따름이다.

유가가 떨어지기 시작하자 후발주자들의 속은 타들어 갔다. 큰 빚을 내서 장사를 시작했기 때문에 이자도 내고 원금도 갚아야 하는데 경쟁사들이 물량공세로 가격을 떨어뜨리니, 이들의 손실은 눈덩이처럼 불어났다. 불행하게도 이들이 보유한 석유는 대부분 바다 깊은 곳의 심해 유전에 있는 것이다. 심지어는 해저 2km가 넘는 초심해 유전이다. 게다가 유질도 좋지 않아 황 함유가 많고 무거운 저급 석유이기 때문에 가격도 싸다. 캐내기도 훨씬 어렵고 정제하는 데 비용도 더 많이 들어간다. 시장에는 헐값에 내놓을 수밖에 없다. 캐낸 비용을 생각하면 적어도 100달러는 받아야 하는데 유가도 하락하고 상품성도 떨어져서 점점 낮은 가격을 제시해야 팔리기 때문이다. 큰돈을 벌 것이라고 예상하고 각종 복지프로그램을 진행하고 있던 터라 유가 하락의 충격은 더 클 수밖에 없었다.

이들 국가들은 유가가 더 떨어지자 복지는커녕 석유를 캐내는 비용보전도 어려운 처지에 이르렀다. 원금은 고사하고 이자도 못 갚을 처지인데 채권자들은 빚 독촉을 해대기 시작한다. 유가가 반 토막, 3분의 1토막 나니 석유를 캐낼수록 적자다. 그렇다고 안 캘 수도 없다. 나라의 곳간을 채울 것은 오직 석유뿐이니, 밑지더라도 캐내서 팔지 않으면 나라가 문을 닫을 판이다. 채권자들의 독촉은 더 심해진다. 이자라도 갚기 위해 자산의 일부라도 팔려고 하는데 유가 폭락으로 그마저 헐값에 넘기게 생겼다. 설상가상으로 복지를 줄이니 국민들의 아우성이 날로 커진다. 살기 어렵다고 시위까지 일어나고 있다. 유가가 크게 반등하는 것만이 살길인데 3년 이상 지속되고 있는 저유가의 터널은 그 끝이 보이지 않는다. 유가가 조만간 크게 반등하지 않으면 유전 자체라도 팔고 빚 탕감을 시도해야 할 지경에 이른 것이다. 브라질, 베네수엘라 등 후발 산유국들의 현재 실정이다. 이처럼 석유시장 제4의 큰 손은 시장에서 퇴출 직전에 몰렸다.

석유 퍼내기 전쟁

간단하게 말하면, 2014년 유가 폭락은 지난 100년간 석유시장을 주무르던 미국과 사우디가 새로운 진입자인 개도산유국과 러시아의 힘을 빼기 위해서 의도적으로 벌인 저유가 전쟁의 결과이다. 사우디가 미국의 셰일오일 업자들을 도산시키기 위해 유가를 낮추었다는 항간의 주장은 지엽적 분석이다. 미국과 사우디의 정치적 이해타산이 고려되지 않았으며 미국 셰일혁명의 폭발력을 과소평가한 주장이다.

그래서 많은 전문기구들조차 유가 예측에 실패한 것이다. 유가가 폭락을 시작하기 직전까지 많은 전문가들이 120달러니 150달러니 하면서 유가상승에 배팅했다. 유가 폭락이 시작된 후에도 셰일업자의 생산비용 마지노선이 최소 70달러이니 그 밑으로는 절대 내려가지 않는다는 주장이 대세를 이루었다. 그러나 그들이 유가가 30달러 밑으로 떨어지는 것을 보기까지는 채 2년이 걸리지 않았다.

유가 하락전쟁은 이번이 처음이 아니다. 국제유가는 일정한 기간을 두고 주기적으로 상승과 하락을 반복하고 있는데 크게 보면 15년을 주기로 사이클이 바뀌고 있다. 석유가 세상에 나온 후부터 1970대 초반까지는 저유가 기간이었다. 배럴당 3달러를 넘지 않았다. 1차 변동은 1973년과 1978년 두 차례의 중동발 오일쇼크로 발생했다. 유가가 폭등하여 1979년 12월 40달러까지 올라갔다. 30달러 이상의 고유가는 1986년까지 이어졌다.

2차 변동은 유가 하락이다. 유가 상승이 유전개발을 자극하여 북해에서 대규모 유전이 개발되는 등 생산이 크게 증가하여 그 후 15년간 20달러 이하의 저유가 시기가 진행되었다. 1999년에는 10달러 선까지 떨어지기도 했다. 유가가 떨어져 수입이 감소한 산유국들이 생산량을 늘려 손

유가 사이클

― 인플레이션 보장가격 ― 명목가격

❶ ❷❸ ❹ ❺❻ ❼ ❽ ❾❿⓫

1861-69 1870-79 1880-89 1890-99 1900-09 1910-19 1920-29 1930-39 1940-49 1950-59 1960-69 1970-79 1980-89 1990-99 2000-09 2010-19

❶펜실베이니아 석유붐 ❷록펠러 저유가 석유전쟁 ❸러시아 석유수출 시작 ❹미국 석유부족 우려 ❺1차 오일쇼크
❻2차 오일쇼크 ❼북해유전개발 ❽아시아 금융위기 ❾브릭스붐 ❿글로벌 금융위기 ⓫셰일혁명

자료: BP Statistics Review of World Energy로 재작성

실을 보전하려고 했기 때문이다. 3차 변동은 다시 상승이었다. 중국을 위시한 브릭스의 경제가 팽창하고 미국 등 선진국 경제가 호전되어 석유 수요가 급증했기 때문이다. 2008년 6월 유가가 배럴당 138달러까지 치고 올라갔다. 2014년 하반기부터 유가 폭락은 4차 변동이다.

4차 변동기의 유가 하락은 과거의 사례와는 본질적으로 다르다. 이번 유가 폭락의 가장 큰 이유는 공급량의 증가이며, 그 진원지는 미국이다. 셰일층에서 생산되는 원유와 천연가스의 생산이 2000년대 후반 들면서 폭발적으로 늘어나 시장에 부담을 주기 시작했고 그것이 쌓였다가 한꺼번에 터지면서 2014년 하반기 유가 폭락으로 이어진 것이다. 미국의 원유 생산이 2012년 하루 평균 615만 배럴에서 2014년 말에는 900만 배럴까지 치솟아 세계 최대 산유국 사우디의 950만 배럴을 턱밑까지 추격했다. 2014년 세계 원유생산은 하루 평균 7,500만 배럴 정도였는데 세계 생산

증가량과 미국의 생산 증가분이 거의 일치했다. 미국 셰일생산으로 인한 하루 200만 배럴 정도의 초과 생산분이 가격 폭락을 이끈 것이다. 국내에서 원유와 천연가스의 생산이 급증하자 세계 최대 원유 수입국이었던 미국의 원유 도입은 급격하게 줄 수밖에 없었고 미국시장이 받아주지 못한 잉여물량이 아시아와 유럽 등 다른 지역으로 쏟아지자 국제유가는 속절없이 폭락하게 된 것이다. 2015년에는 초과공급이 170만 배럴로 줄었고 2016년에는 100만 배럴로 줄었다. 유가도 2016년 초 저점을 찍은 후 반등했다.

미국산 원유와 천연가스의 생산이 급증해 국제유가가 폭락하자 그동안 국제 석유시장을 장악해오던 중동 산유국들은 위기감을 느꼈다. 공급량이 증가해 유가가 하락하면 공급량을 줄여 유가를 받치는 것이 중동 산유국들의 전략인데 이번에는 달랐다. 미국발 셰일혁명의 파괴력을 알고 있었던 것이다. 웬만큼 생산량을 줄여봤자 미국에 의해 금방 채워지면 유가는 상승하지 않고 오히려 시장만 그만큼 내주는 꼴이 되기 때문이다. 과거 1980년대 북해유전의 생산량을 간과하고 섣불리 감산했다가 시장만 내주고 가격은 더 떨어져 몇 년간 적자에 시달렸던 아픈 기억이 있는 사우디와 중동 산유국은 시장점유율을 지키기 위해 생산량을 더 늘리고 공급 가격도 낮춘 것이다.

미국 셰일오일의 생산 잠재력은 무궁무진하다. 미국 퍼미안 셰일광구의 한 귀퉁이에서 발견된 원유가 세계 최대 매장량을 자랑하는 사우디의 가와르 유전의 규모를 능가한다. 게다가 기술의 진보로 생산단가가 날이 갈수록 낮아지고 있다. 더 낮은 유가에도 이득을 낼 수 있게 된 것이다. 유가가 너무 내려갔다고 생각하면 잠시 생산을 멈추면 된다. 다시 가동하는 데 2개월이면 충분하기 때문이다. 유가가 조금이라도 오르면 바로 재가동한다. 그야말로 '퍼내기 전쟁'이다.

더 중요하고 근본적인 변화는 수요에 있다. 세계의 에너지를 거침없이 빨아들이던 중국의 경기가 예전만 못하고 재정위기에 처한 유럽, 장기 저성장의 늪에 빠진 일본, 그리고 인도 등 신흥국의 경제성장마저 둔화되며 에너지 수요를 약화시켰기 때문이다. 강한 달러 또한 유가 하락을 부추겼다. 원유가 달러 표시 가격으로 거래되기 때문에 달러의 가치가 올라가면 상품인 원유의 가격은 하락하게 되어 있다.

우리가 놓치고 있는 유가 하락의 진짜 이유는 따로 있다. 바로 석유 자체의 수요가 줄어들고 있기 때문이다. 연료 효율이 개선되고 있는 데다가 천연가스가 석유를 대체하고 있다. 그동안 미국의 소비자들은 높은 유가에도 불구하고 별다른 대안이 없이 석유에 의존할 수밖에 없었다. 천연가스의 가격 역시 만만치 않아 소비패턴에 큰 영향을 주지 못했다. 그러나 2000년대 중반 셰일가스 생산이 본격화되면서 상황이 달라졌다. 그전까지 별 차이 없던 석유와 천연가스 가격이 2005년 이후 천연가스 가격이 급락하면서 소비자들은 점점 석유에서 천연가스로 갈아타기 시작했다. 또한 지구온난화라는 환경 이슈도 상대적으로 더 깨끗한 자원인 천연가스의 사용을 늘리고 있다. 유가가 더 떨어지지 않더라도 천연가스가 석유를 대체하는 움직임은 계속될 것으로 보인다.

산유국의 마지막 카드, '감산'

2014년 6월 이후 지속된 저유가는 산유국에 과거에 겪어보지 못했던 큰 고통을 안겨주고 있다. 산유국들은 풍부한 원유를 바탕으로 세계 최고 수준의 부를 누렸다. 판매자 우선의 석유시장에서 산유국은 '갑질'을 서슴지 않았다. 정부와 기업은 원유 수출로 벌어들인 막대한 오일머니로 세계의 자산을 사들였고 국민들은 각종 보조금으로 거의 공짜나 다름없는 에너지를 펑펑 써댔다. 석유 덕택에 산유국들이 미국과 유럽 국가들을 제치고 1인당 GDP가 가장 높은 나라가 되었다.

그러나 상황이 완전히 바뀌었다. 유가 폭락으로 석유수출로 벌어들이던 국가수입이 급감하자 복지지출이 많았던 정부 재정은 큰 위기에 빠지게 되었다. 최대 석유 수출국 사우디 정부마저 빚을 내기에 이르렀다. 보조금이 없어지고 주유소 기름 값과 전기요금이 오르자 주민들은 동요하기 시작했고, 잠재되었던 종교 간, 부족 간 갈등도 하나 둘 터져 나왔다. 막대한 복지 지출로 정치안정을 유지하던 중동 왕정국가들이 '아랍의 봄'의 재발 위기에 직면한 것이다.

수년 동안 지속된 저유가가 반등의 기미가 없자 산유국들은 마지막 카드를 들고 나섰다. 바로 감산이다. 2016월 11월 OPEC 국가들은 사우디의 주도 아래 하루 120만 배럴의 감산과 국가별 감축 할당량을 결정했다. 같은 재정난을 겪고 있던 러시아 등 11개 비OPEC 국가들도 감산에 동참했다. 6개월 동안의 한시적인 할당량 감축이지만 산유국들은 역사상 전례 없는 감산 노력에 돌입한 것이다. 과거 산유국의 감산 합의가 몇 차례 있었지만 국가들 간의 불신과 갈등으로 제대로 이행되지 않았다. 그러나 이번에는 달랐다. 이행이 약속대로 착착 진행되었다. 게다가 유례없이 감산기간을 2018년 12월까지 재연장했다. 산유국들의 절박함을 보여주는 대목이다.

적대세력인 사우디와 러시아, 한 배를 타다

사우디는 당장 유가 반등이 급하다. 국가의 사활이 걸린 국영 석유회사 아람코의 상장을 앞두고 부정적인 견해가 고개를 들고 있기 때문에 유가를 조금이라도 올려 아람코의 가치를 높여야 한다. 여기서 감산을 중단하면 유가가 하락하고 아람코의 가치도 떨어진다. 적어도 아람코가 상장되는 시점에는 유가가 높게 유지되어야 아람코가 시장에 성공적으로 데뷔할 수 있다. 사우디가 2018년 중에 아람코의 상장을 추진하고 있기 때문에 적어도 상장 때까지는 유가를 떠받치기 위해 노력할 것이다.

급하기는 러시아도 마찬가지다. 당장 대선을 앞두고 있기 때문이다. 푸틴 대통령은 2018년 대선에서 승리하면 2024년까지 재임할 수 있다. 그러나 러시아는 지속되고 있는 저유가로 재정 압박에 시달리고 있다. 인기를 만회하기 위해서는 유가를 올려 국가수입을 늘려야 한다. 여기서 감산을 멈추면 유가가 다시 추락할 것이기 때문에 러시아로서는 다른 방법이 없다. 유가 하락에도 불구하고 2015년과 2016년에 러시아가 사상 최고 수준으로 원유 생산을 올려놓은 이유이다.

러시아는 시아파인 시리아와 이란을 돕고 있고 수니파인 사우디는 미국의 핵심 동맹이다. 그래서 사우디와 러시아의 협력은 상상할 수 없는 일이었다. 러시아와 사우디는 1938년부터 1990년대까지 단 한 번의 정상회담도 갖지 않았다. 그러나 '유가를 지지해야 한다'는 절박함이 오랜 적대 세력인 러시아와 사우디를 한 배에 태운 것이다. 이들의 협력은 정치적으로 확대되어 러시아는 사우디의 예멘 반군 진압에 대한 공개적인 비난을 멈추었고 카타르의 고립사태도 못 본 척하고 있다. 사우디는 러시아가 중동에서 영향력을 키우도록 돕고 있다.

사우디와 러시아는 OPEC 총회 전에 미리 만나 감산연장에 합의했고 이례적으로 이를 공동성명을 통해 발표했다. 다른 산유국들이 동참하도록 압박하기 위함이었다. 결과적으로 2017년 5월 25일 정기총회에서 OPEC 회원국들은 2018년 3월까지 감산을 연장하기로 합의했다. 기존 감산에 동참한 나라들도 연장에 합의했다. 감산규모는 그대로인 하루 평균 OPEC 하루 120만 배럴과 비OPEC 60만 배럴이다.

감산 합의가 가능했던 것은 사우디가 OPEC 총 감산량인 40%에 달하는 하루 48만 6,000배럴의 생산 감축을 받아들였기 때문인데, 여기에는 푸틴 러시아 대통령의 역할이 컸다. 당시 사우디는 감산의 필요성은 절감하지만 숙적 이란의 동참 없이는 불가하다며 나서지 않았다. 오히려 사우디는 이란을 압박하기 위해 생산량을 더 늘리겠다고 위협할 정도였다. 러시아는 시리아 문제를 두고 사우디와 갈등을 빚고 있었지만 일단 정치적 문제는 접어두고 사우디 왕세자를 만나 달랬다. 그리고 사우디와 러시아의 감산에 원칙적 합의를 이끌어냈다.

하지만 이란이 어떻게 할 것인지가 여전히 문제였다. 푸틴은 로하니 대통령에게 전화를 걸었다. 이란이 제재의 손실을 만회하기 위해 증산이 필요한 것을 인정하니 감산에 동참하지 않고 생산을 좀 더 늘려도 되는데 단지 이것을 사우디에 대한 승리라고 선전하지만 말아달라고 부탁했다. 이란은 마다할 이유가 없었다. 자신들은 생산량을 늘려도 되는 데다가 사우디가 감산하면 가격이 오를 것이니 달러를 더 벌 수 있기 때문이다. 다만 이것이 사우디가 자신에게 굴복한 결과라고 떠들어 사우디를 자극하지만 않으면 되는 것이다. 이란도 대규모 투자 없이는 추가적 증산이 어려웠기 때문에 못 이기는 척 들어주면 되는 것이다. 로하니 대통령과 잔가네 석유 장관은 이를 최고지도자인 하메네이에게 보고했다. 하메네이는 이것이 외부 압력에 굴복하는 '레드 라인'을 넘는 것은 아니라며 승인했다. 20개 나라가 넘는 OPEC과 비OPEC 산유국들이 참여하는 감산이 마침내 이루어진 것이다. 이것은 사우디가 유가 반등에 얼마나 절박한지를 나타냄과 동시에 감산의 어려움을 보여주는 대목이다.

감산의 딜레마

그러나 감산이 오래가지는 못할 것이다. 각 나라들의 셈법이 다 다르기 때문이다. 일단 OPEC 내에서의 갈등이 만만찮다. OPEC 내 최대 생산국이자 수니파의 좌장인 사우디는 감산을 통해서라도 유가를 끌어올리고 싶어 한다. 그러나 사우디의 숙적 이란의 생각은 다르다. 시아파의 맹주인 이란은 오랜 제재가 풀려 이제 막 생산을 늘리고 있는데 감산이라니…. 그동안의 손실을 만회하기 위해선 최대한 생산량을 늘려도 모자랄판에 감산은 이란에 있을 수 없는 선택이다. 수출을 크게 늘리면서 유조선에 쌓아두었던 물량이 소진되고 생산설비도 한계에 이르면서 감산에 대한 반대수위를 좀 낮추긴 했지만 아직도 제재 이전의 생산수준인 하루 400만 배럴에 미치지 못하고 있다. 이란은 2017년 감산에 실질적으로는 동참하지 않았다. 감산할당량에서 빠졌을 뿐만 아니라 오히려 하루 9만 배럴의 증산도 승인받아 하루 389만 배럴을 생산할 수 있게 되었지만 성에 차지 않는다. 이란은 추가 시추를 통해 2022년까지 470만 배럴로 생산을 늘리고 수출도 늘릴 계획이다.

사우디로선 속이 탈 노릇이다. 급해서 감산을 하긴 했지만 자신들은 하루 48만 6,000배럴을 줄였는데 이란은 오히려 생산을 늘렸으니, 이란이 가만히 앉아서 감산으로 인한 가격 인상효과를 누리는 것을 보고만 있을 수는 없다. OPEC 내 두 번째 큰 생산국이자 시아파 국가인 이라크도 의무감축량이 사우디보다 훨씬 적은 하루 21만 배럴이기 때문에 사우디의 점유율을 파고들고 있다. 특히 최대시장인 아시아에서 사우디의 점유율이 떨어지고 있다. 아람코 상장 때문에 고통스런 감축을 진행했는데 아람코의 시장점유율만 떨어지는 결과로 이어진다면 사우디는 생각을 달리할 수밖에 없다. 더구나 사우디의 최대 국가목표는 이란과 시아파의 궤멸이다. 이들이 감산의 효과를 누리는 것을 보고만 있지 않을 것이다.

이란도 하는 수 없이 증산량을 조절했는데 사우디가 문제를 제기하면 언제든지 유전을 풀가동시킬 태세다. 오랜 제재로 경제가 피폐해진 이란이 살길은 원유와 천연가스를 최대한 수출하는 것뿐이다. 그것이 철천지원수 사우디에 맞서는 길이다. 이미 생산량을 크게 늘려 놓은 이라크는 감산에 합의해 하루 21만 배럴 줄이기로 했지만 언제든 다시 늘릴 태세이다. 이라크 내에서 준동하고 있는 이슬람국가IS와의 전투에 필요한 비용을 충당하기 위해서라도 오일 달러의 확대가 꼭 필요하다는 입장이다. 여기에 오랜 내전에서 상황이 좀 나아진 나이지리아와 리비아도 생산을 늘리고 싶어 한다. 이들이 경제를 살리는 유일한 길은 원유 생산을 최대한 늘려 해외에 내다 파는 것이기 때문에 유가와 상관없이 생산을 늘리려 하고 있다.

알제리, 앙골라 등 아프리카 국가들은 감산을 통해서라도 유가의 반등을 원한다. 이들이 주로 생산하는 원유는 경질유인데 최대 시장인 미국이 셰일 붐 이후 수입을 중단해 판로가 막힌 상태다. 어차피 생산을 늘려도 팔 데가 없으니 감산으로 가격이라도 올리고자 하는 것이다. 그럼에도 불구하고 알제리는 생산량을 늘려 나이지리아를 제치고 아프리카 최대 산유국이 되었다. 동남아시아의 유일한 OPEC 회원국 인도네시아는 감산에 반대한다. 관광업, 농업, 광산업 등을 통해 유가 하락의 충격을 상당부분 만회할 수 있고, 또 생산을 늘려야 수익도 늘어나기 때문이다. 인도네시아는 감산을 받아들일 수 없다며 저항하다 OPEC 회원자격이 정지되었다. 이렇게 OPEC 내에서도 각 국가의 정치적 상황, 생산하는 원유의 종류 등에 따라 입장이 달라서 합의가 매우 어렵다. 담합을 위해 만들어진 OPEC이 '서툰 카르텔clumsy cartel'이라고 불리는 이유다.

무임 승차자들

OPEC 바깥 분위기는 더 살벌하다. 사정이 급한 러시아가 하루 30만 배럴을 감산하면서 동참했지만 이들이 감축한 물량이 미국 등 다른 산유국들에 의해 빠르게 채워져 점유율만 떨어진 꼴이 되었기 때문이다. 특히 미국의 셰일업체들은 생산을 2개월 단위로 매우 탄력적으로 조정할 수 있기 때문에 가격이 조금만 올라도 바로 생산을 끌어올려 수요를 메운다. 또한 기술의 진전으로 셰일오일의 채굴비용이 계속 낮아져 저유가 국면에도 생산량을 늘리고 있다. OPEC의 감산이 진행된 2017년 상반기 미국의 원유 수출량은 하루 90만 배럴에 달해 전년 동기대비 75%나 증가하며 빠르게 시장을 잠식하고 있다.

러시아는 감산에 동참했지만 수출량은 줄이지 않고 있다. 생산축소가 반드시 수출감소로 이어지지는 않는다. 특히 러시아의 중국 수출은 계속 증가해 사우디를 제치고 최대 원유 수출국이 되었다. 국경 파이프라인을 통해 '차 주전자teapot'로 불리는 중국의 독립석유업체들에 대한 공급량을 크게 늘렸기 때문이다. 감산에 동참하지 않은 브라질도 이 틈을 타 원유 수출량을 크게 늘리고 있다. 유가 하락으로 가장 큰 위기에 처한 나라 중 하나인 브라질은 손실이 나더라도 더 많은 원유를 캐서 시장에 내다 팔고 있는데 주요 산유국들이 감산에 나섰으니 기회를 놓치지 않고 물량을 공격적으로 내놓은 것이다. 80만 배럴 정도였던 하루 수출량이 2016년 말 112만 배럴로 늘고 2017년 들어서는 126만 배럴로 급증했다. 지난 10년간 발견된 유전 가운데 세계 최대 규모인 카샤간 유전을 보유한 중앙아시아의 석유대국 카자흐스탄도 생산을 줄이지 않을 것이라고 못박았다. OPEC 내에서도 이란, 인도네시아, 리비아, 나이지리아 등은 대놓고 무임승차한 국가들이다.

감산의 폭이 확대되거나 유가가 더 오르면 무임승차자들은 더 늘어나고 이들이 시장에 내놓는 물량도 더 늘어난다. 결과적으로는 감산에 동참한 국가들의 점유율만 떨어지게 된다. 석유시장은 기본적으로 점유율 전쟁이다. 가격을 높이기 위해선 더 강도 높은 감산이 필요하지만 무임승차자들의 시장 잠식으로 점유율이 떨어진다. 결국, 모든 산유국들이 빠짐없이 참여하고 모두가 만족하는 수준의 할당량을 지키지 않는 한 감산은 근본적으로 딜레마를 야기한다.

감산에도 불구하고 넘쳐나는 경질유

감산에 참여한 국가들도 나름대로 복안이 있다. 생산을 줄이긴 하되, 수출량은 가능한 그대로 유지하고, 돈이 안 되는 유종 중심으로 생산을 줄이는 것이다. 가격이 싼 중질유heavy grades는 생산을 줄여 감산 쿼터를 맞추고 가격이 좋은 경질유light grades 생산은 그대로 유지하거나 오히려 늘려 수익 극대화를 꾀하고 있다. 또한 생산이 줄어든 만큼 재고를 풀어서라도 시장에 내다 팔아 손실을 보충하는 것이다.

그래서 사우디 등 주요 산유국들은 값싼 중질유부터 생산을 줄이고, 그나마 생산된 중질유 물량은 국내 발전용으로 돌리고 있다. 대신 시장에는 경질유를 우선 공급하고 있다. 사우디는 시장에 내놓는 경질유의 OSP(공시가격)를 잇따라 인하하여 점유율을 지키려 하고 있다. 생산이 줄거나 그대로인 상태에서 수출물량을 늘리니 재고는 계속 감소할 수밖에 없는데, 재고감소에도 불구하고 수출량을 늘리는 것은 역시 점유율 때문이다. 미국, 나이지리아, 리비아 등 감산에 참여하지 않은 나라들의 주요 생산물이 경질유이기 때문에 사우디가 경질유를 감산하거나 가격을 올리면 사우디의 경질유 시장은 빠르게 잠식당할 것이기 때문이다.

결과적으로 감산에도 불구하고 경질유는 시장에 넘쳐나고 있다. 공급이 늘어나니 경질유의 가격이 떨어져 중질유와의 격차가 줄고 있다. 더욱이 미국 셰일광구에서 생산된 경질유의 공급이 계속 급증하고 있어 자칫하면 질 좋은 경질유가 저품질의 중질유보다 가격이 싸지게 될 판이다.

이로 인해 제일 먼저 타격받는 나라는 경질유 생산비중이 높은 아프리카 산유국이다. 이미 미국 수출이 막혀 큰 손실을 보고 있는데 감산에도 불구하고 경질유가 시장에 더 많이 풀려 가격이 떨어지니 수익은 더 줄고 있다. 이들 국가의 채굴비용이 상대적으로 높고 수출에서 원유가 차지하는 비중이 절대적이다. 감산에 참여하면 가격이 올라갈 것으로 기대했는데, 그들이 생산하는 경질유의 가격은 오히려 떨어지니 국가 수입은 더 줄어 고민이 깊어지고 있다.

대신 원유를 수입하는 나라들에게는 기회로 작용하고 있다. 특히 한국 등 아시아 수입국들은 대부분의 물량을 중동 등에서 장기계약에 의해서 공급받는데 주로 중질유이다. 그런데 경질유의 공급이 늘어나고 가격이 떨어짐에 따라 현물시장에서 미국, 러시아, 카자흐스탄 등의 경질유 구매를 늘리고 있는 것이다. 자연스럽게 장기계약에 의한 도입비중이 줄고 있고 중동 원유에 대한 의존율도 낮아지게 된다. 경질유는 나프타, 휘발유와 경유 등 고부가가치 석유제품을 만들 수 있는 유분을 더 많이 품고 있어서 중질유보다 가격이 훨씬 비쌌는데 경질유 공급이 늘어나서 중질유와의 가격차이가 크지 않게 되어 경질유가 더 매력적인 상품이 된 것이다. 이에 따라 값싼 중질유를 도입하여 고도화설비를 통해 수익을 내던 정유업체들은 일정량의 경질유를 도입하여 중질유를 섞는 블렌딩 blending을 통해 생산수율yields 극대화를 꾀하고 있다.

알래스카의 봄과 아프리카의 초원

유가 하락은 우리나라 경제에 좋을까, 나쁠까? 필요한 원유의 전량을 수입에 의존해야 하는 우리 경제에 저유가는 언뜻 축복처럼 들린다. 동네 주유소 기름 값이 떨어지니 당연히 좋지 않은가. 우리나라는 2016년 10억 7,800만 배럴의 원유를 수입했다. 1,500만 배럴을 담을 수 있는 상암월드컵경기장 72개에 이르는 엄청난 양이다. 이를 수입하는 데 443억 달러, 우리 돈으로 50조가 넘게 들어갔다. 배럴당 41.1달러로 2014년 유가 폭락 전인 2013년에는 배럴당 108.3달러였다. 유가가 하락하지 않았으면 116조 이상의 돈이 들어갔을 것이다. 또한 우리나라는 2016년 9억 2,400만 배럴의 석유제품을 소비했다. 우리나라 인구수가 5,125만 명임을 감안하면 인구 1명당 연간 18배럴의 석유제품을 소비한 것으로 세계 5위에 해당된다. 하루에 7.8리터 정도를 쓴 것으로 하루 물 섭취량 1.2리터의 7배에 가깝다. 우리는 물보다 훨씬 많은 양의 석유를 소비하며 사는 것이다.

이처럼 원유 수입에 들이는 엄청난 비용과 석유 소비를 생각하면 유가 하락은 언뜻 우리에게 축복인 것처럼 보인다. 그러나 실상은 그렇지 않다. 저자의 2015년 저서 『오일의 공포』에서 강조한 것처럼 저유가는 우리 경제에 행운이 아니라 공포에 가깝다. 자원이 없는 우리나라가 선택한 생존방법은 대규모 중화학공업의 집중 육성이었다. 우리는 지난 수십 년간 엄청난 시간과 비용을 들여 대규모 공장을 지었다. 대규모 장치산업의 상징인 정유사는 싼 가격에 원료인 원유를 수입해 고부가가치 석유제품으로 만든 뒤 되팔고 있다. 수조 원씩 들어가는 고도화설비를 지어 아스팔트 같은 기름 찌꺼기도 비싼 휘발유나 경유로 만들어 수출하는 것이다. 2016년에 우리나라는 4억 8,772만 배럴의 석유제품을 수출해 244억 달러를 벌어들였다. 배럴당 평균 50.1달러였다. 원유 수입액의 55%를 회수한 것이다. 이외에도 수입한 원유에서 추출한 나프타를 분해해 얻은 원료로 많은 석유화학제품을 수출했다. 석유제품과 석유화학제품은 오랫동안 대한민국 부동의 수출 1위 상품이었다.

이뿐인가. 조선소를 지어 유조선과 시추선을 만들어 고가에 팔았다. 건설사는 해외에서 석유화학 플랜트를 지어 수익을 남겼다. 그러나 이 모든 것은 유가가 고공행진일 때 가능한 것이었다. 2014년 유가가 폭락하자 물동량은 줄었고 발주는 취소됐다. 재정난에 처한 산유국들이 허리띠를 죄니 우리 금융시장에 투자되었던 오일머니마저 빠져나갔다. 울산과 거제 조선소의 노동자들은 대량 해고되었고 우리나라 최대 해운사인 한진해운마저 역사 속으로 사라졌다.

저유가의 고통이 엄습해오던 2016년 봄 우리나라 최대 정유사의 CEO가 기자간담회에서 국내 석유회사들이 '알래스카의 봄'을 맞고 있다고 이야기했다. 유가의 폭락으로 석유제품의 가격이 떨어져 수요가 증가하고 위기를 맞은 글로벌 정유사들이 정기보수를 실시해 우리 석유회사가 반짝 호황을 누리고 있음을 빗댄 말이자 곧 다가올 혹한의 겨울을 대비해 구조적 개혁의 필요성을 강조한 말이다. 그러나 뜻밖에도 여름은 생각보다 오래갔고 석유회사들은 최고 실적을 쏟아냈다. 과연 알래스카의 여름은 길어졌을까?

1년 후 새로운 CEO는 '이상기후'로 알래스카의 여름이 약간 길어졌을 뿐 짧은 여름은 지나가고 있다고 경고했다. 이제 알래스카를 떠나 언제나 따뜻한 '아프리카 초원'으로 옮겨갈 근본적인 변화를 시도하고 있다고 말했다. 그리고 그 변화의 핵심은 전기차 배터리라고 했다. 정유의 비중을 획기적으로 줄이고 배터리 회사로 탈바꿈하겠다는 것이다. 전기차 배터리의 기능이 향상되면 휘발유 소비가 줄어든다. 본질적 변화를 겪고 있는 에너지 시장을 잘 표현한 말이다. 지금의 저유가는 에너지 시장의 근본적 변화와 탈석유 시대의 서막을 알리는 하나의 신호이다. 그 본질적인 변화의 중심에 천연가스가 있다.

셰일혁명, 천연가스 시장의 변화를 가져오다

기체 상태로 생산되고 소비되는 천연가스는 액체인 석유나 고체인 석탄과 달리 운송이 용이하지 않다. 차량이나 열차, 선박으로 손쉽게 운반할 수 있는 석유나 석탄과 달리 천연가스를 수송하기 위해서는 파이프라인Pipeline Natural Gas: PNG을 통해 기체 상태로 수송하거나, 영하 160℃의 온도에서 액체 상태LNG로 바꾸어 600분의 1의 부피로 줄어든 상태에서 선박으로 수송하는 방법이 있다. LNG로 수송하기 위해서는 수출터미널에서 천연가스를 액화시켜야 하며 수입터미널에서는 이를 다시 기화시켜 발전소나 소비자들에게 파이프라인으로 연결해야 한다. 따라서 천연가스를 수송하는 비용이 석유나 석탄에 비해 월등히 높다. 압축된 상태로 저장하고 수송하는 LNG는 자연 기화로 손실되는 부분이 있어 비용이 더 올라간다. LNG 저장시설은 원유탱크보다 4배의 비용이 더 들어가고 LNG 운송비용은 원유의 3배 정도이다.

이러한 이동의 제약 때문에 천연가스 시장은 지역별로 분리되어 있다. 크게는 유럽, 아시아, 북미 지역으로 나뉘는데, 유럽과 북미 지역에서는 생산자와 소비자의 물리적 거리가 멀지 않아 주로 파이프라인으로 거래되는 반면, 거리가 멀고 육로로 이동하기가 용이하지 않은 아시아 지역에서는 주로 LNG 형태로 수입한다. 따라서 천연가스의 가격시스템도 지역별로 차이가 있을 수밖에 없다. 이동이 자유로운 다른 에너지원과 달리 시장이 분리되어 있는 천연가스는 같은 물량이라도 지역에 따라 가격이 다르다.

천연가스의 가격도 원유, 석탄 등 경쟁 에너지원의 가격과 상호 연관성이 있는데 기본적으로 가격 흐름의 방향은 동일하다. 유럽의 경우는 주로 러시아로부터 장기계약을 통해 파이프라인으로 공급받는데 원유 가격과 연동되어 움직인다. 여기에 전통의 가격결정 요인인 수요와 공급도 주요한 작용을 한다. 같은 파이프라인 위주이지만 북미에서는 유가와의 연관성이 상대적으로 작다. 미국에는 수요와 공급, 날씨, 재고 등 다양한 가격 변수들을 조합해 지역거래소CME/NYMEX에서 거래되는 선물가격인 헨리허브Henry Hub가 대표적이다. 미국과 비슷한 시스템을 가진 영국은 ICE 거래소의 NBPNational Balancing Point라는 가격지표가 사용된다.

LNG, 판매자 우위 시장에서 구매자 우위 시장으로

반면 대부분 LNG로 거래되는 아시아 시장은 따로 통용되는 가격지표가 없고, 공급자와의 20년 장기계약에 의해 공급받고 있으며 가격은 유가에 연동되어 있다. LNG 프로젝트는 많은 초기비용과 리스크를 동반하기 때문에 판매위험을 줄이기 위해 구매자에게 유가연동과 장기계약을 요구하는 것이다. 수입 의존도가 절대적인 아시아 국가들도 안정적 수급이 가장 중요하기 때문에 장기계약을 선호하고 가격변동에 대한 리스크를 줄이기 위해 유가연동도 받아들이고 있다. 따라서 LNG 중심으로 거래되는 아시아의 천연가스 가격은 다른 지역보다 훨씬 높다.

수입에 의존하는 아시아 국가들에게 매우 불리한 다른 조건들도 있는데, 대표적인 것이 의무인수조항take-or-pay과 목적지제한조항destination clause이다. 의무인수조항은 영어 표현 그대로 '가지고 가든지 돈을 내든지'이다. 일단 계약하면 물량을 받든 안 받든 상관없이 무조건 비용을 지

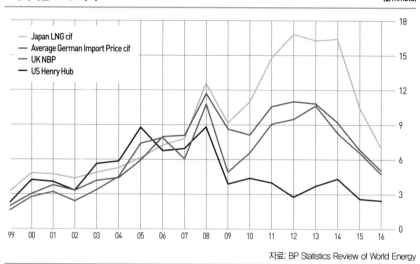

하락하는 LNG 가격 ($/mmbtu)

- Japan LNG cif
- Average German Import Price cif
- UK NBP
- US Henry Hub

자료: BP Statistics Review of World Energy

불해야하는 것이다. 장기 계약서에 명시된 규모의 가스를 의무적으로 수입해야 하고 그보다 적게 수입할 때도 부족분에 대한 가스 값을 무조건 물어야 한다. 목적지제한조항은 일단 계약을 하면 그 물량은 그 목적지에서만 소비하도록 하는 것이다. 즉 구매국에서 아무리 물량이 남아돌아도 수입한 물량은 다른 나라에 재판매를 하지 못하는 조항이다. 한국 등 동아시아는 전 세계 LNG 물량의 70% 정도를 수입하는 고객이지만 수입에 의존해야 하기 때문에 하는 수 없이 높은 가격과 불리한 조항들을 받아들였다. 이는 '아시아 프리미엄Asia premium'으로 불린다.

이런 LNG 시장이 미국의 셰일혁명 이후 구조적 변화를 겪고 있다. 그 변화의 가장 큰 특징은 셰일혁명으로 천연가스 공급이 크게 증가하고 가격이 하락하여 판매자 우위 시장에서 구매자 우위 시장으로 바뀌었다는 것이다. 러시아, 중동, 카타르, 호주, 아프리카 등 일부 생산국이 독보적 우위를 점하던 시장에서 거대 공급자 미국의 등장으로 판도가 완전히 바꿰었다. 천연가스 수출 시장에서 명함도 못 내밀던 미국이 2015년 러시아를 제치고 세계 최대의 생산국으로 등극했다. 게다가 생산비용이 계속 하락하고 있어 미국의 국내 천연가스 가격은 유가보다 낮은 수준에 계속 머무를 것으로 전망되며 이는 다른 지역의 천연가스 가격에 대한 하방 압력으로 작용할 것이다.

또 하나의 큰 변화는 도입 시장의 중심이 유럽에서 아시아로 빠르게 이동하고 있다는 것이다. 가파른 경제성장을 이루고 있는 아시아의 천연가스 수요는 유럽의 소비 규모를 이미 넘어 섰으며 그 차이는 점점 더 벌어지고 있다. 특히 한국, 중국, 일본을 중심으로 한 LNG 수요는 세계 물량을 싹쓸이하다시피 하고 있고 인도와 동남아시아 국가들도 LNG 소비 대열에 합류하고 있다. 산유국인 중동의 일부 국가들도 국내 전력 수요가 증가하면서 천연가스의 수요가 늘고 있다. 소비의 중심이 된 아시아 시장에 중동과 아프리카 등 전통적 공급자들과 미국, 러시아, 호주 등 새로운 강자들이 치열한 경쟁을 펼칠 것으로 보인다. 특히 미국과 호주의 대형 LNG 프로젝트들이 조만간 가동될 예정이어서 시장에 공급되는 물량은 더 늘어날 예정이고, 이들은 대부분 민간 기업들이 주도하는 것이어서 가격에 더 민감하게 반응할 것이다.

이러한 시장의 변화는 '아시아 프리미엄'을 약화시키고 있다. 의무인 수조항과 목적지제한조항이 붙지 않는 계약이 늘어나고 있고, 지역 간 가격차이도 크게 줄어들고 있다. 지역 간 거래가 활발해짐에 따라 가격 동조화 현상이 뚜렷해져 세계 LNG 시장은 점차 통합되는 양상이다. 또한 공급자가 선호하는 장기계약이 줄고 구매자가 선호하는 단기 현물계약이 늘어나 현재는 전 세계 거래의 30%를 차지할 정도다. 종료되는 장기계약은 속속 단기계약으로 바뀌고 있어 이러한 추세는 계속될 것으로 보인다. 아르헨티나와 이집트 등 새로운 공급자들과의 거래비중도 늘고 있다. 이러한 매수자 시장으로의 전환은 일본에 이어 세계 2위의 LNG 수입국인 우리나라에겐 도입조건을 향상시킬 수 있는 절호의 기회로 작용하고 있다. 수십 년간 지속되어온 에너지 시장에서 '을'의 신세에서 벗어나 주도적인 역할이 가능하도록 에너지 환경이 바뀐 것이다.

실제로 유가에 연동하는 우리나라와 일본의 LNG 수입 가격은 2014년 하반기 이후 큰 폭으로 떨어졌다. 2014년 상반기만 하더라도 우리나라와 일본의 도입가격Platts JKM이 mmbtu(열량단위)당 17달러 선이었고 미국의 헨리허브 가격은 5달러 정도였다. 2016년 하반기 유가 하락 이후 우리나라의 도입가격이 많이 떨어져 2017년 내내 6달러 언저리에 머물고 있어 3달러 선인 헨리허브와의 격차가 줄고 있다. 우리나라와 일본뿐만 아니라 스페인, 브라질, 아르헨티나 등 거의 모든 나라의 LNG 도입가격이 큰 폭으로 하락했다.

LNG 가격 약세는 앞으로도 한동안 지속될 것으로 보인다. 먼저 글로벌 LNG 공급이 계속 늘어나기 때문이다. 미국과 호주를 중심으로 대형 LNG 수출프로젝트가 진행 중이다. 세계 1위 LNG 수출국 카타르는 호주와 미국 등의 가스 생산과 수출 확대로 시장점유율이 낮아지자 세계 최대인 노스 돔 가스전 개발 재개를 서두르고 있다. 이 가스전은 생산비용이 낮아 개발이 재개되면 공급량이 크게 늘어나 국제 천연가스 가격에 적지 않은 영향을 줄 것으로 보인다.

카타르는 2017년 7월 LNG 생산을 연간 7,700만 톤에서 1억 톤으로 늘릴 계획을 발표했고, 호주 역시 고르곤Gorgon, 프리루드Prelude 등 대규모 신규 LNG 프로젝트를 속속 가동하고 있다. 러시아도 야말 LNG 프로젝트에서 2017년 12월 생산을 개시했는데, 점유율을 지키기 위해 판매가격을 낮추고 계약조건도 구매자에게 유리하게 바꿀 것으로 보인다. 천연가스 매장량을 보유한 이란이 LNG 시장에 뛰어들면 시장은 또 한 번 출렁일 것이다.

반면 천연가스의 수요는 공급을 따라가지 못할 것으로 보인다. 전력, 교통, 산업 등 다양한 부분에 사용되는 석유와 달리 천연가스는 주로 전력생산에 쓰인다. 따라서 수요와 공급의 균형을 찾기까지 원유보다 더 많은 시간이 필요할 것으로 보인다. 초과공급 상태가 원유보다 오래 갈 것이라는 의미이다. 이는 우리에게 전력 생산 시스템을 개선할 수 있는 기회로 작용하고 있다. 적어도 향후 10년간 LNG가 초과공급을 유지해 가격이 낮게 유지될 가능성이 높기 때문에 천연가스를 더 적극적으로 활용할 방법을 모색할 때다.

석유의 시대가 저물고 있다

영국 BP의 통계자료에 따르면 전 세계 원유의 확인 매장량은 1995년에 1조 1,488억 배럴이었다. 10년 후인 2006년에는 1조 3,883억 배럴로 늘어났고, 또 10년 후인 2016년에는 1조 7,067억 배럴로 다시 늘어났다[01]. 산유국들이 몰려 있는 중동이 1995년 전체의 58.7%를 차지했는데, 2015년엔 54.4%로, 2016년에는 47.7%로 줄었다. 반면 중남미의 비중이 1995년 7.9%에서 20년 후엔 19.2%로 증가했는데 베네수엘라의 대규모 초중질유 유전이 발견되었기 때문이다. 북미의 비중도 1995년 11.1%에서 2016년 13.3%로 증가했는데 캐나다 중질유인 오일샌드 덕택이다.

확인된 매장을 생산량으로 나눈 세계 원유의 가채년수는 2016년 말 기준으로 50년이 넘는다. 2006년의 40년보다 10년이 늘었다. 북미와 중남미의 가채년수는 1990년대 후반과 2000년대 후반 각각 급증했다. 반면 중동의 가채년수는 1980년대 후반부터 2000년까지 빠르게 감소한 후에도 지속적으로 줄어들고 있다. 그렇다면 가채기간이 끝나는 50년 후에는 원유가 고갈될 것인가.

미국이 원유 생산의 최고점에 달해 있던 즈음인 1956년 미국의 지질학자 킹 허버트는 미국의 석유 생산량은 1970년대에 정점을 찍었다가 감소할 것이라고 주장했다. 그가 그린 종모양의 생산 곡선은 '허버트의 피크Hubbert's Peak'로 불리며 엄청난 반향을 불렀다. 허버트의 경고대로 미국의 원유생산이 감소하기 시작한 1973년 미국 매사추세츠공과대학MIT의 젊은 과학자들이 주축이 된 로마클럽은 지구촌에 닥친 위기를 경고한 최초의 연구보고서인 『성장의 한계』에서 세계 원유의 가채년수는 40년이 안 된다고 전망해 세상을 또 한 번 놀라게 했다. 소위 석유공급의 종말을 예상하는 '피크 오일peak oil' 이론이었다.

그러나 그들의 예언은 보기 좋게 빗나갔다. 그 말이 사실이라면 2010년에는 원유가 고갈되었어야 했는데 2016년 말 기준으로 가채년수는 50년이 넘는다. 지난 30년 동안 원유 소비가 빠르게 증가한 것을 감안하면 허버트와 로마클럽에서 상상하지 못했을 정도의 많은 원유가 지구에 남아 있었던 것이다. 어쩌면 30년 후의 가채년수는 지금보다 더 늘지도 모른다. 기술의 진보로 원유의 탐사와 개발이 획기적으로 진전하고 있기 때문이다. 시추기술이 향상되면 현재의 기술로 경제적으로 뽑을 수 있는 양인 확인매장량도 늘어날 수밖에 없다.

석유가 유한한 것은 사실이다. 지금처럼 쓰면 언젠가는 바닥을 드러낼 것이다. 그러나 좀 과감하게 말하면 석유의 고갈은 영원히 없을 것이다. 고갈되기 전에 다른 에너지원으로 대체될 것이기 때문이다. 돌이 없어서 석기시대가 끝난 것이 아니다. 나무가 없어서 석탄시대가 열린 것도, 석탄이 고갈되어 석유시대가 열린 것도 아니다. 만에 하나 석유의 고갈이 현실화되어서 가격이 급등하면 다른 에너지원이 이를 더 빠르게 대체할 것이다. 지금 천연가스가 석유의 소비를 대체하고 있는 것은 석유시대를 끝내는 신호이다. 석유가 고갈되기 전에 새로운 에너지원이 석유 없는 세상을 열 것이다. 원유 가채 매장량의 상당부분은 석탄과 함께 영원히 빛을 못 보게 될 것이다.

현실로 다가온 석유 수요피크

석유시대의 종말은 '공급의 피크'가 아니라 '수요의 피크demand peak'로 앞당겨질 것이다. 생산 가능한 석유 자원에 한계가 있다는 '피크 오일'이 아니라 석유 이용 자체가 줄어든다는 수요의 피크이다. 셰일혁명으로 급변한 에너지 시장이 소비의 패턴을 흔들고 있고, 기후변화에 대응하는 노력과 기술의 진보가 연료의 효율성을 높이고 대체에너지의 개발을 앞당기고 있다. 곧 도로를 가득 채울 전기차는 석유의 수요피크를 앞당길 것이다. 배터리의 가격이 하락함에 따라 향후 10년 내에 전기차의 가격이 석유차의 가격보다 낮아질 것이라는 전망도 있다.

석유소비는 경제성장과 맞물려 지속적으로 성장해왔다. 세계 석유수요 증가율은 GDP 증가율의 흐름과 정확히 일치해왔다. 1970년대 두 차례의 오일쇼크 때 소비가 일시적으로 감소하는 등 가격에 영향을 받기도 했으나, 석유는 가격이 오른다고 소비를 크게 줄일 수 없는 필수재이다. 그래서 2000년대 초반 이른바 브릭스 효과로 유가가 급등할 때도 세계 석유수요는 계속 증가했다.

석유수요는 가격보다는 경기 상황에 더 큰 영향을 받아왔다. 다만 증가율 변화의 폭이 경제성장률 변동보다는 다소 크다. 개발도상국을 중심으로 많은 국가들의 석유수요가 경기변동에 민감하게 반응한다는 의미이다. 세계 경제성장률이 5% 수준이던 1960년대와 1970년대 초반까지 석유소비 증가율은 7~8%에 달하다가 경제성장률이 2%로 떨어진 1980년대 초반엔 석유소비 증가율은 -4%까지 급락하기도 했다. 그러나 전반적으로는 경제성장률과 석유소비 증가율의 흐름이 일치하고 있다. 전체 소비량은 1970년대 오일쇼크 당시 감소한 것 외에는 지속적으로 증가해왔다.

석유가 사용되기 시작한 19세기 중반 이후 세계 석유소비는 미국 등 선진국들이 주도해왔다. 선진국에서 산업화가 빠르게 진행되면서 석유소비가 크게 증가한 반면 농업중심의 후진국들의 석유소비는 정체되었다. 1990년까지 개도국 전체의 석유소비는 당시 20개 조금 넘는 회원국을 가진 OECD 소비의 60%에 그쳤다. 2000년대 들면서 브릭스를 중심으로 한 개도국들의 경제가 급성장하면서 석유소비도 늘기 시작했다. 반면 OECD는 1996년 우리나라 등의 가입으로 회원국 수가 늘었음에도 소비는 2007년부터 줄기 시작했고 마침내 2013년에 비OECD의 석유소비가 OECD의 국가들의 소비를 앞질렀다. 그 후 간격은 계속 벌어지고 있다. 2016년의 경우 총 9,650만 배럴의 수요 중 OECD의 34개 회원국이 4,670만 배럴로 48.4%, 비OECD가 4,980만 배럴로 51.6%를 차지했다. OECD 소비 증가율이 0.3%로 비OECD의 소비증가율 1.2%에 크게 못 미쳐 차이는 더 벌어질 것으로 보인다. 세계 총 소비도 계속 증가폭이 둔화되어 2017년에 1.3% 증가하는 데 그칠 것으로 보인다.

원유소비가 가장 많은 나라는 단연 미국으로 전 세계 소비의 20% 가까이를 차지하고 있다. 중국이 13% 정도로 2위이고, 인도와 일본, 사우디가 그 뒤를 따르고 있다. 우리나라는 하루 253만 배럴을 소비하고 있어 브라질, 러시아에 이어 8위를 달리고 있다. 우리 뒤로는 독일, 캐나다, 멕시코, 프랑스가 있다. 석유 소비피크가 임박했다는 것은 이 주요 소비국들의 소비가 정체되고 있거나 곧 정체가 시작할 것이기 때문이다. 세계에서 석유를 가장 많이 쓰는 미국, 중국, 인도, 일본, 모두 석유 소비가 줄거나 증가속도가 현격히 떨어지고 있다.

최대 소비국 미국에서는 천연가스가 빠르게 석유를 대체하고 있다. 셰일 붐으로 천연가스 가격이 크게 하락했을 뿐만 아니라 수출에서도 천연가스보다 원유를 우선시하고 있기 때문이다. 두 번째 큰 소비국인 중국은 석탄에서 석유를 건너뛰고 천연가스로 향하고 있다. 인도에서도 천연가스 차량이 증가하면서 석유를 대체하고 있다. 다른 나라들도 마찬가지이다. 온실가스를 줄이기 위한 노력으로 또 경제적인 이유로 천연가스가 석유를 대체하고 있는 것이다. 천연가스는 발전에 주로 쓰이지만 차량에서도 경쟁력을 갖추어 나가고 있다. 과거에는 경제성장이 석유수요의 증가로 이어졌지만 최근에는 연비개선 등 효율성이 크게 향상되어 석유소비는 그만큼 늘지 못하고 있다.

전기차는 석유의 수요피크를 앞당길 것이다. 유럽에서는 궁극적으로 미세먼지의 주범으로 거론된 경유차뿐만 아니라 휘발유차까지 판매를 금지하는 조치가 진행 중이다. 노르웨이는 2025년부터 휘발유와 경유 차량의 판매를 금지하겠다고 발표했고 영국과 프랑스도 2040년부터 금지하겠다고 했다. 현재 프랑스의 전기차 비중이 1.2%에 불과한 점을 감안하면 놀라운 조치다. 2017년 5월 취임한 에마뉘엘 마크롱 대통령은 심지어 2040년까지 프랑스 내에서의 원유와 가스의 채굴과 생산을 아예 금지하겠다고 선언했다. 기후변화 리더십을 강화하고 있는 독일도 2030년부터 전기차만 운행하도록 할 계획이다. 심지어 새로운 석유 소비대국으로 부상한 인도도 2030년까지 모든 휘발유와 경유 차량의 국내 판매를 중단하겠다고 선언했다. 일본은 2030년까지 하이브리드와 전기차의 비중을 50~70%로 늘릴 계획이다. 이에 발맞추어 스웨덴에 있는 볼보자동차는 2019년부터 더 이상 석유차를 만들지 않겠다고 선언했다. 다른 자동차 제조업체들도 뒤따를 것으로 보인다. 석유차를 판매할 수 없으니 만들지 않는 것은 당연한 일이다. 석유차의 종말은 예고되어 있다. 오죽했으면 휘발유를 파는 정유회사가 자동차 배터리를 만들고 주유소 옆에 전기차 충전소를 설치하겠는가.

거대 석유회사들은 수요피크가 임박했다고 보지는 않는다. 그러나 2030년경이 되면 성장이 멈출 수 있다고 우려하고 있고, 특히 로열더치셸은 2025년에 수요피크가 시작될 것이라고 경고하고 있다. 산유국 카르텔인 OPEC마저 세계 원유 수요가 2029년부터 감소할 것이라고 전망하고 있다. 최대 산유국이자 수출국인 사우디는 석유에 대한 의존을 낮추기 위해 몸부림치고 있다. 보수적으로 전망하고 있는 국제에너지기구는 2040년까지는 석유수요가 증가해 지금보다 10% 더 많은 하루 평균 1억 배럴을 넘을 것이라고 예측하고 있지만 그 이전에 피크에 도달할 가능성을 배제하지 못하고 있다. 국제에너지기구도 석유의 가장 큰 수요처인 자동차 시장에서는 이미 수요피크에 도달했다고 진단하고 있다. 지난 100년간 중단 없이 지속된 석유 수요 증가를 지켜봤던 공급자들이 서서히 위협을 감지하고 있는 것이다.

장기 저유가가 불가피하다
: 수요피크는 현실, 저유가는 '뉴-노멀'

2014년 6월 유가 폭락으로 시작된 저유가 시기가 길어지고 있다. 국내외 대부분의 전문기관들이 2018년 하반기 이후에도 유가가 배럴당 50달러 언저리에 머물 것으로 예측하고 있어 저유가가 4년 이상 지속될 것으로 보인다. 저자의 2015년 저서 『오일의 공포』에서도 예측했듯이 저유가는 더 길어질 확률이 높다. 과잉생산이 어느 정도 해소되고 있고 재고도 조정되고 있지만 셰일혁명 이후 근본적으로 변한 석유시장의 구조상 유가 반등의 가능성은 매우 낮다.

먼저, 공급측면에서 보면 OPEC의 감산이 지속될 가능성이 낮다. OPEC과 비OPEC의 관계, OPEC 내에서의 역학관계, 최대 공급자인 사우디와 이란의 갈등, 무임승차 등 무수히 많은 변수들이 감산의 지속 가능성을 낮추고 있다. 무엇보다 셰일업체들의 생산성 향상이다. 생산비를 크게 낮춘 셰일업체들은 유가에 기민하게 반응하면서 생산량을 조절하고 있다. 유가가 조금이라도 반등하면 바로 생산을 늘려 이익을 높이고 있다. 셰일오일의 생산량도 증가 추세에 있어 공급과잉이 해소될 가능성이 낮다.

무엇보다 수요가 크게 증가하지 않을 것이다. 석유 수요는 경기와 같은 방향으로 움직이지만 증가폭은 경제성장률에 크게 못 미치고 있다. 세계경제가 다소 나아진다 해도 석유 수요가 크게 증가할 가능성은 낮다. 기술의 발달로 연료의 효율성이 개선되고 있어 석유 자체의 수요가 줄고 있는 것이다. 1리터의 기름으로 주행할 수 있는 거리가 계속 늘어나고 있는 데다, 석유를 대체하는 에너지의 움직임이 날이 갈수록 돋보이고 있다. 석유의 독무대였던 수송부문까지 천연가스가 잠식하고 있고 전기 생산에서도 석유 사용이 빠르게 줄고 있다. 석유 수요의 피크는 현실이고 저유가는 '뉴-노멀'이다.

에너지 패러다임의 변화
: 새로운 에너지에 집중해야 할 때다

유가 폭락과 계속되는 저유가는 에너지 패러다임 변화의 신호이다. 2014년 당시 유가의 드라마틱한 붕괴는 주요 산유국인 이라크, 리비아, 시리아의 내전, 우크라이나 사태, 이란과 러시아에 대한 미국과 유럽의 제재, IS 사태로 인한 지정학적 불안 등 유가를 크게 올리는 여러 가지 변수가 동시에 일어나고 있던 와중에 발생한 것이다. 과거에는 이 중 한 가지 사건만으로도 국제 석유시장이 큰 충격을 받아 유가가 급등했다. 그러나 이러한 요인들이 동시다발적으로 발생했음에도 유가는 폭락에 폭락을 거듭했다. OPEC과 러시아를 위시한 비OPEC 산유국들의 유례없는 감산조처에도 유가는 상승하지 못하고 오히려 더 떨어졌다. 세계 경제성장을 넘던 석유 수요 증가율은 경제성장률의 절반에도 미치지 못하고 있다. 넘쳐나는 원유와 천연가스로 한 번도 바뀌지 않던 에너지 시장의 갑을관계가 뒤집혔다.

이것은 새로운 에너지 환경이 도래했음을 알려주는 것이다. 이것은 유가의 사이클을 넘어 패러다임의 변화다. 석유를 확연히 덜 쓰는 시대, 좀 거칠게 말하면 탈석유 시대의 도래다. 100년을 이어온 석탄의 시대가 가고 석유가 그 후 100년의 에너지를 책임졌듯이 이제는 석유가 그 자리에서 물러나고 있는 것이다. 마지막 화석연료인 천연가스가 석탄과 석유가 남겨놓은 역할을 할 것이며 그 또한 신재생에너지에 밀려날 것이다. 말도 많고 탈도 많은 원자력도 함께 사라질 것이다. 신재생과 핵융합의 완성으로 에너지 문제는 마침내 종지부를 찍을 것이며 세상은 또 다른 전환점을 맞을 것이다. 지금의 우리는 끝나가는 에너지, 지나가는 에너지를 붙잡고 있을 것이 아니라 다가오는 새로운 에너지에 노력을 집중해야 할 때다.

Chapter2.

에너지,
세계를 바꾼다!

대한민국은 에너지 지정학에서 자유로울 수 없는 나라다. 필요한 에너지 거의 전부를 수입해야 한다. 그것도 오직 바닷길로만 말이다. 게다가 우리나라 산업의 기반은 에너지를 쏟아 부어야 하는 중화학으로, 에너지를 가장 많이 쓰는 나라인 중국과 일본, 에너지를 가장 많이 만드는 러시아와 미국 등 네 나라 사이에 단단히 끼여 있다. 그러나 우리는 에너지 지정학이 대한민국의 생존이자 미래임에도 불구하고 이를 잘 모른다. 에너지가 어떻게 세상을 바꾸고 있는지 모르는 것이다. 미국에서 셰일혁명이 터진 것도 몰랐고, 미국과 일본이 에너지로 '짝짜꿍'해서 일본의 군사적 역할이 커진 것도 몰랐다. 셰일혁명으로 미국의 대외정책이 바뀐 것도 몰랐고, 중국의 '일대일로', 러시아의 '신동방정책'의 속셈도, 그리고 지금 이 시간 유럽과 중앙아시아에서 벌어지고 있는 파이프라인 갈등도 모르고 있다. 심지어는 우리가 에너지를 제일 많이 수입하는 곳인 중동의 에너지 지정학도 잘 모른다.

01
중동 정세를 통해 보는
세계 에너지 시장

새로운 에너지 지정학이 필요하다

에너지 패러다임의 변화는 에너지 지정학을 바꾸고 있다. 석유를 개발한 미국은 세계대전을 승리로 이끌고 그 석유를 바탕으로 '팍스 아메리카나' 시대를 열었다. 1970년대 석유 생산의 중심이 중동으로 넘어가자 에너지 지정학도 바뀌었다. 오일쇼크를 경험한 미국은 대외정책의 최우선을 석유와 수송로 확보에 두었고, 석유를 차지하기 위한 전쟁도 가속화되었다. 오랫동안 에너지 지정학은 소비국들이 석유를 확보하기 위한 다툼이었다.

2000년대 중반 미국의 셰일혁명은 전혀 다른 에너지 지정학을 열었다. 석유와 천연가스 생산이 급증하자 에너지의 흐름이 바뀌었고, 생산자들은 팔기 전쟁에 돌입했다. 에너지 독립을 쟁취한 미국은 중동에서 발을 빼며 '아시아 피봇'이라는 이름으로 떠오르는 강자 중국을 압박하기 시작했고, 중국은 중앙아시아와 아프리카로 연결하는 '일대일로'로 맞서고 있다. 유럽이 미국의 에너지에 다가서자 판로를 잃은 러시아는 '신동 방정책'으로 아시아 국가로의 진입을 시도하고 있다. 중국은 마음이 급한 러시아로부터 에너지를 사주는 대신 정치적 지지를 확보했다. 중국이 뭐라고 하든 러시아는 중국을 지지하고 있다. 이는 동아시아에 냉전체제를 강화시켰고 이에 대한 미국의 선택은 일본이었다. 후쿠시마 사고 여파로 에너지난에 처한 일본에 천연가스를 공급해주고 안전한 수송을 빌미로 집단적 자위권도 허용했다.

석유의 시대가 저물고 미국, 유럽 등 선진국들이 친환경 에너지인 천연가스와 신재생으로 옮겨가자 그동안 에너지에서 소외되었던 아시아와 아프리카 후진국들에게도 석유 사용의 기회가 주어졌다. 에너지 사용의 불평등이 완화되고 있는 것이다. 화석연료에서 자유로워진 선진국들은 후진국들의 자원쟁탈에 굳이 개입할 필요가 없어졌고 세상은 조금 더 평화로워질 수 있다.

'자원의 저주resource curse'는 에너지 지정학의 불가피한 결과였다. 우연히 자신의 땅에 많이 묻혀 있는 석유가 엄청난 행운이기도 했지만 자원전쟁의 중심에서 벗어날 수가 없었다. 석유가 나는 곳엔 항상 전쟁의 화염도 함께 타 올랐다. 외국 채굴업자들이 들어와 석유를 개발하고 수익을 챙겨주니 가만히 앉아서 떼돈을 벌 수 있었다. 굳이 어렵게 다른 부문을 키울 이유가 없었고 이것은 저주를 불러왔다. 석유가 아니면 살 길이 없기 때문이다. 탈석유 시대가 진행되면 이것은 바로 재앙이다.

그러나 신재생은 자원의 저주가 없다. 바람이 많고 태양이 뜨겁다고 해서 그것을 빼앗으러 오지 않는다. 바람과 태양은 평등하게 나누어진다. 누가 많이 쓴다고 해서 내 것이 줄어들지도 않는다. 그러나 바람과 태양을 에너지로 바꾸기 위해서는 기술이 필요하다. 가만히 앉아서 돈을 벌 수가 없다. 바람과 태양에서 에너지를 얻기 위해선 다른 부문도 키워야 한다. 한번 만들어 놓으면 공짜로 에너지를 얻으니 다툴 필요도 없다. 신재생이 확대되면 자원 갈등은 줄어들 것이다. 신재생은 정치적 무기가 될 수 없다. 중동이 석유로 미국을 위협하고 러시아가 천연가스로 유럽을 위협했는데 신재생으로는 그럴 수 없다. 신재생이 보편화되면 인류는 에너지에서도 해방될 뿐만 아니라 전쟁으로부터도 조금 더 자유롭게 될 수 있을 것이다.

대한민국은 에너지 지정학에서 자유로울 수 없는 나라다. 필요한 에너지 거의 전부를 수입해야 한다. 그것도 오직 바닷길로만 가져와야 한다. 우리나라 산업의 기반은 에너지를 쏟아 부어야 하는 중화학이다. 에너지를 가장 많이 쓰는 나라인 중국과 일본, 에너지를 가장 많이 만드는 러시아와 미국 등 네 나라 사이에 단단히 끼여 있다.

그러나 우리는 에너지 지정학을 잘 모른다. 에너지가 어떻게 세상을 바꾸고 있는지 모른다. 미국에서 셰일혁명이 터진 것도 몰랐고, 미국과 일본이 에너지로 '짝짜꿍'해서 일본의 군사적 역할이 커진 것도 몰랐다. 셰일혁명으로 미국의 대외정책이 바뀐 것도 몰랐고, 중국의 '일대일로', 러시아의 '신동방정책'의 속셈도, 그리고 지금 이 시간 유럽과 중앙아시아에서 벌어지고 있는 파이프라인 갈등도 모르고 있다. 심지어는 우리가 에너지를 제일 많이 수입하는 곳인 중동의 에너지 지정학도 잘 모른다. 에너지 지정학이 대한민국의 생존이자 미래인데도 말이다.

중동 분쟁의 원천은 에너지와 종파

세계 에너지 시장을 이해하기 위해서는 중동의 정세를 잘 알아야 한다. 석유와 천연가스를 생산하는 국가들이 중동에 집중되어 있고, 이들이

OPEC이라는 카르텔을 형성하여 국제시장을 주무르고 있기 때문이다. 복잡한 중동의 정세를 알기 위해서 일단 제일 먼저 이해해야 할 것은 수니파와 시아파의 갈등구조이다. 이슬람교에서 수니파와 시아파의 분리는 대단한 종교적 신념의 차이가 아니라 632년 선지자 무함마드의 사후 후계자를 둘러싼 견해차에서 비롯되었다. 문제의 발단은 아들이 없는 무함마드가 후계자를 정하지 않고 숨을 거두었기 때문이다. 무함마드의 유일한 혈육인 사촌 이븐 알리가 후계자가 되어야 한다고 주장한 무리들은 '알리를 따르는 사람'이라는 의미의 시아파이고, 혈통과 상관없이 교리에 대한 지식을 갖춘 덕망 있는 원로가 이어받아야 한다고 한 무리들은 무함마드의 언행인 '수나Sunnah를 따르는 사람'이라는 의미로 수니파가 되었다.

'쪽수'가 많은 수니파가 자신들의 의견을 관철시켜 무함마드의 친구이자 장인인 아부 바크르를 이슬람의 지도자인 초대 칼리프로 추대했다. 이후 3대까지 수니파가 칼리프를 차지했다. 시아파인 무함마드의 혈족인 이븐 알리는 절치부심하다가 마침내 4대 칼리프에 올랐으나 곧 바로 수니파에 의해 암살당하고 그의 큰 아들도 독살당했다. 분노한 시아파들은 수니파와 단절하고 새로운 이슬람 조직을 만들었다. 680년 양 세력은 이라크 중부에 있는 카르발라에서 최후의 일전을 벌였는데 시아파가 참패하고 알리의 아들 후세인과 그의 가족은 몰살당했다. 지리멸렬한 시아파 세력은 이란과 이라크의 산악지대로 쫓겨났고 수니파는 이슬람의 주류가 되었다. 이후 양 세력은 불구대천의 원수가 되었다.

이런 '피의 역사'의 결과로 이슬람 전체 인구 15억 명 가운데 수니파가 90%이고, 시아파는 10%에 불과하다. 얼마 되지 않는 시아파에게 우리가 강렬한 인상을 가지고 있는 것은 핵심 나라들이 중동에서 오랜 전쟁의 역사를 가지고 있는 이란과 이라크이기 때문이다. 바레인까지 포함해 전체 이슬람국가에서 시아파가 다수인 나라는 이 세 곳뿐이다. 이란은 전체 국민 중에서 시아파가 90~95%까지 차지하여 가장 높은 비율을 자랑하며 따라서 응집력도 가장 높다. 자연스럽게 시아파의 좌장노릇을 하고 있다. 이라크는 70%, 바레인은 65~75%가 시아파이다. 이 세 나라를 제외한 모든 이슬람 국가들은 수니파가 다수이다. 대다수인 수니파를 대표하는 나라는 사우디다.

수니파와 시아파의 갈등은 중동 분쟁의 원천으로 이 두 세력의 분포를 보면 이 지역의 분쟁 가능성을 예측할 수 있다. 분쟁의 가능성을 안고 사는 나라는 다수의 주민들과 집권세력이 서로 다른 종파인 경우이다. 분쟁의 한 가운데 있는 시리아는 수니파가 75%에 달하지만 소수인 시아파 알 아사드 정권이 장기통치하면서 갈등이 고조되었다. 아사드 정권에 반기를 든 시리아반군은 모두 수니파 무장조직이다. 이라크는 시아파가 다수지만 과거 소수 수니파인 사담 후세인 정권이 집권하면서 시아파를 탄압하는 등 극심한 정치적 혼란을 겪었다. 후세인 정권이 미국에 의해 몰락하고 시아파 정권이 들어서 수니파를 탄압하자 수니파들이 봉기를 일으켰고 이들이 시리아에서 아사드 정권에 내쫓긴 수니파들과 모여서 만든 것이 바로 IS다. 이라크에서는 수니파 비중이 상대적으로 높아 혼란이 계속되고 있다. 바레인은 시아파가 다수지만 소수 수니파가 정권을 잡고 있다. 이렇게 주민과 정권의 종파가 다른 경우 정치적 불만이 누적되어 있으며 분쟁의 불씨를 안고 있다.

중동 유전지대의 일부분을 차지하고 있는 수니파인 쿠르드족의 분리독립 움직임도 변수다. 3,500만 명에 달하는 쿠르드족은 메소포타미아 일대에서 주로 양을 키우며 이곳저곳 떠돌아다니는 유목민족이었는데 제2차 세계대전 이후 열강들이 임의로 국경선을 그으면서 졸지에 이산가족이 되었다. 승전국인 영국이 쿠르드 지역 중 석유가 매장되어 있는 곳을 자신의 식민지역인 이라크에 편입하기 위해 마음대로 국경을 정해버린 것이다. 이로 인해 터키, 이라크, 이란, 시리아 등이 맞붙는 국경지대에 흩어져 살게 된 이들은 세계 최대 유랑 민족으로 하나의 나라를 이루는 것이 지상과제이다. 수년 전 터키 동부 지역을 여행하면서 많은 쿠르드족들을 만났는데 인상이 강렬하고 스스로를 터키인이 아니라 '쿠르디스탄' 사람이라고 소개했다. 독립의 의지가 굉장히 강한 것이다.

분쟁의 핵심은 이라크 북부에 모여 살고 있는 550만 명의 쿠르드족들이다. 이들은 2003년 후세인 정권붕괴 이후 시아파 세력을 견제하기 위한 미국의 도움으로 쿠르드자치정부KRG를 세웠는데 문제는 이들 지역이 이라크 전체 원유 생산의 30~40%를 차지하고 있다는 것이다. 그래서 유전개발과 생산을 둘러싸고 이라크 정부와 갈등이 계속되고 있다. 2009년 우리나라의 SK이노베이션과 석유공사가 KRG와 북부지역의 유전개발에 합의했으나 이라크 중앙정부는 이에 대한 벌책으로 1년 동안 석유공급을 중단하고 이라크 남부지역의 유전개발 참여를 수년간 금지하기도 했다. KRG는 독립을 시도하고 있지만 석유에 목숨을 걸고 있는 이라크가 놔줄 리가 없다. 이들이 독립하면 1,500만 명에 이르는 터키의 쿠르드족들도 독립운동을 강화할 것이다. 터키는 소량의 원유를 생산하는데 대부분 쿠르드 관할지역이다. 쿠르드가 독립을 강행하면 무력을 불사할 것이다. KRG 원유는 터키의 지중해 연안 제이한을 통해 수출되는데 터키는 이 루트를 차단할 것이다. 이렇게 되면 KRG는 원유 수출길이 막히게 된다.

이란 혁명 이후 계속되는 중동의 갈등과 혼란

1979년 이란의 이슬람 혁명은 지금까지 지속되고 있는 중동 전쟁의 뿌리다. 1925년부터 이란을 통치하던 팔레비 왕조는 석유 채굴권을 영국에게 넘겨주는 대가로 서방의 든든한 지원을 받으면서 왕권을 강화하는 한편 근대화 작업을 추진했는데 이것이 이슬람세력의 큰 반발을 불렀다. 1951년 석유의 국유화와 민족주의를 내세운 모하메드 모사데크가 정권을 잡았는데, 팔레비 왕조는 미국과 영국의 도움으로 군사 쿠데타를 일으켜 다시 권력을 장악했다. 이때부터 석유를 노린 미국이 본격적으로 이란 문제에 개입하기 시작했고 미국에 대한 이란 국민들의 반감도 커졌다. 1978년 정부군이 시위대에 총격을 가해 4명의 대학생이 숨지자 반정부 투쟁은 격화되었고 해외에 추방되어 있던 이슬람 지도자 호메이니는 본격적으로 시위를 주도하고 나섰다. 팔레비 정권의 무자비한 진압에도 전체 이란 국민의 15% 이상이 시위에 나서면서 상황이 걷잡을 수 없이 커지자 미국은 발을 뺐고 팔레비 일가도 이집트로 도망쳤다. 국민투표에서 98%가 넘는 찬성으로 이슬람공화국 헌법이 채택되어 1979년 4월 세계 유일의 이슬람공화국이 수립되었고 호메이니가 최고지도자로 등극했다. 이때부터 이슬람 최고위 성직자가 대통령을 앞선 국가 최고지도자가 되는 신정체제theocracy가 시작되었다.

시아파 세력이 이란에서 이슬람 혁명을 일으켜 신정국가를 세우자, 당시 이라크를 통치하던 사담 후세인의 소수 수니파 정권은 이란의 혁명이 이라크에서 다수를 점하고 있는 시아파로 번지는 것을 우려해 1980년 9월 전격적으로 이란을 침공해 전쟁을 일으켰다. 1988년 8월까지 진행된 이란-이라크전은 2차 세계대전 이후 가장 긴 국가 간 재래식 전쟁이었다. 이슬람 혁명의 확산을 우려한 미국은 이라크를 군사적으로 지원했다. 이라크를 테러지원국으로 규정하는 등 적대적 관계였지만 미국 대사관 인질 사건을 일으킨 이란의 이슬람 신정체제를 억제하기 위해 사담 후세인을 지원한 것이다. 미국과 절대적 다수인 수니파 이웃국가의 지원을 받은 이라크는 대대적인 공세를 벌였지만 이란은 호락호락하지 않았다.

유엔의 중재로 휴전협정을 맺고 전쟁은 끝이 났지만 결과는 참혹했다. 125만 여명이 사망하고 양국의 경제는 거덜 났다. 특히 이라크의 후세인 정권은 시아파를 억제하기 위해 총대를 멨지만 수니파 형제국가들은 청구서를 내밀었다. 때마침 중동 산유국들의 유일한 수입원인 석유의 가격은 계속 하락해 배럴당 20달러 아래로 떨어졌다. 줄어든 수입을 보충하기 위해 사우디와 쿠웨이트 등은 생산량을 늘렸고 가격은 더 떨어졌다. 화가 난 이라크는 만만한 쿠웨이트를 물고 늘어졌다. 쿠웨이트가 이라크와의 국경지대에서 채굴하면서 이라크의 루마일라 유전 석유까지 빨아들여 도둑질하고 있다고 비난했다. 쿠웨이트가 배상액에 동의하지 않자 이라크는 1990년 8월 쿠웨이트를 침공하여 유전지대를 접수하고 쿠웨이트를 이라크의 19번째 주로 공표했다.

후세인은 미국이 이란과의 전쟁 때처럼 자신들을 도와주거나 최소한 묵인해 줄 것이라고 기대했지만 미국의 생각은 달랐다. 이라크의 쿠웨이트 침공으로 미국의 중동 최대 동맹인 사우디가 위협을 느낀 것이다. 쿠웨이트를 점령한 이라크군은 사우디의 유전에서도 멀지 않았다. 조지 H. W. 부시 미국 대통령은 1991년 1월 사우디 등 중동국가들이 포함된 다국적군을 조직하고 작전명 '사막의 폭풍' 아래 대대적인 이라크 공중 폭격을 단행했다. 10만 회가 넘는 공중폭격으로 이라크군 15만 명이 사망하고 42개 사단 중 41개 사단이 완전 무력화됐다. 1991년 2월 28일 후세인은 항복을 선언했다. 그러나 이라크군은 철수하면서 약 700개의 쿠웨이트 유정에 불을 질렀고 또 불을 끄지 못하게 유정 주변에 지뢰도 설치했다. 유정의 불은 진화하는 데만 9개월이 넘게 걸렸다. 우리나라도 미국의 요청으로 다국적군에 비전투요원을 파견했다.

걸프전은 미국의 압도적인 승리로 끝났지만 또 분쟁의 씨를 뿌렸다. 성지인 사우디에 '불경한' 미국 군인들이 집결하는 것을 본 이슬람 근본주의 세력들이 미국에 대한 성전, 즉 '지하드'를 준비한 것이다. 알 카에다를 결성한 오사마 빈 라덴은 결국 2001년 9.11 테러를 자행했다. 이에 대한 응징으로 미국은 알 카에다의 근거지로 여겨진 이라크와 아프가니스탄에 대한 대대적인 군사작전을 수행했다. 2003년 3월 미국은 이라크를 공격하고 후세인을 체포했다. 그는 전범재판에 회부됐다가 2006년 12월 바그다드에서 사형에 처해졌다. 한때 미국의 지원으로 이란과의 전쟁을 벌였지만 미국의 이익을 오판한 대가로 죽음을 당한 것이다. 후세인 이후 이라크는 다수인 시아파 정권이 들어섰으나 종파 간 갈등과 석유 이권을 둘러싸고 아직도 혼란이 계속되고 있다.

수니파 좌장 사우디아라비아의 고민

수니파의 맏형 사우디의 고민은 바로 시아파 벨트와 맞붙어 있다는 것이다. 사우디의 서쪽 지역은 모두 수니파 관할지역이다. 요르단과 홍해를 넘어 북아프리카 지역의 이집트, 리비아, 튀니지, 알제리 등 모두 수니파가 절대 다수를 차지한다. 문제는 동쪽이다. 동북쪽에는 주민의 70%가 시아파인 이라크와 국경을 접하고 있다. 자원의 보고인 페르시아만을 사이에 두고는 시아파의 맹주인 이란이 버티고 있고, 사우디의 북쪽 출구에는 언제나 골치 아픈 시리아가 있다. 수니파가 다수지만 시아파인 아사드가 집권하고 있다. 종교 분포가 다양하고 복잡한 레바논은 시아파가 무슬림의 50%를 차지하고 있어 언제 시아파의 나라가 될지 모른다.

사우디 남동쪽에서 다리만 하나 넘으면 나오는 섬나라 바레인은 인구의 65~75%가 시아파이다. 사우디 정부가 강력한 영향력을 행사하여 수니파가 정권을 유지하고 있지만 불씨는 여전하다. 사우디의 남쪽에 있는 예멘도 시아파가 절반 가까이 차지하고 있고 이들이 반군을 만들어 수니파 정권을 위협하고 있어 사우디에게는 큰 근심거리다. 이란의 군사적 지원을 받는 예멘의 시아파 반군은 사우디 석유를 실은 유조선이 지나가는 길목인 바브 엘 만데브Bab el-Mandeb 해협을 봉쇄할 수도 있다. 사우디는 예멘 내전에 직접 군사개입을 통해 수니파 정권을 돕고 있지만 시아파 반군의 저항도 만만찮다. 사우디는 예멘의 수니파 정부군을 지원할 목적으로 2017년 5월 미국과 1,100억 달러 규모의 무기 수입 계약을 체결하기도 했다.

지도를 펼쳐놓고 보면 사우디의 북쪽 시리아에서 시작해 동쪽의 이란과 이라크를 거쳐 남쪽의 예멘에 이르기까지 초승달 모양의 시아파 벨트가 사우디를 둘러싸고 있다. 게다가 사우디 내에서도 동북쪽은 시아파 밀집지역으로 리야드 왕실에 대한 불만이 쌓여 있어 시아파 국가들과 연합하여 반란을 꾀할 수도 있다. 이러한 시아파 동맹을 약화시키고 동쪽에서도 수니파의 우위를 점하는 것이 사우디의 최대 과제이다. 따라서 시아파와 그들의 맹주 이란의 힘을 빼는 일이라면 어떤 일이든 마다하지 않는 것이다. 사우디가 미국과 강력한 군사동맹을 맺고 이란을 제재하게 한 것도 이 때문이다.

OPEC의 최대 라이벌 사우디와 이란의 에너지 시장 쟁탈전

2015년 7월 이란 핵 협상 타결은 사우디에게 엄청난 충격이었다. 시리아의 시아파 아사드 정권을 축출하기 위해 미국에 요청했던 군사작전도 거절된 터라 사우디의 불만은 커져갔다. 사우디 국왕은 이란 핵 협상 타결 직후 오바마 대통령이 초청한 걸프협력회의GCC 6개국 정상회담도 보이콧할 정도였다. 사우디가 이란의 등장에 극도로 민감한 반응을 보인 것은 이란이 석유시장을 잠식할 에너지 숙적이기 때문이다.

사우디와 이란은 OPEC의 최대 라이벌로 산유국의 중추자리를 두고 끊임없이 다투어왔다. 1970년대 이전까지만 하더라도 이란과 사우디의 산유량은 거의 비슷했다. 1970년의 경우 사우디와 이란의 산유량은 하루 385만 배럴로 똑같았다. 그러나 이후로 두 나라는 상반된 길을 걸었다. 이란은 감산을 해서라도 유가를 올려 산유국의 힘을 보여주겠다는 강경파의 입장을 대변한 반면, 사우디는 가격보다 물량에 중점을 두면서 산유량을 끌어올리는 전략으로 바꾼 것이다.

사우디가 정책을 바꾼 계기는 1976년 미국과 사우디의 '빅딜'이었다. 오일쇼크 이후 막후에서 접촉을 해오던 두 나라는 1976년 미국 국무장관 키신저가 사우디를 방문해 모종의 합의를 이루었는데, 핵심 내용은 사우디는 미국에게 안정적인 원유 공급을 약속하고 원유 거래를 미국 달러로 결제한다는 것이다. 또한 원유 판매를 통해 취득한 달러는 미국 국채에 재투자하겠다고 합의했다. 이때부터 사우디는 미국의 가장 큰 국채 보유국이 되었다. 원유를 달러로 결제하게 되니 그 전까지 달러를 투매하던 나라들은 다시 달러를 사들이기 시작했고 미국은 달러패권을 유지할 수 있게 되었다. 달러 투매와 유가 급등으로 추락하던 미국을 살린 결정적인 합의였다.

이 엄청난 합의를 해준 대가로 사우디가 얻은 것은 세계 최강 미국의 군사적 도움으로 사우디 왕정을 보호하고 숙적 이란의 힘을 빼는 것이었다. 그리고 아람코의 지분을 미국으로부터 돌려받아 숙원사업이던 국유화를 이루었다. 이 합의 이후 이란은 미국의 강력한 제재를 받아 원유 수출에 큰 제약을 받았고, 이란을 묶어둔 사우디는 증산을 계속해 시장 점유율을 빠르게 높였다. 사우디는 산유량을 1970년 하루 385만 배럴에서 1980년 이후 1,000만 배럴 수준까지 끌어올리면서 100만 배럴로 쪼그라든 이란과의 격차를 900만 배럴로 벌리기도 했다. 2015년 핵 타결 이후 이란이 산유량을 늘려 제재 전 수준인 400만 배럴 직전까지 올렸지만 여전히 600만 배럴 이상의 차이가 있어 사우디를 따라잡기는 거의 불가능해진 상태이다. 하지만 이란은 많은 매장량을 바탕으로 생산설비를 늘려 산유량을 끌어올릴 수 있다. 이란의 매장량은 1,580억 배럴로 사우디 2,670억 배럴의 59%이지만 생산량이 40%에 못 미치고 있다. 그만큼 이란의 생산 여력이 있다는 의미로 사우디에겐 위협이 아닐 수 없다.

2014년 유가 폭락에도 사우디가 산유량을 늘려 유가 하락전쟁을 벌인 이면에는 좀 더 비싼 비용으로 석유를 생산하고 있는 이란과 아사드 정권을 도와주는 러시아를 약화시키려는 의도가 있다. 석유시장의 오랜 라이벌인 이 두 나라의 에너지 기반을 약화시켜 시장점유율을 높이는 것 또한 무시 못할 전리품이다. 이렇게 중동에서의 수니파와 시아파의 갈등은 생각보다 깊고 질기다. 같은 종교끼리 왜 그러냐 싶겠지만 역사적으로 같은 뿌리를 가지고 있는 종교나 종파 간 분쟁이 더 참혹한 결과를 가져온 점을 보면 1400년을 이어온 수니파와 시아파의 갈등은 쉽게 풀어질 문제는 아니다.

수니파 사우디-시아파 이란 사이에 낀 최대 LNG 수출국 카타르

사우디가 다른 수니파 국가들과 연합해 세계 최대 LNG 수출국 카타르에 제재를 가하고 있는 것도 이란과 시아파를 압박하기 위함이다.

2017년 6월 사우디는 일단의 수니파 국가들을 규합하여 카타르와 단교조치를 취했다. 사우디의 명령에 UAE, 바레인, 예멘, 이집트, 몰디브, 리비아, 요르단, 모리셔스, 모리타니 등 많은 중동과 아프리카 국가들이 카타르와 외교관계를 단절했다. 인적·물적 등의 통상적인 교류도 중단했다. 이집트의 경우는 필요한 LNG 물량의 60%를 카타르로부터 수입하고 있지만 국내생산이 늘어 2018년부터는 천연가스 자립이 가능해져 부담 없이 제재에 동참했다.

카타르는 바로 고립무원에 빠졌다. 카타르는 삼면이 바다이지만 수심이 얕아서 큰 배가 들어오지 못한다. 생필품, 공업자재 등 대부분의 물품은 유일한 육상 통로인 사우디 국경을 넘어 들어온다. 사우디의 단교 발표 직후 카타르 주민들이 생필품 사재기에 들어간 것은 이 때문이다. 단교조처는 카타르의 최대 수출품인 천연가스와 원유의 출하에도 영향을 주고 있다. 원유의 경우 중동국가들의 전형적인 카고 사이즈는 50만 배럴이다. 수입국들은 수송비를 줄이기 위해 최대한 많이 적재해야 하기 때문에 보통 200만 배럴 정도를 실을 수 있는 VLCC^{Very Large Crude Carrier}를 이용한다. 따라서 카타르에서 200만 배럴을 한꺼번에 구매하지 않으면 인근 UAE 등에서 카고를 더 싣기 위해 정박해야 한다. 또 연료를 주입하기 위해서도 벙커링의 허브인 UAE의 후자이라^{Fujairah}항에 정박해야 하는데, UAE가 입항을 거부하면 수입국들이 카타르 원유와 천연가스의 도입을 재고할 수도 있기 때문이다. 그만큼 단교조치는 카타르에게 치명적이다.

사실 사우디에게 카타르는 아무것도 아니다. 아라비아반도 동쪽에 엄지손가락처럼 톡 튀어나온 작은 반도국가다. 카타르의 면적은 사우디의 0.5%에 지나지 않는다. 외국인 노동자를 뺀 카타르의 인구는 31만 명으로 사우디의 1%에 불과하다. 국민의 90%는 수니파로 사우디를 큰형님으로 모시고 있다. 카타르는 사우디의 속국에 다름 아니다.

이런 나약한 카타르를 사우디가 무섭게 몰아 부치고 있는 것은 카타르 국왕의 말 한마디 때문이었다. 타밈 빈 하마드 국왕이 군사학교 졸업식에서 "이란을 강대국으로 인정한다. 이란에 대한 적대정책을 정당화할 구실이 없다"고 말했다. 이 말이 언론을 통해 보도되자 사우디는 크게 분노했다. 카타르가 가짜 뉴스라고 해명했지만 이미 늦었다. 이란은 입에 올려서는 안 될 금기어인 것이다. 사우디의 불만은 진즉 쌓여 있었다. 1995년 6월 카타르에서 쿠데타가 발발하여 아들이 국왕인 아버지가 잠시 해외여행을 간 사이 궁을 차지했다. 새로운 국왕 하마드는 대대적인 국가개조 프로젝트를 진행했다. 천연가스 시설을 현대화하고 새로운 수출시장을 개척했다. 노후화되고 있는 유전에서 생산량을 늘리기 위한 투자도 진행했다. 때마침 유가와 천연가스 가격이 크게 상승하여 국가수입도 급증했다. 1995년 1만 6,000달러였던 1인당 GDP가 10여년 만에 9만 5,000달러를 돌파해 세계 최고부자 반열에 올랐다. 2006년 아시안게임, 2012년 유엔 기후변화 콘퍼런스를 수도 도하에서 개최했고 돈으로 샀다는 비난을 받으면서까지 2022년 월드컵 유치도 성공했다. 진주조개나 캐던 카타르가 중동의 신흥 강자로 떠오르자 사우디는 움찔했다.

사우디를 더 자극한 것은 카타르의 평화로운 왕권 이양이었다. 자신이 쿠데타로 아버지의 권력을 찬탈한 트라우마가 있었던 것일까? 카타르의 하마드 국왕은 61세가 되던 2013년 영국에서 유학한 똑똑한 둘째 아들 타밈에게 왕좌를 넘겼다. 쿠데타가 아닌, 살아있는 왕으로부터의 평화로운 양위는 사우디를 포함해 아랍의 절대왕정 국가들에서는 있어 본 적이 없는 충격적인 일이었다. 안 그래도 구시대적인 절대왕정에 대한 서구의 비판이 부담스럽던 판에 카타르가 전에 없던 평화로운 왕위계승으로 국제적인 조명을 받자 사우디의 심기는 더욱 불편해졌다.

하마드의 왕위를 승계한 당시 33세의 젊은 국왕 타밈은 상승한 경제력과 영국 유학의 경험을 살려 실용외교를 펼쳤다. 미국 중부사령부의 카타르 공군기지 사용을 재허가하는 등 미국을 위시한 서방과 우호적 관계를 유지함과 동시에 이집트 정부가 테러 단체로 규정한 이슬람 근본주의 단체인 '무슬림형제단'과도 가까이 지내고, 이란은 물론 심지어 전체 아랍의 철천지원수인 이스라엘과도 경제교류를 하며 친분을 쌓았다. 그러던 차에 타밈 국왕이 이란이 강대국임을 운운했다는 보도가 나오자 기다렸다는 듯이 제재를 가했다. 자신의 말을 잘 듣는 수니파 국가들까지 합세시켜 카타르를 고사시키기로 작정한 것이다.

그러나 이미 덩치가 커진 카타르를 몰아세우는 것은 쉽지 않은 결정이다. 머뭇거리던 사우디에 결과적으로 힘을 실어준 사람은 다름 아닌 트럼프 대통령이다. 2017년 5월 취임 후 첫 방문국으로 사우디를 찾은 트럼프 대통령은 사우디가 1,100억 달러 규모의 무기거래계약을 체결하자 사우디를 치켜세우면서 이란을 테러 지원국이라 비난하고 고립시켜야 한다고 강조했다. 이에 힘입은 사우디는 고분고분한 수니세력을 규합하여 카타르에 대대적 공세를 가한 것이다.

수니세력의 압박에 처한 카타르는 그야말로 진퇴양난이다. 사우디의 말을 듣지 않으면 2022년 월드컵 개최도 차질이 불가피하고 항공산업 육성 등 카타르의 미래 전략도 불투명해진다. 그렇다고 이란을 적대시할 수도 없다. 카타르는 천연가스 매장량 3위를 자랑하지만 대부분 이란과의 영해 사이에 매장되어 있다. 카타르에서는 '노스 돔North Dome'으로 불리는 세계 최대 천연가스전인 '사우스 파르스South Pars'는 이란과의 해상 국경을 따라 분할되어 있는데, 문제는 한쪽에서 가스를 많이 **빼면** 다른 쪽의 생산이 줄어들게 된다는 것이다. 따라서 카타르와 이란은 양측의 가스 생산량 조절을 위해 원만한 관계를 유지하고 있는데, 만약 이란과의 분쟁이 발생하면 생산에 차질이 생길 수도 있다. 천연가스에 절대적으로 의존하고 있는 카타르 경제의 앞날도 불투명해질 수밖에 없다.

중동의 핫 에너지 이슈 : 이스라엘의 천연가스 대박

중동의 에너지 이슈에서 또 하나의 중요한 점은 이스라엘의 천연가스 대박이다. 이스라엘의 지중해 연안에서 대규모 가스전들이 연이어 발견되어 에너지 안보가 확고해졌기 때문이다. 2009년 발견된 타마르 가스전은 10tcf(조입방피트)의 매장량을 가지고 있는데 2013년부터 가스를 생산해 이스라엘 전체 발전의 40%를 담당하고 있다. 이듬해인 2010년에 타마르 가스전 바로 북서쪽에서 발견된 리바이어던 가스전은 무려 22tcf의 천연가스를 매장하고 있다. 이는 2000년 이후 세계에서 발견된 천연가스 매장량 가운데 최대 규모이다. 이 가스전의 매장량만으로도 이스라엘이 향후 100년간 쓸 수 있다. 또한 이 지역에는 상당량의 원유도 매장돼 있다. 2012년에는 타닌과 카리시 가스전이 또 발견되었다.

리바이어던 가스전은 2019년부터 본격적인 생산이 시작될 전망이고 이때부터 이스라엘은 천연가스 수출국이 될 것으로 보인다. 이집트와 터키, 키프로스, 그리스 등과 판매협상이 진행 중이다. 리바이어던 가스전에서 터키까지 540km의 해저 가스파이프라인 건설방안도 검토되고 있다. 요르단은 2015년 9월 이스라엘로부터 향후 15년간 100억 달러 상당의 천연가스를 도입하기로 계약을 체결했다. 요르단의 암만으로 이어지는 가스관을 놓게 되면 팔레스타인 지역을 지나게 되어 있다. 가스관이 연결되면 이스라엘과 팔레스타인, 요르단의 관계가 좋아지고 지역 안정에 큰 도움이 될 것으로 보인다.

이스라엘은 필요한 에너지의 거의 대부분을 수입에 의존하고 있다. 특히 에너지 소비의 90% 이상을 차지하는 석유와 석탄은 전량 수입하고 있다. 주변의 아랍 산유국들이 이스라엘에 적대적이어서 그나마 상황이 나은 이집트와 카스피해 연안국들로부터 수입해 쓰고 있다. 설상가상 이스라엘 소비의 40%를 충당하던 이집트의 천연가스가 2011년 '아랍의 봄' 사태로 무바라크 정권이 무너지면서 중단되었다. 이후 천연가스 대신 석탄에 의존하면서 전력 생산에도 어려움을 겪고 있다. 지중해 연안에서 가스전이 개발되면서 천연가스의 소비 비중이 18%까지 올라왔으나 에너지 수입 의존도가 여전히 80%가 넘어 에너지 안보가 취약한 상태다.

그래서 1950년대부터 가스전 개발에 사활을 걸고 진행해왔는데 마침내 대형 가스전이 잇따라 발견된 것이다. 이는 이스라엘에게 매우 중요한 지정학적 의미를 지닌다. 그들의 절대적 후원국인 미국이 중동에서 발을 뺄 즈음에 대형 가스전이 발견되지 않았다면 이스라엘은 고립무원에 빠졌을지도 모른다. 그러나 그들에게는 천우신조로 가스전이 발견되어 에너지 안보도 제고하고 주변 아랍국들과의 관계증진도 도모할 수 있다. 더구나 이스라엘에 상당량의 셰일자원이 매장되어 있는 것으로 조사되었다. 그들의 우방인 미국의 도움으로 셰일가스마저 개발한다면 이스라엘은 단숨에 중동의 에너지 대국으로 등극할 수도 있다. 천연가스 생산이 늘어나면서 이스라엘은 발 빠르게 석유와 석탄 소비를 줄이고 가스발전을 늘리고 있어 대기환경도 개선되고 있다.

이스라엘이 심각한 에너지난에 빠져 있을 때 그들의 선지자인 모세가 새로운 나라를 세우기 위해 이집트에서 빠져나올 때 길을 잘못 들어

하고 많은 석유 산지를 두고 하필이면 사막으로 둘러싸인 불모의 땅으로 들어왔다는 자조 섞인 푸념들이 있었다고 한다. 그러나 천연가스 대박이 터지면서 모세가 길을 제대로 찾은 셈이 되었다.

시리아 내전의 본질은 가스관을 둘러싼 종파 간 분쟁

몇 해 전 터키의 동남부 지방을 여행하면서 꽤 많은 시리아 난민들을 만났었다. 터키 쿠르드족 사람들과는 생김새가 약간 다른 '수리아' 난민들은 주로 버스 터미널 근처나 시내 광장에서 남루한 차림으로 큰 짐 보따리를 들고 다녔다. 여성들과 어린이들이 많았고 갓난아기도 더러 있었다. 한때 시리아 땅이었던 터키의 접경도시, 성경에서는 '안디옥'으로 나오는 기독교 성지인 안타키야에서는 시리아 난민을 돕자며 외국 여행객들에게 기부를 요청하는 사람들도 많았다. 시리아와 인접한 고대도시 하란에는 '알레포 문'이 거의 무너진 채 한때 찬란했을 시리아의 중심지 알레포를 바라보며 남루하게 서 있었다. 메소포타미아 문명의 중심지였던 고대도시 마르딘에서 만난 시리아 난민 목수는 '아사드, 퉤' 하며 침 뱉는 시늉으로 아사드 정권에 대한 적대감을 표시했다. 메소포타미아 고원의 숨 막힐 듯 아름다운 석양을 보며 '이 또한 지나가리니……'를 되새기며 시라아인들의 불행에 대한 안타까움을 표하기도 했다.

그때 만났던 난민들은 그마나 덜 불행한 사람들이다. 지금은 형언할 수 없는 참상이 시리아에서 벌어지고 있다. 시리아 북부의 중심도시 알레포는 폭탄공격으로 폐허가 되어 주민들은 대다수 피난길에 올랐다. 유엔은 시리아 위기를 현 시대 최대의 인도주의 비상사태로 규정했다. 2011년 3월 시리아 내전이 발발한 이후 32만 명 이상이 사망했고 시리아 전체 인구의 절반이 고향에서 쫓겨나 난민으로 떠돌고 있다.

그런데 왜 시리아 내전은 이토록 길어지는 것일까. 왜 나라는 갈라져 싸우고 있고, 왜 국제사회는 도와주지는 못할망정 패를 나누어 전쟁을 부추기고 있는가. 종교와 인종 등이 복잡하게 얽혀 있는 시리아 내전의 가장 큰 원인 중 하나는 바로 가스 파이프라인이다. 시리아는 동쪽으로는 이란, 이라크, 사우디 등 아랍의 자원 부국과 접해 있고 남쪽으로 아랍의 숙적 이스라엘이 있고 그 너머 이스라엘과 네 번이나 전쟁을 치른 이집트가 있다. 서쪽으로는 유럽과 연결하는 지중해를 끼고 있고 북쪽으로는 터키가 있다. 이러한 지정학적 요인이 과거 시리아의 찬란한 문명을 만들었지만 오늘의 참혹한 비극도 잉태했다.

2009년 3월 정상회담에서 시리아 아사드 대통령은 카타르의 하마드 대통령으로부터 솔깃한 제안을 받았다. 카타르가 천연가스를 유럽에 팔기 위해 파이프라인을 깔려고 하니 시리아가 길을 열어 달라는 것이었다. 카타르는 이란과 양분하고 있는 세계 최대 해상 가스전에서 막대한 양의 천연가스를 생산하고 있는데 전량 액화시켜 LNG로 팔다 보니 비용이 많이 들고 판매량도 한계가 있다. 그래서 파이프라인을 통해 유럽으로 대량 판매하는 것은 카타르의 숙원사업이었다. 카타르의 페르시아만에서 사우디와 시리아의 알레포를 거쳐 터키로 이어지는 파이프라인을 건설하자는 것이었다. 성사되면 시리아는 카타르 천연가스를 안정적으로 공급받을 수 있고 적잖은 통과료 수입도 챙길 수 있다. 그러나 아사드 대통령은 이를 거절했다. 카타르-사우디-요르단-터키로 이어지는 '수니파 라인'에 시아파인 아사드 정권이 참여할 수 없다는 것이었다. 시리아를 통하지 않고는 유럽으로 갈 수가 없으니 이 수니파 가스관 프로젝트는 결국 무산되었다.

힌트를 얻은 아사드 대통령은 대신 '시아파 라인'을 추진했다. 카타르와 페르시아만 가스전을 공유하는 시아파 우두머리 이란의 천연가스를 이라크와 시리아를 통해 유럽으로 판매한다는 아이디어였다. 2011년 7월, 시아파 형제국들인 이란, 이라크, 시리아는 '우정의 파이프라인'을 2015년까지 건설하기로 합의했다. 이 '시아파 라인'은 2008년 설치된 이집트-이스라엘 가스관과, 2009년 가동된 이집트-요르단-시리아-레바논 가스관과 연결될 수 있어 시리아는 중동 천연가스 파이프라인의 중심이 될 수 있었다.

그러나 공교롭게도 시아파 라인의 합의 직후 시리아 내전이 격화되어 이 사업은 사실상 무산되고 말았다. 내전이 아니었다면 2015년부터는 이 파이프라인을 통해 상당한 양의 이란 천연가스가 유럽으로 흘러가고 있을 것이다. 시아파 라인의 합의 직후 내전이 격화된 것은 우연이었을까. 시아파 아사드 정권에 맞서 싸우는 수니파 반군은 카타르, 사우디 등 수니파 국가들로부터 군사적 지원을 받아 세력을 키웠다. 이란과 적대적인 이스라엘 역시 시아파 라인을 극렬히 반대했다. 시아파 라인 프로젝트로 이란과 시리아가 힘을 키우면 이들이 후원하는 시아파 무장조직인 헤즈볼라와 팔레스타인 가자지구 무장단체인 하마스가 이스라엘을 위협하게 될 것이라 우려했기 때문이다. 이스라엘이 반대하니 미국이 반대하는 것은 당연한 일이다.

'수니파 라인'이건 '시아파 라인'이건 시리아 관통 가스관이 만들어졌다면 가장 큰 타격을 받았을 나라는 러시아다. 러시아는 거의 독점적으로 유럽에 천연가스를 수출하고 있고 이것이 러시아의 최대 수입원이다. 만약 시리아 관통 가스관이 건설되어 대량의 천연가스가 유럽으로 흘러가면 러시아는 큰 위기에 빠졌을 수도 있다. 2014년 우크라이나 사태가 없었더라도 유럽은 러시아 천연가스에 대한 의존을 줄이기 위해 카타르나 이란의 천연가스에 큰 관심을 보였을 것이다. 러시아는 현재의 혼란스런 시리아를 내심 즐기고 있을 것이다. 수니파, 시아파, IS, 쿠르드 족까지 4등분된 시리아에 파이프라인이 깔릴 수가 없기 때문이다. 어느 한쪽이 밀리면 균형을 유지하기 위해 다른 쪽을 슬쩍 도와주고 있다. 러시아는 한동안 아사드 정권의 애절한 지원 요청을 모른 척 하더니 IS에게 많은 영토를 빼앗긴 2015년 9월에 들어서부터는 아사드 정권을 슬슬 도와주기 시작했다.

내전이 지속되면서 시리아 석유와 천연가스 개발은 완전 중단된 상태다. 그나마 조금씩 생산하고 있는 유전도 이 네 세력의 거점이 각각 차지하고 전쟁자금 마련을 위해 석유를 퍼내고 있다. 이집트에서 가스를 수입하던 파이프라인은 폭탄 공격으로 훼손되어 이미 가동 중단된 상태다. 시리아 주민들의 에너지난이 이만저만이 아니다.

시리아에서는 오래전부터 시아파와 수니파의 양보할 수 없는 대리전이 진행되어 왔다. 수적 열세에 놓인 시아파는 만일 시리아에서 정권을 놓친다면 수니파에 크게 밀릴 수밖에 없다. 수니파의 비중이 상대적으로 높고 과거에 수니파 정권이 오랫동안 권력을 잡은 이라크도 안심할 수 없다. 이란만 홀로 남을 수도 있다. 그래서 온 역량을 동원해 시아파 아사드 정권을 도와주고 있는 것이다. 수니파는 수니파대로 시리아에서 시아파의 권력이 장기화되면 사우디를 둘러싼 시아파 벨트의 준동을 배제할 수 없다. 바레인, 예멘 등에서도 시아파들이 영향력을 확대해 가고 있어 시리아는 절대 내줄 수 없는 것이다. 사우디를 비롯한 수니파 국가들이 시리아 반군을 전폭적으로 지원하고 있는 이유다.

사우디는 미국이 아사드 정권의 퇴치를 위해 군사적 조치를 취하기를 촉구하고 있지만, 미국은 반군을 지원하다 자칫 알 카에다 등 테러 세력이 확대될 것을 우려하고 있고, 아사드 정부군이 약화되면 IS의 세력이 더 커질 것도 걱정이라서 쉽게 개입하지 못하고 있다. 전쟁의 본질을 파악한 오바마 행정부는 가스관 싸움을 위해 미국의 젊은 군인들을 희생시킬 수 없다며 군사적 개입을 승인하지 않았다. 자원을 무엇보다 중요시여기는 트럼프 대통령의 취임 후 상황은 다소 달라졌다. 2017년 4월 시리아 공군기지에 토마호크 순항미사일 60여 발을 쏘아 직접 군사개입을 암시했다. 그런다고 달라질 상황이 아니다. 이란과 시아파 세력들은 더 기를 쓰고 사생결단으로 달려들 것이고 미국에 대항한 안보문제에서는 한 몸처럼 움직이는 러시아와 중국도 가만히 앉아 있지만은 않을 것이다.

겉으로는 제2의 아랍의 봄이니 인권문제니 하며 고상한 이유들을 내놓지만 갈수록 깊어지는 시리아 내전의 본질은 에너지를 둘러싼 종파 간 분쟁이다. 트럼프 행정부도, 푸틴 대통령도, 유럽도 누구 하나 선뜻 나서 시리아 사태의 해결책을 내놓지 않고 그저 분열된 시라아를 즐기는 듯하다. 어느 누구도 통일된 시리아를 원하지 않기 때문이다. 시리아의 비극을 보며 안타까운 마음에 '이 또한 지나가리니……'만 읊조릴 수밖에 없는 외부인이지만 시리아의 상황에서 통일을 원하지 않는 열강에 둘러싸인 한반도의 모습이 투영돼 씁쓸한 마음을 지울 수 없다.

유가의 정치학 : 오일 전쟁의 승자와 패자

국제 석유시장은 지금까지 4차례의 유가 상승과 하락의 큰 변동기를 겪었다. 그 첫 조짐은 1970년대 초 미국의 원유 생산 감소가 시작되면서 나타났는데, 1973년 중동전쟁이 터지고 아랍 산유국들은 금수조치를 취하며 1차 오일쇼크가 터졌다. 이어 1978년 이란에서 이슬람혁명이 일어나 원유 수출이 중단되면서 2차 오일쇼크가 발생했다. 1980년 이란-이라크 전쟁이 터지며 유가상승의 정점을 찍었다. 1차 전쟁의 최대 수혜자는 산유국이었고 피해자는 수입국이었다.

2차 국면은 1980년대 초부터 진행된 유가 하락이었다. 오일쇼크가 유전개발을 자극하자 북해 등 여러 곳에서 새로운 유전이 발견되어 생산이 급증하며 유가가 급락했다. 산유국들은 재정 감소를 만회하기 위해 생산을 늘렸으나 이는 유가를 더 하락시켰고 1990년대 말 대폭락을 겪었다. 이번에는 산유국들이 큰 손실을 입었다. 사우디는 유가를 지지하기 위해 감산을 취했지만 가격이 더 하락하여 큰 손실을 입었다. 가장 큰 피해자는 소련이었다. 15년 이상 지속된 저유가로 소련의 최대 수입원인 석유와 천연가스 수출액이 급감했고, 재정적자가 심각해져 연방을 통제할 힘이 급속하게 빠져 결국 1989년 붕괴에 이르렀다. 국제 석유가격과 관련된 정치적 사건을 다룬 『빅토리』의 저자 피터 스와이저는 유가 하락 전쟁은 소련의 목을 조르기 위한 미국의 레이건 대통령과 영국의 대처 수상의 합작품이라는 '음모론'을 제기하기도 했다. 1990년 이라크가 쿠웨이트 유전을 장악하기 위해 전쟁을 일으키고 이에 미국이 이라크를 공격하며 지정학적 리스크가 불거지면서 유가는 반짝 상승했으나 저유가의 거대한 흐름에 밀렸다.

3차 변동 국면은 다시 유가 상승이었다. 중국 경제가 급성장하고 러시아, 브라질과 인도 등 소위 브릭스 붐을 타고 석유 수요가 급증해 유가가 폭등한 것이다. 2008년 세계 금융위기로 유가가 큰 폭으로 하락하기도 했지만 다시 급등하여 상승세를 이어갔다. 유가 150달러, 200달러 전망이 난무했다. 이 전쟁의 수혜자는 러시아와 남미의 후발 산유국이었다. 해외자본을 쫓아내고 자원을 국유화하여 고유가의 혜택을 톡톡히 누렸다. 수요요인으로 인한 유가 상승이었기 때문에 세계경제는 위축되지 않았고 우리나라 등 수입국들은 원유 수입의 부담은 늘었지만 미국 등 세계경제 활황으로 큰 피해를 보지는 않았다.

2014년 하반기 시작된 4차 변동 국면은 유가 하락이며, 미국의 셰일혁명으로 인한 공급과잉이 주요 원인이다. 역사는 작용과 반작용의 연속이라 했던가. 그 이전 15년의 고유가에 적응하며 석유소비를 줄이는 노력들이 결실을 보았고 대체 에너지에 대한 개발열기가 셰일혁명으로 이어진 것이다. 4차 변동기가 얼마나 오래 지속될지는 미지수다. 그러나 과거의 흐름과 사이클에 비추어 보면 꽤 오랜 기간 지속될 것으로 보인다. 에너지 시장의 구조적 변화로 저유가가 고착화될 수도 있다. 셰일 붐으로 공급측면에 혁명이 일어났고 수요는 탈석유 흐름이 진행되어 수요피크에 이를 것으로 보이기 때문이다.

4차 유가 전쟁은 아직 끝나지 않았으니 승자와 패자는 명확하지 않다. 패자의 모습이 서서히 드러나면 전쟁의 국면도 변할 것이다. 이빨 빠진 종이호랑이로 전락한 러시아와 엄청난 부채로 심해 유전을 개발한 브라질, 베네수엘라 등 남미 산유국들이 패자가 될 확률이 높다. 그것이 이 전쟁을 촉발한 자들의 목표이기 때문이다. 전쟁을 촉발한 쪽은 미국이며 이들이 결국 승자가 될 것이다.

유가 전쟁기에는 어김없이 음모론이 떠올랐다. 수요와 공급 등 경제적 요인만으로는 설명되지 않는 유가의 흐름들이 분명히 있었기 때문이다. 음모론의 진실 여부를 떠나서 분명한 것은 유가 전쟁에는 상당부문 정치적 요인들이 작용되었고 그 전쟁의 결과는 엄청난 지정학적 변동을 동반했다. 석유시장을 비롯한 에너지 이슈를 관찰할 때 지정학적 분석이 매우 필요한 이유이기도 하다. 2022년 러시아의 우크라이나 침공으로 인한 유가 폭등도 지정학적 이유이다.

02
미국이 바꾸는
세계 에너지 지도

1 셰일혁명, 세계 에너지 지도를 바꾸다

미국에게 석유란?

단언컨대 석유가 없었다면 지금의 미국은 없다. 세계의 부富를 좌지우지하는 초강대국은 고사하고 북미의 조용한 농업국가에 지나지 않았을 수도 있다. 영국의 청교도들이 종교박해를 피해 대서양을 넘어와 세운 식민지. 그 유명한 '보스턴 차' 사건이 발단이 되어 독립전쟁이 일어나고 피비린내 나는 전쟁 끝에 1776년 독립을 쟁취했지만 나라는 처참하게 유린된 상태였다. 당시 세계 최강이던 대영제국을 상대로 한 전쟁이었지만 미국인들은 무기는 고사하고 군복도 제대로 갖추지 못할 정도로 준비가 되어 있지 않았다. 1861년부터 4년간 지속된 남북전쟁으로 국토는 또 한 번 불탔다.

그 참담한 상황에서도 새로운 에너지를 찾기 위한 미국인들의 열정은 계속되었고, 드디어 1859년 펜실베이니아에서 에드윈 드레이크 대령이 시추기를 이용한 최초의 유정 굴착에 성공했다. 이 소식을 전해들은 각지의 석유 탐사가들이 펜실베이니아로 몰려들어 '검은 황금 러시'가 시작되었다. 세계의 부와 권력의 판도를 극적으로 바꾼 미국의 화려한 등장, 그 서막이 열린 것이다.

미국은 석유를 바탕으로 급성장했다. 풍부한 석유 덕택에 두 차례의 세계대전에서 승리를 거두고 세계 최강의 국가로 우뚝 섰다. 석유를 바탕으로 산업화가 진행되면서 부의 차원을 바꾼 '왕'들이 탄생했다. 철강왕 앤드류 카네기, 금융왕 JP 모건, 철도왕 제이 굴드, 자동차왕 헨리 포드, 선박왕 코넬리우스 밴더빌트 등이 등장하여 미국 경제의 터를 닦았다. 그중 왕들의 왕은 석유왕 존 록펠러이다. 그의 석유 덕택에 자동차도, 철도도, 선박도 운항이 가능했고 이 때문에 철강업이 탄생하고 미국 전역에 인프라가 깔리고 그 과정에서 금융업이 번성한 것이다.

석유가 없었다면 미국이 자랑하는 2차, 3차 산업혁명은 없었다. 지금 우리가 기승전결로 끝내는 4차 산업혁명은 당연히 없다. 석탄이 이끈 1차 산업혁명에 이은 2차 산업혁명이 미국을 중심으로 진행되면서 석유의 시대도 함께 열렸다. 헨리 포드가 휘발유차량의 대량생산에 성공함으로써 석유는 명실상부한 최고의 에너지원이 되었고 그 독보적 지위는 지금도 계속되고 있다.

세계 석유시장을 장악한 미국

석유는 미국에게 경제적 부만 갖다 준 것이 아니었다. 미국은 석유를 바탕으로 세계를 손아귀에 넣었다. 석유의 사용이 급속히 확대되어 석유 없는 성장이 불가능해졌을 때 미국은 이미 세계 석유시장을 장악하고 있었다. 중동에서 석유가 터져 나왔지만 미국은 중동 생산의 90% 이상을 독점하고 있었다. '세븐 시스터즈'로 불리는 미국의 석유업체들이 이미 중동에 진출해 독점개발권을 확보해 두었기 때문이다. 석유패권을 바탕으로 미국은 세계 대부분의 나라에 막강한 영향력을 행사했으며 '팍스 아메리카나' 시대를 구가했다.

석유왕 록펠러와 그의 후예들은 석유가 있는 곳이면 어디든 들어가 생산을 장악했다. 비단 미국뿐만이 아니었다. 석유의 보고인 중동으로 진출해 유전을 싹쓸이했다. 20세기 막판 장기 저유가의 위기를 맞은 록펠러의 후예들인 '세븐 시스터즈'는 대규모 이합집산을 통해 지금의 글로벌 메이저 석유회사로 거듭났다. 이 중 엑손모빌은 오랫동안 세계 최대의 기업 자리를 차지했다. 한마디로 미국은 석유가 세상에 나온 이후 한 번도 세계 석유시장을 손에서 놓지 않았다.

석유는 미국에게 전쟁도 갖다 주었다. 1970년대 사우디의 부상 등으로 인해 미국은 더 이상 중동의 석유를 독점하지 못하게 되었고, 사우디를 중심으로 중동 아랍 국가들이 카르텔을 형성해 석유시장에 대한 영향력을 키우면서 미국은 궁지에 몰렸다. 특히 미국이 그들의 숙적 이스라엘을 돕는다는 이유로 아랍 산유국들이 미국과 그 우방국에 대한 원유 수출을 중단하고 가격을 인상해 오일쇼크를 발생시키면서 미국은 전대미문의 에너지 안보 위기를 겪었다. 그래서 결정한 것이 군사적 개입이었다. 원유공급에 차질이 생기면 그곳이 어디든 군사력을 동원해 응징하고 석유의 안정적 공급을 확보하는 것이다. 미국의 수많은 군사개입은 대부분 석유 때문이었다.

미국의 중동 개입 길을 튼 '카터 독트린'

싸고 풍부한 석유에 젖어 있던 미국은 오일쇼크로 큰 충격에 빠졌다. 자고나면 기름 값이 오르자 주유소마다 휘발유를 사기 위한 장사진이 벌어졌고, 미국 경제는 마비되다시피 했다. 당시 미국은 원유수입이 급증하고 있었고, 국내 원유생산마저 1970년을 기점으로 감소하기 시작하던 터라 에너지 위기에 대한 공포가 증폭되고 있었다. 미국이 '불공정'하다고 판단하면 무역 상대국에 대한 무자비한 보복을 가능하게 한 '슈퍼 301조'가 만들어진 것도 이즈음으로 미국의 위기감을 고스란히 반영한 것이다. 1978년 이란에서 이슬람 혁명이 일어나 원유수출을 중단하여 2차 오일쇼크가 발생하면서 에너지 위기는 최고조로 치달았다. 1979년 발생한 소련의 아프가니스탄 침공도 중동지역에 대한 미국의 우려를 키웠다.

이때부터 미국은 중동문제를 사활적 이익으로 간주하고 적극적으로 개입하기 시작했다. 1980년 지미 카터 대통령은 "중동 지역을 어느 한 나라가 지배하려고 할 경우, 이는 미국에 대한 도전으로 간주할 것이며, 미국은 군사력을 동원해서 그 시도를 막을 것"이라는 '카터 독트린'을 발표하고 중동 개입을 천명했다. 카터 독트린에 의해 석유와 수송로 확보는 미국의 핵심 국익이 되었고 미국 군사력의 중심도 걸프지역과 북아프리카, 아프가니스탄을 아우르는 중동지역으로 이동했다. 세계 원유의 40%가 지나가는 호르무즈 해협에 항공모함 두 척을 상주시켰다. 한 연구에 따르면 미국이 1976~2007년 31년 동안 걸프지역 안정을 위해 지출한 비용이 7조 3,000억 달러에 달했는데, 이는 미국 국가부채의 절반에 해당하며, 중국의 연간 GDP에 맞먹는 엄청난 액수이다. 제2차 세계대전 종전 후 1980년까지 중동지역 전투 중 사망한 미군 병사는 한 명도 없었던 반면, 카터 독트린이 발표된 1980년 이후 전투 중 사망한 미군 병사는 오로

지 이 범중동지역에서만 발생했는데, 미국의 사활적 이익이 중동으로 바뀌었음을 잘 보여주는 대목이다.

카터 독트린은 그 후로도 오랫동안 미국의 중동개입의 명분으로 작용했다. 이란-이라크 전쟁, 이라크의 쿠웨이트 침공, 1차 걸프전, 이란의 핵 프로그램, 이라크 침공 등 지속적으로 중동에 대한 군사 개입을 전개했다. 실제 2차 세계대전 이후 국제적 분쟁은 대부분 에너지를 둘러싼 전쟁이었다. 두 차례에 걸친 미국의 이라크 침공도 대량살상무기 제거라는 명분을 걸었지만, 그 이면에는 원유 생산지 확보가 주된 이유였다. 트럼프 대통령 취임 후 중앙정보국CIA을 방문한 자리에서 2003년 미국의 이라크 침공 당시 석유를 전리품으로 챙기지 못한 것을 지적하며 미국에게 또 기회가 올 것이라고 언급했다. 중동에서 언제든 또다시 전쟁이 터질 수 있다는 의미이다.

셰일에너지 개발로 탈환한 세계 최대의 원유생산국 지위

미국은 오랫동안 세계 최대의 원유 생산국이었다. 1970년대 중반까지도 소련과 함께 가장 많은 원유를 생산했다. 제2차 세계대전 후 석유수요가 폭증하기 전까지는 미국이 세계 최대 원유 수출국이기도 했다. 1973년 1차 오일쇼크 당시 미국의 원유 생산량은 하루 900만 배럴을 넘었다. 800만 배럴 언저리에 있던 소련과 사우디보다 훨씬 많았다. 그러나 1970년대 중반 이후 원유 생산이 정체를 보이더니 1980년대 중반부터는 본격적으로 줄어들기 시작했다. 유전의 고갈이 시작된 것이다. 1990년부터는 1위 자리를 두고 다투던 사우디에 완전히 밀리기 시작했고 2000년부터는 구소련의 연방 중 하나였던 러시아에게 2위 자리를 내줬다. 2008년 국내 생산이 1980년 이후 최저인 하루 500만 배럴까지 떨어져 1,000만 배럴에 육박하던 사우디와 러시아 생산의 절반 수준으로 전락했다. 100년 동안 전 세계를 흔들었던 미국의 석유 패권이 막을 내리는 듯했고, 미국 국내에서는 에너지 안보의 위기감이 다시 고조되었다.

이때 혜성같이 등장한 것이 바로 셰일에너지다. 엄밀히 말하면 셰일가스는 갑자기 등장한 것은 아니다. 지하 2km 이상의 깊은 땅 속에 모래와 진흙이 오랜 세월 쌓이며 단단하게 굳어진 퇴적암층, 즉 셰일층에 엄청난 원유와 천연가스가 존재한다는 것은 이미 1800년대부터 알려진 사실이었다. 그러나 지하 깊숙이 수평으로 쭉 펼쳐진 바위 안에 갇힌 가스를 캐내는 것은 엄두를 못 낼 일이었다. 그러나 미국은 오일쇼크 이후 국내 자원개발에 공을 들이면서 이 셰일에너지에도 관심을 기울였다. 1976년부터 본격적으로 셰일가스 추출 방법의 개발과 셰일광구 탐사를 시작했다. 당시 진실처럼 받아들여졌던 석유고갈론도 셰일가스라는 대체에너지원에 대한 열망을 자극했다.

셰일에너지 개발은 원유보다 천연가스가 몇 해 앞섰다. 1999년 셰일층에 대한 가스 시추에 성공했고, 2005년 텍사스 바넷 광구에서 셰일가스 생산에 처음 성공하며 본격적인 셰일가스의 시대를 열었다. 셰일층에서 생산된 천연가스의 양이 육상과 해상의 전통 가스전에서 생산되는 천연가스를 빠르게 따라잡기 시작했고, 2014년 전체 천연가스 생산의 50%를 넘더니 2016년에는 59%에 달했다. 셰일가스 생산의 가파른 증가로 총 천연가스 생산도 급증하고 있다. 이전까지 20tcf에 미치지 못하던 생산이 2015년 28.8tcf를 기록했다. 2016년에는 저유가 여파로 28.3tcf로 약간 줄었으나 2017년부터는 다시 증가하고 있다. 가스 시추가 성공하자 원유 시추도 탄력을 받아 2008년 생산에 성공했다. 그러자 조지 부시 대통령은 민간업체에 전국 각지의 셰일광구 개발을 허용했고 셰일오일과 셰일가스의 대량생산은 이때부터 시작되었다.

2008년 최저점에 달했던 미국의 원유 생산량은 셰일오일의 생산으로 2009년부터 조금씩 반등하기 시작했고 2011년부터는 폭발적으로 늘어나기 시작했다. 미국 에너지정보청EIA의 통계에 따르면 2012년 하루 650만 배럴, 2013년 750만 배럴, 2014년 871만 배럴에 이르렀다. 특히 2014년에는 전년보다 16.2%가 증가하여 이전 60년 동안 최대 상승폭을 기록하기도 하였다. 2015년에는 942만 배럴까지 증가하면서 미국은 러시아와 사우디를 제치고 세계 최대 원유생산국의 지위를 탈환하였다. 전통유전의 원유생산량이 줄곧 하루 500만 배럴 밑으로 계속 감소하고 있던 것에 비해 셰일오일의 생산은 급증해 2015년에는 전체 원유생산의 50%를 넘어섰다. 2016년에는 유가 폭락의 여파로 상대적으로 생산비용이 높던 셰일유전의 생산이 감소해 887만 배럴을 생산해 2015년보다 5.8% 줄어들었다. 그러나 미국 원유의 기준가격인 WTIWest Texas Intermediate의 평균가격이 2014년 배럴당 93.1달러였던 것이 2015년에는 48.7달러, 2016년에는 43.8달러로 가파르게 하락한 점을 감안하면 미국의 원유생산은 가격 하락에 비해 감소폭이 크지 않았다.

셰일오일의 생산 급증으로 미국산 원유 가격이 크게 떨어졌다. 심지어 저유황 경질유로 고품질인 미국산 원유가 황이 많고 무거운 저급의 중동산 원유보다 낮은 가격에 거래되기도 했다. 2013년의 경우 미국 WTI의 배럴당 평균가격이 98달러인 데 반해 두바이유는 105.3달러였다. 2014년에도 WTI가 3.4달러 쌌는데 유가 하락이 반영된 2015년부터는 WTI가 두바이유보다 약간 높은 가격에 거래되고 있다. 천연가스층에서 채굴되는 액체인 천연가스액인 NGL까지 포함한 BP의 통계에 의하면 미국의 원유생산은 2014년에 이미 세계 최대 원유생산국으로 등극했고

2016년에는 상대적으로 많이 줄긴 했지만 1,235만 4,000배럴을 기록해 사우디의 1,234만 9,000배럴, 러시아의 1,123만 배럴을 따돌리고 3년 연속 세계 최대산유국의 지위를 유지했다.

다가오는 에너지 독립

미국은 에너지가 풍부한 나라이다. 세계 최대 소비국이면서도 국내 수요를 충족시키고 남아 수출한 물량이 세계 최대를 기록할 정도였다. 1950년대까지 미국은 세계 전체 원유생산의 70% 이상을 차지했다. 그러다 제2차 세계대전 이후 경제호황과 자동차 중심 문화가 확산되며 석유 수요가 급증하였고 국내 생산량으로는 수요를 충당할 수가 없어 원유 수입을 차츰 늘리게 되었다. 1950년까지는 원유 수입이 거의 없었으나 20년도 채 지나지 않은 1970년대 초에는 수입원유가 전체 소비의 30%가 넘을 정도로 급증했다. 비약적인 경제성장과 함께 미국은 세계 최대 원유 순수입국이 되었고, 저렴한 중동 원유가 본격적으로 미국 시장에 들어오기 시작했다.

미국은 하루 평균 800~820만 배럴 가량의 원유를 수입하고 있다. 1970년대부터 2014년까지 독보적인 세계 1위 자리를 지켰다. 국내생산으로 수요를 채우지 못하는 양만큼 수입한다. 그래서 미국의 원유수입은 국내생산과 수요에 따라 변한다. 수급이 안정적이던 1950년대까진 수입량이 미미했다. 그 후 수요가 올라감에 따라 수입량도 서서히 증가하다가 1973년 오일쇼크와 국내생산 감소의 여파로 수입량이 급증했다. 그 이전에 하루 170만 배럴 정도였던 것이 1970년대 후반엔 700만 배럴로 폭증했다. 늘어난 수입량의 대부분은 OPEC 회원국에서 구입한 것이다. 수십 년 동안 세계를 흔들었던 미국의 석유 패권이 중동아랍 산유국을 중심으로 한 OPEC에 밀리기 시작한 시점이었다.

1980년대 들어 2차 오일쇼크가 진정되어 유가가 가파르게 하락하고 국내생산도 어느 정도 반등을 이루자 미국의 원유 수입도 큰 폭으로 감소해 1980년대 중반에는 400만 배럴 아래로 떨어졌다. 그것도 잠시, 국내생산이 1985년부터 하락 반전한 데다 경제호황으로 수요가 급증하자 미국의 원유 수입은 1990년대부터 다시 가파르게 증가해 2000년대 중반에는 하루 1,000만 배럴을 훌쩍 넘어섰다. 이후 셰일오일 생산이 본격화되어 수입량은 다시 줄어들어 2010년경부터 800만 배럴 아래로 떨어졌다.

1970년대 미국의 원유 수입이 급증할 때 수입의 대부분은 OPEC 국가들에서 조달했는데 1990년부터의 증가분은 거의 캐나다, 멕시코, 영국 등 비OPEC 국가들로부터 수입한 것이다. 더 이상 중동아랍 산유국들에 대한 원유 의존도를 높이지 않겠다는 의도였다. 결과적으로 OPEC으로부터의 수입은 전체 원유 수입의 거의 100%에서 지금은 40%에 조금 못 미치는 수준으로 하락했다. OPEC으로부터의 수입물량 중 반 정도가 중동산이다. 따라서 전체 원유 수입 중 20% 정도만 중동에서 들여오고 있는데 대부분 사우디 원유이다.

전체 수요량 중 수입물량의 비율을 뜻하는 수입의존도는 2000년대 중반 65%까지 올라갔다. 전체 수요를 다 충족하고도 남아 세계 최대의 원유 수출국이었던 미국이 40년 만에 수요의 3분의 2를 수입해야 할 정도로 에너지 안보가 악화된 것이다. 1993년의 경우 하루 수요량 1,700만 배럴 중 820만 배럴 정도가 국내생산이고 880만 배럴은 수입이어서 의존도가 52%였다. 그 후 수요는 계속 상승한 반면 국내 생산은 계속 줄어들어 수입비율이 2005~2006년에는 65%까지 상승했다. 2,200만 배럴이 넘는 수요 중 국내생산은 770만 배럴이 채 안 된 것이다.

석유 공급위기에 대한 우려가 증폭된 바로 그 즈음부터 셰일오일 생산이 시작되었다. 미국에겐 또 하나의 신의 축복이었다. 셰일오일 생산이 본격화된 2009년부터 수입의존도가 빠르게 감소하기 시작했고 2015년에는 35%까지 떨어졌다. 전제 수요 1,940만 배럴 중 천연가스액을 포함한 국내 생산이 1,270만 배럴에 달해 65%를 감당했기 때문이다. 천연가스 등 대체에너지로 전환이 가속화되면서 미국의 수입의존도는 더욱 하락할 것으로 보인다.

셰일 붐으로 생긴 또 하나의 혜택은 원유 도입 국가들이 미국에 매우 친화적이고 물리적 거리도 가까워져 수급의 안정성이 크게 제고되었다는 것이다. 셰일광구에서 대량 생산되고 있는 원유는 고급 유종인 저유황 경질유이다. 따라서 비슷한 유종의 수입부터 크게 감축했다. 나이지리아산 경질유의 수입은 하루 100만 배럴 이상 줄었고 알제리, 베네수엘라, 앙골라, 사우디 등으로부터의 수입도 상당량 줄어들었다. 미국에 대한 경질유 수출 비중이 높았던 나이지리아, 앙골라 등 서아프리카 국가들의 타격은 매우 크다. 반면 캐나다 원유의 수입은 하루 130만 배럴이나 증가했다. 미국의 정제시설이 대부분 중질유에 맞춰져 있어서 캐나다로부터 오일샌드 등 중질유의 도입을 늘린 것이다. 같은 이유로 중동산 중질유의 수입은 줄긴 했지만 다른 경질유 수입 국가들에 비하면 상대적으로 매우 적은 수준이다. 현재는 미국 원유 수입의 43%가 캐나다산이고 같은 북미의 멕시코가 9%이다. 굳건한 동맹을 유지하고 있는 사우디가 14%, 남미의 베네수엘라가 11%이다. 이들 국가의 비중이 77%에 이르러 정치적으로 혼란한 아프리카나 적대적인 중동 국가에 대한 의존이 현격히 줄어들었다.

논란의 중심에 선 키스톤 파이프라인

트럼프 대통령이 추진하는 '키스톤 XL 파이프라인'도 안정적 에너지 공급을 도울 것으로 보인다. 트럼프 대통령은 취임하자마자 공약한 대로 캐나다 오일샌드를 미국 멕시코만 연안의 정유시설로 수송하기 위한 키스톤 XL 프로젝트를 최종 승인하였다. 완공되면 총 2,700km인 이 송유관을 통해 캐나다 서부 앨버타에서 채굴한 오일샌드 원유를 네브라스카까지 수송할 수 있다.

두 나라를 연결하는 기존의 키스톤 파이프라인은 네바다주의 인디안 보호지역과 환경보호 지역을 우회해 'ㄱ'자로 꺾이면서 남부의 원유허브인 쿠싱으로 연결되는데, 새로 제안된 키스톤 XL은 이 보호지역을 가로지르는 루트이다. 이 때문에 오바마 대통령은 키스톤 XL 사업을 허용하지 않았다. 그것을 트럼프 대통령이 뒤집은 것이다. 이 프로젝트가 많은 일자리를 창출할 것이라는 이유를 댔다. 키스톤 XL 파이프라인이 완공되면 기존 파이프라인의 하루 59만 배럴보다 훨씬 많은 83만 배럴의 오일샌드 원유가 걸프 연안의 중질유 정제시설에 투입된다. 이렇게 되면 미국은 중동산 중질유 수입을 상당부분 줄일 수 있다. 캐나다도 오일샌드의 수출을 늘리고 가격도 높일 수 있게 되어 적극 추진해왔다.

트럼프 대통령이 오바마 행정부의 결정을 뒤집으며 추진하는 또 하나의 파이프라인 사업은 다코타 송유관Dakota Access Pipeline이다. 미국 4개 주를 가로지르는 1,931㎞의 이 송유관 건설은 90%의 공정률을 보이는데 오염을 우려한 미주리 원주민들의 반대로 저수지 335m 구간을 제외하고는 완성됐다. 트럼프 대통령이 취임하자마자 이 구간의 공사를 허가해 사업이 마무리됨으로써 북부 바켄 셰일광구에서 생산된 하루 57만 배럴의 원유를 일리노이주 오일허브인 다코타 기지로 수송하고 있다. 이전에 철도로 수송할 때보다 더 많은 물량을 더 빠르게 보내고 있다. 또한 캐나다와 인접한 바켄광구 원유를 남부 멕시코만까지 보내지 않고 훨씬 가까운 동부 연안으로 보낼 수 있어 물류비도 줄일 수 있게 되었다. 또한 셰일오일 생산의 새로운 중심지로 떠오른 퍼미안 지역의 파이프라인도 확장되고 있고, 하루 45만 배럴을 수송하는 새 송유관이 휴스턴에서 가동 예정이어서 공급의 안정성이 높아질 것으로 보인다. 미국 전역을 촘촘히 연결하는 천연가스관도 셰일가스 생산지를 중심으로 대규모로 확충 중이어서 국내 수요와 수출에 기여할 것으로 보인다.

셰일혁명으로 더욱 강해지는 미국

2011년 3월 30일, 오바마 대통령은 열광하는 워싱턴 조지타운대학교 학생들 앞에서 이렇게 외쳤다. "자원에 있어 우리는 대안을 갖고 있습니다. 바로 천연가스입니다. 최근에 우리가 이룬 혁신은 대규모 자원을 개발할 기회를 주고 있습니다. 우리의 발아래 셰일층에 백 년 동안 쓸 수 있는 자원이 있습니다!" 오바마 대통령이 이 연설을 한 시점은 매우 중요하다. 2005년부터 시작된 셰일가스 생산이 2000년대 후반 들면서 급격히 증가했다. 오바마 대통령이 이 연설을 한 2011년 봄은 셰일층에서 가스와 원유가 콸콸 쏟아지고 있었다. 그는 이것이 미국이 안고 있던 고질적 문제인 에너지 안보를 해결할 것이라는 확신을 가지고 있었다. 3년 후인 2014년 1월 국정연설에서 오바마 대통령은 더욱 힘찬 어조로 말했다. 미국은 천연가스로 탄소배출도 줄이고 경제도 부활시킬 두 마리 토끼를 잡을 것이라고 강조했다. 이어 미국 기업은 천연가스를 사용하는 새로운 공장을 짓기 위해 1,000억 달러를 투자할 것이라는 계획도 밝혔다.

실제로 미국은 1929년 대공황 이후 최악의 경제위기를 셰일가스를 통해 빠져나오고 있다. 셰일층에서 천연가스와 원유가 쏟아져 나오자 에너지 가격이 급락했다. 에너지 비용이 크게 줄어드니 소비자들의 실질소득이 늘어나 내수가 증진되었다. 또한 셰일오일 덕택에 미국은 원유 수입을 대폭 축소할 수 있게 되어 무역적자가 줄고 경상수지가 개선되었다. 고질적인 '쌍둥이 적자'인 무역적자와 재정적자가 감소하고 있는 것이다.

더 놀라운 영향은 제조업에서 일어나고 있다. 셰일개발로 풍부해진 천연가스가 본격적으로 전력생산과 산업에 투입되기 시작한 것이다. 전기요금이 인하되고 생산비용이 감소되자 제조업의 경쟁력이 되살아났다. 셰일가스가 개발되고 있는 지역을 중심으로 인프라가 개선되고 고용과 임금이 늘어났다. 탄력을 받은 오바마 대통령은 최저임금 인상에 정책의 중심을 두기 시작했다. 고용증가와 임금인상으로 인한 중산층의 증가는 오바마 대통령 경제정책의 핵심이 되었다.

이때부터 오바마 대통령은 경제관련 연설에 세 단어를 꼭 집어넣었다. 바로 'Made in America'다. 셰일혁명으로 제조비용이 크게 감소했으니 외국으로 나갔던 기업들은 미국으로 돌아와 미국산 제품을 많이 만들자는 것이다. '리쇼어링reshoring'이다. 리쇼어링은 비용절감을 위해 해외로 생산설비를 이전하는 '오프쇼어링offshoring'의 반대 개념으로, 해외에 나갔던 기업들이 본국으로 되돌아오는 현상을 말한다. 연설 때마다 오바마 대통령은 자신감 있는 목소리로 말했다. 세상에서 가장 좋은 노동력과 공장을 찾고 싶다면, 세상에서 제일 좋은 제품을 만들고 싶다면 바로 이곳 미국에 투자하라고. 앞으로는 최고의 제품과 일자리가 바로 미국 땅에서 만들어질 것이라고.

세계 에너지 지도를 바꾼 셰일혁명

2009년 취임한 오바마 대통령은 할 수 있는 일이 많지 않았다. 고질적이던 무역적자, 재정적자와 함께 2008년 금융위기가 발생했기 때문이다. 세계 최강대국 미국의 경제위기는 모두에게 엄청난 충격으로 다가왔다. 세계경제를 휘어잡던 투자은행 리먼브라더스가 파산하고 연봉 수십억원을 자랑하던 직원들이 하루아침에 해고되어 박스에 짐을 들고 허겁지겁 정문을 나오던 장면은 아직도 뇌리에 선명하다. 공원에는 집을 빼앗긴 노숙자들이 득실거리고, 전기도 물도 없는 지하 동굴에 사람들이 모여들었다.

세계 경찰을 자부하던 미국의 손발도 묶였다. 적자가 지속되자 재정지출의 자동 삭감인 '시퀘스터sequester'가 발동되고 예산승인도 나지 않아 행정부의 수장인 오바마 대통령은 해외출장도 취소해야 했다. 국방비도 줄고 미군도 감축되었다. 돈이 없으니 바깥에서 무슨 일이 일어나더라도 그저 보고만 있을 수밖에 없었다. 중동의 요충지인 시리아와 리비아에서 혼란이 발생하고 우크라이나가 러시아의 손에 넘어가고 있어도 미국은 아무 것도 할 수 없었다.

셰일혁명은 오바마 대통령에게 엄청난 축복이었다. 2008년 금융위기가 고조될 무렵 미국의 원유 생산마저 점점 줄어 1980년 이후 최저인 하루 500만 배럴까지 떨어졌다. 금융위기에 에너지위기까지 겹치면서 지난 100년간 세계를 주무르던 미국의 시대가 끝나는 듯했다. 그러나 기다렸다는 듯이 2009년부터 개발이 완료된 셰일층에서 천연가스와 원유가 쏟아지기 시작했다. 추락하던 미국 경제는 날개를 달았고 내수와 생산, 경상수지가 대폭 개선되었다. 셰일혁명이 없었다면 오바마 대통령의 운명도, 미국의 운명도 크게 달라졌을 것이다.

셰일혁명으로 미국은 순식간에 세계 최대의 산유국으로 등극했다. 세계 최대 석유 수입국이 수출국으로 탈바꿈하면서 석유의 흐름이 일순간에 바뀌어 버렸다. 미국이 원유 수입을 줄이자 갈 곳 잃은 잉여물량이 시장에 넘쳐났다. 미국에 원유를 수출하던 산유국들은 판로를 잃고 투매하기 시작했고 가격은 폭락에 폭락을 거듭했다. 셰일혁명이 세계 에너지 지도를 바꾸어 놓은 것이다. 셰일혁명으로 미국 제조업의 경쟁력이 되살아나고 비용을 아끼려 해외로 나갔던 미국 기업은 고향으로 되돌아가기 시작했다. 금융당국은 전대미문의 양적완화를 종료하고 금리를 인상하기 시작했다. 신흥국의 자금이 빠져 나오면서 글로벌 돈의 흐름이 바뀌었다. 셰일혁명이 에너지 지도에 이어 경제지도도 바꾸어 놓은 것이다. 이뿐만이 아니었다. 경제가 정상화되자 미국의 대외정책도 정상화되었다. 가장 골칫거리였던 에너지 안보 문제가 해결되면서 보다 적극적으로 국제문제에 개입하기 시작했다.

미국의 지정학적 무기 : '아시아 피봇'

힐러리 클린턴 미국 국무장관은 2011년 11월 미국 외교전문지인《포린폴리시》에 '미국의 태평양 시대'라는 제목의 기고문을 통해 미국의 외교·군사 정책의 중심축을 중동에서 아시아로 이동하겠다고 밝혔다. 이른바 '피봇 투 아시아Pivot to Asia' 정책이다. 중동에 집중되었던 미국 대외정책을 아시아로 옮기겠다는 선언이었다. 목적은 급팽창하는 중국을 견제하기 위한 것이었다. 중국이 이를 알아차리고 반발하자 리언 피네타 국방장관은 2012년 6월 싱가포르에서 열린 샹그릴라 대화 연설에서 '아시아 재균형Asian rebalancing'이란 용어로 순화시켰다.

미국이 아시아 중시정책을 채택할 수 있었던 것은 셰일혁명 덕택이다.

셰일혁명으로 천연가스와 원유가 쏟아져 나오자 미국은 중동 원유에 대한 의존을 크게 줄일 수 있게 되어 중동에 집중되었던 대외정책 자산을 급부상하고 있는 중국 견제에 쓸 수 있게 된 것이다. 셰일혁명으로 에너지 안보가 확고해지자 미국 정가에서는 중동에 대한 군사비 지출을 줄여 셰일에너지에 대한 투자를 늘리고 미국 경제를 위해 돈을 더 쓰자는 주장이 힘을 얻었다. 실제로 미국이 1977년부터 2011년까지 중동에 투입한 총 군사비는 9조 달러에 달해 전체 군사비의 53%를 차지했다는 통계도 있다.

셰일혁명으로 에너지 독립을 이루자 미국은 보다 자유롭게 국제문제에 개입하고 있다. 과거에는 중동의 석유와 수송로의 안전한 확보를 위해 군사적으로 개입은 했지만 공급에 문제가 생겨 유가가 급등하는 것은 절대적으로 피했다. 에너지 시장에 대한 우려로 개입이 소극적일 수밖에 없었는데, 에너지 독립에 다가선 지금은 유가의 변동에 구애받지 않고 개입하고 있다. 최대 산유국인 러시아에 대한 제재도 보다 자유로운 입장에서 취하고 있다. 톰 도닐런 당시 백악관 안보보좌관은 2013년 4월 컬럼비아대학 연설에서 "미국의 에너지 생산이 크게 확대됨으로써 이전보다 강력한 입장에서 국제문제에 대처할 수 있게 됐다"고 말하기도 했다.

이란 핵 협상 타결 뒤엔 셰일혁명이 있었다

2015년 7월 타결된 이란 핵문제도 그 뒤에는 셰일혁명이 있었다고 해도 틀린 말이 아니다. 일차적으로는 '핵 없는 세상'을 주창해 노벨평화상까지 받은 오바마 대통령으로서는 이란 핵 문제 해결이 퇴임 전 이루어야 할 시급한 과제였다. 또한 수니파 무장조직인 IS의 퇴치를 위해서도 시아파 이란의 역할이 필요했다. 그렇다고 이란의 족쇄를 풀어줄 정도는 아니었다. 이란의 숙적 사우디가 크게 반발하기 때문이다. 사우디 원유에 크게 의존하고 있던 미국으로서는 사우디의 눈치를 보지 않을 수 없었다.

그러나 셰일혁명으로 미국의 판단이 달라졌다. 에너지 독립을 이루고 이제는 넘쳐나는 원유와 천연가스를 수출해야 하는 판에 사우디와의 석유동맹에 얽매일 필요가 없어진 것이다. 에너지 문제로부터 자유로워진 오바마 대통령은 이란 핵문제 해결에 집중할 수 있었다.

2002년 불거진 이란 핵문제는 오랫동안 악화일로였다. 이란은 우라늄 농축시설을 계속 늘려갔고 유엔은 제재의 강도를 높였다. 충돌로 향해가던 이란 핵문제를 외교적으로 풀 실마리가 마련된 것은 2013년 8월 이란의 권력이 보수 강경파에서 중도파인 로하니 대통령으로 넘어온 것도 이유이지만 이즈음 미국의 원유 생산이 급증하고 있어 미국의 대외정책이 보다 자유로워졌다는 것이 큰 배경이다. 2013년 10월 첫 협상이 진행된지 한 달 만에 합의안이 도출되었고 미국은 2014년 7월 이란에 대한 경제 제재를 해제하기 시작했다. 결국 협상이 시작된 지 2년이 되지 않아 완전 타결에 이르렀다. 시아파의 맏형 이란이 돌아온 것이다. 중동의 대테러 전에 무임승차를 하고 있다고 사우디를 비난한 오바마 대통령이 이란을 풀어 놓음으로써 사우디를 길들이려는 전략의 일환이기도 했다.

２ 새로운 에너지 수출 시대를 열다

세계 최대 석유 매장국의 비극

어느 나라에 얼마나 많은 원유가 매장되어 있는지는 큰 의미가 없다. 아무리 많이 묻혀 있어도 캐내지 못하면 소용이 없다. 또 채굴비용이 너무 높아 유가를 감당할 수 없다면 그 또한 무용지물이다. 캐내도 원유의

질이 좋지 않아 팔리지 않는다면 있으나 마나이다. 베네수엘라 이야기다. 오랫동안 원유 매장량 1위를 유지해온 베네수엘라는 경제난과 연료 부족으로 큰 혼란을 겪고 있고 국민들은 앞 다투어 자원부국인 조국을 떠나려 하고 있다.

BP 통계에 의하면 2016년 말 기준 베네수엘라의 원유 매장량은 3,009억 배럴에 달해 세계 전체 매장량의 17.6%를 차지하고 있다. 매장량 2,665억 배럴의 사우디와 1,715억 배럴의 캐나다를 여유 있게 따돌리고 1위를 달리고 있다. 20년 전인 1996년의 727억 배럴, 2006년의 873억 배럴과 비하면 지난 10년간 매장량이 세 배 이상 늘어난 것이다.

그러나 실제적인 원유생산은 10년 전 하루 300만 배럴에서 현재 220만 배럴로 오히려 줄었다. 1998년 최대치인 350만 배럴에 이른 후 2000년대 후반부터 급격히 줄어들고 있다. 생산이 최대를 달리던 1999년 취임한 우고 차베스 대통령은 자원민족주의를 내세우며 외국의 개발업자들을 내쫓고 자신들이 직접 채굴하려 했지만 뜻대로 되지 않았다. 매장량의 대부분이 심해에 묻혀 있고 생산의 3분의 2가 초중질유Ultra Heavy Crude이기 때문에 캐내봤자 채산성도 없고 팔 곳도 없었다. 게다가 국영석유기업인 PDVSA의 내부 문제마저 불거지면서 정유공장을 제대로 돌리지 못해 휘발유 품귀 현상을 빚고 있다. 세계 최대 산유국에서 기름이 부족해진 것이다.

현재 하루 220만 배럴의 원유 생산 중 130만 배럴이 수출되고 이 중 80만 배럴이 미국으로 향하고 있는데, 미국이 수입제한조치를 취하면서 더 큰 어려움을 겪고 있다. 물가상승률이 1,000%에 육박하면서 베네수엘라 통화 볼리바르는 지갑으로 해결할 수 없어 배낭을 짊어지고 다니면서 내야 할 지경이 되었다. 크게 동요한 주민들은 국경을 넘고 있다. 세계 최대 석유 매장량으로 가난할 수 없는 나라의 경제가 파탄에 빠진 것이다.

매장량 126억 배럴을 자랑하는 자원부국 브라질도 마찬가지이다. 2000년대 초고유가에 힘입어 매장량을 담보로 엄청난 부채를 일으켜 석유를 개발해 생산량을 늘렸지만 이는 수심 2km 이상의 초심해 유전으로 채굴비용이 매우 높다. 2014년 하반기 유가가 폭락한 이후에는 뽑아낼수록 손해지만 국가의 주 수입원이 그것뿐이니 캐내지 않을 수도 없게 되었다. 레알화는 폭락을 거듭하고 국가경제는 파탄지경에 이르렀다. 캐내서 제값 받고 팔지 못하면 매장량은 무의미할 수밖에 없다.

제2차 셰일혁명, 에너지 시장의 구조 변동을 확산시키다

2016년 말 기준으로 전 세계에 확인된 원유 매장량의 47.7%는 중동에 몰려 있고 남미를 포함한 OPEC 회원국들이 매장량의 71%를 보유하고 있다. 석유에 관한한 중동과 OPEC이 아직 헤게모니를 가지고 있다는 사실에는 변함이 없다. 그러나 중동의 매장량 비중은 20년 전 58.7%, 10년 전 54.4%에 비해 현저히 줄어들고 있다. 대신 캐나다와 미국이 포진해 있는 북미와 남미의 비중이 늘고 있다.

셰일혁명의 진원지 미국의 원유 매장량은 BP 통계에 의하면 480억 배럴로 2006년 294억 배럴보다 63% 증가했지만 세계 전체 매장량에서 차지하는 비중은 2.8%에 지나지 않는다. 그러나 매장량의 대부분이 채산성이 높아 베네수엘라 등 남미 국가들과는 상황이 매우 다르다. 노르웨이의 리서치 회사인 리스타드 에너지Rystad Energy는 기술적·경제적 측면에서 생산 타당성이 있는 매장량을 분석한 결과 미국이 무려 2,640억 배럴로, 러시아의 2,560억 배럴, 사우디의 2,120억 배럴을 제치고 세계 최대 매장국이라고 발표했다. 채굴의 경제성까지 고려한 이 보고서에 따르면 미국의 세계 석유시장에서의 영향력은 갈수록 커질 것이다.

일부에서는 이러한 현상을 '제2차 셰일혁명'으로 지칭하고 있다. 2000년대 중반 시작된 1차 셰일혁명이 천연가스 중심의 생산증대인 데 비해, 2014년 하반기부터 시작된 저유가를 견디면서 기술의 진보로 생산비를 현격히 낮추고 원유 생산 중심으로 바뀌었다는 점에서 2차 혁명으로 부르는 것이다. 실제로 미국 EIA는 매월 발간하는『단기 에너지 전망 보고서Short-Term Energy Outlook』에서 2016년 11월 이후 거의 매월 연속해서 원유생산량 전망치를 상향 조정하였는데, 이는 기술향상으로 미국 원유생산업체들의 손익분기점이 계속 낮아지고 있기 때문이다.

2차 셰일혁명의 영향으로 미국의 원유생산이 2020년에는 하루 1,100만 배럴에 이를 것으로 전망되고 있다. 이 증가분은 세계 석유수요 증가분을 능가하는 것으로 OPEC과 러시아가 추가적인 감산을 하더라도 유가를 반등시키지 못할 것이라는 의미이기도 하다.

에너지 자급을 이룬 미국은 에너지 확보를 위한 국제분쟁에는 개입을 더욱 자제할 것이며, 오히려 넘쳐나는 원유와 천연가스를 수출하기 위해 외교력을 동원할 것이다. 이는 기존의 최대 원유 수출국인 사우디와 러시아 및 LNG 강국인 호주와 카타르도 궁지로 몰아넣을 것이고, 구매국들에게 더 좋은 조건을 제시할 수밖에 없을 것이다. 고비용인 지중해와 동아프리카의 LNG 프로젝트는 가동연기 압박을 받을 것으로 보인다. 10년 전 1차 셰일혁명으로 세계 에너지 시장에 지각변동이 일어났듯이, 현재 진행 중인 2차 혁명은 에너지 시장의 구조적인 변동을 확산시키고 있는 것이다.

퍼미안 광구, 새로운 셰일 붐을 이끌다

미국의 셰일광구는 중남부와 동부에 집중되어 있다. 2005년 셰일가스 생산이 처음 시작되어 '셰일의 성지'로 불리는 '바넷', 그리고 셰일에너지 생산을 주도하고 있는 '이글포드'와 '퍼미안'은 남부 텍사스주와 뉴멕시코에 위치해 있고, 그 바로 동쪽 루이지애나주에 걸쳐 있는 '헤이네스빌', 펜실베이니아주와 웨스트버지니아주에 걸친 동북부 '마셀러스'와 '유티카,' 북부 캐나다와 국경지역인 노스다코타주의 '바켄' 그리고 콜로라도주의 '니오브라라' 등이 있다. 이 중 소규모인 바넷을 제외한 7곳이 미국의 7대 셰일 플레이play로 불린다. 이곳 중 생산량이 가장 많이 증가한 곳은 이글포드이고, 새로운 셰일 붐을 이끌고 있는 곳은 퍼미안이다. 시추 활동이 가장 활발하게 진행되고 있는 곳도 이 두 광구이다.

특히 퍼미안은 총 시추의 절반을 차지할 정도로 집중적으로 이루어지고 있는 '핫스팟hotspot'이다. 2014년 유가 급락 후 채산성이 떨어지자 다른 셰일 광구들은 일제히 생산을 줄였는데 퍼미안만은 더욱 가파르게 생산량을 늘리고 있다. 가령 이글포드는 생산이 2011년 하루 15만 배럴에서 빠르게 증가하여 2015년 170만 배럴까지 올라갔으나 유가 폭락을 견디지 못하고 생산을 줄여 2016년에 120만 배럴까지 떨어졌다가 2017년 130만 배럴로 회복했다. 바켄 광구도 피크 때보다 생산이 25% 정도 줄었다. 반면 퍼미안 광구는 2011년까지는 하루 100만 배럴에 미치지 못했으나 2015년에 180만 배럴을 찍고 유가 폭락에도 불구하고 계속 상승하여 2016년 240만 배럴을 넘어섰다. 이는 전체 셰일오일 생산 520만 배럴의 46%에 달하는 것이다.

또한 시추가 완료되어 생산 직전 단계에 있는 '미완결 유정drilled but uncompleted wells'도 퍼미안이 전체의 절반 가까이 차지하고 있어 생산량은 계속 늘 것으로 보인다. 퍼미안은 주로 원유를 생산하지만 천연가스의 생산도 계속 증가해 전체 셰일가스 생산의 16%에 이르고 있다. 하루 130만 배럴의 원유를 생산하고 있는 이글포드도 상당량의 천연가스를 같이 생산하고 있다. 퍼미안과 이글포드가 전체 셰일오일 생산의 70% 가까이를 차지하고 있는 것이다. 생산의 대부분이 천연가스인 마셀러스 광구는 전체 셰일가스 생산의 38%에 달한다.

놀라운 것은 퍼미안 광구의 생산급증이 굴착기인 리그 수가 급락하고 있는 가운데 이루어지고 있다는 점이다. 그만큼 생산성이 개선되고 있기 때문이다. 리그당 생산이 2012년까지 하루 100배럴에 미치지 못했는데 2016년 700배럴을 넘었다. 4년 만에 7배가 넘는 생산성 향상을 기록한 것이다. 퍼미안에서 생산하는 업체들의 주가가 급등한 것은 당연한 결과였고 다른 메이저 업체들도 퍼미안으로 몰려들었다.

퍼미안의 매장량도 엄청나다. 미국지질조사국USGS이 퍼미안 분지의 한 구획을 차지하는 울프캠프지구를 탐사한 결과 원유 매장량이 200억 배럴로 추정된다고 발표했다. 이는 미국의 단일 셰일오일 광구로는 최대인 노스다코타 매장량의 3배나 된다. 미국 석유회사 파이오니아 내추럴 리소시즈의 최고경영자 스코트 셰필드는 퍼미안 분지 일대에 최대 750억 배럴의 원유가 매장되어 있다고 주장하고 있다. 750억 배럴은 세계 최대의 매장량을 자랑하는 사우디아라비아의 가와르 유전에 버금가는 규모다. 지질 전문가들은 퍼미안을 '레이어 케이크layer cake'라 부른다. 층마다 울프캠프 같은 지형들이 많은 원유를 품고 있기 때문이다. 각 층에서 원유의 생산을 최적화하기 위한 새로운 기술들이 적용되고 있어 잠재력은 거의 무한하다고 할 수 있다.

셰일층에서의 원유생산 증가는 미국의 전통적인 파이프라인의 흐름도 바꾸어 놓고 있다. 미국은 1950년대 이후 50년 이상 원유수입에 의존하던 나라였다. 기존의 수송망은 멕시코만 연안의 수입터미널에 원유가 도착하면 파이프라인을 통해 중서부 정제설비로 이송해왔다. 수입된 원유가 남쪽에서 북쪽으로 향하는 흐름이었다. 그러나 셰일 붐 이후 텍사스의 이글포드와 퍼미안에서 생산된 원유를 멕시코만 인근의 정제설비나 수출터미널로 옮기고 북부 노스다코타주의 바켄 광구에서 생산된 원유가 멕시코만의 정제설비로 이동하면서 수송의 흐름이 반대가 되었다. 즉 생산된 원유를 수출과 정제를 위해 남쪽으로 보내는 것이다.

불과 몇 년 사이에 원유 수입항이 원유 수출항이 되는 극적인 변화가 일어난 것이다. 셰일혁명이 몰고 온 결과다. 셰일 붐 이후 파이프라인을 통한 원유와 석유제품의 수송이 가파르게 증가해 새로운 파이프라인이 건설되고 있어 이러한 흐름은 계속될 것으로 보인다. 특히 새로운 원유 생산의 중심지로 떠오른 퍼미안과 이글포드 그리고 전통적인 원유저장 허브인 쿠싱을 삼각형으로 연결하는 송유관 프로젝트가 진행되고 있어 향후 미국의 원유 흐름은 이 지역을 중심으로 더욱 활발해질 것으로 전망된다.

유종을 알아야 석유시장을 안다

미국의 셰일오일 생산은 또 다른 형태로 국제 석유시장을 변화시키고 있다. 바로 경질유 시장이다. 미국의 셰일오일은 대부분 저유황 경질유이다. '가볍고 달콤한' 저유황 경질유는 정제하면 휘발유, 나프타 등을 생산하는 고부가가치 성분이 많은, 즉 생산수율yields이 높은 고급 유종이다. 반면 중동과 베네수엘라 등에서 주로 생산하는 '무겁고 신' 고유황 중질유는 정제과정에서 황을 제거해야 하고 불순물이 많아 정제과정이 복합하고 정제 후 남는 벙커C유 등 잔사유 비중이 커 그만큼 생산수율이 낮다.

비중은 미국석유협회American Petroleum Institute: API가 정한 측정단위가 통용되는데, 섭씨 15.6도의 상온에서 물의 비중을 API 10으로 하고, 비중이 가벼울수록 즉 API가 높을수록 경질원유이고 낮을수록 무거운 유종이다. 황 함량도 원유의 품질 결정에 중요한 요소로, 일반적으로 황 함량이 적을수록 경질원유, 많을수록 중질원유의 성향이 있다. 일반적으로 황 함량이 1% 미만이면 저유황sweat, 1%가 넘는 것을 고유황sour으로 분류한다. 유럽지역의 원유거래 가격지표인 북해산 브렌트유는 API가 39.5도로 가볍고 황 함량도 0.41%로 달콤한 고급 유종이다. 미국 원유의 가격지표인 WTI도 API 38.7, 황 함량 0.45%로 저유황 경질유이다. 중동 원유의 가격지표인 두바이유는 API 30.4로 상대적으로 무겁고 황 함량도 2.13%로 많은 편이다. 앞서 말한 베네수엘라의 초중질유는 API가 20정도이다.

세계 최대 석유소비국이자 수입국인 미국의 석유시장은 세계 거의 모든 지역의 원유를 거래한다. 이에 따라 세계 각 지역을 대표하는 원유가격은 기본적으로 미국 석유시장을 대표하는 WTI와 가격경쟁에서 결정된다. 따라서 저유황 경질유로 WTI와 성상이 비슷한 브렌트유의 가격은 WTI 가격에서 미국까지의 수송비만큼 낮은 수준에서 결정되어 왔기 때문에 WTI보다 2~3달러 낮게 형성되었다.

전 세계적으로 수백 가지 유종이 있지만 간단히 정리해보면 다음과 같다. 무거운 원유Heavy Oil는 API 비중이 24 미만으로 캐나다의 오일샌드, 캘리포니아의 Central Valley, 멕시코의 Maya, 베네수엘라의 Merey 등이 있다. 중中질 원유Medium Oil는 API 비중이 24 이상 32 미만으로 사우디아라비아 Medium, 이라크 Basrah, 미국 Mars와 Poseidon 등이다. 경질

원유Light Oil는 API 비중이 32 이상 42 미만으로 서아프리카산 Baskets, 루이지애나산 LLS, WTI, ANS, Arabian Light, 러시아산 Urals 등이다. 초경질 원유Ultra Light Oil는 API 비중이 42 이상 50 미만인 원유로 알제리 사하라 Blend, 말레이시아 Tapis, 미국 Bakken, Eagle Ford 등의 셰일오일이다. 콘덴세이트condensate는 API 비중이 50 이상으로 가장 가벼운 원유이다.

API 비중이 높을수록 휘발유, 항공유, 경유 등 청정경질 석유제품light clean product으로 전환될 수 있는 유분이 많고 낮을수록 적다. 가령 초경질유인 미국 이글포드 콘덴세이트의 경우 경질유분이 60% 이상을 차지하지만 멕시코산 중질유인 마야Maya는 20%가 채 되지 않고 나머지는 부가가치가 떨어지는 잔사유, 즉 연료유Fuel Oil이다. 이 잔사유는 일반적으로 원유보다 가격이 낮다. 잔사유는 고도화설비heavy oil upgraders에 넣고 다시 정제해야 일반적인 석유제품으로 만들 수 있다.

우리나라의 최대 수출품목이 석유제품인 이유

정제비용이 많이 들고 부가가치제품 함유량이 적은 무거운 중질유는 경질유보다 훨씬 낮은 가격에 거래되어 왔다. 원유를 전량 수입해야 하는 우리나라는 경제적 부담을 줄이기 위해 주로 중동에서 생산되는 저렴한 중질유를 수입하고 있다. 대신 대규모 투자를 통해 세계 최고 수준의 고도화설비를 갖추고 1차 정제과정인 원유증류CDU 처리에서 남은 잔사유를 여기에 투입시켜 석유제품을 생산하고 있다. 정제 후 가장 나중에 남는 아스팔트 같은 끈적끈적한 찌꺼기도 우리나라 정유회사의 고도화설비에 들어갔다 나오면 자동차에 바로 주입할 수 있는 값비싼 석유제품으로 탈바꿈한다. 값싼 중질원유를 수입해서 고도화설비를 통해 고부가가치가 높은 석유제품을 만들어 다시 수출하는 것이다.

우리나라의 최대 수출품목이 무엇이냐고 물어보면 누구나 자동차나 반도체, 조선, 휴대폰, 철강 등을 먼저 꼽는다. 그러나 놀랍게도 기름 한 방울 나지 않는 우리나라의 최대 수출품목은 오랫동안 석유와 석유화학 등 석유관련 제품이었다. 저렴한 중질원유를 수입해서 고도화설비를 통해 값비싼 석유제품으로 만들어 수출하고, 원유에서 추출한 나프타를 분해해 각종 석유화학제품으로 만들어 해외시장에 파는 것이다. 그래서 우리나라의 주력산업은 석유화학이다. 여수, 울산, 대산 등 대규모 산업단지는 대부분 원유를 처리해서 제품을 만드는 석유화학 공장들이다. 2014년 유가 폭락으로 석유제품 수출액이 감소했지만 석유관련 제품은 여전이 최대 수출품목 중 하나다. 기름 한 방울 나지 않는 산유국인 셈이다. 최대 산유국인 사우디, 미국, 러시아도 우리나라에서 석유제품을 수입하고 있다.

역설적이게도 이 때문에 유가 폭락으로 가장 큰 어려움에 처한 나라 중 하나가 우리나라이기도 하다. 석유관련 제품의 가격도 같이 하락했기 때문이다. 조선업체들은 유조선과 시추선을 만들어 팔고, 건설사는 석유화학 플랜트를 지어 팔았는데 유가 폭락으로 산유국이 어려움을 겪자 너도나도 주문을 취소해버린 것이다. 대우조선해양이 부실해진 것도 앙골라 등 산유국에서 대규모 시추선을 주문해 놓고 가져가지 않았기 때문이다. 실제로 철강 등 우리가 수출하는 많은 상품들의 가격이 유가의 흐름과 같이하기 때문에 유가의 폭락으로 이들 기업들의 수익도 크게 줄었다. 과거 오일쇼크로 큰 어려움을 겪었던 우리에게 유가의 하락이 언뜻 축복처럼 들리지만 우리나라의 산업구조가 대규모 설비투자를 통해 중화학 중심으로 탈바꿈했기 때문에 유가 하락이 재앙이 될 수도 있는 것이다.

경질원유의 홍수로 촉발된 유가의 반란

미국의 셰일혁명 이후 유종 간 경쟁에도 큰 변화가 발생했다. 미국의 셰일유전에서 생산된 경질유가 대거 시장에 쏟아져 나오면서 경질유 가격이 하락하여 중질유와의 가격차가 크게 좁혀진 것이다. 게다가 2017년 초부터 OPEC과 러시아가 감축을 단행하면서 중질유의 생산을 줄이고, 대신 경질유는 시장에 더 많이 내놓으면서 경질유가 넘쳐나고 있다. 이에 따라 품질이 떨어지는 두바이유와 저유황 경질유인 WTI의 가격이 역전되는 현상이 벌어지고 있다.

사우디는 경질유 시장을 지키기 위해 자국산 경질유의 공급가격을 계속 낮추고 있다. 사우디는 5개의 유종을 생산하고 있는데 주력품목은 미디엄원유와 중질원유이다. 그런데 미국이 셰일 붐으로 경질유 생산을 늘리고 있고 미국으로 경질유를 수출하던 서아프리카 국가들이 방향을 아시아 시장으로 돌리자 사우디가 자국의 점유율을 지키기 위해 가격인하를 단행하고 있는 것이다. 오랜 내전으로 생산차질을 빚던 리비아와 나이지리아도 주력 유종인 경질유 생산을 늘리고 있는 것도 공급과잉을 심화시키고 있다.

가격이 싼 중질유를 수입해 고도화설비에 투입해 수입을 창출하던 우리 정유업체들은 그만큼 경제적 유인이 적어진 것이다. 가령 대표적 경질유인 Arab Extra Light(API: 39.4)와 중질유인 Arab Heavy(API: 27.7)의 가격 차이는 배럴당 10~14달러 선을 유지했는데, 셰일오일 생산이 본격화된 2008년 중반 급락하기 시작해 2009년 말에는 3달러 아래로 떨어지기도 했다. 그 후 차차 반등하여 8~9달러를 지키다가 2014년 후반 유가 폭락으로 이 스프레드도 같이 좁아졌다. 2017년 OPEC의 감산이 중질유 중심으로 진행되면서 격차가 더 좁아져 2달러도 위협받고 있는 상황이다. 이쯤

되니 우리 정유회사들의 자랑인 고도화설비가 무색해지는 상황이다. 그냥 생산수율이 높은 경질유를 구입해 고도화설비가 아닌 단순설비에 넣고 정제하는 편이 나을 수도 있다.

결과적으로 우리나라는 경질원유 수입비중이 계속 늘고 있다. 정제설비는 중질유에 최적화되어 있지만 가격차이가 별로 없는 경질유를 수입해 쓰면 더 많은 고부가가치 석유제품을 만들 수 있기 때문이다. 가령 Arab Heavy를 고도화설비가 아닌 단순 정제설비인 CDU에 투입하면 50%의 잔사유가 발생하지만 Arab Light를 넣으면 잔사유는 30%로 줄어든다. 그만큼 휘발유, 경유 등 고부가가치 석유제품을 더 많이 생산할 수 있다. 실제로 우리나라 정유회사에서 CDU 공정을 거치면 평균적으로 40%의 잔사유가 발생한다. 여기까지는 대체로 마진이 거의 발생하지 않는다. 심지어 마진이 마이너스일 때도 많다. 그러나 이 40%의 잔사유를 고도화설비에 넣어 휘발유, 경유 등 석유제품을 생산하면 마진이 상당부분 올라간다. 따라서 고도화설비가 부족한 업체는 경질유를 선호하지만 고도화설비를 많이 갖춘 업체에서는 중질유를 사용해야 한다.

그러나 우리나라는 높은 고도화율에도 불구하고 중질유 도입비중이 계속 줄고 있다. 2012년에는 미디엄과 헤비의 비중이 60%에 육박했으나 2017년 들면서는 40% 수준으로 떨어졌다. 그만큼 경질유 도입이 늘었다는 의미다. 물론 경질유를 쓰면 그만큼 고부가가치 석유제품의 생산이 늘겠지만 비싼 돈을 들여 지어놓은 고도화설비를 놀릴 수는 없는 노릇이다. 그래서 가격이 경질유보다 충분히 낮은 중질유를 찾아야 하는 것이 고도화설비율이 높은 업체의 고민이 되었다. 그래서 현대오일뱅크는 2017년 봄 셰일오일의 나라 미국에서 생산된 중질유인 서든 그린 캐년 Southern Green Canyon유를 도입하기도 했다.

SK이노베이션도 러시아 서시베리아아 지역에서 생산된 중질유인 우랄Urals유 100만 배럴을 구입했는데, 이 원유는 러시아의 흑해 연안에서 선적해 터키 이스탄불 해협을 지나 지중해로 나온 뒤 수에즈 운하를 통과해 홍해와 인도양을 지나는 항로를 거쳐야 한다. 수송에 한 달 이상이 소요되어 중동 원유 수송에 걸리는 20일보다 훨씬 길다. 게다가 수에즈 운하는 좁기 때문에 200만 배럴을 넘게 실을 수 있는 대형 유조선이 통과할 수도 없다. 이 때문에 우랄유는 주로 유럽에 판매되고, 항로가 멀고 복잡한 아시아로는 잘 판매되지 않았다. 그런데 OPEC 감산으로 중질유 품귀현상이 벌어지자 이 긴 항로를 거쳐야 하는 우랄유도 도입한 것이다. 우리나라가 도입하는 러시아 원유는 전부 사할린이나 블라디보스토크에서 대형 유조선에 실어온 것이다. 러시아가 기존에 유럽에 판매하던 우랄유를 한국에 좋은 조건으로 판매한 것은 아시아 시장을 확대하려는 노력의 일환이기도 하다. 인도도 2017년 초부터 러시아 우랄유의 구입량을 대폭 늘리고 있다. OPEC의 감산이 빚어낸 석유시장의 새로운 양상이기도 하다.

카스피해 파이프라인은 에너지 지정학의 하이라이트

경질유의 가격이 떨어지자 우리나라 정유사들이 카자흐스탄 경질유의 도입도 늘리고 있는데 이 또한 긴 항로를 지나야 한다. 카자흐스탄의 서부에서 생산된 원유는 카스피해 파이프라인을 통해 러시아의 흑해 연안에 도착한 뒤 유조선에 실려 우랄유와 같은 루트를 통해 우리나라로 들어온다. 그래서 이 유종은 CPCCaspian Pipeline Consortium로 불린다.

카스피해 파이프라인은 에너지 지정학의 하이라이트다. 카스피해는 20세기 초 제정 러시아가 아제르바이잔의 바쿠유전을 개발한 이래 소련과 이란의 독무대였으나, 소련 붕괴 뒤 이 일대 석유자원에 눈길을 돌린 미국과 유럽이 진입을 시도하면서 큰 판이 벌어졌다. 이른바 '그레이트 게임Great Game'이다. 20세기 후반에는 힘을 키운 이웃국가 중국마저 가세하면서 카스피해 원유와 수송로 확보를 위한 각축전이 벌어졌다.

문제는 육지에 둘러싸인 카스피해에서 생산된 원유를 어떻게 지중해로 끌고 나오느냐는 것이었다. 러시아는 카스피해의 북쪽 연안을 통해 흑해로 이어지는 CPC 송유관을 장악하였다. 흑해로 나오면 유조선에 실어 터키의 이스탄불 해협을 지나 지중해로 보낼 수 있다. 미국과 유럽은 아제르바이잔의 카스피해 연안 바쿠에서 서쪽으로 그루지아의 티빌리시와 터키의 제이한을 잇는 'BTCBaku-Tbilisi-Ceyhan' 송유관을 확보하였다. 터키의 동남쪽 해안에 있는 제이한을 통해 지중해로 나오는 것이다. CPC는 1,510km이고 BTC는 1,760km에 달한다. 중국은 카스피해 동쪽 카자흐스탄에서 중국 서부지역을 관통하는 에너지 루트를 건설하고 있다. 이란은 미국의 견제로 에너지 루트는 확보하지 못한 채 카자흐스탄, 투르크메니스탄과 원유를 교환방식으로 거래하고 있다.

2006년 가동된 BTC 라인은 에너지가 종교적 갈등마저 잠재울 수 있다는 것을 보여주는 좋은 사례이다. 이슬람인 아제르바이잔의 바쿠와 정교인 조지아의 트빌리시를 연결하는 파이프라인을 만든다는 것은 상상하기 힘든 구상이었다. 이 지역은 20세기 초까지 터키와 인근지역을 지배했던 이슬람의 맹주 오스만제국과 정교의 러시아가 첨예하게 부딪쳤던 곳이다. 성인의 유골이 훼손되는 등 종교적 적대감이 극에 달했고 이 때문에 오스만과 러시아는 1차 세계대전의 적국으로 맞붙었다. 코카서스 지역의 이웃인 아제르바이잔과 조지아는 이슬람과 정교의 대리전이 진행된 곳이지만 송유관으로 연결되면서 화해를 이루었고 분쟁도 사라졌다.

미국, 새로운 에너지 수출 시대를 열다

1차 오일쇼크가 터지고 에너지 안보에 대한 공포가 엄습하자 닉슨 대통령은 1973년 12월 25일 특별담화를 통해 '에너지 독립energy independence'을 내걸고 에너지 자급이 미국의 최대 목표가 되었다고 강조했다. 원유의 해외반출을 막기 위해 1975년 12월 22일 미국산 에너지 수출을 전면적으로 금지하는 에너지정책 및 절약법Energy Policy and Conservation Act이 통과되어 원유, 천연가스, 석유제품에 대한 수출이 금지되었다. 원유수출에 대한 의존이 큰 알래스카 등 특정지역은 대통령의 승인을 받아 허용되는 등 예외조항도 있었으나 전면적 금지나 마찬가지였다.

이후 에너지 절약 모드에 들어간 미국은 원유수입을 크게 감소시켰고 국내 유전에 대한 개발을 단행해 급감하던 국내 생산도 어느 정도 반등을 이루어 1980년대 중반에는 순수입량이 하루 200만 배럴로 크게 감소했다. 그러나 그 후로 국내 전통유전이 고갈되어 생산이 다시 감소하기 시작했고, 북해 유전의 발견과 이에 대응해 사우디가 산유량을 늘려 유가가 안정됨에 따라 미국은 다시 원유수입을 늘리기 시작했다. 2000년대 중반 국내생산이 1980년 이후 최저로 떨어지고 순수입은 사상 최고인 1,200만 배럴을 넘어서자 에너지 위기에 대한 공포가 되살아나기 시작했다.

구세주로 등장한 셰일혁명에 힘입어 2000년대 후반 미국의 국내 원유생산은 1900년대보다 더 가파르게 증가하고 이에 따라 원유수입도 크게 감소했다. 이때부터 세계 최대 원유수입국이자 소비국인 미국의 에너지 판도가 완전히 바뀌었다. 석유 부족에 시달리던 미국에 다시 원유가 넘쳐나면서 이제 미국은 '이 원유를 어떻게 처리할까'라는 행복한 고민에 빠졌다. 1981년 석유제품에 대해서는 수출금지가 해제되었고 1995년에는 알래스카의 노스 슬로프North Slope 지역산 원유에 대한 수출이 예외적으로 허용되었지만 전체적으로 원유는 여전히 반출 금지였다. 천연가스는 셰일가스 생산이 본격화된 2011년 수출이 허용되었다.

국내 생산이 늘어나면서 미국의 개발업체들이 원유수출 금지 해제를 요구하기 시작했고 미국 정부는 2015년 1월 선별적인 수출을 허용했다. 초경질 원유인 콘덴세이트에 대해 간단한 증류처리 공정을 거치면 석유 제품으로 간주해 수출을 허용한 것이다. 2015년 10월 멕시코 중질유와 맞교환하는 스왑거래로 공식적인 콘덴세이트 물량이 처음으로 반출되었다. 우리나라는 2014년 소량의 미국산 콘덴세이트를 시험적으로 도입했다.

그러나 원유수출 금지의 완전 철폐를 요구하는 원유생산업체의 목소리가 커져갔다. 의회에서는 텍사스, 노스다코타 오클라호마 등 석유 생산지역의 공화당 의원들을 중심으로 완전폐지를 위한 입법 활동에 들어갔다. 드디어 2015년 12월 18일, 미국 상하 양원은 '미국산 원유에 대한 수출규제 해제조항'을 통과시켰고 같은 날 규제 폐기에 대해 부정적이었던 오바마 대통령이 거부권veto을 행사하지 않고 법안에 서명함으로써 즉시 발효되었다. 이로써 1975년 이후 40년간 유지되어 온 미국산 원유의 수출금지 조치가 해제되었다. 며칠 후인 2015년 12월 31일, 스위스의 비톨Vitol사가 미국 코노코필립스사에서 구매한 원유 60만 배럴 수출 중 첫번째 카고가 텍사스 수출터미널에서 선적되어 출항했다. 미국의 '새로운 에너지 수출 시대new era of energy exports'가 열린 것이다. 흥미로운 점은 법안에서 예외조항을 두어 국내의 원유공급이 부족해지거나 미국 내 원유가격이 국제시세보다 상당히 높아질 경우에는 대통령이 원유수출을 제한할 수 있도록 했다. 원유가 풍부해졌지만 1970년대 오일쇼크의 트라우마가 여전히 남아 있고 미국 내 원유 가격을 상대적으로 낮게 유지해 에너지를 경제회복의 기반으로 삼겠다는 미국의 국가전략을 동시에 잘 보여주는 대목이다.

미국이 원유를 수출할 수밖에 없는 이유

미국이 원유 수출금지를 해제할 수밖에 없는 또 다른 이유는 유질 때문이다. 미국의 셰일층에서 생산되는 원유는 경질 타이트 오일Light Tight Oil: LTO이다. API 비중이 40도 이상의 경질이고, 황 함량이 0.5% 미만인 저유황 고급 유종이다. 그런데 미국의 정제설비는 그동안 주로 수입해오던 중동과 캐나다, 멕시코, 베네수엘라의 가격이 싼 중질원유를 처리해 높은 정제마진을 누리도록 고도화되어 있다. 북해와 서·북아프리카의 저유황 경질유를 주로 수입하는 유럽의 정제 시스템과 다르다.

그런데 셰일층에서 생산되는 고급 경질, 저유황 원유를 고유황 중질유에 적합한 미국의 정제설비에 투입하는 것은 비경제적이다. 차라리 저렴한 중질유를 계속 수입해 자국의 정제설비에 투입하고 국내에서 생산된 가격이 좋은 경질 셰일오일은 수출하는 것이 더 나은 선택이다. 일부 정제설비에는 어쩔 수 없이 경질유를 부분적으로 사용하긴 하지만 전체 원유 투입량이 줄고 부가가치가 낮은 반제품 생산이 늘어 정제마진을 감소시키고 있다. 따라서 투입하는 경질유의 가격이 마진 감소를 상쇄할 만큼 충분히 낮지 않으면 굳이 경질유를 쓸 이유가 없는 것이다.

더욱이 셰일 붐으로 생산이 급증하면서 미국의 석유수송 시스템은 포화상태가 되었다. 2015년 수송량이 2011년에 비해 33% 급증했다. 그 후로도 가파르게 늘고 있다. 가장 중요한 수송수단인 파이프라인은 걸프 연안의 원유와 석유제품을 오클라호마의 석유 허브인 쿠싱 지역과 북부의 여러 목적지로 수송하도록 만들어져 있다. 그런데 이 파이프라인이 셰일오일의 생산 증가를 감당하지 못하는 것이다. 동서 해안지역으로 향하는 파이프라인 용량이 부족하여 철도나 트럭 운송으로 대체하고 있는데 턱없이 부족하다. 따라서 쿠싱허브에 저장되어 있는 셰일오일이 그때그때 반출되지 못하고 있다. 수송 인프라의 부족으로 쿠싱허브의 셰일오일 재고는 쌓이는데 해안지역의 정제설비는 미국산 셰일오일에 최적화되어 있지 않아 중질유를 수입하고 있는 실정이다. 수송 인프라가 확충될 때까지는 이런 현상이 지속되어 쿠싱허브에 쌓여 있는 셰일오일을 수출할 수밖에 없는 것이다. 재고물량을 내보내지 않으면 미국 원유의 가격이 더 떨어지기 때문이다.

수출금지 해제로 미국산 원유의 수출을 위한 제도적 제약은 해소되었지만 2014년 유가급락으로 실제 수출에는 가격이라는 변수가 등장했다. 미국의 원유 가격인 WTI는 원래 유럽의 브렌트유보다 높았지만 2000년대 후반 셰일 붐 이후 미국의 공급 증대로 WTI는 급락하고 브렌트는 북해유전과 브렌트에 연동되는 리비아와 이란 등의 생산과 수출이 줄어 가격이 상승해 역전되었다. 이후 가격차이가 더 벌어져 2013년에는 배럴당 평균가격이 WTI는 98달러로 108.6달러인 브렌트보다 10달러 정도 저렴했다. 그러나 2014년 유가 폭락으로 브렌트유 가격도 급락함에 따라 가격차이가 줄었다. 2014년 WTI 93.2달러, 브렌트 99달러로 차이가 6달러 안쪽으로 줄어들더니 2015년에는 WTI 48.7달러, 브렌트 52.2달러로 더 줄어들고 2016년에는 WTI 43.5달러, 브렌트 45.1달러를 기록해 스프레드가 1.6달러까지 줄었다.

그만큼 미국산 원유의 가격경쟁력이 약화되고 있는 것으로 수출에 장애로 작용하고 있다. 특히 장거리에 있는 아시아는 수송비 부담으로 수입을 꺼릴 수밖에 없다. 그래서 미국 원유수출의 대부분은 파이프라인을 통해 이웃 캐나다로 향하는 것이다. 캐나다는 앨버타 등 서부지역에서 중질원유 생산이 증가했으나 정제설비는 여전히 경질유 중심이어서 중동이나 서아프리카 경질유를 많이 수입해 왔었는데 셰일혁명 이후에는 거리가 가까운 미국으로부터의 경질유 수입을 늘리고 있다. 2017년 들어 WTI가 추가 하락하여 스프레드가 5~6달러로 확대되어 미국의 원유 수출이 늘고 있다.

어떤 나라들이 미국산 원유를 샀을까

2015년 12월 원유 수출금지 해제 이후 미국의 원유 수출량이 점차 증가하고 있다. 수출이 본격적으로 시작된 2016년 미국은 26개국에 하루 평균 52만 배럴의 원유를 수출했는데, 2017년 들어와서는 수출량이 111만 배럴로 두 배 이상 증가했다. 유가 급락으로 원유의 생산량이 감소한 것을 감안하면 수출은 상당히 빠르게 늘고 있는 셈이다. 미국의 원유수출은 계속 늘어 2020년에는 하루 225만 배럴에 달해 웬만한 OPEC 산유국들을 제치고 세계 10대 수출국 반열에 들 것이라는 전망도 나오고 있다.

미국산 원유가 가장 많이 수출된 곳은 단연 캐나다이다. 2016년 미국 전체 수출의 58%가 캐나다로 향했다. 비중이 크긴 하지만 캐나다가 수출금지가 해제되기 전 유일하게 수출이 허용된 국가였던 점을 감안하면 큰 폭으로 하락한 셈이다. 물론 이는 다른 나라로 수출이 크게 증가했기 때문이다. 캐나다 외에 미국 원유가 가장 많이 수출된 나라는 하루 4만 배럴에 육박하는 물량이 향한 네덜란드다.[02] 이는 네덜란드 자체의 수요라기보다는 암스테르담 석유허브ARA가 받은 물량으로 대부분은 인근의 다른 유럽지역으로 판매된 것이다. 다음으로는 베네수엘라 북쪽 카리브해의 작은 섬나라, 이름도 생소한 큐라소Curacao로 하루 3만 배럴이 수출되었다. 큐라소에는 베네수엘라 국영석유기업 PDVSA가 운영하는 원유 저장

탱크와 정제설비가 있는데, 이곳에 도착한 미국산 경질유는 베네수엘라에서 생산되는 중질유와 혼합하여 처리되는 것으로 보인다. 베네수엘라 원유가 품질이 떨어지는 중질유라서 미국산 경질유와 섞어서 가치를 높이기 위한 것이다. 다른 지역으로는 이탈리아, 프랑스, 영국 등 유럽과 아시아의 석유허브인 싱가포르, 일본 등으로 많이 수출되었다.

우리나라는 2016년 총 245만 배럴의 미국 원유를 수입했는데, 이 물량은 GS칼텍스가 도입한 것으로 이글포드 광구에서 생산된 셰일오일이다. 우리나라 정유회사가 2014년부터 미국산 콘덴세이트를 수입한 적은 있지만 원유를 도입한 것은 2015년 12월 미국의 원유수출 허용 후 처음이었다. GS칼텍스는 2014년 한국회사로는 처음으로 미국산 콘덴세이트를 도입했고 80만 배럴의 알래스카 원유도 도입했다. GS칼텍스는 미국 석유회사인 쉐브론이 50% 지분을 가지고 있어 미국산 원유 도입에 적극적인 것으로 보인다. SK이노베이션도 2014년 40만 배럴, 2015년에 93만 4,000배럴의 미국 콘덴세이트를 도입했는데 2017년 처음으로 100만 배럴의 미국산 경질원유를 수입해 10월에 들여왔다. 수송비를 줄이기 위해 역시 경질원유인 멕시코의 이스무스Isthmus유 100만 배럴을 공동 적재하여 대서양을 통해 들어왔다. 파나마 운하는 확장되었지만 200만 배럴의 VLCC는 여전히 통과가 어렵기 때문이다.

현대오일뱅크는 고도화설비의 비중이 높아 미국산 경질유가 아닌 걸프만에서 생산된 서든 그린 캐넌으로 불리는 중질유 200만 배럴을 도입했다. 현대오일뱅크는 멕시코산 중질유인 마야Maya도 도입하고 있는데 미국산 원유와 함께 공동 수송하는 방안도 모색하고 있다. S-Oil은 사우디 국영 아람코가 63.4%를 소유하고 있어 거의 대부분을 사우디에서 수입하고 있기 때문에 미국산 원유 도입은 검토하지 않을 것으로 보인다.

미국의 원유 수출은 트럼프 대통령의 강력한 드라이브에도 불구하고 급증하기는 힘들 것으로 보인다. 미국산 원유의 가격이 아직 경쟁 원유에 비해 충분히 싸지 않은데다 미국의 항구 수심이 얕아 VLCC급 대형 유조선이 접안할 수 없기 때문이다. 그래서 일단 작은 선박에 실은 후 먼 바다에 정박해 있는 VLCC에 다시 선적해야 하기 때문에 효율적이지 못하다. 게다가 바다 한가운데에서 선박에서 선박으로 원유를 옮겨 싣는데 VLCC는 대부분 국적이 마셜군도나, 바하마, 파나마이기 때문에 최종 선적된 원유가 실제적으로 향하는 지역이 다를 수 있다. 따라서 미국산 원유의 실제 도착지는 정확하지 않다.

우리나라는 미국산 에너지 수입을 확대할 수 있을까

트럼프 대통령이 한국과의 무역 불균형을 내세우며 통상압력을 강화하자 이를 해소하는 하나의 방안으로 미국의 에너지 수입이 거론되고 있다. 미국에서 생산이 급증하는 셰일오일과 셰일가스를 도입하면 미국의 무역적자가 줄고 우리나라의 에너지 안보도 강화될 수 있다는 취지다. 과거에 우리나라가 미국산 원유와 천연가스를 수입한 적은 있었지만 스팟 계약에 따른 일시적 물량이었다.

우리나라가 미국산 원유 수입을 주저하고 있는 것은 무엇보다 유종과 가격 때문이었다. 앞서 말한 대로 미국의 셰일유전에서 생산되는 원유는 품질이 좋은 경질유로 가격이 비싸다. 고도화설비를 갖춘 우리 정유회사가 굳이 비싼 미국산 경질유를 도입할 필요가 없는 것이다. 수송거리 또한 큰 부담이다. 중동산 원유를 수입하는 데 20일 정도 걸리는 것과 비교해 미국산 원유는 대서양과 아프리카 희망봉을 거쳐야 하기 때문에 수송에 걸리는 시간과 비용이 훨씬 크다. 파나마 운하는 확장되었지만 아직 대형 유조선이 다닐 수 없다.

그러나 우리나라는 중동산 원유에 너무 많이 의존하고 있어서 도입국가를 다변화하기 위한 노력이 절실한 것도 사실이다. 우리나라가 수입하는 원유의 85% 이상이 중동산이다. 정유사들은 수년째 중동 의존율을 줄이기 위한 노력을 하고 있고, 정부에서도 다변화를 위한 일정한 혜택을 주고 있지만 중동 의존도는 오히려 늘고 있다. 원유를 전량 수입해야 하는 우리로서는 공급국가와의 관계가 매우 중요하기 때문에 안정적 도입을 유지하기 위해서 도입처를 쉽사리 바꾸지 못하고 있는 것이다. 물론 고도화설비를 갖춘 우리 정유회사의 정제설비가 중동산 중질유에 최적화되어 있는 것도 이유이다. 중동산 중질유가 가격도 저렴하고 운송거리도 상대적으로 짧다.

그러나 미국의 셰일혁명 이후 석유시장이 근본적으로 변하고 있기 때문에 우리 업체들도 변화를 시도하고 있다. 미국산 원유의 도입을 조금씩 늘리고 있는 것이다. 과거에는 알래스카 원유만 수입했지만 이제는 중질유뿐만 아니라 이글포드에서 생산된 셰일오일과 콘덴세이트도 몇 카고씩 도입했다.

미국산 천연가스 도입은 이미 본격화되었다. 2017년 7월 한국가스공사와의 장기계약에 의한 첫 LNG 물량이 통영기지에 도착했다. 향후 20년 동안 매년 280만 톤의 LNG를 미국 사빈 패스Sabin Pass 터미널을 통해 도입할 예정이다. 이 물량은 '도착지 규정'에 묶여 있지 않아 언제든 이를 되팔 수 있어 수급변동에 따른 조절이 가능하다. 민간 기업에서는 SK E&S가 2019년부터 20년간 220만 톤의 LNG를 미국으로부터 도입하고 있고, 원유 도입도 계속 늘어나고 있다. 어차피 경질유 도입을 늘려야 한다면 미국산 셰일오일도 가능하기 때문이다. 기존의 고도화설비의 가동이 부담이긴 하지만 가격이 충분이 낮다면 도입을 마다할 이유는 없다. 그만큼 원유증유인 CDU 공정에서 고부가가치 제품을 더 많이 뽑아내면 되기 때문이다. 미국산 경질유를 다른 곳에서 수입한 중질유와 블렌딩 blending해서 쓰면 된다.

우리 정유사들은 수십 가지 유종의 원유를 도입하고 있다. 원유분석실에서 성분에 대한 각종 테스트를 거쳐 보통 12~15가지 유종을 블렌딩하여 설비에 가장 알맞은 상태인 '칵테일'로 만들어 CDU에 투입한다. 원유를 수입할 때 유종의 샘플에 대한 성분 분석을 먼저 하여 정유사의 설비에 맞게 주문한다. 유조선이 항만에 들어오면 '원유 브이buoy'라고 불리는 해상설비를 통해 유조선과 연결하면 5~6km의 해저 파이프라인을 통해 원유저장 탱크로 들어오는데 이 단계에서 펌프를 통해 블렌딩이 진행된다.

API가 55.6인 미국산 콘덴세이트는 우리가 주로 도입을 늘리고 있는 API 60의 이란산에 비해 생산수율이 다소 떨어지지만 이란도 콘덴세이트 분해설비를 준비하고 있어 자체 소비를 늘릴 것으로 보여 차제에 미국산 콘덴세이트 수입으로 대체하는 것도 필요하다. 미국과의 FTA 개정협상 압박을 받고 있지만 FTA 덕택에 우리가 수입하는 미국산 원유에는 3%의 관세가 붙지 않는다. FTA는 미국산 상품의 수입을 늘리는 데 꼭 필요한 협정으로, 미국산 원유와 천연가스의 도입을 늘리기 위한다는 명문으로 미국을 설득하면 우리에게 유리하게 개정할 수도 있을 것이다.

파나마 운하 확장으로 태평양 수송이 가능해지다

파나마 운하의 확장은 우리에게 미국산 에너지 수입 확대의 기회로 작용하고 있다. 우리나라가 미국으로부터의 물량을 수송하는 최단거리 루트는 파나마 운하를 지나는 길이다. 아니면 대서양을 통해 아프리카의 희망봉을 지나 인도양을 돌아오는 긴 여정을 거쳐야 한다. 파나마 운하는 1914년에 개통되어 전 세계 해상물동량의 5%를 차지하고 미국의 국제 해상 물동량의 12%를 담당하는 중요한 해상 운송 포인트다. 하루 평균 35척, 연간 1만 3,000척의 선박이 파나마 운하를 통과하며, 대부분은 컨테이너선, 유조선, 벌크선이다. 파나마 운하는 폭이 너무 좁아 대형 선박이 통과 할 수가 없었다. 수심 12.5m, 폭 32m, 길이 295m의 파나막스Panamax급, 즉 5,000TEU(1TEU는 20피트 길이 컨테이너 1개)급 선박만 통행이 가능했다. 우리나라와는 거리가 멀어 대형선박을 동원해야 수송비용을 줄일 수 있는데 기존의 파나마 운하는 통과가 불가능했다. 파나마 정부는 50억 달러를 들여 9년간 확장 공사를 진행하여 수심 18.3m, 폭 55m, 길이 427m의 새로운 갑문을 설치하여 1만 2,000TEU급 선박이 통과할 수 있도록 하였다. 2016년 6월 26일 9년간의 공사를 마무리하고 재개통하였다.

그러나 운하가 크게 확장되었음에도 불구하고 150만 배럴에서 220만 배럴을 실을 수 있는 VLCC, 300만 배럴을 실을 수 있는 ULCCUltra Large Crude Carriers 등 대형 유조선은 통과할 수가 없다. 따라서 우리가 미국에서 수송하는 원유는 여전히 아프리카를 돌아와야 한다. 그러나 LNG 운반선은 파나마 운하를 대부분 통과할 수 있다. 과거에는 0.7bcf 즉 1만 5,000톤 용량의 소형 LNG 탱커만이 통과할 수 있었는데 확장된 후 3.9bcf 즉 8만 톤급도 통과할 수 있어 초대형 탱커를 제외한 90%의 LNG 수송선이 통과할 수 있게 되었다.

파나마 운하의 확장으로 미국산 LNG의 수송거리가 단축됨에 따라 수송시간도 크게 줄어들었다. 미국 멕시코만을 출발한 LNG선이 파나마 운하를 통과하여 태평양을 건너 한국가스공사의 통영 인수기지까지 거리는 9,954해리로 희망봉을 거쳐 오는 루트의 1만 5,375해리보다 35% 짧다.

운항 시간도 평균 19.5노트로 운항한다고 가정하면 희망봉을 거치는 34일보다 보름이나 적은 20일 정도가 소요된다. 우리나라의 LNG 주 공급국인 카타르에서 오는 15일보다는 길지만 격차는 현격히 줄어든 것이다. 수송에 걸리는 시간은 비용과 직결된다. 따라서 파마나 운하의 확장으로 우리나라의 미국산 LNG 도입 비용은 운하의 통행료를 감안하더라도 크게 줄일 수 있다.

미국 에너지부DOE는 연간 550척의 LNG 수송선이 파나마 운하를 통과할 것이며 목적지는 대부분 세계 LNG 소비의 75%를 차지하고 있는 일본, 한국, 중국 등 동아시아 지역이 될 것이라고 예측하고 있다. 확장된 파나마 운하 덕택에 미국은 2020년까지 호주와 카타르에 이어, 세계 3위의 LNG 생산국이 될 것으로 전망되고 있다. 하루 4bcf 즉 연간 3000만 톤 규모의 미국 LNG 프로젝트가 이미 아시아 국가들과 20년에 걸친 장기계약을 체결했으며, 그 중 하루 3.2bcf, LNG로 연간 2,400만 톤은 일본, 한국, 인도네시아 등과 체결한 것이다. 확장된 파나마 운하를 이용하여 중국도 미국산 LNG를 적극 도입하고 있다. 2016년 8월 파나마 운하를 통한 첫 물량을 수입했다. 중국은 그동안 LNG 물량의 대부분을 호주와 카타르로부터 도입했는데 미국의 셰일 붐과 파나마 운하의 확장으로 미국산 LNG 도입을 늘리고 있는 것이다.

LNG 수입터미널이 수출터미널로

뱃속에 있는 아이가 딸인지 아들인지 모르는 것처럼 땅 속 깊이 있는 유전에 원유가 있는지 천연가스가 있는지 정확히 알 수 없다. 그러나 일반적으로 유전에는 원유와 천연가스가 같이 묻혀 있다. 같은 탄화수소 혼합물이기 때문이다. 미국이 19세기 중엽 최초로 유정 굴착에 성공하여 원유를 생산할 때도 천연가스를 같이 생산했다. 1940년대까지는 천연가스 생산이 미량에 그쳤다. 석탄과 석유가 에너지원으로 광범하게 쓰이고 있는데 채집도 어렵고 처리해서 쓰기도 불편한 기체인 천연가스를 굳이 힘들게 생산할 필요가 없었던 것이다. 실제로 그전까진 천연가스를 그냥 태워 없앴다. 그러다 천연가스의 쓰임이 조금씩 늘면서 생산도 증가했는데 1950년 즈음부터는 생산이 급증했다. 1950년 5tcf에서 1970년에는 20tcf를 훌쩍 넘었다. 1980년대 중반까지는 국내생산이 수요를 충당했지만 이후로는 수입에 의존해야 했다. 수입의 90% 가까이는 캐나다로부터 파이프라인을 통해 도입했고 나머지 10%는 LNG 형태로 아프리카와 중동에서 수입했다.

2000년대 들면서 천연가스 수요가 급증하자 미국은 LNG 수입을 늘리기 위해 기화터미널을 짓기 시작했다. 액화상태로 수입된 LNG를 수입터미널에서 기체로 전환해야 하기 때문이다. 2008년 6월 텍사스 멕시코만 연안에 사빈 패스를 필두로 속속 새로운 LNG 수입터미널이 완공되기 시작했다. 멕시코만을 중심으로 14개의 LNG 수입터미널이 가동되었다.

그러나 셰일혁명 이후 상황이 완전히 바뀌었다. 셰일광구에서 2000년대 후반부터 천연가스가 쏟아져 나왔다. 2009년부터는 러시아를 추월하고 세계 1위 천연가스 생산국으로 등극했다. 생산이 급증하자 캐나다 서부에서 수입하던 파이프라인 물량을 줄이고 미국 셰일광구에 인접한 캐나다의 동부 지역에 역수출도 개시했다. 멕시코와는 새로운 파이프라인을 건설해 대량으로 수출하기 시작했다. 파이프라인 수출로는 한계가 있자 LNG 수출도 모색했다.

천연가스가 넘쳐나자 수입터미널 가동을 중단하고 여기에 수출을 위한 액화설비를 짓기 시작했다. 수입터미널이 수출터미널로 바뀐 것이다. LNG 수입을 위해 지은 지 10년도 안 된 일이다. 미국 업계조차도 불과 몇 년 뒤 세상을 바꿀 셰일혁명을 예상하지 못하고 대규모 수입터미널을 지어 댄 것도 새삼 놀라운 일이고 수입터미널이 수출터미널로 운명이 바뀐 것도 놀랍다. 2016년 11월 미국은 7.4bcf의 천연가스를 수출하고 7bcf를 수입했다. 이때를 기점으로 순수출국의 태세를 갖추었다. LNG 수출이 개시되면서 미국은 1957년 이후 처음으로 2017년부터 완전한 순수출국이 되었다. 미국 EIA에 따르면 2016년 186.8bcf의 천연가스를 수출했는데, 2017년 상반기에만 이 물량의 두 배에 가까운 310.8bcf를 수출했다. 2017년에는 1월과 3월만 제외하고 매달 수출량이 수입량을 초과했고 2018년부터는 순수출량이 크게 증가하고 있다. 순수출국이 된다는 것은 세계 최대 소비국인 미국이 국내수요를 모두 자체 충당하고도 남는다는 의미다. 이는 전 세계 LNG 시장에도 큰 영향을 미치고 있다. 셰일혁명이 몰고 온 엄청난 변화다.

미국의 LNG 수출, 전 세계로 향하다

수입용에서 수출용으로 탈바꿈한 사빈 패스 터미널은 2016년 2월 가동을 시작하자마자 LNG 수출을 시작했다. 미국 LNG업체인 셰니에르에너지가 보낸 역사적인 미국의 첫 LNG 수출 물량은 3월 브라질에 도착했고, 4월부터는 본격적으로 인도, 포르투갈, 아르헨티나, 칠레 등으로 보내져 2016년에 총 370만 톤이 수출되었다. 2017년 들면서 더 빠르게 증가하고 있다.

총 수출물량 중 절반 정도는 남미로 향했지만 유럽으로도 13% 판매되었다. 미국산 LNG를 처음 구매한 유럽 국가는 포르투갈과 스페인인데, 이 두 이베리아반도 국가는 유럽의 천연가스 생산지인 러시아나 노르웨이와 파이프라인이 연결되어 있지 않아 알제리 등 인접 아프리카에서 LNG로 수입하고 있어 수입터미널이 갖추어져 있기 때문에 미국산 LNG도 쉽게 도입할 수 있었다. 다른 유럽 국가들은 수입터미널이 없고 러시아로부터 싼 가격에 파이프라인 천연가스를 도입하고 있기 때문에 아직 수입물량이 많지는 않다. 2016년에는 전반적인 경기불황으로 발전용 천연가스 수요가 감소한 것도 미국 LNG 수출물량이 크지 않은 이유다. 그러나 2014년 초 우크라이나 사태 이후 러시아 파이프라인 가스에 대한 공급 우려가 커지면서 미국산 LNG 도입을 확대하고 있고, 미국도 유럽의 러시아 천연가스 의존을 줄이기 위해 수출물량을 늘리고 있다.

아시아 국가들도 미국산 LNG를 도입하고 있는데 미국 총 수출량의 30% 이상을 차지하고 있다. 아시아의 LNG가격은 유가에 연동되어 움직이는데 2016년 유가의 반등으로 LNG 도입가격이 상승하자 헨리허브 지표를 사용하여 상대적으로 가격이 싼 미국산 LNG 도입을 늘리고 있다. 2011년 3월 후쿠시마 원전사고로 원전 가동이 멈춘 일본이 가장 발 빠르게 움직였다. 미국 수출 프로젝트가 가동되기도 전인 2012년 7월부터 하나씩 계약을 체결해 나갔다. 미국과 FTA를 체결하지 않은 국가에 대한 천연가스 수출은 정부의 승인이 필요한데 원자력의 대안으로 미국산 LNG 도입에 사활을 건 일본은 온 국가적 역량을 동원해 미국을 설득해 승인을 받아냈다. 미국의 첫 LNG 물량 21만 톤이 2017년 1월 일본에 도착했다. 당시 도입가격은 유가에 연동되어 움직이는 호주나 동남아시아 LNG보다 약간 높았지만 목적지제한조항이 없어 필요하면 언제든 다른 곳에 재판매할 수 있는 미국 물량은 일본의 공급안정성 제고에 크게 기여하고 있다.

미국을 적대국으로 삼고 있는 중국도 미국산 LNG를 도입하고 있다. 아직은 장기계약에 의한 도입이 아닌 현물시장에서 LNG를 매입하고 있어 물량이 많진 않지만 중국 천연가스 수요가 늘고 있음을 감안하면 미국산 LNG의 도입도 늘 것으로 보인다. 장기공급 계약도 추진하고 있다. 중국의 LNG 수입 65%가 호주와 카타르에서 도입한 것으로 수입선 다변화를 위해서도 미국산 LNG 도입이 필요하다. 최근 에너지 수요가 급증하고 있는 인도도 미국으로부터 연간 580만 톤의 LNG를 도입할 계획이다.

미국의 LNG 수출물량은 계속 늘어나고 있다. 미국 정부는 천연가스 수출을 위한 LNG 액화인프라 구축을 위해 2013년 텍사스의 프리포트 Freeport, 루이지애나의 사빈 패스와 캐머론Cameron, 메릴랜드의 코브 포인트Cove Point 등 4곳을 LNG 수출기지로 지정했는데, 사빈 패스를 비롯하여 여러 개의 터미널을 가동하고 있다. 신규 LNG 액화 프로젝트는 총 107개를 추진 중에 있다. 미국의 총 액화용량도 2016년 하루 1.4bcf에서 2019년에 9.5bcf로 급증했다.

중동 산유국에서도 미국산 천연가스 수입

20여 년 전 대기업 입사 면접에서 알래스카에 냉장고를 파는 아이디어를 묻는 질문이 있었다. '혹한의 알래스카에 냉장고가 무슨 필요가 있겠는가'라는 고정관념을 깨고 어디서라도 물건을 팔 수 있는 역량을 키우라는 주문임과 동시에 곤란한 질문에 대한 임기응변을 테스트한 것이라 크게 회자되었다. 그러나 지구온난화로 알래스카에서도 실제로 냉장고가 필요하게 되었으니 이제는 그 질문 자체가 무의미해졌다고 할 수 있다.

여기서 비슷한 질문 하나. 기름이 펑펑 쏟아져 나오고 있는 중동에 기름을 팔 아이디어를 내놓으라면? 몇 년 전 같으면 상상도 못할 일이지만 이제는 이것도 실제로 일어나고 있는 일이다. 2016년 6월 미국산 LNG가 중동의 자원부국 쿠웨이트까지 수출되었고, 그해 4월에는 UAE의 두바이에도 수출되었다. 미국산 천연가스가 캐나다와 멕시코를 넘어 남미와 아시아, 유럽 그리고 중동 산유국에까지 수출된 것이다. 에너지의 흐름이 역방향이 된 것이다. 천연가스를 수입하려고 만든 터미널을 수출터미널로 바꾼 미국발 셰일혁명이 만든 천지개벽의 상황이다. 중동에 에너지를 수출하는 것은 미국이 석유를 개발해 석유시장을 장악하던 1890년대 이후 120년 만에 처음이다.

어떻게 이런 일이 가능하게 되었을까? 말할 것도 없이 셰일혁명으로 미국산 천연가스의 가격이 현격히 낮아졌기 때문이다. 발전연료로 석유보다 천연가스를 쓰는 것이 더 경제적이며, 여기에 LNG의 재기화 비용까지 낮아져 가격경쟁력이 생긴 것이다. 중동에도 많은 양의 천연가스가 매장되어 있으나 자국의 가스전을 개발하기 위해 드는 비용을 감안하면 미국산 LNG를 수입하는 것이 오히려 더 싸기 때문이기도 하다. 여기에 중동의 날씨가 더 가혹해지고 경제성장과 더불어 인구도 늘어났기 때문에 전력수요가 급증하고 있다. 국제에너지기구는 2040년까지 중동지역의 천연가스 수요가 두 배로 증가할 것으로 전망하고 있어 미국산 LNG의 중동 수출은 더 늘어날 것으로 보인다.

무시할 수 없는 또 하나의 이유는, 이들 중동국가들이 미국산 천연가스를 도입함으로써 초강대국 미국과의 관계 개선을 시도하려는 것이다. 미국의 무역수지를 개선시켜주는 대신 미국의 군사적 보호를 기대하고 있다. 미국산 물품을 실어오는 나라를 공격하는 것은 미국의 이익에 반하는 것이니 미국의 군사적 보호도 가능해진 셈이다. 실제로 쿠웨이트는 1990년 이라크의 공격으로 나라를 빼앗길 뻔한 적도 있었다.

3 셰일혁명이 낳은 비극, 어제와 다른 오늘의 미국

세계를 놀라게 한 트럼프의 당선

2016년 11월 도널드 트럼프의 당선은 지구촌에 큰 충격으로 다가왔다. 미국 주요 언론을 비롯한 여론조사기관들도 트럼프의 당선을 예측하지 못했다. 미국의 주류 언론에 의존하고 있는 우리로서는 트럼프의 당선을 예측하는 것이 사실상 불가능에 가까웠다. 그러나 지나놓고 보면 트럼프가 당선될 수밖에 없는 여러 가지 요인들이 있었다. SNS와 미국 서점가에서는 오바마 대통령의 정책에 대한 반감을 담은 메시지와 서적들이 넘쳐났다. 트럼프의 당선을 원하지 않는 사람들이 애써 외면했을 뿐이었다. 더 중요한 것은 트럼프의 승리가 아니라 미국인들의 생각이 변하고 있다는 사실이다. 미국 주류 학자들의 인식 변화도 꽤 오래전부터 있어왔고 많은 논문이 발표되기도 했다. 트럼프의 당선은 그러한 현상을 반영한 것이다.

왜 미국 사람들의 생각이 바뀌었을까? 미국 대선을 지켜보며 느낀 점은 2008년 경제위기의 트라우마가 아직 강하게 남아 있다는 것이다. 1929년 대공황 이후 최악의 경제난에 허덕이고 집에서 쫓겨나 공원을 떠돌며 텐트 신세를 지고 있는 사람들. 전기도 식수도 없는 지하에서 하루하루를 연명하는 사람들. 벌이가 없어 전기요금도 못내는 사람들도 부지기수다. 그런 생활이 10년 가까이 계속된 것이다.

미국 백인 노동자들은 이러한 상황을 이해할 수가 없었다. 미국이 어떤 나라인가? 영국에서 큰 뜻을 품은 청교도들이 목숨 걸고 건너와 세운 나라, 기회의 땅이자 약속의 땅이지 않았던가? 그런데 직장에서 쫓겨나고 집도 없이 떠돌고 있는 데다, 흑인들과 기독교에서 금기시하는 성소

수자에 밀리다니…. 이들의 분노는 극에 달했고, 트럼프는 백인 노동자들의 이런 분노를 자극했다. 이 모든 것이 오바마 때문이고 중국 때문이며 자유무역협정 때문이니 모든 것을 되돌려 빼앗긴 일자리를 되찾아 오겠다고 공언했다. 백인 노동자들의 호주머니를 다시 두둑하게 해주겠다고 약속했다. '미국을 다시 위대하게', '미국을 다시 강하게'라는 구호로 이들의 정서를 파고들었다.

국민들뿐만 아니라 미국 정부도 어려움은 마찬가지였다. 연방재정은 자동삭감될 정도로 바닥을 보이고 있고 고질적인 쌍둥이 적자인 무역적자와 재정적자는 악화되고 있었다. 정부가 들고 나온 정책은 듣지도 보지도 못한 '양적완화', 돈을 찍어 헬리콥터로 뿌려대는 정책이다. 이것도 정책이라니…. 달러패권을 가진 미국만이 할 수 있는 고육지책이다. 돈이 없으니 미국 정부가 해외에서 돈을 써서 개입하는 것에 대한 부담을 느낄 수밖에 없었다.

기업가 출신인 트럼프의 정책은 정치도, 외교도 비용을 줄이는 것이다. 돈을 쓰는 리더십, 손해 보는 리더십은 필요 없다는 것이다. 미국이 세계의 경찰 역할을 계속하기를 원하면 다른 나라들이 돈을 내라는 것이다. 동맹이나 이웃이 궁핍해지든 말든 내 배부터 불리고자 하는 것이다. 어제와 다른 미국의 새로운 얼굴이다. 취임한 지 몇 개월 만에 터진 각종 스캔들로 탄핵 이야기까지 나오고 있지만 트럼프 대통령을 지지하는 세력들의 충성도는 오히려 공고해지고 있다. 여론조사를 보면 대통령 선거에서 그를 지지했던 주민들의 90% 이상이 지금 선거를 치르더라도 다시 그를 뽑겠다고 해 힐러리 전 민주당 후보보다 훨씬 높았다.

더 많은 에너지를 생산하겠다는
미국 우선의 에너지 정책

2017년 1월 20일 트럼프 대통령의 취임식 당일 백악관은 '미국 우선의 에너지 계획America-First Energy Plan'을 발표했다. 미국을 다시 위대하게 만들겠다는 대통령의 정책의 핵심에 바로 에너지가 있다는 의미다. 그는 "미국을 다시 부유하게 만들려는 나의 정책의 핵심은 더 많은 에너지를 생산하는 것"이라고 말하기도 했다. 미국 우선의 에너지 정책 공약이 처음 발표된 곳은 2016년 5월 셰일가스의 주 생산지인 노스다코타 유세에서였다. 셰일 개발이 그의 에너지 정책의 핵심이라는 뜻이다.

그의 에너지 정책은 땅속의 값싼 화석연료를 캐내 산업에 투입해 생산비용을 줄이고 이를 기반으로 제조업을 부활시켜 일자리를 만들고 노동자들의 소득을 늘리겠다는 것이다. 채굴 비용을 낮추기 위해 세금을 내리고 각종 규제를 완화하며 탐사를 촉진하기 위해 연방 소유의 공공토지와 대륙붕 근해의 탐사와 생산에 대한 규제를 완화하거나 폐지하겠다고 약속했고, 실제로 일부 이를 실행하기 위한 행정명령에 서명했다. 또한 채굴된 화석연료를 적극적으로 수출하여 무역수지 불균형을 완화하겠다고 했다. 석유시장을 '조작'하는 석유카르텔OPEC이나 이란 등 적대국으로부터의 원유수입을 필요 없게 하고 대신 동맹국과는 에너지 협력을 확대하겠다는 정책도 밝혔다. 국내 화석연료의 적극적 개발을 통해 중동의 석유의존에서 완전히 벗어나 에너지 안보를 강화하겠다는 의도다.

미국의 낙후한 에너지 인프라를 개선하겠다고도 했는데, 대표적인 것이 전임 오바마 대통령이 환경오염을 이유로 승인을 거부했던 키스톤 XL 파이프라인의 건설 재추진이다. 미국의 석유와 가스 파이프라인은 대부분 건설된 지 50년이 넘을 정도로 노후화되어 개선이 시급한 실정이긴 하다. 트럼프 대통령이 취임 두 달 후인 2017년 3월 화석연료 개발에 서명한 행정명령의 공식 명칭은 '에너지 독립과 경제성장의 촉진'이다.

실제로 미국에는 엄청난 화석연료가 묻혀 있다. 셰일혁명으로 미국은 이미 세계 최대의 천연가스 생산국이 되었고 원유 보유량도 세계 최대를 넘보고 있다. 트럼프 대통령은 아직 개발되지 않은 셰일가스와 원유의 가치를 50조 달러로 추산하며 적극적으로 채굴하려 하고 있다. 화석연료 생산과 수출을 통해 벌어들인 소득 중 1조 달러를 투입해 파이프라인 등 노후 에너지 인프라를 개선하고 도로와 학교 등 공공 기반시설 사업을 통해 일자리를 늘린다는 계획이다. 부동산 개발업자의 DNA가 몸속에 녹아 있는 트럼프다운 발상이다. 또한 에너지 개발업체들의 부담이 되는 기후변화는 근거가 없으며 중국이 미국을 견제하기 위해 만든 '사기'라며 무시한다. 트럼프는 에너지 생산을 통해 매년 50만 개 이상의 일자리를 새로 만들고 매년 1,000억 달러의 GDP가 증가한다고 공언하고 있다. 이렇듯 에너지는 트럼프의 미국을 다시 부유하게 만드는 정책의 중심이다.

트럼프 대통령 정책의 키워드는 'roll-back'이다. 오바마 전임 대통령의 모든 정책을 되돌린다는 것이다. 이민정책, 인종, 종교, 헬스케어, FTA, TPP, 사회복지, 에너지, 기후협정 등 거의 모든 것을 오바마 이전으로 되돌리려 하고 있다. 가장 대표적인 것이 환경규제다. 오바마 대통령이 2013년 8월 기후변화에 대응하기 위해 기후행동계획Climate Action Plan을 만들고 이를 토대로 2015년 8월 화력발전 규제정책인 청정전력계획Clean Power Plan을 수립하였는데, 트럼프는 이것을 '일자리를 죽이는job killing' 규제라며 이를 철폐해 제조업 강국을 부활시키고 해외에 나간 업체들을 돌아오게 하겠다고 공언했다.

그러나 아이러니컬하게도 트럼프 정책의 핵심은 그가 그토록 싫어한 오바마의 그것과 맥을 같이 한다. 그가 눈만 뜨면 외치는 일자리와 제조업의 부활은 오바마 대통령이 8년 내내 부르짖었던 구호와 똑같다. 이것을 에너지를 통해 이루겠다는 것도 똑같다. 다만, 오바마 대통령은 좀 더 친환경적인 셰일가스에 중점을 둔 것에 반해 트럼프 대통령은 석탄과 원유 등 화석연료를 총망라하고 있을 뿐이다.

미국의 고립주의도 셰일혁명 덕택

트럼프 대통령의 대외노선은 고립주의다. 장벽 없는 무역을 지향하는 세계화가 미국 백인 중산층을 힘들게 하고 미국의 제조업을 녹슬게 했다며 교역의 문을 닫고 고립주의, 보호주의로 향하고 있다. 트럼프의 '아메리카 퍼스트'는 고립주의의 또 다른 표현이다. 세계대전 이후 미국은 줄곧 자유무역과 세계주의 확산의 첨병 역할을 해오며 경제를 키웠고 그것이 오늘의 미국을 있게 했다. 그러나 트럼프 대통령은 정반대의 길을 걷고 있다. 자유무역협정을 재조정하고, 자국 산업을 보호한다는 명목으로 국경세 등 각종 세금을 부과하는 한편, 무슬림의 미국 입국을 금지하고, 미국과 멕시코 국경에 장벽을 세우고 있다. 이는 극단적 고립주의 양상이며 어제와 다른 미국의 얼굴이다.

사실 미국의 대외정책에서 고립주의냐 팽창주의냐 하는 것은 오래된 논쟁이다. 미국의 대외역할에 대한 인식과 방법의 차이로 구별되는데, 팽창주의 또는 국제주의는 말 그대로 미국의 국제적 역할을 유지하거나 확대하겠다는 외교방침이다. 국제기구에 대한 미국의 개입이나 지원을 늘리고 군대를 해외에 전진 배치시키며 세계 문제에 적극적으로 개입해 세계 경찰의 역할을 다한다는 것이다. 반대로 고립주의는 다른 나라 일에 개입하지 않고 국내중심으로 가겠다는 노선이다.

미국의 힘이 상대적으로 약한 건국 초기엔 고립주의 외교노선을 걸었다. 1823년의 '먼로 독트린Monroe Doctrine'이 대표적이다. 힘의 우위에 있는 유럽으로부터 간섭을 피하기 위해 취해진 노선이다. 그러나 두 차례의 세계대전에서 승리를 거두고 힘이 점차 강해지자 팽창과 개입에 중점을 두기 시작했다. 특히 소련을 봉쇄하고 공산주의의 확장을 저지하기 위해 '미국에 의한 세계 평화Pax Americana'를 추구하기도 했다. 그러나 2000년대 들어 미국의 제조업이 약화되고 최악의 경제위기를 겪으면서 고립주의가 다시 고개를 들기 시작한 것이다. 트럼프 대통령의 당선은 확산되는 위기감과 고립주의의 결과였다.

트럼프가 대통령으로 당선되기 전에 이미 고립주의로 회귀하자는 주장이 확산되고 있었다. 대표적인 것이 시카고대학 존 미어샤이머 교수와 하버드대학 스티븐 월트 교수가 2016년 학술지《포린 어페어즈》에 공동 기고한 글에서 미국이 이제는 '역외 세력균형offshore balancing' 전략을 펴야 할 때라고 주장한 것이다. 미국이 직접적 주둔onshore을 자제하고 바깥에서offshore 균형을 잡아야 한다는 것이다. 미국에서 가장 저명한 학자들인 이 두 교수는 미국 학계의 주류를 이끌어왔다는 점에서 트럼프의 당선 전에 이미 미국의 기조는 변하고 있었다는 의미이고 트럼프는 그 기조에 잽싸게 올라탄 것뿐이다.

여기서 중요한 것은 미국이 세계에서 유일하게 진정한 고립주의가 가능한 국가라는 점이다. 자급자족과 자주국방이 가능하기 때문이다. 태평양과 대서양 두 해양에 접해 있는 넓은 국토에 위로는 한 몸처럼 움직이는 캐나다와 아래로는 전혀 위협이 되지 않는 멕시코가 있다. 오직 이 두 나라와만 국경을 나누고 있어 공격을 당할 가능성이 거의 없다. 지정학적으로 이보다 더 좋을 수 없는 환경인 것이다. 국내 방위에 크게 신경 쓸 필요가 없으니 군사력의 대부분을 해외에 주둔시킬 수 있다. 3억 2,000만 명이 넘는 인구도 충분한 소비여력을 창출해 자급자족을 가능케 한다. 게다가 평균연령도 세계에서 가장 젊은 편에 속한다. 식량도 충분하다. 농산물과 해산물이 풍부한 농어업 강국으로 온 국민을 먹이고 남아 많은 양을 수출할 정도이다.

단 하나 자급자족이 안 되던 것이 에너지였다. 원유와 천연가스가 생산되지만 국내 수요를 맞추기에는 턱없이 부족해 많은 양을 수입에 의존해야만 했다. 부족한 원유의 확보와 안전한 수송을 위해 중동에 엄청난 비용을 들였고 전쟁도 마다하지 않았다. 자원이 풍부한 중동과 남미 국가들의 비위도 맞추어야 했다. 중동에 과도할 정도의 개입을 추구했던 것도 에너지 부족 때문이었다. 그래서 지난 수십 년간 미국의 가장 절실한 과제는 에너지 독립이었다. 그런데 셰일혁명이 터지면서 에너지 독립을 이루었다. 에너지마저 자급자족이 가능해졌다는 의미다. 이제는 미국이 문을 꽁꽁 닫고 다른 나라와 교역을 전혀 하지 않아도 생존이 가능하게 된 것이다. 트럼프 대통령의 고립주의는 결국 셰일혁명 덕택에 가능하게 되었다. 트럼프는 오늘도 외친다. "우리 땅에서 석유를 꺼내 쓰고 우리 땅에 공장을 짓고 우리나라 사람을 고용하자."

북한산 석탄 대신 미국산 석탄 수입 늘리는 중국

2017년 들어 중국으로 향하는 미국산 석탄 수출이 가파르게 증가하고 있다. 트럼프 대통령이 자신의 지지 기반인 국내 석탄산업을 살리기 위해 석탄 수출 증대 드라이브를 걸고 있는데 중국이 이 물량을 적극 도입하고 있는 것이다. 1월부터 7월까지 중국에 수출한 물량이 400만 톤을 넘어 2016년 전체 282만 톤과 2015년 전체 297만 톤을 이미 훨씬 넘어섰다.

2017년 총 물량이 전년의 세 배 이상 증가할 것으로 보인다.

중국은 석탄 사용을 줄이기 위해 국가적인 노력을 기울이고 있다. 노후 석탄발전소도 속속 폐쇄시키고 있다. 이런 상황에서 석탄 수입이 세 배 이상 늘어난 것은 다른 나라로부터의 석탄 수입을 줄이고 있다는 의미이고, 그 핵심대상은 바로 북한이다. 중국의 세관통계 등을 보면 중국의 북한 물품 수입액이 2017년 초부터 빠르게 줄고 있는데 석탄 수입 감소 때문으로 보인다. 실질적으로 중국이 북한의 석탄 화물선을 돌려보내는 등 수입 감축조치의 정황들이 포착되었다. 2017년 8월 강화된 유엔 제재에 의해 중국은 북한 석탄 수입을 전면 중단하기로 했다. 그만큼 미국산 석탄 수입이 늘어날 것으로 보인다.

북한은 중국의 최대 석탄 수출국이다. 중국의 주요 석탄 산지는 샨시와 네어멍구 등 서부지역이지만 소비는 상하이 등 동해 연안지역에서 주로 이루어진다. 서부에서 동부로 기차로 옮겨야 하는데, 거리가 멀어 수송비용이 높다. 그래서 동부지역의 수요업체로서는 차라리 동해 연안에서 수입해 쓰는 것이 경제적이다. 가장 효과적인 대안이 북한산 석탄이다. 석탄을 팔아야 하는 북한은 저렴한 가격에 물량을 내놓고 있다. 중국의 북한산 석탄 수입량이 1990년대 수천 톤 정도에서 2010년 이후 1,000만 톤 이상으로 가파르게 상승해 베트남을 제치고 최대 수출국이 되었고, 2015년에는 2,000만 톤에 달해 중국 전체 석탄수입의 50%를 넘었다. 그 물량을 미국산 석탄이 대체할 것으로 보인다.

중국은 북한의 핵과 미사일 실험에 대한 제재로 북한산 석탄의 수입을 줄이는 대신 미국산 석탄의 도입을 늘려 트럼프 대통령의 가장 가려운 두 곳을 동시에 긁어주고 있다. 트럼프가 중국이 북한 관련 행동을 잘하고 있다고 칭찬한 것은 바로 이 대목이다. 2017년 4월에는 트럼프와 시진핑의 정상회담 도중 진행된 시리아 공습 직후 중국으로 향하던 북한의 석탄 선박을 되돌려 보내기도 했다. 결국 중국은 북한에 대한 효과적인 제재와 미국의 석탄산업을 살리는 두 핵심정책에 있어 트럼프 대통령의 가장 중요한 파트너인 셈이다.

트럼프 대통령은 대선기간 내내 주요 무역상대국들을 미국의 무역적자를 유발해왔다며 비난했다. 취임 후에도 비난의 강도를 누그러뜨리지 않고 있다. 주요 대상은 신흥공업국인 중국 및 멕시코와 OECD 국가인 캐나다, 독일, 일본 및 한국이지만 핵심 타깃은 중국과 멕시코다. 이 두 나라가 각각 미국 무역수지 적자의 50%와 10% 가까이를 차지하고 있기 때문이다. 미국은 2016년 중국과의 교역에서 3,470억 달러의 적자를 봤고, 멕시코는 689억 달러의 일본에 이어 632억 달러의 적자를 미국에게 안겼다. 한국은 227억 달러였다.

트럼프 대통령의 중국에 대한 인식은 그의 저서에서 잘 드러난다. 2015년 펴낸 저서『불구가 된 미국Crippled America』에서 미국은 위대한 나라였는데 거대한 미국 시장에 자유로운 진입이 허용되면서 제조업이 쇠락하여 그 위상이 추락했다고 주장한다. 그 주범이 '두 얼굴'을 가진 중국인데, 미국의 기술을 훔치고 화폐가치를 낮추는 방법 등으로 미국과의 경쟁에서 우위를 지키고 있다고 비난했다. 트럼프 대통령은 국가무역위원회National Trade Council의 위원장에 극렬한 반反중국론자인 피터 나바로 캘리포니아 주립대학 교수를 임명했다. 나바로 교수는 미국 무역적자의 핵심 원인을 중국으로 꼽아왔다. 그의 저서『슈퍼파워 중국The Coming China Wars』,『웅크린 호랑이Crouching Tiger』,『중국이 세상을 지배하는 그날 Death by China』 등을 통해 중국의 경제패권주의를 질타하고 있다. 트럼프 대통령은 나바로 교수의 저서를 읽고 큰 감명을 받았다고 말했다.

트럼프 대통령의 언행을 보면 중국과의 무역전쟁을 불사할 판이다. 중국은 재빨리 트럼프 대통령이 원하는 것을 들어주고 있다. 미국산 원유, 천연가스, 석탄 수입을 늘리고 있는 것이다. 2017년 초에는 미국의 최대 원유 수입국이 되었고 확장된 파나마 운하를 통해 LNG도 도입하고 있다.

또한 특이한 것은 트럼프 대통령의 파리기후협정 탈퇴를 강력히 비난하고 있는 유럽 국가들도 미국산 석탄 수입을 크게 늘리고 있다는 점이다. 심지어 '석탄 제로'를 선언한 영국도 미국산 석탄 수입을 3배 가까이 늘리고 있다. 미국 내에서 발전연료로서 천연가스와의 가격 경쟁력에 밀려 갈 곳을 잃은 석탄을 적극 받아주고 있는 것이다. 미국 내 석탄 소비의 92%가 발전용임을 감안하면 이 물량을 받아주는 국가들이 고맙지 않을 수 없다. 석탄이 아직은 가장 저렴한 연료라는 현실적 문제도 있지만 에너지를 둘러싼 각 국가들의 이해타산을 잘 보여주는 대목이기도 하다. 미국의 동맹인 일본과 한국도 미국산 석탄 수입을 크게 늘리고 있는 것은 크게 이상할 것도 없다. 어디서인가 반드시 수입해야 한다면 그곳이 미국이 되면 더 좋을 수도 있는 것이다.

트럼프는 중국, 멕시코와 무역전쟁을 벌일 수 있을까

기업가 출신인 트럼프 대통령의 대외전략은 어쩌면 좀 더 쉽게 파악할 수 있다. 안보조차 본능적으로 돈으로 환산하는 그에게 있어 모든 관계는 협상의 연속이며 손해 볼 장사는 하지 않는다는 것이다. 일단 크게 판을 흔들어 위협을 준 후 마치 양보하듯 협상을 이끌어내는 전술이 대표적이다. 상대방이 그 의도를 읽어내는 순간 효과는 상실하지만 힘의 우위를 바탕으로 한 트럼프 대통령의 전술은 당분간 효과를 발휘할 수도 있다. 북한을 다룰 때도 마치 하청업체에 외주를 맡기듯 중국에게 역할을 주문하고 있다.

트럼프 대통령은 중국이 북핵 문제를 해결해 주면 대중 무역적자를 용인하겠다고 했다. 이는 북핵 문제가 해결되지 않으면 무역전쟁을 벌이겠다는 경고이기도 하다. 미국이 북한 문제와 관련해 중국을 압박하는 것은 어쩌면 그 핵심이 북한이 아니라 중국일 수도 있다. 중국을 이용해 북한 문제를 푸는 것이 아니라 중국을 압박하기 위해 북한을 이용하고 있다고도 볼 수 있다. 미국 대통령답지 않게 '화염과 분노', '완전한 파괴'를 운운하며 한반도 위기를 고조시키는 것을 보면 그런 의구심을 지울 수 없다. 애시 당초 제조업, 일자리, 정치적 갈등 등 국내 이슈가 더 시급한 그로서는 북한의 도발을 활용해 중국을 압박해 경제적 양보를 얻어내는 것이 목적일 수도 있다.

중국은 이런 트럼프 대통령의 의도를 꿰뚫은 듯 미국산 에너지 수입을 확대하고 있다. 미국산 원유의 최대 원유 구매국이 되었으며 천연가스도 도입하고 있다. 혈맹인 북한산 석탄 수입을 줄이면서까지 셰일 붐으로 갈 곳 잃은 미국 석탄도 적극적으로 받아주고 있다. 미국에서 화석연료 생산은 넘쳐나고 가격은 떨어지고 있다. 지지기반인 화석연료 생산업체들을 위해선 수출을 통해 국내 가격을 받쳐야 하는데 현실적으로 최대 수입국은 중국이 될 수밖에 없다. 이런 중국을 상대로 심각한 무역전쟁을 벌이지는 않을 것으로 보인다.

같은 이유로 멕시코와의 심각한 무역전쟁 가능성도 낮아 보인다. 트럼프 대통령은 북미자유무역협정NAFTA이 미국 제조업의 일자리를 빼앗아간 재앙이라고 맹비난하며 재협상 절차를 개시했다. 트럼프 대통령의 지지기반인 미국의 러스트 벨트 지역에서는 나프타의 인기가 IS보다 낮다고 한다. 우스갯소리로만 들을 수 없는 엄중한 현실이기도 하다.

멕시코는 미국의 최대 천연가스 수입국이다. 미국 전체 천연가스 수출의 반 이상을 차지한다. 2016년 미국의 천연가스 총 수출량은 전년보다 31% 증가한 2.3tcf인데 이 중 2.1tcf가 파이프라인을 통한 수출이었으며 멕시코가 1.35tcf, 캐나다가 0.77tcf를 수입했다. LNG 형태로 수출되는 소량을 제외하면 미국의 천연가스는 전부 나프타 회원국인 멕시코와 캐나다로 수출되는 것이다.

미국은 캘리포니아와 애리조나, 텍사스 등에서 국경을 통과하는 6개의 파이프라인을 통해 막대한 양의 천연가스를 멕시코에 수출하고 있는데 이 국경 파이프라인의 수송용량이 크게 늘 예정이어서 멕시코 수출은 더 늘어날 것으로 보인다. 파이프라인 용량은 2012년까지 하루 4bcf에 미치지 못했으나 2014년 7bcf로 늘어나고 2018년까지 확장중인 텍사스 파이프라인이 완공되면 14bcf로 증가할 예정이다. LNG 수출이 아직 본격화되지 않고 있어서 넘쳐나는 천연가스를 실질적으로 가장 많이 팔 수 있는 곳은 멕시코다. 트럼프 대통령이 이민자 유입을 막기 위해 국경에 장벽을 쌓을 순 있겠지만 천연가스의 흐름을 막을 수 없는 이유다. 2016년 미국이 멕시코에 보낸 에너지 수출액은 202억 달러였으나 멕시코로부터의 에너지 수입액은 87억 달러로, 에너지 부문에서는 무역수지 흑자를 보고 있다.

미국은 1994년 1월 발효된 나프타를 바탕으로 캐나다와도 많은 양의 에너지를 주고받고 있다. 양국 간의 천연가스 흐름은 전형적으로 캐나다 서부지역에서 생산된 천연가스가 국경을 넘어 시애틀 등 수요가 많은 미국의 서부지역으로 수송되었다. 그러다가 2000년대 후반 들어 미국의 셰일가스 생산이 본격화되면서 국내 수요를 충당하기 시작하자 이 남향 물량은 차츰 줄고 있다. 반면 미국의 동북쪽 마셀루스와 유티카 광구에서 천연가스가 쏟아져 나오면서 남는 물량이 캐나다의 최대 도시 토론토가 있는 동부지역으로 수송되기 시작했다. 마셀루스와 유티카 두 광구의 천연가스 생산이 늘면서 이 북향 흐름은 가속화되고 있다. 또한 이 두 광구와 미국의 남쪽 지역을 연결하는 파이프라인도 계속 확충되고 있다. 2017년에 승인된 미국의 신규 파이프라인은 모두 이 두 광구에서 생산된 천연가스를 수송하기 위한 것이다. 대규모 파이프라인이 본격 가동되면 캐나다로 수출하는 천연가스도 계속 증가할 것으로 보인다.

트럼프 대통령은 천연가스와 원유를 수출하여 무역수지를 개선하고 일자리를 창출하겠다는 의지를 밝혔는데 최대 원유 수입국인 중국과 최대 천연가스 수입국인 멕시코와 무역전쟁을 벌이는 것은 자해행위에 가깝다. 대신 그 무역전쟁의 칼날이 만만한 한국에게 향할 확률이 더욱 높아 보인다.

미국 에너지 정책의 중심은 천연가스

생산과 수출을 늘려 제조업의 비용을 줄이고 고용과 소득을 증대시키고자 하는 트럼프 시대 에너지 정책의 핵심은 천연가스가 될 것으로 보인다. 천연가스는 대부분 원유를 채굴할 때 수반되어 생산되기 때문에 생산비용이 상대적으로 낮고 안정적이며, 수출이 늘어나도 에너지 안보에 미치는 영향이 원유보다 적기 때문이다. 생산이 국내 수요를 초과하기 때문에 수출을 위한 잉여물량을 충분히 확보할 수 있다.

실제로 천연가스의 생산추이와 전망은 원유 등 미국의 다른 에너지원에 비해 월등하다. 미국 에너지정보청에 따르면 원유의 생산은 2010년경부터 급증했으나 2014년 하반기 이후 저유가로 접어들면서 증가폭은 감소하고 있고 2040년까지 이러한 추세가 이어질 것으로 전망된다. 오랫동안 최대의 에너지원이었던 석탄의 생산은 계속 감소하여 2040년 경에는 신재생에너지에도 밀릴 것으로 보인다. 원자력은 완만한 하락세 가 이어지고 수력도 현 수준을 유지할 것으로 전망된다. 하지만 천연가 스는 2005년부터 생산이 급증했는데 증가 속도가 늦춰지지 않고 계속 가 파르게 상승해 2040년에는 생산량이 원유의 두 배 가까이, 석탄의 세 배 가 넘을 것으로 예측되고 있다. 생산이 증가함에 따라 수출이 늘어나겠 지만 국내 수요도 큰 폭으로 증가해, 미국의 전체 에너지 공급에서 천연 가스가 차지하는 비중이 2015년 32%에서 2050년에는 40%로 증가할 것 으로 전망된다. 세계 최대 천연가스 소비국인 미국은 2016년 하루 평균 75.1bcf를 소비했는데 발전용 수요가 소비를 주도하고 있다.

자급과 수출에서도 천연가스가 독보적이다. 원유의 순수입net imports 은 1980년대부터 급증해 2000년대 중반 최고조에 달한 후 셰일오일 생산 으로 수입 의존율이 가파르게 떨어졌지만 2020년경부터는 생산의 정체 가 시작되어 2040년까지도 완전한 자급을 이루진 못할 것으로 전망된다. 반면 천연가스는 2017년부터 순수출국으로 전환되고 수출량도 계속 증 가하고 있다.

따라서 천연가스가 향후 미국 에너지 정책의 핵심으로 작용할 것으로 보인다. 파이프라인을 통한 수출은 멕시코와 캐나다에 제한되어 있고 물 량도 갑자기 늘릴 수가 없어 미국의 천연가스 수출은 LNG가 주도할 것으 로 전망된다. 2020년대 중반부터는 LNG 수출량이 4tcf를 넘어서 전체 수 출물량 6.5tcf의 60%가 넘을 것으로 전망된다. 소량의 LNG가 2016년 처음 수출된 것을 감안하면 향후 미국 LNG 물동량 증가는 세계 시장에 큰 영 향을 미칠 것으로 보인다.

하지만 미국의 천연가스 가격은 국내 수급에 맞춰진 헨리허브에 따라 움직이기 때문에 유가에 연동되어 있는 중동산 LNG보다 저유가 상황에선 수출에 불리하다. 유가가 상승하면 중동에서 생산된 LNG 가격도 같이 상승하게 되어 미국산 LNG의 경쟁력이 올라갈 것이다. 또한 유가가 올라가면 대체제인 천연가스의 수요가 늘어나 미국산 LNG의 수요도 올라갈 테지만 현재의 저유가 국면이 곧 끝날 것 같지는 않다. 유가가 상승하면 미국 셰일오일 공급이 늘어나기 때문에 가격 강세를 이어가기가 어렵다. 업계에서는 유가가 배럴당 80달러 정도는 되어야 동아시아 국가들이 미국산 LNG 도입을 늘릴 유인이 생긴다고 분석하고 있다.

그러나 기술의 진전으로 셰일가스 생산비는 하락하고 생산량은 늘고 있기 때문에 미국의 천연가스 가격은 더 하락할 수 있다. 또한 트럼프 대통령은 각종 규제완화를 통해 원유와 천연가스의 생산을 늘리려 하고 있기 때문에 미국산 LNG의 가격경쟁력은 개선될 가능성이 높다. 셰일가스는 셰일오일과 함께 생산되기 때문에 셰일오일 생산이 늘어나면 셰일가스 생산도 늘어나게 되어 있다. 셰일오일 생산이 늘어나면 국제유가는 하락하게 되고, 유가에 연동되어 있는 중동산 LNG 가격도 하락한다. 그렇게 되면 미국산 LNG 수출은 줄어들 수밖에 없고 국내에 초과공급이 생긴 만큼 미국의 천연가스 가격인 헨리허브도 하락하게 된다. 이는 미국산 LNG 가격의 경쟁력을 어느 정도 회복시켜 준다. 여러모로 국제 LNG 시장에 근본적인 변화가 발생하고 있다.

"그런데, LNG가 뭐요?"

미국 대통령선거 유세가 한창일 때의 일이다. 화석연료 증산을 공언한 트럼프 후보는 석탄업체 임원들과 만났다. 셰일가스 생산 증가로 천연가스 가격이 하락해 큰 위기에 직면한 석탄업체는 천연가스 수출을 요구하고 있었다. 천연가스 수출이 늘면 국내 가격이 올라가고 그렇게 되면 석탄의 가격경쟁력이 개선되기 때문이다. 대화 중 한 석탄업체 임원이 트럼프 후보에게 국내 천연가스 초과공급을 해소하기 위해 LNG 수출 터미널을 더 짓도록 허용하라고 요구하자 트럼프는 잠시 머뭇거리더니 이렇게 답했다. "그런데 LNG가 대체 뭐요?" 파이프라인을 통해 공급되는 천연가스로 가정에서 요리를 하고 발전소에서 전기를 생산한다는 것은 알고 있었겠지만, 천연가스를 수출하기 위해서는 저온에 압축·액화시킨 액화천연가스인 LNG로 만들어 터미널에서 배에 실어야 한다는 것은 몰랐을 수도 있다. 그러나 이는 에너지 산업 전반에 대한 트럼프 대통령의 무지와 무관심을 읽을 수 있는 대목이다.

2016년 9월, 트럼프 후보는 펜실베이니아주 피츠버그를 방문했다. 미국의 역사적인 석탄의 도시, 철강산업의 메카였지만 제조업 쇠퇴로 불황을 맞은 '러스트 벨트'의 대표적 지역이었는데 이제는 셰일가스의 중심지로 변모한 곳이다. 피츠버그를 찾은 트럼프 후보는 석탄과 천연가스의 전성시대를 만들 것이라고 약속했다. 트럼프로서는 쇠락한 석탄산업도 되살리고 새로운 돈줄인 셰일가스 생산도 늘리고 싶어서 한 말이지만 이것은 이룰 수 없는 약속이다. 천연가스와 석탄은 미국에서 분명한 대체관계이기 때문이다. 석탄의 90% 이상이 발전용으로 쓰이고 천연가스도 대부분 발전용으로 사용된다. 천연가스 생산이 늘어나면 석탄이 죽고, 석탄 생산이 늘어나면 천연가스가 죽게 되어 있는 것이다. 이 또한 에너지 산업에 대한 트럼프 대통령의 무지와 무관심을 보여주는 대목이다. 미국의 석탄 산업이 쇠락한 근본적인 이유도 셰일 붐 때문이다. 석탄 산업을 되살리고 싶다면 셰일가스 개발을 규제하는 것뿐이다.

그러나 승패는 이미 판가름 났다. 미국에서 천연가스는 석탄보다 20% 싸다. 게다가 천연가스는 석탄보다 오염물질을 훨씬 덜 만들어낸다. 2016년에 이미 발전믹스에서 천연가스가 석탄을 추월했다. 경제성과 미래가치에서 석탄이 천연가스를 이길 수 없다. 그런데도 트럼프는 석탄산업을 부활시키겠다고 단언했다. 그 약속의 끝을 확인하는 데는 그리 많은 시간이 필요하지 않다. 트럼프 대통령이 석탄 수출에 공을 들일 수밖에 없는 이유이기도 하다.

트럼프는 기후변화에 역주행할까

미국 대통령으로 당선되어 세상을 놀라게 한 트럼프는 취임한 지 5개월 만인 2017년 6월 1일, 파리기후변화협정 탈퇴를 선언해 다시 한 번 세상을 놀라게 했다. 오바마 전임 대통령이 2016년 9월 비준한 지 9개월 만에 나온 일이다. 트럼프 대통령은 오랫동안 석유와 석탄 등 화석연료가 발산하는 이산화탄소가 기후변화를 초래한다는 과학자들의 분석이 거짓말이라고 주장해왔다. 자신의 저서 『불구가 된 미국』에서는 신재생에너지를 잘못된 믿음이 낳은 대안이라고도 비난했다. 따라서 취임 후 기후변화에 대한 규제를 손볼 것이라는 예측은 있었지만, 기후변화에 대응하는 전 지구적 노력인 파리기후변화협약을 이토록 신속하게 탈퇴하리라고는 예상하지 못했다.

트럼프 대통령은 화석연료 생산에 방해가 되는 기후변화 규제를 손보겠다고 약속했는데 대표적인 것이 오바마 대통령의 기후변화대응 핵심 정책인 청정전력계획CPP을 대폭 수정 또는 폐지하겠다는 것이다. 미국 역사상 가장 강력한 환경규제로 일컬어지는 CPP는 2030년까지 발전분야의 탄소배출을 2005년 대비 32% 감축하겠다는 정책으로 이를 위해 가동

중인 약 1,000개의 노후 석탄발전소를 2040년까지 폐쇄한다는 내용이다. 트럼프 대통령은 신재생 연료에 대한 연방 지원도 줄이고 연방환경보호청의 예산도 대폭 삭감했다. 기후변화에 역주행하겠다는 분명한 의지로 읽혀진다.

트럼프 대통령의 파리기후변화협정 탈퇴 선언은 말 그대로 선언에 그칠 수도 있다. 미국이 협정에서 탈퇴하려면 협정 발효일로부터 3년이 지난 이후부터 탈퇴 신청을 할 수 있고 탈퇴 신청 후 최소 1년이 경과해야 최종적으로 탈퇴가 이루어진다. 사실상 트럼프 대통령의 임기가 다 지나야 최종 탈퇴가 가능하다는 의미다. 그는 탈퇴를 선언하면서 파리협정이 미국에 불이익을 가져다준다며 자신은 미국 국민을 보호할 책무를 수행할 의무가 있다고 언급했다. 또한 자신은 "파리가 아니라 피츠버그 시민의 대표"가 되기 위해 대통령으로 뽑힌 것이라고도 했다. 자신의 핵심 지지기반인 화석연료 업체와 러스트 벨트지역 주민들을 향한 제스처로 보인다. 석탄업체를 안심시키려 한 말이겠지만 미국에서 석탄은 이미 사양산업이 되었다.

트럼프 대통령이 석탄 증산을 외치고 있지만 대기오염의 주범으로 몰린 석탄의 생산은 크게 늘지 않을 것으로 보인다. 가격도 싸고 친환경적인 천연가스를 두고 오염물질을 내뿜는 석탄을 쓸 이유가 없어졌기 때문이다. 미국에서 석탄의 소비는 대부분 발전용인데 셰일혁명으로 천연가스 생산이 크게 늘어나고 가격이 급락하자 빠르게 발전용에 투입되었다. 천연가스에 밀려난 석탄의 소비는 급락했다. 2016년 생산은 7억 4,300만 톤에 그쳐 1978년 이래 최저를 기록했다. 트럼프 대통령 취임 이후 석탄 생산이 다소 반등하고 있지만 내수와 수출이 받쳐주지 않아 결국 다시 감소할 수밖에 없을 것이다.

미국의 석탄 수출은 2016년 19% 줄어들어 4년 연속 감소했으며 2012년 수출량의 절반에 그쳤다. 전 세계적으로도 석탄 소비가 줄고 있기 때문이다. 미국의 최대 석탄시장인 유럽은 기후변화 대응의 일환으로 빠르게 석탄 소비를 줄이고 있다. 2016년 미국 석탄의 유럽 수출은 30% 가까이 급락했다. 아시아에 대한 수출도 크게 감소했는데, 미국의 3번째 석탄 수출국인 한국은 2016년 447만 톤의 미국 석탄을 수입하였는데 전년보다 27% 줄어든 물량이다. 미국의 석탄 수출이 늘어난 곳은 아직도 저렴한 석탄의 비중이 높은 아프리카뿐인데 2016년 수출이 전년대비 58% 급증했다. 다른 지역에서 부진한 수출을 아프리카에서 만회하기 위해 대대적인 공세를 펼친 결과로 보인다.

국내 수요와 수출이 가파르게 감소하고 있는데 미국 석탄업체들이 생산을 늘리는 것은 불가능하다. 결국 트럼프 대통령의 에너지 증산 정책은 원유와 천연가스 중심으로 갈 수밖에 없다. 특히 온실가스 배출량이 가장 많은 발전부문에서 천연가스가 석탄을 대체하고 있기 때문에 미국의 전체 온실가스 배출량은 점차 줄어들 것으로 보인다. 미국이 기후변화의 깃발을 내릴 이유가 없는 것이다. 오히려 아직 석탄 비중이 매우 높은 중국을 상대로 온실가스 배출량을 들이밀며 압박을 할 수 있다. 트럼프 대통령의 파리기후협정 탈퇴 선언의 목적은 미국 국내에 있는 것으로 보인다.

화석연료 생산업자들은 트럼프 대통령의 주요 지지기반이다. 각종 악재로 지지율이 바닥을 기고 있는 상태에서 이들마저 등을 돌리면 트럼프의 정치위기는 악화될 수밖에 없다. 서둘러 파리기후협정 탈퇴를 선언하여 이들의 마음을 잡아두겠다는 심산이다. 그러나 트럼프가 알아야 할 것은 각종 환경규제 철폐 등 화석연료의 생산을 늘리는 조치들을 미국의 생산업자들이 반드시 반기는 것은 아니라는 점이다. 생산이 증가하면 가격이 하락하기 때문에 수익을 보장하지 못하기 때문이다. 국내 채굴업자들을 만족시키기 위해서는 상당한 물량을 수출해 국내 가격이 떨어지지 못하도록 해야 한다. 트럼프가 원유와 천연가스, 석탄 수출을 위해 무역 압박을 가할 것은 분명해 보인다.

또한 미국의 신재생 사업은 주 정부 중심으로 진행되고 있고 이미 많은 투자가 이루어져 있다. 연방정부가 좌지우지하기 힘든 구조다. 캘리포니아주 의회는 2045년까지 100% 신재생 에너지로 만들어진 전기만 사용하도록 하는 법안을 통과시켰다. 매사추세츠, 시카고, 애틀랜타 등 다른 주와 시들도 같은 법안을 추진하고 있다. 이미 가야 할 방향이 정해진 것이다. 우리나라처럼 온실가스 배출이 많은 나라들이 트럼프 행정부의 환경 압박에 직면할 수도 있다.

2016년은 천연가스가 석탄을 앞지른 역사적인 해

트럼프 대통령의 역주행 시도에도 불구하고 미국은 이미 에너지 전환이라는 큰 길에 들어섰다. 미국은 오랫동안 전력생산을 석탄에 크게 의존해 왔다. 미국의 전력생산에서 석탄이 차지하는 비중은 2000년대 중반까지 줄곧 50%를 넘었으며, 오일쇼크 이후인 1980년대에는 60%에 육박하기도 했다. 반면 천연가스는 10%대에 머물렀다. 원자력은 1970년대부터 증가하여 1979년 쓰리마일 원전사고 직전에는 10%를 넘어섰다. 인류 사상 최초의 원전사고인 쓰리마일 사태 이후 잠시 주춤하긴 했으나 곧바로 다시 증가하여 1980년대 말엔 20%선까지 올랐다. 그 후 새로운 원전 건설이 없어 지금까지 20%에 약간 못 미치는 수준을 유지하고 있다.

석탄 50% 이상, 천연가스 10~20%, 원자력 20%의 연료믹스가 깨진 것

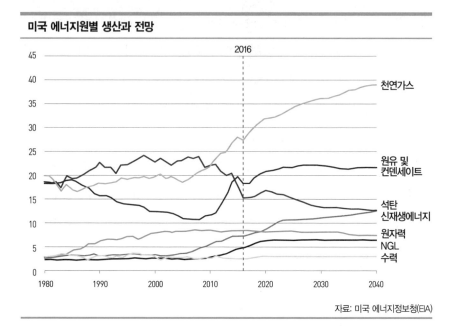

미국 에너지원별 생산과 전망

2016

천연가스

원유 및
컨덴세이트

석탄
신재생에너지

원자력
NGL
수력

45
40
35
30
25
20
15
10
5
0

1980 1990 2000 2010 2020 2030 2040

자료: 미국 에너지정보청(EIA)

은 2000년대 후반 셰일층에서 천연가스 생산이 본격화되어 전력생산에 투입되면서부터이다. 천연가스가 쏟아져 나오자 가격은 곤두박질쳤다. 미국의 천연가스는 자체 가격지표인 헨리허브 지수로 움직이기 때문에 유가에는 큰 영향을 받지 않는다. 유가와 천연가스 가격은 오랫동안 움직임을 같이 했는데 셰일 붐 이후로 동조현상이 깨졌다. 유가는 2008년 미국 금융위기 여파로 급락한 후 2009년 이후 빠르게 반등했지만 미국 천연가스 가격은 셰일 붐으로 인한 생산증가로 계속 하락했다. 2006년 mmbtu당 가격이 15달러를 넘었지만 2008년 금융위기 이후 10달러 선까지 떨어졌고 그 후에도 꾸준한 하락세를 보여 이제는 2~3달러에 거래되고 있다. 10년 전의 10분의 1 가까이로 떨어진 것이다. 가격경쟁력을 가진 천연가스가 전력 생산에 대거 투입되면서 전원믹스에서 차지하는 천연가스의 비중이 가파르게 상승했다. 2006년까지 20%에 머물렀으나

2010년 30%를 넘었고 2016년에는 33.8%를 기록했다. 반면 석탄의 비중은 급락하여 2010년 40% 아래로 떨어진 후 2016년에는 30.4%에 머물렀다. 2016년은 사상 처음으로 전력생산에서 천연가스가 석탄을 앞지른 역사적인 해이다.

발전설비는 오래전부터 천연가스가 석탄보다 훨씬 컸다. 다만 그동안 석탄가격이 천연가스보다 낮았기 때문에 실제 발전은 석탄의 비중이 월등하게 높았던 것이다. 그러나 셰일가스가 전기 생산에 투입되면서 미국의 발전설비 자체에도 변화가 생겼다. 셰일가스가 본격적으로 생산되기 전인 2005년에는 석탄발전 용량이 32%, 천연가스가 39%였는데 셰일가스 생산이 늘어나면서 천연가스는 41%를 넘었고 석탄은 25%로 줄어들었다. 2012년부터 2016년까지 42.7GW, 미국 전체 석탄발전 설비의 14%가 문을 닫았다. 가격경쟁력에서 천연가스에 밀렸기 때문이다. 인구가 많지 않은 미국 중부지역은 아직 석탄발전에 크게 의존하고 있으나 파이프라인이 확충되면서 이 지역에서도 천연가스 발전이 조만간 이루어질 것이다. 전기 생산에 있어 천연가스와 석탄의 전쟁은 이미 끝난 것이나 마찬가지다. 실제로 셰일가스 등장 이후 석탄의 생산은 지난 10년 내내 줄곧 감소하고 있다.

이러한 추세는 계속 이어질 전망이다. 미국 에너지정보국에서 2017년 발간된 에너지 전망에 따르면 석탄 발전이 2020년경 일시적으로 상승하고 천연가스는 다소 하락하겠지만, 곧바로 석탄은 하락하고 천연가스는 가파른 상승세를 유지할 것으로 보인다. 트럼프 대통령이 CPP를 폐지하면 석탄이 천연가스를 수년간 앞지르겠지만 결국 천연가스가 석탄과 큰 격차를 두고 최대 발전연료로서의 입지를 굳힐 것이라 전망하고 있다.

미국에서 천연가스가 선전함에 따라 OECD 전체의 전기 생산에서도 천연가스의 역할이 두드러지고 있다. 2017년 8월 공개된 IEA 자료에 따르면 2016년 OECD의 전기 생산에서 천연가스의 비중이 28%를 차지해 석탄과 동률을 이루었다. 석탄이 단독 1위의 자리를 내준 것은 사상 처음이다. 신재생은 24%, 원자력은 18%, 석유는 2%를 차지했다[04]. OECD에서 에너지 소비량이 4번째로 많은 우리나라는 발전용 석탄 사용을 줄이지 않았는데 미국과 유럽 덕택에 '탈석탄' 그룹에 속하게 되어 씁쓸하긴 하다.

천연가스, 원자력까지 밀어내다

셰일혁명의 결과 가격경쟁력이 크게 높아진 천연가스는 미국의 원자력 발전까지 위협하고 있다. 미국은 1963년 원전을 시작한 이래 세계 최대의 원자력 국가이다. 99기 원자로의 총 발전용량은 99GW에 달해 세계 전체 원전 설비용량 391GW의 25%, 발전량의 32%를 차지하고 있다. 그 다음으로 프랑스가 58기로 세계 발전용량의 17%를 차지하고 있고, 44기의 일본이 11%, 35기의 러시아 6.5%, 36기의 중국 6.4%이고 6번째가 24기로 5.7%를 점유하고 있는 한국이다. 미국의 원전은 일리노이와 펜실베이니아 등에 많이 설치되었는데, 설비용량 비중은 미국 전원믹스의 9%이지만 실제 발전량은 20%에 근접한다. 일단 지어진 원전은 생산단가가 제일 낮기 때문에 가동률이 90%를 넘을 정도로 매우 높기 때문이다.

미국 원자력의 첫 번째 위기는 1979년 펜실베이니아의 쓰리마일 원전 사고였다. 그 여파로 30년 넘게 미국은 하나의 원전도 건설하지 않았다. 그래서 미국 원전의 대부분은 노화되어 수명을 연장받거나 폐쇄를 기다리고 있다. 두 번째 위기는 바로 셰일가스의 등장이다. 미국은 1990년까지 112기의 원전을 가지고 있었는데 노후 원전이 폐쇄되면서 2014년부터

99기로 줄었다. 2016년에 한 기의 새로운 원전을 가동했으나 한 기가 폐쇄되어 숫자에는 변함이 없다. 노후 원전의 폐로를 앞당긴 것은 바로 셰일혁명이다. 생산이 급증한 천연가스 덕택에 굳이 노후 원전의 수명을 연장할 필요가 없어진 것이다. 2013년 4기, 2014년에 1기가 폐쇄되었다. 원자력 발전 비중도 20%를 넘다가 2000년대 후반부터는 19%대 중반으로 떨어졌다. 폐로가 진행되면서 원자력의 설비 비중도 10%에서 9%로 줄었다. 2021년까지 다섯 기가 폐쇄될 예정이다. 오바마 대통령이 온실가스 배출을 줄이기 위한 노력의 일환으로 2012년 처음으로 신규 원전 5기의 건설을 승인했지만 천연가스 사용이 늘어나면서 건설계획이 취소되고 있다. 현재 가동 중인 원자로의 약 25%는 2050년까지 폐쇄될 것으로 보이는데 천연가스의 투입으로 폐로가 앞당겨질 수 있다. 미국은 1963년 이후 지금까지 35개의 원자로를 폐쇄하였다.

　미국 원자력의 쇠퇴는 점점 현실화되고 있다. 미국 최대 원자력 업체인 웨스팅하우스가 2017년 3월 파산보호를 신청했다. 천연가스가 발전에 대거 투입되면서 원전 건설이 지연되는 등 막대한 손실을 기록했기 때문이다. 이로 인해 웨스팅하우스의 모기업인 일본의 도시바는 2016년 1조 엔에 가까운 손실을 입고 반도체 사업을 매각하는 등 큰 위기에 직면했다. 일본 제조업의 자존심으로 124년의 역사를 가진 도시바가 생존의 위기까지 몰린 것은 천연가스에 밀려 쇠퇴해가는 원자력의 미래를 보지 못했기 때문이다. 이는 우리 기업에도 교훈이 된다.

틸러슨이 미국 외교수장이 된 이유

　석유업자 렉스 틸러슨의 국무장관 임명은 모두에게 뜻밖이었다. 그도 그럴 것이 엑슨모빌의 CEO인 틸러슨은 외교 문외한일뿐더러 공직 경험도 전혀 없고 평생을 석유개발 분야에 종사한 기업가이기 때문이다. 그래서 트럼프 대통령이 그를 외교수장으로 임명한 것은 더더욱 분명한 이유가 있다. 에너지가 트럼프 행정부의 최고 국가이익이며 외교관계에서 최우선 어젠다라는 것이다. 국내에 묻혀 있는 화석연료를 캐내 국내 산업에 투입하는 것에 그치는 것이 아니라 이를 해외에 적극적으로 수출하겠는 의지인 것이다. 또한 틸러슨의 러시아 인맥을 통해 미·러 관계를 개선하여 중국 압박에 힘을 모으겠다는 의미다.

사실 석유왕 록펠러의 DNA가 남아 있는 거대 기업 엑손모빌은 그냥 그저 그런 기업이 아니다. 스탠다드 오일 뉴저지의 후신인 엑손과 스탠다드 오일 뉴욕의 후신인 모빌이 세기의 합병을 통해 탄생한 엑손모빌은 오랫동안 세계 최대의 가치를 지닌 기업이었다. 2010년대 들어 애플, 아마존 등 거대 IT 기업들이 등극하기 전까지 오랫동안 엑손모빌은 시가총액에서 부동의 1위를 지키던 기업이다. 미국 경제전문지 《포춘Fortune》의 2016년 6월 보도에 따르면 엑손모빌의 연 매출액은 2,462억 달러로 월마트에 이은 2위이며 칠레, 아일랜드, 핀란드 등 국가의 국내총생산GDP보다 많아 국가 순위로 보면 41위에 해당한다. 엑손모빌은 세계 각지에서 석유를 개발하고 있고 58개국에서 영업활동을 하고 있다. 단순한 기업의 수준을 넘어 국가 규모의 경제를 자랑하고 있다. 에너지 개발의 특성상 워낙 많은 국가와 정치적으로 관련되어 있어 회사 내부에 국무부를 따로 두고 있다는 말이 있을 정도다.

틸러슨은 그런 엑손모빌에 1975년에 입사해 평생을 일했고 2006년 CEO에 올라 10년 넘게 총사령탑을 맡아 왔으니 그가 미국 국무부의 수장이 되는 것은 그다지 이상하지 않다. 사실 에너지업계에 몸담은 정치거물은 한둘이 아니다. 미국 에너지의 중심인 텍사스 출신 조지 부시 대통령의 부통령과 국방장관을 지낸 딕 체니는 엑손모빌의 자회사인 핼리버튼Halliburton의 CEO였고 국무장관인 콘돌리자 라이스는 또 다른 메이저 석유회사인 세브론의 이사를 지냈고 상무장관 도널드 에반스 역시 석유회사 출신이었다.

틸러슨이 국무장관으로 지명되자 논란이 있었지만《워싱턴 포스트》같은 유력 언론도 21세기에 글로벌 석유회사를 경영하는 것은 국무장관직을 수행하는 것과 크게 다르지 않다면서 틸러슨이 세계 최대 석유회사를 경영하면서 능숙한 협상가임을 증명했다는 평가를 내리기도 했다. 트럼프 대통령은 같은 기업가인 틸러슨을 국무장관으로 지명하면서 '능숙한 협상가deal maker', '철저한 실용주의자'로 묘사했다. 그가 대통령으로서 추진하는 대외관계의 방향을 암시하는 대목이다.

석유왕 록펠러와 외교왕 키신저

틸러슨을 국무장관으로 강력하게 추천한 사람은 바로 미국 외교정책의 거두인 헨리 키신저이다. 미국 역대 최고의 국무장관으로 평가받고 있는 키신저가 틸러슨을 외교수장으로 추천한 이유는 그의 개인적 관계 때문일 것이다. 키신저는 1950년대부터 록펠러 가문과 친분관계를 맺었고 록펠러 재단에서 일하기도 했으며 넬슨 록펠러가 대통령 선거에 출마했을 때 참모 역할도 했다. 그는 오랫동안 록펠러 가문의 세계전략 구상에서 핵심 전략가 역할을 맡아왔다. 1971년 데이빗 록펠러에게 요청해 닉슨 대통령이 구상하는 중국 개방에 힘을 보태도록 한 인물도 당시 국무장관 키신저였다. 키신저는 '힘의 균형balance of power'을 통해 지정학적 우위를 점할 수 있다는 전략을 추구했는데 중국을 끌어들인 것은 더 강력한 소련을 제압하기 위해 힘을 균형을 맞추기 위한 것이었다.

키신저가 친러시아 성향을 보인 틸러슨을 국무장관에 추천한 것도 이 힘의 균형, 즉 이제는 더 강해진 중국을 억제하기 위해 러시아를 끌어들이는 것이다. 미국의 최대 대외과제는 세계 2인자로 부상한 중국을 누르는 것인데, 문제는 러시아를 적으로 둔 상태에서 중국을 압박할 수 없다는 것이다. 그래서 러시아를 끌어들여야 하는데 그 적임자가 바로 틸러슨이었다.

틸러슨은 1998년 엑손모빌의 러시아 영업을 맡은 이후 큰 성과를 이루어냈다. 특히 경쟁사인 로열더치셸이 '러시아 사할린-2 LNG 프로젝트'에 원래 예산의 두 배인 200억 달러나 들이고도 결국 지분을 러시아 국영 로스네프트에 넘긴 반면, 틸러슨이 맡은 '사할린-1 LNG 프로젝트'는 예산의 30%만 초과하는 기대 이상의 실적을 거두고 지분도 그대로 유지해 큰 조명을 받았다. 그 후 틸러슨은 러시아 에너지 거물들뿐만 아니라 에너지에 사활을 걸고 있는 푸틴 대통령과도 친분을 유지하고 있으며, 푸틴으로부터 우정훈장을 받기도 했다. 러시아를 우군으로 둔 틸러슨은 곧바로 중국에 대한 압박을 시작했다. 인준 청문회에서 그는 중국의 남중국해 영유권 주장을 불법으로 규정하고, 인공섬 건설을 중단시키고 중국이 인공섬에 접근하는 것을 막겠다고 발언해 강력한 대중국 정책을 예고했다.

키신저는 외교에서 에너지의 중요성을 잘 알고 있었다. 그는 1차 오일쇼크 후인 1976년 국무장관 신분으로 사우디로 날아가 '빅딜'을 성사시켰다. 이 협상으로 사우디는 미국에게 안정적인 원유공급과 석유 거래 시 미국 달러화 결제를 약속했다. 게다가 석유 판매를 통해 취득한 달러는 미국 국채에 재투자하겠다고도 했다. 달러 투매와 에너지 위기로 추락하던 미국을 살린 결정적인 합의였다. '외교란 이렇게 하는 것이다'를 보여준 것이다. 이것이 외교왕 키신저가 석유왕 록펠러의 후예인 틸러슨을 국무장관으로 추천한 이유이고 능숙한 협상가가 필요한 트럼프가 그를 임명한 이유다.

미국의 대외정책은 자본가들이 만든다

2015년 7월 미국이 주도하는 P+1(유엔 안전보장이사회 5개 상임이사국+독일)이 역사적인 이란 핵협상을 타결했다. 2002년 8월 이란 반정부 단체의 폭로로 불거진 중동 최대의 난제 중 하나였던 이란 핵문제가 13년 만에 외교적 타협으로 풀리는 계기가 마련된 것이다. 이로써 이란에 대한 경제제재는 해제되고 이란은 원유 생산과 수출을 대폭 늘렸다. 2014년 하반기 유가 폭락 이후 반등 기미를 보이던 석유 시장에 찬물을 부은 셈이다.

10년 넘게 끌던 이란 핵문제가 생각보다 쉽게 타결된 것은 2001년 시작된 록펠러재단의 '이란 프로젝트'가 있었기 때문이다. 9.11테러 직후 알카에다의 위협에 대처하기 위해 이슬람 세계에 대한 새로운 접근법이 필요했고 이를 수니파와 시아파의 관계를 통해 풀기 위해 이란 프로젝트를 탄생시킨 것이다. 이 프로젝트로 인해 이란에서 2008년 강경파가 물러나고 중도정권이 들어섰을 때 바로 핵협상을 위한 물밑 접촉에 들어갈 수 있었다. 록펠러재단은 이란 프로젝트에 430만 달러의 자금을 지원했다.

이란 프로젝트는 미국의 자본가가 외교정책을 만들어내는 일례에 불과하다. 미국의 외교정책은 오랫동안 자본가들이 관여했고 실제적으로 만들었다고 해도 과언이 아니다. 외교협회Council on Foreign Relations는 미국의 가장 영향력 있는 대외정책 싱크탱크로 정책 결정에 깊이 관여해오고 있어 '진짜 국무부'라는 평가를 받을 정도다. 국제통화기금IMF과 세계은행IBRD, 유엔 창설도 주도했고 일본에 대한 핵공격, 미국의 핵전략, 베트남 전쟁 개입, 중국과의 화해에도 주도적 역할을 했다. 가장 권위 있는 외교잡지인 《포린 어페어Foreign Affairs》도 발간하고 있다. 1921년 창립된 CFR은 실제로 미국의 자본가들에 의해 움직인다. 창립 당시에도 석유왕 존 록펠러, 금융왕 JP 모건 등 최고의 기업인들이 주도했으며 그들의 후예들이 지금도 장악하고 있다. 특히 록펠러의 가문은 지속적인 영향력을 행사하고 있는데 많은 가족들뿐만 아니라 록펠러 가문의 대외전략을 자문했던 키신저의 후예들도 관여하고 있다. 현재 CFR 회장직은 미국의 거대 사모펀드인 칼라일 그룹Carlyle Group 창립자가 맡고 있다.

미국 외교정책의 중심이 산업과 금융, 농업 등 거대기업의 이익에 맞추어질 수밖에 없는 것이다. 그들의 재산과 자본을 보호하고 해외에서 사업을 확장하도록 도와주는 것이 미국 외교의 핵심 목표이다. 민주주의와 자본주의 확산이라는 가치는 그것을 합리화시키기 위한 명분에 지나지 않는다. 미국 외교의 논리는 넓은 지역에 미국식 자본주의 질서가 퍼지면 평화와 번영이 온다는 것이다. 맥도널드가 진출한 나라끼리는 전쟁을 한 적이 없다는 이야기도 있다. 그러나 이러한 논리 속에도 햄버거와 콜라와 주유소의 기름조차도 미국 자본의 이익이 숨어있는 것이다. 미국 기업의 이익이 곧 미국의 국익이다. 해외시장에서 이들의 이익을 보장해주는 것이 미국의 국익을 위한 길인 것이다. 최고 자본가 트럼프가 대통령으로 당선된 것은 이러한 논리의 반영이다. 자본가를 위한 외교정책은 트럼프 시대에 더 노골화되었다.

어제와 다른 오늘의 미국

미국에는 아직 1929년 대공황의 트라우마가 남아 있다. 2008년 금융위기 때 공포가 증폭된 것도 대공황의 기억 때문이다. 그런데 대공황이 왜 미국에서만 일어났을까? 유럽에서는 왜 발생하지 않았을까? 유럽에는 과잉 생산된 제품을 받아줄 식민지, 그리고 원료를 싸게 들여올 식민지가 있었기 때문이다. 대공황을 겪고 난 미국이 자본을 앞세워 해외진출에 사활을 건 이유다. 지난 세기 미국이 끊임없는 팽창을 추구해온 것도 이 때문이다. 영향력 있는 국제기구와 금융기구는 자신의 통제권 아래 둔 채 세계를 자본으로, 산업으로, 네트워크로 묶어 미국 없이는 꼼짝도 못하게 만들어 놓았다.

물론 미국의 절대적인 힘의 우위는 세계를 평화롭게 만든 측면도 분명히 있다. 강력한 해군력으로 바닷길을 장악한 덕택에 해적의 두려움 없이 유조선도 안전하게 다닐 수 있다. 필요할 땐 전쟁도 불사하지만 자본의 확산을 위해서는 평화가 필요하고 그 평화를 지키기 위해 무력도 사용하는 것이다.

그러나 언제까지 미국의 선의에 기대어 살 수는 없다. 오늘의 미국은 분명 어제와 다른 얼굴을 하고 있다. 지난 100년간 팽창과 무역으로 힘과 부를 키운 미국이 이제 와서는 그것이 미국에 손해를 끼치고 있다며 수십 년 동안 가치를 공유해온 동맹에게도 청구서를 들이밀고 있다. 오직 '아메리카 퍼스트'이고 돈이 드는 세계 경찰 노릇도 그만두고 필요하면 문도 꽁꽁 잠글 태세이다. 고립이 가능해진 것은 자립이 가능해졌기 때문이다. 미국 사람들의 변심은 인구, 식량, 군사력에 이어 에너지까지, 어느 하나 아쉬울 것이 없게 된 데 기인한다. 그 변심이 트럼프 대통령을 낳았다. 미국 사람들이 변심한 이상 제2, 제3의 트럼프가 나올 수밖에 없다. 셰일혁명의 비극이라면 비극이다.

03
중국은 아직도
에너지에 배가 고프다

1 중국의 전략과 선택

에너지를 빨아들이는 중국

중국의 정확한 인구는 아무도 모른다. 한 자녀 정책으로 숨겨놓은 아이들이 얼마라는 등 통계에 잡히지 않는 인구가 수억 명이라는 주장도 있고 공식적으로 발표된 인구는 1억 명 가까이 부풀려져 있다는 주장도 있다. 대충 13~14억 명 정도로 받아들여지고 있다. 이들은 세상의 거의 모든 물건을 만든다. 그래서 중국은 세계의 공장으로 불린다. 세상 어디에서도 중국산 제품이 없는 곳을 찾기 힘들다. 심지어 동서 문명의 교차점이자 세계의 모든 물건이 모여든다는 터키 이스탄불의 그랜드 바자르에도 실제 전시된 특산품은 중국산이라고 할 정도다. 세계의 공장이니 사용하는 에너지의 양도 어마어마하다. 2011년 이후 부동의 세계 최대 에너지 소비국이다.

석탄으로 말하자면 중국은 모든 분야에서 금메달이다. 세계 최대의 석탄 생산국이자 소비국인 동시에 최대의 석탄 수입국이다. 중국은 전 세계 석탄의 절반을 소비하고 있다. 석탄 소비 2위국인 인도의 4배가 넘고, 전력생산에 쓰는 석탄의 양만도 미국 전체의 두 배가 넘는다. 석탄의 비중이 압도적으로 높은 중국이지만 석유 소비도 세계 2위에 랭크되어 있다. 하루에 1,100만 배럴 이상을 쓰고 있다. 1970년대 후반부터 시작된 개혁개방정책으로 석유소비가 급증했지만 1990년대 초반까지도 하루 300만 배럴을 넘지 못했다. 그 후 급속한 경제성장에 힘입어 석유 소비가 가파르게 증가해 2016년에는 1,111만 배럴을 기록했다. 하루 1,900만 배럴씩 쓰는 미국에는 아직 미치지 못하지만, 중국의 상승세와 미국의 수요 정체를 감안하면 중국의 석유 소비 1위 등극도 머지않은 것으로 보인다.

이 많은 화석연료를 쓰고 있으니 당연히 중국은 세계 최대의 이산화탄소 배출국이다. 전 세계 배출량의 30% 가까이 차지해 14%의 미국을 훨씬 앞지른다. 중국의 배출량은 1990년대 초부터 가파르게 증가하여 2000년경에는 EU 전체 배출량을 앞지르고 곧바로 미국도 제치고 압도적인 1위로 올라섰다. 이토록 빠르게 1위가 될 수 있었던 것은 유럽과 미국은 온실가스를 줄이고 있었기 때문이기도 하다. 유럽은 1980년부터 줄어들었고 미국은 2000년대 초 감소하기 시작한 반면, 중국의 배출은 그야말로 로켓포처럼 증가하고 있다. 세계의 공장으로 빠른 경제성장을 이루었지만 그 대가는 세계 최고의 오염물질 배출 국가이다.

세계 최대의 원유, 석유제품 수입국

중국이 그렇게 많은 석유제품을 소비하고 있으니 필요한 원유의 양도 어마어마하다. 중국은 국내 유전에서 하루 400만 배럴을 생산하는 산유국이다. 매장량은 246억 배럴 정도로 추정되는데, 아시아에서는 최대규모다. 지금 들으면 놀랍겠지만 중국은 1990년대 초까지 원유의 순수출국이었다. 국내유전에서 생산한 원유로 석유제품 수요를 다 채우고도 남아 물량을 해외시장에 팔았다는 이야기다. 중국의 유전지대는 주로 서부사막지대와 중북부지역에 있는데 고갈되어 생산이 점점 줄고 있다. 특히최대 유전지대인 다칭과 성리는 개발된 지 오래되어 남아 있는 원유가많지 않다. 또한 생산 단가도 높아 2014년 이후 장기 저유가 국면에서 생산을 제대로 못하고 있다. 이를 극복하기 위해 해외 유전개발에도 적극적으로 투자해 현재 42개국에서 프로젝트를 진행 중이며, 이 중 반 정도는 중동과 아프리카에 집중되어 있다.

소비는 급증하는데 국내생산은 줄어드니 수입에 의존해야 할 상태가되었다. 1993년엔 공식적으로 석유제품 순수출국에서 순수입국으로 바뀌었다. 자급자족이 불가능해진 것이다. 2009년에는 미국에 이은 세계 2위의 순수입국이 되더니 2013년에는 결국 미국마저 제치고 세계 최대의석유제품 수입국이 되었다. 석유제품뿐만 아니라 원유의 수입도 가파르게 증가했다. 1990년대 이전까지는 거의 없다시피 한 중국의 원유 수입이 2000년대 들면서 하루 200만 배럴에 이르더니 2008년에 400만 배럴, 2012년에는 600만 배럴을 넘어섰고 2015년에는 미국도 추월했다. 이제는하루 850만 배럴을 넘어 820만 배럴 정도의 미국을 앞서고 있다.

수입량이 늘면서 원유 수입 의존도도 심화되고 있다. 1997년까지 20%에 미치지 못하던 의존도가 가파르게 상승해 2009년에는 40%를 넘고 2012년에는 50%를 넘어 2015년에는 하루 평균 수요 1,197만 배럴 중 431만 배럴 생산에 그쳐 64%의 수입 비중을 기록했다. 국내생산이 정체된 상태에서 수요는 지속적으로 상승하고 있어 중국의 원유 수입 의존도는 계속 심화될 것으로 보인다.

위협받는 중국의 에너지 안보

원유의 안정적 공급은 중국에게 생명과도 같다. 국내생산으로는 수요의 40%를 채우기도 급급하기 때문이다. 문제는 원유의 공급환경이 우호적이지 않다는 것이다. 원유와 석유제품의 교역은 해상에 절대적으로 의존하고 있다. 전 세계 교역의 90%는 해상루트에 의해 이루어지는데 이중 대부분은 병목지점choke point을 지나게 되어 있다. 세계에서 제일 큰 병목지점은 호르무즈 해협Strait of Hormuz으로 중국이 통과해야 할 첫 번째 관문이다. 하루 평균 14척의 대형 유조선이 1,700만 배럴의 물량을 싣고 이 좁은 바다 골짜기를 지나간다. 전 세계 해상 수송의 35%에 달하고 세계 전체 수요의 20%에 육박하는 양이다 세계 최대 유전인 가와르 등 사우디 동부 연안의 유전지대에서 생산된 원유는 반드시 이곳을 통과해야 중국, 미국, 유럽, 일본과 한국 등 주요 수입국으로 갈 수 있다.

페르시아만과 아라비아해를 연결하고 있는 이곳은 세계에서 가장 예민한 지점이다. 한쪽에는 시아파의 맹주 이란이 있고 다른 쪽으로는 오만과 UAE가 있는데 그 바로 뒤에는 수니파의 맏형 사우디가 버티고 있다. 이슬람의 최대 적대세력이 좁은 바닷길을 사이에 두고 버티고 있는 것이다. 최근 사우디와 이란 사이에서 중동 분쟁의 핵으로 떠오르고 있는 카타르도 지척에 있다. 가장 좁은 지점은 폭이 34km에 불과해 언제든지 봉쇄될 수 있다. 이곳이 막히면 지구촌은 동맥경화에 걸리게 된다.

이 중요한 해협은 오랫동안 미 해군 5함대가 지켜왔다. 미국으로 가는 물량도 이곳을 통과해야 하기 때문에 미국의 에너지 안보가 달려 있다. 또한 동맹국들의 안전한 원유수송도 돕고 있다. 사우디와 미국에 적대적인 이란은 틈만 나면 이곳의 봉쇄를 위협한다. 이란혁명군이 해협 입구의 섬에 실크웜 대함미사일과 어뢰와 기뢰를 장착한 소형선단을 배치하고 있다. 이란이 자랑하는 탄도미사일의 이름도 이곳을 딴 '호르무즈'이다. 1988년 미국 함대와의 전투에서 이란이 큰 피해를 보기도 했다. 그 후 이란은 중국과 손을 잡고 이곳에서 군사훈련을 하고 있다. 항상 팽팽한 긴장이 흐르는 이 지점을 통과해야 중국이 수입하는 물량이 안전하게 들어오는데 중국은 아직 미 해군의 적수가 되지 못한다.

중국이 통과해야 할 두 번째 관문은 말라카 해협Strait of Malacca이다. 하루 1,500만 배럴의 세계 원유가 이곳을 지나간다. 호르무즈를 통과한 물량이 동아시아와 미국으로 가기 위해서는 이곳을 지나야만 한다. 말레이시아 서부와 인도네시아의 수마트라섬 사이에 있는 이 해협이 인도양과 태평양을 연결한다. 석유를 비롯한 전 세계 해상 물량의 20%가 이 좁은 바다를 지나간다.

이곳에는 종교적·정치적 리스크는 없으나 이 중요한 길목을 노리는 해적들이 득실거린다. 100만 배럴을 실은 대형 유조선 하나만 탈취하면 유가가 배럴당 100달러가 넘을 당시에는 1억 달러로 우리 돈 1,100억 원 이상의 가치가 있으니 중무장한 해적들이 목숨 내걸고 덤비는 것이다. VLCC는 60kg의 성인 523만 명을 실을 수 있을 정도로 크다. 여기에 보통 200만 배럴의 원유를 싣고 다니니 가치가 실로 어마어마하다. 이 해협의 입구에는 유류저장시설이 있어 테러의 우려가 있기도 하다. 이 해상루트는 미 7함대가 지키고 있는데 미국이 마음만 먹으면 언제든지 중국으로 가는 물량을 봉쇄할 수도 있다. 언제든 막힐 수 있는 호르무즈 해협과 말라카 해협을 반드시 통과해야 하는 해상 수송루트는 원유 수입 의존도가 심화되고 있는 중국에게는 아킬레스건과 같다.

세계 석유 수송에서 또 다른 병목지점은 홍해와 지중해를 연결하는 수에즈 운하와 이 옆으로 이집트에 깔려 있는 파이프라인인데 이곳을 통해 하루 450만 배럴의 석유가 지나간다. 수에즈 운하의 가장 좁은 곳은 폭이 300m에 불과해 테러리스트의 공격 우려가 있다. 수에즈 운하를 통과한 유조선은 길게 흐르는 홍해를 지나 인도양으로 나오는 길목의 바브엘만데브 해협을 통과해야 한다. 홍해와 아덴만을 잇는 지점이다. 우리에게는 잘 알려져 있지 않지만 하루 330만 배럴의 석유가 지나가는 중요한 길목이다. 이곳에는 소말리아 해적들이 득실거린다. 2010년 4월 우리나라 VLCC인 삼호드림호가 바로 이 유역에서 소말리아 해적들에게 피랍된 적이 있다.

흑해와 지중해를 연결하는 터키의 보스포루스 해협도 중요한 석유 해상운송 포인트다. 러시아와 중앙아시아에서 생산된 원유는 주로 이곳을 통과해 지중해로 나온다. 우리나라가 러시아의 서부 유전이나 카자흐스탄에서 생산된 원유를 수입할 때 주로 이 해상루트를 따라 아프리카를 우회하는 긴 항로를 통해 들어온다.

2016년 확장된 파나마 운하는 태평양과 대서양을 연결하는 중요한 지점이지만 여전히 200만 배럴의 초대형 유조선은 통과하지 못하고 있다. 그래서 하루 물동량은 50만 배럴 정도에 그친다. 살펴본 대로 석유 수송은 해상에 크게 의존하고 있고 그 루트 또한 여러 가지 위험에 노출되어 있다. 이 리스크를 줄이기 위해 각 나라들은 파이프라인 건설에 열을 올리고 있다.

중국의 '투 오션' 전략과
미얀마, 파키스탄 관통 파이프라인 건설

중국이 해상루트를 통한 원유 도입의 리스크를 줄이기 위해 야심차게 추진한 것이 미얀마를 관통하는 육상 파이프라인의 건설이다. 중동을 출발한 유조선이 인도의 남쪽 바다와 뱅골만을 통해 미얀마 서해 차우퓨항에 하역한 후 중국내 771km를 포함한 총 길이 2,380km의 파이프라인을 통해 중국의 윈난성을 거쳐 쿤밍으로 보내는 루트다. 호르무즈 해협은 지리적으로 통과하지 않을 방법이 없으니 이란과의 군사협력을 통해 해결하고 미 해군이 장악하고 있는 말라카 해협은 아예 우회하겠다는 것이다. 2010년 6월에 착공한 이 파이프라인은 2017년 4월 가동에 들어감에 따라 중국은 말라카 해협과 남중국해를 거치지 않고 중동 원유를 상당량 받아들일 수 있게 되었다. 육상으로 운송해 비용과 시간도 아낄 수 있게 됐다. 이 송유관을 통해 하루 44만 배럴의 원유가 공급되는데 중국 총 수입의 5%가 넘는 물량이다. 중국의 국영 페트로차이나는 이를 정제하기 위해 쿤밍에 정유공장을 신설했다.

중국은 이 송유관 건설을 위해 많은 공을 들여왔다. 정치적 노력과 함께 245억 달러라는 어마어마한 돈도 쏟아 부었다. 미얀마 정부도 송유관 건설을 위해 강제로 토지를 빼앗는 등 중국의 노력에 부응했다. 미얀마는 이 송유관을 통해 수송량의 10% 정도를 통과료로 받게 되었다. 중국과 미얀마를 연결하는 가스관은 2013년부터 가동하고 있다. 미얀마 가스전에서 생산된 가스를 총길이 7,676km인 파이프라인을 통해 쿤밍으로 보내고 있다. 이 천연가스는 미얀마 해상 가스전인 쉐Shwe 구역에서 생산되는데, 이는 원래 우리나라 대우인터내셔널에서 개발한 것으로 수익을 위해 중국의 국영 중국석유천연가스그룹CNPC에 판매했다.

이로써 중국과 미얀마는 2개의 파이프라인으로 연결되어 경제적인 이득을 누릴 뿐만 아니라 정치적으로도 급속하게 가까워지고 있다. 중국은 미얀마에서 각종 인프라 개선사업을 진행하고 있다. 특히 양국 접경지대에 36억 달러를 들여 6,000MW 용량의 초대형 수력발전소를 2009년부터 짓고 있다. 여기에서 생산되는 전기의 일부를 미얀마에도 나눠주지만 90% 정도는 중국으로 끌어다 쓸 계획이다.

여기에 더해 중국은 파키스탄을 관통하는 파이프라인을 통해 인도양과 바로 연결하는 프로젝트를 진행 중이다. 인도양의 전략적 요충지인 과다르항에서 파키스탄을 관통하여 중국 서부 신장의 카스 지역까지 연결되는 3,000km 길이의 원유와 가스 파이프라인을 건설하는 것이다. 과다르는 이란 국경에서 120km의 거리로 가까운 데다가 호르무즈 해협의 입구에 위치해 있어 전략적으로 매우 중요한 항구다. 이것이 실행되면 호르무즈 해협 통과 리스크도 크게 해소될 것으로 보인다. 중국은 2009년에 이미 카자흐스탄과의 송유관을 개통했고 2011년부터는 러시아와의 송유관도 가동하고 있다. 이 4개의 송유관을 통해 육로로 원유를 공급받을 수 있게 되면서 중국의 에너지 안보를 크게 제고하고 위험한 해상수송을 최소화할 수 있게 되었다.

미얀마와 파키스탄을 관통하는 파이프라인을 건설하는 것은 중국의 '투 오션two oceans'전략의 핵심이다. 대서양과 태평양을 좌우에 둔 미국이 이 두 해양을 제패해 패권국이 된 것처럼 중국도 태평양과 인도양에 대한 영향력을 강화해 미국에 대항하겠다는 것이다. 지리적으로 중국은 남중국해를 통해 태평양과는 연결이 되어있지만 인도양으로 나오는 길은 막혀있다. 무엇보다 거대 국가이자 중국의 최대 지역 라이벌인 인도가 버티고 있다. 인도를 우회해 인도양으로 진출하는 통로를 열기 위해 미얀마와 파키스탄을 활용하는 것이다.

중국은 다른 인도양 연안 국가들에게도 대한 막대한 투자를 진행하고 있다. 주로 항만, 철도, 도로 등 수송과 물류 관련 시설이다. 미얀마와 가스관과 송유관이 연결된 쿤밍은 라오스 수도 비엔티안과 철도를 연결했다. 중국과 다른 나라를 연결하는 최초의 철로이다. 중국은 여기에 58억 달러를 투자했다. 방글라데시의 벵골만 어귀에 도로와 철도를 까는 사업에 31억 달러를 투자하고 있다. 2000년대 중반부터 등장한 투 오션 전략은 미국에 절대적 열세인 해군력을 강화하고 해양 경제를 살리겠다는 의도이고 그 핵심에는 에너지 안보가 있다. 2013년부터 중국이 사활을 걸고 추진 중인 '일대일로'는 '투 오션 전략'이 바탕이 된 것이다.

석탄 중심의 에너지 소비에서 탈피하기 위한 노력이 시작되다

15년 전 베이징을 방문한 첫날 필자를 놀라게 한 것이 두 가지 있었다. 하나는 자금성, 영어로 '금지된 성Forbidden City'이다. 중국 문명의 자존심인 그 자금성 안에 미국 신흥 상업자본의 상징인 스타벅스 커피전문점이 자리잡고 있는 것이었다. 미국의 상업자본에 뻥 뚫린 중국 '금지된 성'의 모습을 보고 세상의 변화를 느끼지 않을 수 없었다. 오후에 산책을 위해 거리에 나오니 바로 앞도 보이지 않을 정도로 자욱한 노란 먼지에 또 한 번 놀랐다. 코를 막고 종종 걸음으로 호텔로 돌아오며 중국 문명의 종말을 느꼈다. 이토록 찬란한 문명을 이룬 중국의 수도지만 곧 사람이 살 수 없는 곳이 될지도 모르겠다는 생각이 들었다. 인류가 만든 모든 문명은 환경재앙으로 멸망을 면치 못했다. 사람이 떠난 문명은 폐허와 다름없다. 그 후로 중국의 대기오염은 계속 심해져 왔다. 난방용 석탄 수요가 증가하는 겨울철의 대기오염은 최악이다. 초미세먼지로 인해 매년 100만 명 이상이 사망하고 있을 정도다.

중국 대기오염의 원인은 석탄이다. 중국 초미세먼지(PM2.5)의 62%, 이산화황의 93%를 발생시킨다. 중국은 다른 나라와는 확연히 다른 에너지 소비구조를 가지고 있다. 석탄에 대한 의존이 매우 심하다. 1차 에너지 소비에서 석탄이 차지하는 비중은 2015년 64%를 기록했다. 1994년의 75%보다는 상당히 낮아졌지만 석탄 소비 비중의 세계 평균이 30%인 것을 감안하면 아직도 매우 높은 수치이다. 석유가 17% 정도로 다른 나라보다 현저히 낮다. 발전연료에서 석탄의 비중도 총 발전용량 1,645GW 중 942GW로 57%가 넘는다. 천연가스는 70GW로 4%에 불과하다. 가히 석탄의 나라로 불릴 만하다. 석탄 화력의 실제 발전은 2016년 말 기준 65.2%로 설비보다 훨씬 높다. 천연가스는 3%에 지나지 않는다.

사실 중국으로서도 선택의 여지가 없었다. 지표면 가까이 가장 많이 묻혀 있는 석탄에 의존할 수밖에 없었다. 석유와 천연가스도 많이 매장되어 있지만 캐내기가 어렵고 특히 천연가스는 다루기가 어려운 데다 용도도 많지 않았다. 자연스럽게 인해전술로 광부만 투입하면 바로 캐낼 수 있는 석탄에 집중한 것이다. 또한 폐쇄적 공산주의 계획경제하에서 에너지 자립이라는 측면에서도 석탄 소비를 늘릴 수밖에 없는 구조였다. 13억이 넘는 인구의 냉난방과 취사, 7%가 넘는 경제성장을 뒷받침하기 위해 수십 년간 엄청난 양의 석탄을 때 왔으니 이제 그들의 수도 베이징은 숨도 쉴 수 없는 공간이 되고 말았다. 국제행사라도 치르려 하면 인공강우로 미세먼지를 씻어내야 하고 차량 사용도 강제로 통제해야 할 지경이다.

극심한 대기오염에 위기를 느낀 중국 정부는 석탄 소비 감축을 위한 특단의 대책을 내놓았다. 2016년 3월 전국인민대표대회에서 '국민경제와 사회발전 13차 5개년 계획(2016~2020년)'을 채택하였는데 여기에서 과도한 석탄의존도 축소와 에너지 수요증가 억제 등 국가 에너지정책 방향을 제시했다. 이 계획에 의거 '전력부문 13.5계획', '풍력발전 13.5계획', '석유부문 13.5계획', '에너지발전 13.5계획' 등 구체적인 대책들을 내놓았다. 그 핵심은 향후 5년 내에 석탄소비를 크게 억제해 2020년까지 1차 에너지 소비에서 석탄의존도를 58% 이하로 줄이고 청정에너지 비중을 15%로, 천연가스 비중을 10%로 확대하는 것이다. 실제 발전에서 석탄의 비중도 58%까지 내릴 계획이다. 이에 따라 석탄화력발전소는 폐쇄하고 신규 석탄발전소 계획도 취소하거나 연기했다. 2017년 3월에는 베이징의 마지막 석탄발전소 가동을 중단해 석탄발전 제로 도시가 되었다. 정부 주도의 적극적 노력의 결과 중국의 석탄 사용량은 2013년에 42억 4,400만 톤으로 정점을 찍은 후 서서히 하락하고 있으며, 2020년에는 41억 톤, 2030년에는 36억 톤으로 감소할 것으로 전망된다.

중국의 선택은 석유가 아닌 천연가스

석탄으로 인한 환경오염을 줄이기 위한 중국의 선택은 뜻밖에도 천연가스다. 역사적으로 석탄의 다음 연료는 석유였다. 열효율도 좋고 다루기도 쉬운 액체연료인 석유가 고체연료인 석탄을 대체해 나가는 것이다. 그러나 중국은 석유를 건너뛰고 기체연료인 천연가스로 나가겠다고 선언했다. 천연가스는 석유보다 친환경적이고 오염물질 배출도 훨씬 적다. 중국이 천연가스로 석탄을 대체하면 대기오염으로 인한 조기 사망자 수가 매년 2~4만 명 감소할 것으로 예상된다는 미국 프린스턴대의 보고서도 있다. 중국 정부는 2014년 5월 천연가스 소비를 획기적으로 늘리겠다는 야심찬 목표를 발표했다. 에너지 소비에서 천연가스가 차지하는 비중을 2020년 10%로 두 배 늘린다는 계획으로 핵심은 2020년까지 소비를 연간 420bcm으로 끌어올리겠다는 것이다. 2013년 당시 중국의 천연가스 수요가 171bcm이었으니 천연가스 소비를 6년 동안 2.5배 늘리겠다는 공격적인 목표다.

일단 중요한 것은 필요한 천연가스를 어떻게 공급하느냐는 것이다. 중국은 세계 6위의 천연가스 생산국이다. 1995년까지는 생산량이 20bcm 정도에 그쳤으나 2000년대 들어 정부의 생산증대 정책에 힘입어 가파르게 증가하여 2011에는 100bcm을 돌파했다. 이후 생산력의 한계를 보이면서 생산량은 정체되었으나 정부의 강력한 생산 드라이브로 2016년 138bcm을 기록했고 2017년에는 170bcm까지 증가할 것으로 전망되고 있다.

중국의 천연가스 수요는 많지 않아 2006년까지 소비량이 60bcm에 미치지 않아 생산량보다 적었다. 그러나 이후 소비가 급증하면서 2008년 100bcm을 돌파하고 2014년에는 180bcm을 넘어섰고 2016년에는 210bcm을 기록해 미국과 러시아에 이어 세계 3위의 천연가스 소비대국이다. 생산 증가보다 소비 증가가 더 빠르게 진행됨에 따라 천연가스 수입도 크게 늘고 있다. 따라서 석탄 사용량을 줄이기 위해 천연가스 소비를 늘리려는 중국의 계획은 필요한 천연가스를 어떻게 확보하느냐에 달려 있다고 할 수 있다.

중국은 일찍이 중앙아시아의 천연가스 부국 투르크메니스탄에 많은 공을 들여 천연가스 공급 협상을 성사시켜 2009년부터 30년 장기계약으로 매년 30~40bcm을 들여오고 있다. 투르크메니스탄은 오랫동안 주목받지 못한 나라였다. 1990년대 미국과 유럽의 거대 에너지 업체들이 자원의 보고인 중앙아시아의 카스피해를 두고 치열한 경쟁을 벌였을 때 그들의 집중공격 대상은 아제르바이잔의 원유였다. 중국과 가까운 카자흐스탄과 투르크메니스탄에는 별 관심을 보이지 않았다. 특히 투르크메니스탄의 천연가스는 아무도 관심을 갖지 않았다. 그도 그럴 것이 당시만 해도 주 에너지원은 석유였다. 기체연료인 천연가스는 채굴도 어렵고 쓰임새도 많지 않았기 때문이다.

뒤늦게 중앙아시아 자원쟁탈전에 끼어든 중국은 카자흐스탄과 투르크메니스탄의 원유와 천연가스를 확보하기 위해 총력전을 벌였다. 유전의 지분을 매입하기 위해 엄청난 돈을 쏟아 부었고 당시 후진타오 국가주석 등 정치지도자들도 팔을 걷고 달려들었다. 이는 중국에게 '신의 한 수'가 되었다. 투르크메니스탄에서 대규모 가스전이 발견되었기 때문이다. 2006년 발견된 갈키니쉬Galkynysh 가스전은 세계 5대 가스전에 포함될 정도로 어마어마하다. 이 가스전의 개발로 투르크메니스탄의 천연가스 매장량은 32.2tcm으로 러시아, 이란, 카타르에 이은 세계 4위의 가스 대국으로 등극했다. 중국이 석탄의 대체연료로 석유 대신 천연가스를 선택한 것은 투르크메니스탄에 대한 대대적인 투자가 있었기 때문이다.

여기에서 복잡한 천연가스의 단위를 간단히 정리하면 다음과 같다. 기체 상태인 천연가스의 단위인 bcm은 billion cubic meters, 즉 10억 입방미터를 뜻하며, 1bcm은 액화천연가스LNG로 압축하면 가스의 밀도에 따라 다소 차이가 있지만 약 78만 1,000톤이다. 즉 LNG 1톤은 기체 상태로는 1,281㎥이며 이는 액체상태의 부피인 2.24㎥에 해당한다. LNG 1톤은 약 52mmbtu이다. mmbtu는 million British thermal unit의 약자로 1파운드(0.454kg)의 물을 화씨 1도(0.56℃) 올리거나 낮추는 데 필요한 에너지 양이다. 이는 1만 5,188kWh의 전력량에 해당한다. LNG선 1척은 약 60만 톤을 싣는다. 미국에서 주로 사용하는 bcf는 billion cubic feet로 1bcf는 2만

2,100톤 정도이다. tcm와 tcf는 1조 입방미터와 1조 입방피트이다. 중국이 목표로 내건 420bcm은 3억 2,800만 톤에 해당되며 이는 우리나라의 10년 LNG 소비량과 비슷하다.

화려한 파이프라인 시대를 열다

중국이 투르크메니스탄으로 천연가스를 공급받는 파이프라인은 '중앙아시아 파이프라인Central Asia-China pipeline'으로 불리는데 우즈베키스탄, 카자흐스탄과도 연결되어 있다. 투르크메니스탄 가스전에서 나온 천연가스가 우즈베키스탄을 관통하여 남부 카자흐스탄을 지나 중국의 신장위구르에 도착한다. 이 라인은 현재 추진 중인 중국의 '제3동서Third West-East' 라인으로 연결되어 주 소비지역인 동부로 이송될 예정이다. 중앙아시아 라인은 길이가 각각 1,830km인 3개의 파이프라인이 나란히 달리고 있다. A라인은 2009년 12월, B라인은 2010년 10월에 가동되었는데 연간 총 30bcm의 투르크메니스탄 천연가스를 중국으로 수송할 수 있다. 2014년 5월에 가동된 C라인은 A, B라인보다 더 커 연간 25bcm을 수송할 수 있는데 10bcm의 투르크메니스탄 천연가스뿐만 아니라, 10bcm의 우즈베키스탄, 5bcm 카자흐스탄 천연가스도 수송한다. 이 세 라인으로 중국은 연간 55bcm의 천연가스를 들여오고 있는데, 이는 중국의 전체 천연가스 소비의 23%에 해당하며 7,300만 톤의 석탄 소비를 대체할 수 있는 물량이다.

A, B, C 라인의 남쪽으로 투르크메니스탄에서 출발해서 우즈베키스탄, 타지키스탄과 키르기스스탄을 지나 중국으로 들어오는 D라인도 공사가 진행 중이다. 길이 1,000km인 D라인은 연간 30bcm의 천연가스를 수송할 수 있다. D라인이 가동되면 중국이 받을 수 있는 물량은 총

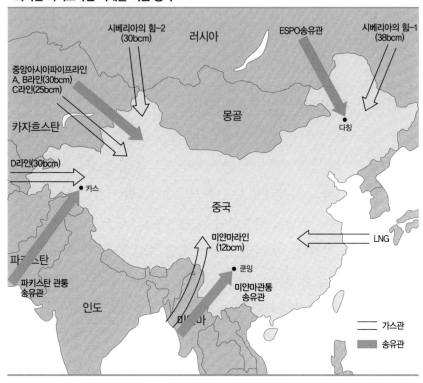

화려한 파이프라인 시대를 여는 중국

85bcm으로 늘어난다. 투르크메니스탄은 현재 이 세 라인을 통해 연간 40bcm의 천연가스를 중국으로 공급하고 있는데 2020년까지 연간 65bcm 으로 공급량을 늘리기로 합의했다.

　화려한 천연가스 파이프라인 시대를 여는 중국의 두 번째 선택은 러시아다. 언뜻 중국과 러시아는 국경을 맞대고 있는 이웃국가로 공산주의 이념도 오랫동안 함께한 터라 천연가스 거래가 있을 것으로 보인다. 게다가 러시아는 전 세계 천연가스 수출물량의 20%를 차지하는 최대 수출국이다. 그러나 뜻밖에도 양국 간 천연가스 거래는 없었다. 중국은 천연가스 수요가 많지 않았고 러시아의 천연가스 판매는 유럽에 집중되었기 때문이다. 중국이 천연가스 시대를 추진하고 러시아가 새로운 판매처를 찾으면서 2014년 두 건의 거래와 계약이 처음으로 체결되었다.

먼저 2014년 5월 양국은 동쪽에 국경을 연결하는 파이프라인을 만들어 2018년부터 연간 38bcm의 천연가스를 거래하기로 한 '시베리아의 힘 power of Siberia' 프로젝트를 발표했다. 동시베리아의 코빅타 가스전과 차얀다 가스전에서 가스를 공급받아 하바로프스크 인근에서 중국으로 이어지는 일명 '동부노선'을 통해 천연가스를 공급하는 계획이다. 6개월 후인 2014년 11월 양국은 또 다른 대형 천연가스 공급계약을 체결했는데, 서시베리아의 알타이에서 중국의 서부지역으로 이어지는 '서부노선'을 통해 2020년 즈음부터 연간 30bcm를 거래하는 '시베리아의 힘-2' 프로젝트를 발표한 것이다. 알타이노선으로도 불리는 서부노선에 가스를 공급하는 서시베리아 가스전은 유럽으로 판매하는 주 루트이기 때문에 이 라인이 실행되면 유럽으로 가는 물량이 줄어들 수도 있다.

시베리아의 힘-1, 힘-2가 가동되면 중국은 러시아로부터 연간 68bcm의 천연가스를 공급받을 수 있다. 여기에 2011년 9월부터 가동되어 연간 30bcm을 수송하고 있는 사할린-하바로프스크-블라디보스토크 파이프라인을 통해 중국이 추가적으로 공급받는 계획도 논의되고 있다. 가히 중국과 러시아의 새로운 에너지 밀월관계가 펼쳐지고 있는 것이다. 또한 중국은 남쪽으로 쿤밍과 연결된 파이프라인을 통해 미얀마로부터 2013년부터 연간 12bcm의 천연가스를 들여오고 있다.

이로써 중국은 서쪽 투르크메니스탄과 연결된 네 개의 파이프라인과, 북쪽 러시아와 연결된 두 개의 파이프라인, 남쪽 미얀마와 연결된 파이프라인으로 연간 165bcm의 엄청난 양의 천연가스를 들여올 수 있다. 파이프라인의 연결을 통해 화려한 천연가스의 시대를 열어가는 것이다. 중국의 현재 천연가스 파이프라인 총 길이는 약 4만 5,000km이며, 이를 통해 2016년 195bcm을 수송했다.

LNG 도입 증가폭도 압도적

중국은 동쪽지역에서도 천연가스를 도입하고 있는데 바로 LNG다. 즉 남쪽과 서쪽 지역으로부터 육상 파이프라인을 통해 많은 양의 천연가스를 들여오고 있지만 중국의 실제 수요는 산업과 경제가 집중되어 있는 동부 해안지역이기 때문에 해상으로 LNG도 도입하고 있는 것이다. 산업의 중심지인 이 지역의 수요를 맞추기 위해 LNG 수입이 늘어나고 있어 중국 전체 천연가스 소비의 절반 가까이를 LNG가 담당하고 있다.

일본과 우리나라에 이어 중국은 세계 3위의 LNG 수입국이다. 전체 천연가스 도입으로 보면 단연 세계 1위이지만 절반 이상을 파이프라인으로 수입하고 있어 LNG 도입량은 일본과 한국에 밀리는 것이다. 그러나 증가폭은 단연 압도적이다. 2016년 중국의 LNG 수입량은 전년 대비 33% 증가한 2,600만 톤을 기록했다. 늘어나는 LNG 수요를 위해 동부 연안에 도입 설비를 계속 짓고 있는데 2014년 말까지 처리용량 연간 3,950만 톤의 설비를 구축했고 추가로 2,800만 톤의 플랜트를 건설 중에 있어 도입물량은 더 늘어날 것으로 보인다.

중국은 호주, 카타르, 말레이시아, 인도네시아 등지에서 LNG를 들여오고 있다. 이외에도 러시아로부터도 소량의 LNG를 도입하고 있으며, 미국에서도 2016년부터 도입하고 있다.

미국, 캐나다에 이어 셰일가스 생산하는 세 번째 나라

천연가스 공급을 위한 중국의 또 하나의 선택은 자체 셰일가스 개발이다. 중국은 세계 최대의 셰일가스 매장량을 자랑하고 있다. 미국 EIA 추정에 따르면 중국의 셰일가스 매장량은 32tcm로 18tcm의 미국의 두 배에 가깝다. 불투명한 추정치는 차치하고라도 중국의 확인된proved 천연가스 매장량은 5.4tcm로 세계 6위다. 여기에 적극적인 탐사를 통해 셰일층이 추가로 발견되면 가채 천연가스 매장량은 더 늘어날 것이다.

중국은 소량이지만 2013년부터 이미 셰일가스를 생산하고 있다. 2016년에는 7.8bcm의 셰일가스를 생산했다. 2011년부터 적극적인 탐사와 개발을 진행하고 있는데 미국과 캐나다를 제외하고는 처음으로 대규모 셰일가스 개발을 시작한 것이다. CNPC, Sinopec, CNOOC 등 중국의 3대 국영 에너지 기업이 모두 개발에 참여하고 있다. 중국 정부는 2020년까지 셰일가스 생산량을 연간 30bcm, 2030년까지 100bcm으로 늘리려고 계획하고 있다.

중국의 셰일가스 개발에 대해 많은 전문가들이 의구심을 제기하고 있지만, 중앙정부가 석탄소비를 줄이기 위한 대안으로 천연가스를 선택한 이상 대규모 셰일가스 생산은 시간문제로 보인다. 중국의 셰일가스가 미국에 비해 3배 정도 깊게 묻혀 있고 지층구조도 까다롭지만 중국 채굴기술의 진보도 예사롭지 않다. 설사 기술이 부족하다 하더라도 중국의 장기인 M&A를 통해 첨단기술을 가진 해외업체를 인수하면 그만이다. 실제로 CNOOC가 2013년 캐나다의 대표적인 셰일개발업체인 넥센Nexen을 151억 달러라는 거금에 인수했고 미국의 셰일유전 지분도 계속 사들이고 있다.

채굴비용이 미국보다 더 들 수도 있겠지만 아시아의 천연가스 가격이 미국보다 훨씬 높기 때문에 큰 문제가 아니다. 중국이 생산한 셰일가스를 미국에 판매할 일이 없기 때문이다. 물 부족이 거론되고 있지만 중국이 어떤 나라인가. 새로운 수도 베이징에 자금성을 지을 목재의 조달을 위해 1,000km가 넘는 인공수로를 만든 나라다. 홍수가 나면 군인들이 몸으로 물길을 막는 인해전술의 나라이자 10대 불가사의인 만리장성의 나라다. 건설에 관한한 중국에서는 불가능이 없어 보인다. 물 부족을 극복하는 인공강우 기술은 중국이 세계 최고다. 결론적으로 중국은 천연가스 시대를 열기 위해 육로를 통한 파이프라인, 해상을 통한 LNG 도입, 그리고 셰일가스 개발이라는 세 가지 방향으로 에너지 정책을 동시에 진행하고 있다.

급증하는 중국의 러시아산 원유 수입

중국은 우리나라와 마찬가지로 오랫동안 중동으로부터 가장 많은 원유를 도입해왔다. 그런데 2016년 러시아가 사우디를 제치고 중국 최대의 원유 수출국이 되었다. 조금씩 증가하던 러시아산 원유가 2015년에는 전년보다 28% 급증하더니 2016년에는 다시 25% 증가해 하루 105만 배럴에 이르렀다. 러시아 원유의 비중은 2011년까지는 7%를 넘지 않았으나 2013년 8.8%로 4위, 2015년에는 11.9%를 차지해 2위를 차지한 후 마침내 2016년에는 13.8%로 1위로 올라섰다.

중국은 장기 공급계약을 통해 러시아 원유를 도입하고 있는데 세 루트를 통해 들여오고 있다. 먼저 북쪽으로 ESPO East Siberian-Pacific Ocean 송유관을 통해 2011년부터 2030년까지 하루 30만 배럴을 도입하고 있다. 이 라인은 서시베리아 유전지대를 출발하여 동남쪽 끝인 블라디보스토크까지 이어지는데 지선을 통해 중국의 동북지역에 있는 다칭 유전으로 연결되어 있다. 중국은 이 계약을 위해 러시아에 250억 달러의 차관을 제공했다. 또 다른 장기계약을 통해 이 라인으로 2013년부터 2038년까지

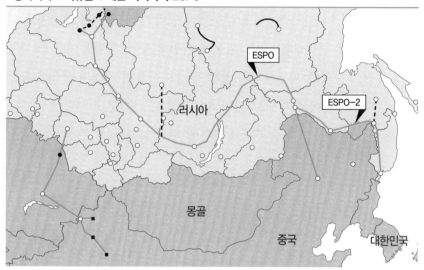

동아시아로 석유를 보내는 러시아의 ESPO

ESPO

ESPO-2

러시아

몽골

중국

대한민국

자료: Russian Petroleum Investor

추가적으로 총 26억 4,000만 배럴을 공급받기로 했다.

서쪽으로는 두 나라의 국경이 맞닿은 부분이 거의 없어 카자흐스탄과 연결된 파이프라인을 경유하여 2014년부터 2018년까지 하루 14만 배럴이 공급되는데 이 계약은 연장되었다. 카자흐스탄이 러시아로부터 원유를 받고 대신 같은 물량을 중국에 보내는 스왑방식을 통해 공급하고 있다. 동쪽 끝으로는 러시아 블라디보스토크로 이어질 ESPO-2 송유관 확장 공사가 진행 중인데 이 라인을 통해 2020년부터 하루 18만 배럴의 러시아 원유가 코즈미노항에서 유조선에 실려 톈진으로 공급되고 있다. 톈진에는 중국의 CNPC와 러시아의 국영 로스네프트가 투자하는 양국 최초의 합작 정제공장이 건설되어 러시아 원유가 이 공장으로 투입되고 있다.

중국이 파이프라인을 통해 러시아산 원유 도입을 늘리는 것은 미국이 장악한 해상루트에 대한 의존을 줄이기 위해서이다. 영유권 분쟁지역인 남중국해에서 미군과 충돌이 발생하거나 말라카 해협을 미 해군이 봉쇄할 경우 중국은 큰 에너지 안보 위협에 직면할 수 있기 때문이다. 그동안 다칭 유전이 중국 동북부지역의 철강 등 중화학공업 지대의 석유 수요를 맞추었지만 생산이 고갈되고 있어 지리적으로 가까운 러시아에서 수입을 늘리는 것이다. 또한 중국의 동북부에 주로 위치한 '차 주전자' 독립석유업체들도 러시아산 원유를 사들이고 있다.

적대국가인 미국에서도 에너지를 도입하다

중국은 미국의 원유와 천연가스도 수입하고 있는데, 이는 다분히 트럼프 미국 대통령의 에너지 수출 드라이브에 호응하기 위한 것으로 보인다. 미국은 2015년 12월 수출 규제를 푼 후 원유 수출량을 늘리고 있는데 2016년 하루 평균 52만 배럴을 수출하였다. 이 중 중국이 2만 3,000배럴을 수입해 전체 물량의 58%를 받아간 캐나다와 3만 8,000배럴을 수입한 네덜란드, 베네수엘라 인근 큐라소의 3만 배럴에 이은 4위를 기록했다. 캐나다는 수출 금지의 유일한 예외국가이자 이웃이고 네덜란드는 석유 허브로 가는 물량이며 큐라소는 미국과 거리가 멀지 않은 베네수엘라가 받는 물량임을 감안하면 실제 중국이 제일 많은 물량을 받은 셈이다. 미국은 2017년 2월에 가장 많은 111만 배럴의 원유를 수출하였다. 그 당시 중국이 28만 8,000배럴을 수입해 캐나다를 제치고 미국의 최대 원유 수입국이 되었다.[05]

게다가 2017년 3월 중국은 처음으로 미국의 전략비축유 55만 배럴을 구매했다. 미국 트럼프 행정부는 국가재정의 보충과 전략비축기지를 현대화할 목적으로 전략비축유의 절반 가량을 2027년까지 매각할 계획인데, 걸프만 인근 4곳의 비축기지에 저장된 미 전략비축유는 2억 6,000만 배럴의 경질유, 4억 3,000만 배럴의 중질유 등 총 6억 9,000만 배럴로 전 세계에서 가장 큰 규모다. 1차로 원유 800만 배럴에 대한 매각입찰이 진행돼 이 중 55만 배럴이 중국의 국영 페트로차이나에 낙찰된 것이다. 중국은 미국산 원유 도입을 늘릴 것으로 보이는데 황 함유가 적고 가벼운 미국산 원유에서 가격이 좋은 휘발유들을 더 많이 뽑아낼 수 있는 데다가 경질유가 시장에 많이 풀리면서 가격이 떨어졌기 때문이다. 중국은 이글포드에서 생산된 경질유인 셰일오일도 도입했고 알래스카산 중질유인 ANS유도 구매했다.

중국은 LNG 형태로 2016년부터 미국에서 천연가스도 도입하고 있다. 스팟 물량이 아닌 국영석유가스기업CNOOC이 장기계약으로 구매하는 것인데, 확장된 파나마 운하를 통해 운송비 절감효과를 보고 있다. 중국의 민영가스업체들은 현물시장에서 미국산 LNG 구매를 시도하고 있다. 트럼프 행정부는 중국에게 미국산 LNG 도입을 늘려 무역역조를 줄이라고 공공연히 압박하고 있다. 중국은 에너지원이 석탄에서 천연가스로 빠르게 이동함에 따라 미국산 LNG 구매를 늘릴 것으로 보인다.

중국은 사활이 걸린 에너지 안보를 강화하는 방편으로 미국산 에너지의 도입을 늘리고 있다. 원유 자급률이 점점 떨어져 조만간 30% 아래로 하락할 것으로 예측되기 때문에 원유 수입선 다변화를 위해 미국산 원유 도입을 늘리고 있는 것이다. 게다가 미국산 원유를 도입하면 안정적인 에너지 루트 확보라는 목표도 쉽게 달성할 수 있다. 미국은 미국대로 중국이 더 많은 원유와 천연가스를 수입해주기를 원하고 있다. 넘쳐나는 경질원유를 받쳐줄 정유시설이 부족하기 때문에 물량을 바깥으로 내보낼 수밖에 없고 기체 상태인 천연가스도 잉여 생산분은 즉시 수출해야 한다. 미국과 중국 간에 국제문제에 대한 주도권과 남중국해 문제 등 현안을 두고 팽팽한 긴장이 유지되고 있지만 에너지 부문만큼은 협력의 기운도 함께 흐르고 있는 것이다. 중국의 에너지 수요가 계속 증가함에 따라 중국이 최대 미국산 에너지 수입국이 될 날도 머지않았다. 마치 중국이 미국 국채의 최대 보유국인 것처럼….

원자력굴기 : 치명적 방사성 물질의 유입 우려

심각한 대기오염을 줄이면서 전력수요도 맞추기 위한 중국의 또 다른 선택은 원자력 발전이다. 중국은 이미 세계 4위의 원전 보유국이다. 특히 2015년 이후 14기의 원전을 신규 가동하면서 현재 36기에 달해 99기의 미국, 58기의 프랑스, 42기의 일본을 바짝 쫓고 있고 그 뒤를 35기를 가진 러시아가 뒤따르고 있다. 추가적으로 19기의 원전이 건설되고 있어 2021년이 되면 곧 총 56기를 갖게 된다. 여기에 머무르지 않고 중국은 2030년까지 총 100기, 2050년까지 200기의 원전을 보유할 계획을 세우고 있다. 매년 6~8기의 새로운 원전이 생긴다는 의미다. 원전 세계 최다국인 미국을 누르는 것은 시간 문제다. 중국이 짓고 있는 원전 중 가장 큰 것은 '타이산'으로 1기당 용량이 1.75GW에 이른다. 우리나라의 최신 버전인 신고리의 1.4GW보다 훨씬 크다.

그러나 중국의 원자력 발전 비중은 35GW로 2%에 머무르고 있다. 실제 발전도 2016년에 3.6%였다. '전력부문 13.5계획'에 따르면 2020년까지 원전 설비를 58GW로 늘려 비중을 31%로 확대한다는 것이다. 중국의 원전은 광둥성 등 동부 연안지에 몰려 있어 우리나라를 긴장시키고 있다.

편서풍을 타고 우리나라로 넘어오는 오염물질을 줄이기 위해 중국이 수백 개의 원전을 짓겠다고 하는 것은 말릴 수는 없으나 대기오염보

다 더 무서운 방사성 물질이 우리나라로 들이닥칠까 걱정된다. 동부해
안에 밀집해 있는 원전에 사고가 터지면 바로 우리나라에 직접적 영향을
준다. 중국의 원전건설 기술도 미심쩍지만 원자력 안전규정도 믿기 힘들
다. 중국으로부터 이미 많은 양의 오염물질을 받고 있는 상황에서 치명
적인 방사성 물질의 유입은 생각하기도 싫은 재앙이다. 원전의 안전을
보장할 수 있는 동북아시아 차원의 거버넌스가 필요한 때다. 에너지는
바람과 파도를 타고 국경을 넘는 이슈임을 또 한 번 절감하게 된다.

▷ 2 에너지 확보를 위한 일대일로

일대일로, 미국 셰일혁명의 지정학적 반작용

중국 시진핑 국가주석의 메가 프로젝트인 '일대일로One Belt, One Road'
건설은 미국 셰일혁명에서 비롯된 것이다. 2000년대 중반 셰일가스 생산
이 시작되고 2010년 즈음부터 미국 각지의 셰일유전에서 원유와 천연가
스가 쏟아져 나왔다. 미국이 그토록 원하던 에너지 독립이 현실로 다가
왔다. 더 이상 중동 원유에 의존할 필요가 없어진 것이다. 중동에서 수입
하던 원유를 크게 줄였다. 따라서 중동 원유 확보라는 목적에 맞게 짜여
진 미국의 대외정책도 바뀌었다. 중동에 엄청난 돈을 쏟아 넣을 이유도,
군사적으로 개입할 이유도 없어졌다. 대신 떠오르는 새로운 적대세력 중
국이 미국 대외정책의 중심이 되었다. 그래서 나온 것이 2011년 '아시아
중시정책pivot to Asia'이다.

중국은 미국의 아시아 중시정책이 자신을 겨냥한 것이라는 것을 너무
나 잘 알고 있었다. 중국의 대응책은 두 가지다. 하나는 러시아와 손을 잡

는 것이다. 2011년 이후 중국과 러시아가 급속히 가까워진 것은 이 때문이다. 한때 적대세력이었던 중국과 러시아가 협력할 수 있는 것은 에너지라는 고리가 있었기 때문이다. 셰일혁명으로 인한 유가 폭락으로 경제적으로 어려움에 처한 러시아가 '신동방정책'이라는 기치 아래 중국이라는 거대시장을 얻기 위해 발 벗고 나선 것이다. 에너지를 팔아야 하는 러시아와 에너지를 사야 하는 중국이 아시아로 돌아온 미국에 공동대응이라는 목표로 급속히 가까워진 것이다.

미국에 대항하는 중국의 두 번째 방안이 바로 일대일로 전략이다. 막강한 해군력을 동원해 중국을 봉쇄하려는 미국에 맞서 해상과 육지의 루트를 통해 아시아 아프리카 및 유럽과 연결을 꾀하는 것이다. '일대一帶'는 중국에서 중앙아시아와 중동을 거쳐 유럽으로 이어지는 과거 당나라의 육상 실크로드 경제벨트의 부활을 의미하고, '일로一路'는 명나라 때 정화鄭和의 대선단이 남중국해와 인도양을 거쳐 아프리카까지 이었던 해상 실크로드의 부활을 꾀한 것이다. 과거 세상의 중심이었던 당나라(육상)와 명나라(해상)의 실크로드 영광을 재현하고 중화민족의 위대한 부흥이란 시진핑 주석의 '중국의 꿈中國夢'을 실현하겠다는 목표다.

그런데 신실크로드 전략New Silk Road Initiative을 먼저 추진한 측은 미국이었다. 2001년 9.11테러 이후 아프가니스탄과 파키스탄을 중심으로 남아시아와 중앙아시아를 연결하는 선상에 있는 국가들의 경제적 재건을 추진하기 위해 내세운 구상이었지만 흐지부지되었고, 중국이 그 구상을 크게 확대하여 실행하고 있다.

미국의 아시아 중시정책이 나온 지 2년 후인 2013년 9월 시진핑 주석은 중앙아시아와 동남아시아 국가 순방을 떠났다. 일대일로 핵심 대상국들에게 그의 계획을 설명하기 위함이었다. 일대일로의 공식적 발표는 육상 실크로드의 핵심인 카자흐스탄에서 진행했다. 9월 7일 나자르바예브 대학 강연에서 그는 "세계의 기회를 중국의 기회로 바꾸고, 중국의 기회를 세계의 기회로 바꾼다"며 포부를 밝혔다. 인도네시아 방문에서는 해상 실크로드의 구상을 구체화했다. 국회 연설에서 중국과 아세안 국가들이 해양협력을 통해 '21세기 해상 실크로드'를 공동 건설하자고 제안하고, 인도네시아 유도요노 대통령과의 정상회담에서는 아시아인프라투자은행AIIB 설립을 제안했다. 2014년 11월 APEC 정상회의에서 시진핑 주석은 AIIB와 400억 달러 규모의 '실크로드 기금'을 설립하겠다고 발표했다. 중국의 주도로 설립한 AIIB는 일대일로 계획 실현에 필요한 자금조달 수단이자 일대일로 대상국들의 인프라 건설을 지원하기 위한 것이었다. 시 주석과 리커창 총리는 일대일로 구상을 홍보하기 위해 2014년에만 30개 나라를 방문했고 AIIB에는 57개국이 창립회원국으로 참여했다. 중국이 일대일로와 AIIB 구상을 내놓자 미국은 당혹감을 감추지 못했다. 세계경제를 주도하던 미국이 역할을 잃는 순간으로 기억될지도 모른다는 우려가 나왔다.

에너지 확보와 수송을 위한 메가 프로젝트가 시작되다

일대일로를 통해 연결된 국가들은 러시아와 몽골을 포함한 중앙아시아 5개국, 동남아시아 11개국, 남아시아 8개국, 중동 및 유럽 16개국, 서아시아 및 북아프리카 16개국, 독립국가연합 6개국 등 총 65개국이 망라되어 있다. 전 세계 인구의 60%가 넘는 44억 명이고 글로벌 GDP의 30%에 달하는 2조 1,000억 달러에 해당한다.

이 느슨하고 방대한 권역을 단단하게 엮을 고리는 바로 에너지다. 에너지를 수출하는 나라와 수입하는 나라를 서로 촘촘히 연결하여 협력을 다지자는 것이다. 일대일로 대상국가의 원유 가채 매장량은 중국을 제외하고도 2,100억 톤, 즉 1조 5,000억 배럴이 넘어 전 세계의 70%에 달하고 천연가스의 가체 매장량은 213tcm으로 전 세계의 72%를 차지하고 있다. 세계 최대 에너지 소비국인 중국을 이 나라들과 에너지를 중심으로 연결하자는 것이다. 이 나라들에게도 중국은 없어서는 안 될 시장이다. 중국은 일대일로 대상국으로부터 중국 전체 원유 수입량의 66%와 천연가스의 86%를 조달하고 있다. 중국에게 일대일로는 에너지 확보의 사활이 걸린 프로젝트다.

에너지원 확보만큼이나 중요한 것은 안전한 수송이다. 지정학적으로 취약한 중국이 일대일로 계획을 통해 촘촘한 연결망을 구축해 운송 리스크를 최소화하자는 것이다. 중국의 에너지 수송은 동서남북에서 육로와 해로를 통해 이루어지고 있다. 먼저 천연가스는 서쪽의 투르크메니스탄과 카자흐스탄 등 중앙아시아와 연결된 파이프라인으로 공급받고 있다. 북쪽으로는 러시아와 파이프라인이 연결되며, 남쪽으로는 미얀마의 가스전에서 파이프라인이 연결되어 있고 수요가 집중된 동부해안 지역에는 LNG로 들여오고 있다.

원유는 러시아 ESPO 파이프라인을 제외한 대부분이 해상운송을 통해 중국의 동해 연안으로 수입되고 있는데 미국 해군이 장악하고 있는 말라카 해협을 통과해야 한다. 중동에서 들여오는 LNG도 같은 말라카 해협을 지나는 해상루트이고 석탄도 러시아산 등 일부를 제외하곤 모두 해상운송이다. 미국이 마음만 먹으면 말라카 해협을 봉쇄할 수 있고 이렇게 되면 중국은 심각한 에너지 공급 위기에 직면하게 된다. 따라서 안전한 해상루트 확보는 중국에게 사활이 걸린 문제다. 게다가 미국이 중국을 견제하기 위한 아시아 중시정책을 내놓았으니 중국은 일대일로 전략을 통해 다양한 에너지 수송로를 확보하여 이를 뚫고자 하는 것이다.

일대일로의 핵심 파트너는 파키스탄

일대일로 구상의 핵심 파트너는 파키스탄이다. 육상루트인 '일대'와 해상루트인 '일로'의 사이에 위치해 지정학적 요충지로 매우 중요한 파키스탄을 미국의 주요 안보 파트너인 인도를 견제하기 위한 핵심 협력국가로 정한 것이다. 시진핑 주석은 2015년 4월 일대일로의 세부계획을 발표한 후 첫 번째 국가로 파키스탄을 방문하여 에너지 분야에서 150억 달러에 달하는 협정을 체결하였다. 또한 파키스탄의 동북쪽 인도와 접경지역에 수력발전소 건설을 실크기금의 첫 번째 투자프로젝트로 추진하였다. 파키스탄은 중국의 최초 원전 수출국가로 2011년까지 2기의 원자로를 건설했고 2016~2017년에도 2기의 원자로를 지었다. 추가적으로 2기의 원자로를 2020년 가동 목표로 건설 중에 있는데 위치는 인도양 연안과 중부 내륙지역이다.

중국이 파키스탄에 공을 들이는 가장 큰 이유는 '경제회랑China-Pakistan Economic Corridor'이다. 이 프로젝트는 인도양의 전략적 요충지인 과다르항에서 파키스탄을 관통하여 중국의 서부 신장의 카스 지역까지 연결되는 3,000km의 원유와 가스 파이프라인을 건설하는 것이다. 여기에 도로와 철도도 같이 연결하여 중국이 인도양으로 직접 통할 수 있는 길을 여는 것이다. 이 프로젝트를 위해 중국은 540억 달러 규모의 투자를 진행 중이다.

이 파이프라인이 완공되면 중국은 사우디 등 중동에서 수입한 원유를 인도의 남쪽바다와 말라카 해협을 통과하지 않고, 과다르항에서 파이프라인으로 직접 중국의 서부까지 운송할 수 있다. 벵골만의 미얀마에서 중국의 쿤밍까지 연결된 송유관과 함께 중국의 에너지 수송 리스크가 크게 완화되는 것이다. 이 프로젝트의 일환으로 중국은 과다르항 인근에 20억 달러를 들여 석탄화력발전소 2기를 지어주고 있는데, 완공되면 파키스탄의 전력난 해소에 큰 도움이 될 것이다.

중국은 과다르항 개발을 위해 오래전부터 공을 들였다. 양국은 2001년 과다르항 개발에 합의했다. 전체 공사비의 80% 가량을 중국이 부담하고 별도의 기술 지원도 아끼지 않았다. 40년간의 운영권도 확보했다. 그런데 사실 중국은 과다르항을 아예 사버리려고 했다. 여기에 군함 기착기지를 건설하는 등 대규모 군사항으로 변모시키려 했다. 그런데 과다르항이 위치한 발루치스탄주의 주민들이 극렬한 반대시위를 펼쳤다. 가스관을 습격하고 철도를 파괴했다. 발루치스탄주의 독립이라는 정치 구호도 나왔다. 미국 의회에서는 이를 지지하는 목소리도 나왔다. 중국이 과다르항을 발판으로 이 지역에서 미국의 영향력을 잠식할 것을 우려한 미국이 개입했다는 의혹도 있었다. 중국은 한발 물러서 매매가 아닌 임차 방식으로 과다르항을 개발했고 2단계 공사가 진행 중이다. 현재 중국은 아프리카 지부티에 해외 군사기지를 가지고 있다. 지부티는 수에즈 운하의 길목인 홍해의 입구에 있어 지정학적으로 핵심지역이다. 중국의 군사기지와 가까운 곳에 미군의 군사기지도 건설돼 있다.

'갇힌 나라' 인도의 선택

인도를 여행하면서 '갇힌 나라'라는 느낌을 많이 받았다. 북서쪽은 힌두쿠시 산맥, 북동쪽은 히말라야 산맥으로 막혀 있고 아래로는 인도양이다. 이런 지형적 특징 때문에 외세로부터의 공격은 드물었지만 스스로도 밖으로 나가지 못하고 갇혀버렸다. 인도는 종교와 관습으로도 갇혀 있다. 인도를 규정하는 힌두교는 사실 종교라기보다는 관습에 가깝다. 종교에서 이야기하는 창시자도 없고 내세도 없다. 힌두쿠시 산맥을 넘어온 아리안족들이 현지인들을 통제하기 위해 신분차별 여성차별 등 수많은 제도를 만들었는데 이것이 오랜 세월을 지나면서 관습이 되고 샤머니즘적 토속신앙과 결부되어 힌두교의 형태가 된 것으로 보인다. 그런 관습들이 수천 년이 지난 21세기까지도 인도 사람들의 모든 것을 규정하고 있다. 신분과 여성에 대한 공공연한 차별을 강요하는 힌두교이지만 사원에는 차별의 대상인 하층민들과 여성들로 항상 붐비는 아이러니도 있다.

인도는 오염에도 갇혀 있다. 웬만한 비위가 아니면 인도를 여행하기가 쉽지 않다. 거리마다 쓰레기가 가득하고 수많은 동물들이 그 속을 누빈다. 공중 화장실도 없어서 행인들은 자연스럽게 길가에서 해결한다. 땅만 그런 것이 아니다. 인도는 세계 최악의 대기오염 국가란 불명예를 안고 있다. 매년 100만 명 이상이 미세먼지로 조기 사망한다. 길거리는 마스크가 없으면 돌아다니기가 불가능하다. 비행기에서 내려다보면 도시는 온통 누런색 오염물질에 갇혀 있다.

인도는 또 파키스탄에 갇혀 있다. 모든 판단의 잣대는 국경을 나누는 숙적 파키스탄으로부터 시작한다. 힌두교인 인도는 이슬람교인 파키스탄과의 전쟁을 숙명으로 여긴다. 원래 인도 땅이었기 때문에 다시 찾아야 한다는 것이다. 그들의 건국 영웅 마하트마 간디도 파키스탄이 인도에서 분리되는 과정에서 무슬림들에게 호의를 베풀었다는 이유로 힌두교 근본주의자에게 암살당했다. 대형 힌두교 사원에는 무슬림들의 테러를 이유로 공항보다 더 '빡센' 검문검색이 이루어진다. 모디 총리의 인기 비법도 파키스탄과의 전쟁불사 발언이다. 양측 다 질 수 없는 전쟁을 준비하면서 인도와 파키스탄 모두 핵무기 보유국이 되었다. 서로가 서로에 갇히면서 양국 모두 가장 낙후된 나라가 되고 만 것이다.

인도에게 파키스탄의 친구는 나의 적이고 파키스탄의 적은 나의 친구이다. 따라서 파키스탄과 친한 중국은 인도의 적이고, 중국의 적인 미국은 인도의 친구이다. 파키스탄과 핵과 미사일 기술을 거래하며 친하게 지내는 북한은 인도의 적이며 북한의 적인 한국은 인도의 친구다. 우리나라가 중국과 불편한 관계이기 때문에 더 우호적이기도 하다.

인도에는 반反중국 정서가 팽배하다. 국경을 두고 전쟁을 한 적도 있고 지금도 일촉즉발의 긴장이 흐른다. 1962년 국경분쟁 이후 국경을 확정하지 못하고 있다. 1996년 임시방편으로 3,000여 km의 실질통제선LAC을 설정하여 사실상 국경으로 운영하고 있지만, 세계 최장의 미확정 국경은 언제든 전쟁의 도화선이 될 수 있다. 중국의 일대일로 전략, 투 오션 전략의 가장 큰 고민은 인도다. 인도양으로 이어지는 바닷길의 길목에 버티고 서있는 인도가 여간 부담스럽지 않다. 그래서 파키스탄을 통한 우회통로를 찾는 한편, 네팔과 스리랑카에 대대적인 경제적 선물보따리를 풀어 인도를 고립시키려 하고 있다.

인도의 선택은 당연하게도 미국이다. 파키스탄과 그 우방인 중국을 막기 위해 그들의 적인 미국의 힘을 빌리는 것이다. 미국도 중국의 확장을 막기 위해 인도의 역할이 중요하다. 미국이 인도에 군사적, 경제적 지원을 아끼지 않고 있다. 인도에 드론 등 첨단무기도 판매하고 있다. 미국은 중국의 인도양 진출의 통로인 벵골만에서 인도와 일본까지 참여하는 군사훈련도 강화되고 있다. 향후 이 지역 지정학의 핵심은 파키스탄과 러시아를 배후에 둔 중국의 확장을 인도, 일본과 연대한 미국이 어떻게 막느냐가 될 것이다.

모디 총리의 에너지 확보를 위한 중앙아시아 연결정책

중국도 그렇지만 인도도 인구가 정확히 몇 명인지는 아무도 모른다. 거리에서 구걸하며 떠도는 수많은 어린아이들이 통계에 잡혀 있지 않을 확률이 높다. 그러나 분명한 것은 인도의 인구가 곧 중국을 누른다는 점이다. 유엔경제사회국의 2017년 세계인구전망보고서에 따르면 현재 중국 인구는 14억 1,000만 명이고 인도가 13억 3,900만 명이다. 중국이 세계 인구의 19%를 차지하고 인도가 18%이다. 전 세계 인구 3명 중 한 명이 중국 또는 인도 사람인 셈이다.

인도의 인구는 남아를 선호하는 힌두교의 관습과 다산을 장려하는 이슬람의 영향으로 계속 늘고 있다. 인도의 출산율은 2.48명으로 중국의 1.55명보다 1명이나 많다. 중국을 추월하는 것은 시간 문제다. 유엔경제사회국은 2024년이 되면 인도 인구는 14억 3,800만 명으로 증가해 중국의 14억 3,600만 명을 앞지를 것으로 전망했다. 이후에도 인도의 인구는 계속 증가해 2030년엔 15억 명, 2050년에는 16억 6,000만 명을 기록하여 중국과의 격차를 벌리며 부동의 인구 1위 국가를 유지할 것이란 전망이다. 반면 중국은 2030년 정점을 찍은 뒤 인구가 줄어들 것으로 전망된다. 엄청난 인구를 바탕으로 2030년이면 인도가 미국, 중국에 이어 세계 3위의 경제대국이 될 것이라는 전망이 많다.

인도의 인구는 계속 늘어 중국을 앞설 것이지만 국토의 면적은 늘릴 수가 없다. 인도의 크기는 중국의 3분의 1이다. 그 속에 중국보다 많은 인구가 모여 살아야 하니 인구밀도가 높고 도시화가 심화될 수밖에 없다. 인도의 인구밀도는 도착하면 바로 몸으로 느낄 수 있다. 무엇을 상상하던 그 이상의 혼잡함을 보여준다. 그 거대한 인구와 도시에 가장 필요한 것은 말할 것도 없이 식량과 에너지다.

인도에는 부족한 것투성이지만 그중 가장 심한 것이 에너지다. 세계 3위의 에너지 소비 대국이지만 1인당 에너지 소비는 미국의 10분의 1, 중국의 3분의 1에도 미치지 못한다. 아직 소똥과 나무가 주 연료다. 도심에서 조금만 벗어나면 집집마다 대문 앞에 소똥을 널어놓고 말리고, 동그랗게 쌓아올려 길가에서 파는 모습도 쉽게 볼 수 있다. 그나마 석탄이 많이 생산되어 전기 생산의 70%를 담당하고 있지만 24시간 전기가 안정적으로 공급되고 있는 지역은 모디 총리를 배출한 구자라트주밖에 없다. 많은 사람들이 전기 없이 지내고 있다.

석탄은 인도 에너지 공급의 45.8%를 차지하고 있어 22.4%의 석유와 5.2%인 천연가스를 압도하고 있다. 석탄 매장량이 세계 5위로 상대적으로 쉽고 싸게 공급할 수 있어 석탄의 비중이 점점 늘어나고 있다. 온실가스 배출과 대기오염도 따라서 심각해지고 있다. 원유와 천연가스도 생산하고 있지만 소비를 충당하기에는 턱없이 부족해 많은 양을 수입에 의존하고 있다. 석유 수요는 세계 4위이고 이를 맞추기 위해 세계에서 3번째로 많은 원유를 수입하고 있다. 인도가 최근 빠르게 성장한 것은 저유가의 덕택이 크다. 국제 유가가 배럴당 10달러 떨어질 때마다 인도의 무역적자는 0.5%, 재정적자는 GDP의 0.1%씩 줄어든다는 통계도 있다. 빠른 속도로 늘어나는 인구와 연 8%에 달하는 경제성장을 지탱하기 위해서 인도는 에너지 공급에 사활을 걸고 있다.

모디 총리는 에너지 확보를 위해 '중앙아시아 연결정책Connecting Central Asia Policy'을 추진하고 있는데 이 전략의 핵심은 이란과 중앙아시아, 러시아를 통해 대량의 천연가스를 도입하는 것이다. 러시아와는 시베리아에서 인도에 이르는 총 길이 4,500~6,000km의 가스 파이프라인 건설의 타당성 조사를 진행하고 있다. 이와 함께 투르크메니스탄에서 출발하여 아프가니스탄을 통해 파키스탄, 인도에 이르는 'TAPI 파이프라인' 프로젝트는 2020년 가동을 목표로 2015년 12월 공사를 시작했다. 인도와 파키스탄은 둘도 없는 앙숙이지만 에너지를 위해서는 협력을 이루는 또 다른 사례이다. 투르크메니스탄은 러시아와 중국에 대한 높은 의존도를 줄이기 위해 인도에 대한 수출을 추진하고 있다.

천연가스는 인도 에너지 정책의 핵심에 있다. 에너지 믹스에서 천연가스가 차지하는 비중을 5%에서 향후 3~5년 내에 15%까지 증대시킬 계획이다. 천연가스는 2004년까지 자체 생산으로 충당했으나 소비가 급증하여 현재는 세계 4위의 LNG 도입국이다. LNG 수입 물량도 매년 5,000만 톤씩 늘리기도 했다. 천연가스의 도입을 늘려 발전에서는 석탄을 대체하고 수송에서는 석유를 대체할 계획이다. 버스와 오토릭샤 또는 '툭툭이'로 불리는 삼륜차는 천연가스 차량으로 바꾸었으며 전기로 구동하는 오토릭샤의 도입도 확대하고 있다. 빠른 경제성장을 뒷받침하기 위해 에너지 공급을 단단히 확보하고 동시에 최악의 오염 국가라는 오명도 벗고자 하는 모디 총리의 야심찬 계획의 중심엔 천연가스가 있다.

중국 자본이 접수 중인 '인도양의 눈물' 스리랑카

중국은 적대국가 인도를 우회해 인도양을 진출하기 위해 '인도양의 눈물' 스리랑카에도 엄청난 물량공세를 퍼붓고 있다. 중국이 스리랑카에 큰 공을 들이는 것은 호르무즈를 빠져나온 유조선이 지나가는 길목이기 때문이기도 하다. 수도 콜롬보에 들어서고 있는 새로운 대규모 건물들은 대부분 중국 자본으로 짓는 것이다. 시내 가운데 있는 최고급 호텔도 중국이 운영하고 있고 항만 공사도 진행 중이다. 130억 달러라는 어마어마한 돈을 들여 콜롬보 해안을 매립하여 모나코보다 더 큰 신도시를 건설하고 있다.

스리랑카의 남쪽 항구도시 함반토타에는 중국 건설회사가 대규모 항만을 새로 짓고 있다. 돈이 없는 스리랑카의 작은 항구에 엄청나게 많은 돈을 빌려주어 대규모 항만을 짓게 하고 그 부채를 담보로 항만을 실제적으로 통제하려는 전략이다. 결국 스리랑카는 부채의 나라가 되어 버렸다. 국가부채가 640억 달러에 달하는데 국가 수입의 95%는 빚 탕감에 쓰이고 있다. 온통 험준한 산악과 녹차 밭으로 둘러싸여 있는 가난한 나라 스리랑카는 빚을 갚을 여력이 없다. 주민들의 불만도 커지고 시위도 계속되고 있지만 중국 자본에 빠진 스리랑카 정부는 관심이 없다. 정부는 11억 2,000만 달러를 받고 함반토타의 부지와 운영권을 중국에게 99년간 임대했다. 스리랑카 정부는 부채의 덫에서 빠져나가게 해준 중국에 감사한다고 했다.

스리랑카에 대한 중국의 막대한 영향력은 도착하면 바로 알 수 있다. 이웃 인도에서는 거의 볼 수 없는 중국인 관광객들이 상당히 많다. 수많은 서양 배낭족들 사이에 보이는 동양 관광객들은 대부분 중국인들이다. 중국어 표지판도 많고 택시를 타면 당연히 중국에서 왔냐고 물어본다. 한국인이라고 하면 그때서야 중국에 대한 불만을 털어놓기도 한다. 온 나라가 중국에 팔려 나간다는 느낌을 받고 있다고 푸념한다. 지역 언론에서도 중국의 식민지로 전락하고 있다고 비난한다. 조용한 '실론의 땅' 스리랑카는 점점 중국의 땅이 되어 가고 있다는 느낌을 지울 수 없었다.

스리랑카는 불교 국가지만 힌두교도들이 꽤 있고 이슬람 사원도 적지 않다. 26년이나 지속된 내전이 2009년 끝나긴 했지만 북쪽 타밀 지역 등은 아직 분쟁이 남아 있다. 갈등의 요소는 산재해 있지만 스리랑카 사람들은 전쟁의 고통을 겪었기에 현명하게 극복하고 있다. 스리랑카 사람들은 뜻밖에도 영어가 능숙하다. 인도에서는 호텔에서도 잘 통하지 않던 영어를 스리랑카에서는 작은 시장의 과일 행상들도 유창하게 사용한다. 거리도 인도와는 비교도 안 될 정도로 깨끗하고 사람들도 매우 친절하다. 대학생들은 쾌활하고 거리낌이 없다. 싱가포르에 와 있나 싶은 착각이 들 정도다. 국제도시의 여력이 충분한 것이다. 이곳을 중국 자본이 빠르게 접수하고 있다는 생각을 하니 씁쓸했다.

남중국해, 지정학적 공포를 가진 나라 중국의 에너지 통로

세계 분쟁지역을 오랫동안 취재해온 영국의 저명한 저널리스트 팀 마샬은 그의 저서 『지리의 힘Prisoners of Geography』에서 지리라는 렌즈를 통해 세계를 조망했다. 인간의 선택은 산맥과 해양 그리고 콘크리트에 의해 제약받을 수밖에 없기 때문에 지리라는 감옥에 갇힌 '포로prisoner'라고 주장하며 지정학의 중요성을 강조했다. 그는 미국, 중동 등 세계 10개 지역 지리적 요소를 분석했는데 중국에 대해서는 '지정학적 공포geopolitics of fear'가 티베트, 남중국해 등 이웃국가들과의 갈등을 유발한다고 설명했다.

중국은 지정학적 공포를 가진 나라가 맞다. 지도를 보면 그것을 바로 알 수 있다. 지구상에서 지정학적으로 가장 불리한 환경을 가진 나라가 중국이다. 미국 CIA의 『World Factbook』에 의하면 중국의 면적은 960만 ㎢로 미국의 983만㎢보다 약간 작다. 그러나 땅land 넓이는 933만㎢로 미국의 912㎢보다 넓다. 미국에는 한반도 전체를 집어넣고도 남을 오대호가 있기 때문이다. 미국은 국경을 나누는 나라가 만만한 캐나다와 더 만만한 멕시코뿐인데, 중국은 무려 13개국과 국경을 나누고 있다. 몽골과의 국경이 제일 길어 4,630km에 달하고 러시아와는 북동쪽으로 4,133km

와 북서쪽으로 46km 등 두 군데의 국경선이 있다. 북한과의 국경도 1,352km에 달해 꽤 길다.

국경을 맞대는 나라가 많을수록 지정학적으로 복잡할 수밖에 없다. 게다가 이 나라들이 대부분 중국에 적대적이다. 러시아와는 오랜 갈등의 역사가 있고, 몽골은 경제적으로는 중국의 영향력이 크지만 군사적으로는 미국과 함께 하고 있다. 중국과 러시아 사이에서 미국의 군사적 도움으로 줄타기를 하는 것이다. 몽골에는 미군 기지도 있다. 중국의 서쪽으로는 독립을 요구하는 티베트와 신장위구르 자치주 옆으로 이슬람을 공유하는 카자흐스탄 등 일명 '탄' 국가들이 있다. 과거 이슬람을 평정한 오스만 제국의 영향권 아래 있던 나라들이라 중국의 중앙지역과는 종교적·문화적으로 이질적이다. 그 아래로는 숙적 인도가 버티고 있다. 지금 당장 전쟁이 벌어져도 이상할 것이 없는 나라다. 베트남은 중국이 가장 다루기 힘든 나라로, 미국·프랑스와의 전쟁 외에 베트남의 모든 전쟁은 중국과 치른 것이다. 게다가 한 번도 중국에 무릎 꿇은 적이 없다. 지금은 미국과 군사동맹 수준의 관계를 유지하며 한 몸처럼 움직인다. 미얀마는 군사정권 때는 중국과의 관계가 양호했으나 민주화 정부가 들어선 이후로는 소원하다. 중국이 물량공세를 퍼붓지만 미얀마의 환심을 사기에는 역부족이다. 캄보디아는 오바마 대통령이 공을 들여 이미 친미로 돌려세워 놓았다.

1만 4,500km의 해안선에서 바다로 나가면 이에 못지않게 힘든 나라들이 버티고 있다. 동중국해는 전쟁을 치른 타이완이 있고 그 옆에 아시아 최대 라이벌이자 미국의 최대 아시아 동맹인 일본이 버티고 있다. 그 옆으로 한국이 있다. 남중국해는 영유권 분쟁 중인 필리핀이 가로막고 있고 그 아래로 호주가 있다. 그야말로 육지와 바다, 사방팔방이 적으로 둘러싸인 것이다. 그나마 사정이 나은 남중국해가 유일한 통로다. 그래서 중국이 시멘트를 퍼부어 인공섬을 만들어서라도 출구를 찾으려는 것이다. 게다가 수입하는 에너지의 대부분이 남중국해를 통해 들어오기 때문에 중국이 사활을 걸고 있다. 이곳에서 미국과의 한판 승부는 불가피한 일이 되었다.

중국의 미래는 에너지가 결정지을 것이다

중국의 미래는 어떨까? 많은 사람들이 예상하는 대로 곧 미국을 제치고 세계 최대의 경제대국이 될까? 산업혁명 이후 빼앗겼던 세계 넘버 원 자리를 회복할까? 몇 해 전 중국의 경제성장률이 10%까지 상승하자 많은 국내외 전문기관들과 언론이 2020~2025년, 늦어도 2030년이면 중국이 미국의 경제규모를 추월할 것이라고 예측했다. 그러나 최근 전망에는 중국이 미국을 따라잡는 시점이 계속 연기되고 있고 2055년 정도까지 늦춰 잡고 있다. 보다 비관적인 전망은 중국이 영원히 미국을 넘지 못한다는 것이다. 미국의 미래학자로 '21세기 노스트라다무스'로 불리는 조지 프리드먼은 그의 저서 『100년 후Next 100 Years』에서 중국이 2020년에 붕괴할 거라고 예언하고 있다. 투자의 귀재 조지 소로스는 중국 경제의 경착륙을 예측하며 위안화 가치 하락에 베팅하고 있다. 중국의 미래에 대한 예측은 이렇게 극단적이다.

2016년에는 노르웨이 국방부의 군사전문가들이 쓴 『49가지 단서로 예측한 중국의 미래49 Myths about China』에서는 극단적인 전망에서 벗어나 보다 객관적인 분석을 시도했다. 서구사회가 중국에 대해 가지고 있는 편견과 공포에서 벗어나라고 주문하지만 저자들의 결론은 21세기가 중국의 시대가 되지는 않을 것이라는 것이다. 흥미로운 점은 이 책의 추천사를 쓴 앤드루 네이선 미국 컬럼비아대학 교수는 노르웨이가 전 세계에 원유를 수출하는 국가로서 세계의 동향을 면밀히 주시하고 있기 때문에 중국에 대한 정보도 설득력이 있다고 설명했다. 에너지가 그만큼 국제문제에 있어서 중요하다는 의미다.

중국이 미국을 넘을 것인가를 예측하는 중요한 잣대는 역시 에너지다. 에너지로만 보면 중국은 미국을 이길 수 없다. 미국은 셰일혁명으로 에너지 독립을 이루고 산업과 대외정책도 정비하고 있지만 중국은 아직 필요한 에너지의 60% 이상을 수입에 의존해야 한다. 에너지의 안정적인 도입을 위해서는 지정학적 환경이 중요한데 중국은 최악이다. 중국의 '지정학적 공포'가 주변국과의 갈등을 유발해 지정학적 환경을 되레 악화시키고 있다. 반면 미국은 세계에서 제일 좋은 지정학적 환경을 가지고 있다. 미국은 기술의 진전과 혁신을 통해 에너지 전환을 이루어가고 있지만 중국은 아직 석탄 시대에 머물러 있다. 이를 극복하기 위한 중국의 선택은 에너지원은 천연가스이고 수송은 일대일로다. 이것의 성공여부가 중국의 미래를 결정지을 것이다.

04
여전한 에너지 강국 러시아의 도전과 응전

1 도전에 직면하다

장기 저유가로 인한 소련 붕괴의 트라우마

러시아의 국영 가스회사인 가즈프롬의 알렉세이 밀러 회장은 2013년 3월 러시아 언론과의 인터뷰에서 미국의 셰일가스를 '곧 터져버릴 비누거품'이라고 평가 절하했다. 미국의 셰일가스 채굴은 채산성이 맞지 않아 업체들이 곧 도산할 것이며, 에너지에 관한 한 미국은 절대 러시아의 적수가 될 수 없다고 단언했다. 정확히 1년 후인 2014년 3월, 러시아 대통령 고문을 지낸 러시아 국민경제국가행정아카데미RANEPA의 에너지 담당 교수였던 피터 카즈나체프 박사는 경제 전문지 《포브스》 기고문에서 미국 셰일혁명의 성공을 인정했다. 러시아에게는 불행한 일이지만 미국의 셰일혁명은 큰 성과를 내고 있으며 이것이 곧 유럽과 아시아의 힘의 균형도 바꿀 것이라고 말했다. 그가 이렇게 말한 지 3개월도 안되어 유가는 기록적인 폭락을 시작했다.

　자기중심적 낙관주의로 기술의 혁신을 간과한 후과後果는 컸다. 미국 발 셰일혁명은 엄청난 생산 증대를 가져와 2014년 하반기 유가 폭락을 유발했고 가장 큰 피해자는 바로 러시아이다. 유가가 3분의 1토막으로 떨어지자 석유와 천연가스 수출에 전적으로 의존하던 러시아 경제는 속절없이 무너졌다. 루블화 가치는 폭락에 폭락을 이어갔고 외국인 투자자들은 지체 없이 러시아를 떠났다.

　유가 하락의 여파로 러시아의 경제는 2015년 마이너스 3.7%의 성장률을 기록했다. 2016년에는 다소 회복되었지만 여전히 마이너스 0.6%를 기록해 부진의 늪에서 헤어나지 못했다. 국민경제국가행정아카데미 등 경제연구소에서는 유가가 100달러대로 치솟지 않는 한 러시아 경제는 2% 성장도 어렵다고 내다봤다. 그만큼 러시아 경제가 유가에 의존한다는 의미이고 장기 저유가 국면에서 경제회복은 요원하다는 것을 뜻한다.

　러시아 경제는 2000년대 고유가와 브릭스 호황을 타면서 8% 이상의 고속성장을 질주했다. 2008년 글로벌 금융위기 여파로 인한 유가 하락으로 2009년 마이너스 7%까지 급락했던 경제는 2010년 4.5% 성장하는 등 빠른 회복세를 보이다가 2014년 유가급락으로 다시 마이너스 성장에 빠진 것이다. 러시아의 경제규모는 생각만큼 크지 않다. 2017년 추정 GDP가 1조 5,600억 달러로 세계 11위인데 그 바로 아래에 1조 5,000억 달러 규모의 대한민국이 있다. 이전에는 한국이 러시아보다 앞선 때가 많았다. 1인당 GDP는 8,600달러 선으로 3만 달러에 근접한 우리나라보다 한참 모자란다.

　러시아가 우리나라보다 GDP가 작거나 비슷하다는 것은 놀라운 사실이다. 인구는 약 1억 4,500만 명으로 우리나라의 세 배에 가깝다. 유럽에서 아시아 극동까지 걸쳐 있는 영토는 1,700만 ㎢로 세계 1위이다. 10만 ㎢인 우리나라의 170배가 넘는다. 영토의 서쪽 끝에서 동쪽 끝까지는 11시간의 시차가 날 정도이다. 러시아는 그 땅에 엄청난 자원을 가지고 있는 에너지 대국이다. 세계 1, 2위를 다투는 원유와 천연가스 생산국이고, 석탄 등 다른 천연자원도 몇 손가락 안에 꼽히고 있다. 탐사가 이루어지지 않은 곳엔 얼마나 많은 자원이 있는지조차 모른다. 그런 엄청난 나라와 기름 한 방울 나지 않는 우리나라가 어깨를 나란히 하다니, 대한민국의 경제성장이 새삼 놀라울 따름이다. 동시에 가만히 앉아서 원유를 팔아 손쉽게 수익을 챙기다 보니 경제의 다른 부분은 낙후되어 있는 자원의 저주이기도 하다. 에너지에 '몰빵'하면서도 불과 1년 후 자신들을 덮칠 에너지 시장의 변화를 예측하지 못한 것이다. 1980년대 장기 저유가로 인한 소련 붕괴의 트라우마가 러시아를 엄습하고 있다.

에너지라는 단일 품목, 유럽이라는 단일 시장

러시아가 유가 폭락으로 가장 큰 타격을 받은 나라가 된 이유는 그만큼 에너지 수출에 대한 의존이 크기 때문이다. 석유와 천연가스 부문이 정부 재정수입에서 차지하는 비중이 늘 50%를 상회했다. 그 비중이 2016년 38%를 기록해 유가 폭락 전보다 많이 낮아졌지만 여전히 높은 수치이다. 수출에서 에너지가 차지하는 비중이 2015년 63%, 2016년엔 57%를 기록했는데 유가가 폭락하기 전인 2013년에는 71%까지 올라갔었다. 2013년의 수출 중 33%가 원유, 14%가 천연가스, 21%가 석유제품이었다. 게다가 에너지 수출의 대부분이 유럽으로 향한다. 특히 파이프라인을 통해 유럽으로 판매하는 천연가스는 총 수출의 70~80%에 육박할 정도이다. 나머지는 주로 과거 소비에트연방이었던 CIS(독립국가연합)로 수출된다.

결국 중국과 아시아로 수출되는 20% 정도의 물량을 제외하면 천연가스 판매의 거의 전량이 유럽 쪽에서 이루어진다.

러시아 경제는 에너지라는 한 품목의 수출과 유럽이라는 단일 시장 one product, one market에 절대적으로 의존하고 있어서 유가가 하락하거나 유럽시장이 불안정해지면 큰 타격을 받을 수밖에 없는 구조이다. 그런데 2014년 하반기 이후 유가가 반 토막 나서 수출 품목인 에너지 수출액이 급감한 데다가 2014년 초 우크라이나 사태로 미국과 EU로부터 경제제재를 받고 있어서 유럽이라는 최대 시장마저 흔들리고 있다. 유가가 떨어지자 루블화가 폭락하고 물가는 폭등했다.

사실 루블화의 평가절하는 러시아가 의도한 측면이 크다. 러시아는 유가 폭락의 위기를 원유 생산 증대와 루블화 평가절하로 맞섰다. 유가가 떨어지니 그만큼 생산을 더해서 더 많이 내다 팔아 손실을 보전하려는 것이다. 결과적으로 러시아의 2016년 원유 생산은 하루 1,134만 배럴로 사상 최고수준을 기록했다. 또한 루블화 평가절하를 단행했는데, 이를 통해 원유 수출 대금을 달러로 받는 러시아 석유기업들의 이득이 증대되었고 생산에 대한 투자여력이 생겨 원유 생산이 사상최고를 기록한 것이다.

미국과 EU가 제재를 통해 러시아가 새로운 원유 생산 기술을 사용하지 못하게 했지만 러시아의 증산의지를 꺾지는 못했다. 2016년 원유 생산부문에 대한 투자는 1조 2,000억 루블을 넘어 2014년 대비 23% 증가했다. 생산이 늘어난 만큼 수출도 늘어 2016년 수출량은 2014년에 비해 15% 증가한 2억 5,400만 톤, 즉 하루 510만 배럴을 기록했다고 러시아 에너지거래소가 발표했다. 이 중 70%가 유럽으로, 28% 정도가 아시아태평양으로 수출되었다. 소량이긴 하지만 미국으로도 수출되었다. 더 많은 원유를 내다팔기 위하여 자체 정제량은 2014년 이후 계속 줄이고 있다.

여전한 에너지 강국, 러시아

그러나 러시아는 여전히 세계 제일의 에너지 강국이다. 2016년 하루 1,134만 배럴의 원유를 생산해 사우디, 미국을 제치고 세계 1위를 기록했다. 천연가스는 2015년부터 미국에 뒤지긴 했어도 여전히 세계 2의의 생산대국이다. 2016년에 579bcm의 천연가스를 생산해 세계 전체 천연가스 생산의 16.3%를 차지했다.[06] 미국은 2016년 749bcm을 생산해 전 세계 생산의 21.1%를 차지했다. 석탄생산은 2016년 1억 9,300만 석유환산톤toe을 기록해 세계 6위를 기록했다. 발전량도 세계 5위 수준이다.

러시아가 보유한 매장량도 엄청나다. 원유의 확인 매장량은 2016년 말 기준 1,095억 배럴로 세계 전체의 6.4%를 차지해 세계 5위이다. 천연가스의 확인 매장량은 32.3tcm으로 세계 전체의 17.3%를 차지하고 있으며 33.5tcm을 보유한 세계 1위 이란을 바짝 추격하고 있다. 석탄은 1,603억 톤으로 전 세계의 14%를 차지하며 미국, 중국에 이어 3위를 달리고 있다. 1991년 소련 해체 이전 소비에트연방의 원유 생산량은 1987년 하루 1,142만 배럴로 최고치에 달했다. 연방이 러시아, 우크라이나, 벨라루스, 카자흐스탄, 우즈베키스탄 등으로 나누어지면서 러시아의 생산은 1992년 700만 배럴 정도를 기록했다. 이후 정치적·경제적 혼란이 이어지면서 600만 배럴로 감소했다가 1990년대 후반부터 반등하기 시작했다. 2000년대 들면서 브릭스 붐으로 유가가 상승 기조를 타자 러시아는 원유 생산을 늘려 2010년에 1,000만 배럴을 넘어섰다. 2014년 유가 폭락과 미국과 EU 제재라는 엄청난 악재가 찾아왔지만 러시아는 이를 증산과 루블화 평가절하로 맞서면서 생산을 계속 늘리고 있어 2018년 말경에는 소련 연방국들의 총 생산기록을 넘어설 것으로 전망되고 있다. 따라서 OPEC과의 감산 합의는 오래 지속될 것으로 보이지는 않는다.

원유 생산이 늘면서 천연가스의 생산량도 같이 증가하고 있다. 2016년 640.2bcm을 천연가스를 생산하였고 이 중 208.6bcm을 수출하였다. 천연가스도 원유와 마찬가지로 수출량이 감소하는 추세였으나 2015년부터 늘기 시작했고, 가격 하락을 만회하기 위해 수출을 늘리고 있는 것이다.

유럽에 대한 수출은 2016년 전년대비 12.5%나 증가한 179.3bcm을 기록하면서 사상 최고에 달했다. EU시장에서 러시아 가스의 점유율도 2015년의 31%에서 2016년 33.5%까지 증대되었다. 제재가 계속되고 있고 유럽 국가들도 다변화를 모색하고 있지만 러시아산 천연가스에 대한 의존도는 더욱 심화되고 있다. 국가들로 보면 독일이 22%를 차지해 러시아의 최대 천연가스 수입국이고 뒤이어 이탈리아, 프랑스가 많은 양의 러시아 천연가스를 도입하고 있다. 이들 유럽 국가들과는 파이프라인이 연결되어 있어 대량공급이 가능하다.

러시아의 천연가스는 주로 서시베리아 지역에서 생산되는데 주선과 지선으로 촘촘하게 연결된 파이프라인을 통해 유럽 각국에 천연가스를 공급하고 있다. 러시아 내 가스 수출과 관련된 모든 권한은 국영가스기업 가즈프롬이 보유하고 있으며, 가즈프롬은 천연가스와 관련된 모든 인프라를 관리하는 통합가스공급시스템Unified Gas Supply System: UGSS을 운영하고 있다.

유럽으로 가는 주 가스관의 루트는 '회랑corridor'으로 불리는데, 크게 북쪽의 벨라루스 회랑과 남쪽 가운데의 우크라이나 회랑, 남쪽에 발칸회랑 등 세 개가 있다. 우크라이나 회랑은 8개의 가스관으로 되어 있어 총 연간 142bcm의 천연가스를 수송할 수 있는데, 폴란드, 오스트리아, 독일,

프랑스, 스위스, 이탈리아, 체코, 슬로바키아, 루마니아와 그리스 등 서유럽 일부를 제외한 대부분의 유럽 국가들과 연결되어 있다. 이 회랑과 그리스와 연결된 지선을 통해 터키로도 공급된다. 우크라이나 회랑은 유럽 국가들에 가스를 공급하는 최단 노선이기 때문에 오랫동안 러시아 수출 물량의 대부분을 담당할 정도로 중요한 역할을 한다.

벨라루스 회랑은 러시아 북극해 야말반도의 가스전에도 연결되어 '야말라인'으로도 불리는데 2개 가스관을 통해 연간 33bcm을 수송할 수 있다. 독일과 폴란드 및 네덜란드, 영국, 벨기에 등 서유럽 국가들과 지선을 통해 연결된다. 각 회랑은 서너 번의 국경을 넘어 지선으로 연결되는데, 소비지 국경까지는 공급국인 러시아의 가즈프롬이 가스의 소유권을 가지고 정해진 국경의 인도지점을 넘어야 구매국의 자산으로 전환된다. 가즈프롬은 이 나라들과 장기 공급계약을 통해 가스를 판매하고 있다. 다수의 나라를 지나는 회랑 외에도 러시아와 직접 연결된 파이프라인이 있는데 발트해를 관통해 독일과 직접 연결된 '노드 스트림'과 흑해를 관통해 터키와 직접 연결된 '브루 스트림'이다. 이외에도 상트페테르부르크와 핀란드와 연결된 파이프라인으로 7bcm을 공급하고 있다.

에너지는 중요한 정치적 무기

에너지는 러시아에게 중요한 정치적 무기다. 특히 적대적인 서유럽 국가들을 상대하는 데에는 에너지만큼 긴요한 무기도 없었다. 유럽으로 가는 가스관 밸브를 잠그기만 하면 유럽 국가들은 꼼짝없이 에너지 대란에 빠졌다. 국경을 나누는 CIS 국가들이 친서방 움직임을 보이면 여지없이 천연가스 공급을 중단하거나 가격을 올려 꼼짝 못하게 했다.

2006년 1월, 러시아는 갑자기 우크라이나로 연결되는 천연가스 파이프라인 밸브를 닫았다. 단 사흘 동안 공급을 중단한 것이지만 우크라이나와 이웃 유럽 국가들을 에너지 공포로 몰아넣기에 충분했다. 발전소와 난방 시스템은 멈추고 주민들은 속절없이 한겨울 추위에 떨어야 했다. 표면적으로는 우크라이나의 가스요금 인상 거부와 저장가스 도용이 공급중단의 이유였지만 실제는 북대서양조약기구NATO 가입의사를 밝힌 우크라이나에 대한 정치적 보복 조치였다. 러시아는 같은 달 우크라이나의 남서쪽 접경국인 몰도바의 친서방 정책을 이유로 가스 공급을 중단했다.

정확히 3년 후인 2009년 1월, 러시아는 우크라이나에 대한 천연가스 공급을 2주간 중단했다. 가스가격 협상 결렬이 이유였지만 실제로는 러시아의 조지아 공격으로 국제여론이 악화된 상태에서 우크라이나가 EU와 NATO 가입을 추진한 것에 대한 정치보복이었다. 유럽은 다시 추위에 떨어야 했다. 2006년 11월과 2007년 1월에는 친서방 정책에 대한 보복을 이유로 조지아와 벨라루스에 대한 천연가스 공급가격을 일방적으로 인상했다. 난방이 필요한 겨울이어서 이들 나라의 타격이 컸다.

2006년 7월에는 역시 친서방 정책을 이유로 리투아니아에 대한 원유 공급을 중단하기도 했고 2007년 1월에는 폴란드와 독일 등에 대한 원유 수출을 중단했다. 2014년 3월에는 러시아가 우크라이나의 크림반도에 군대를 파견하고, 이에 우크라이나가 반발하자 가스공급을 끊겠다고 위협했다. 여기서 그치지 않고 푸틴 대통령은 유럽 정상들에게 우크라이나가 밀린 가스 대금을 갚지 않으면 가스공급을 중단하겠다고 선언했다. 우크라이나 편을 들면 가스공급을 끊겠다는 경고에 다름 아니었다.

우크라이나 분쟁을 보는 시각

왜 러시아는 유독 우크라이나의 움직임에 더 민감하게 반응하며 가스 공급을 중단하는 보복조치를 취했던 것일까? 구소련 시절부터 우크라이나는 천연가스 산업의 중심지였다. 유럽으로 가는 길목에 위치한 우크라이나는 소련에게 있어서 지정학적·군사적 이유뿐만 아니라 에너지 측면에서도 매우 중요했다. 파이프라인을 깔고 우크라이나 곳곳에 가스 저장 시설을 만들었다.

우크라이나와 러시아가 한 몸처럼 움직이던 소비에트 시절에는 아무런 문제가 없었다. 그러나 1991년 소련이 붕괴하고 새로운 국경선이 생기면서 문제가 발생했다. 우크라이나 영토에 있는 가스 자산에 대해 러시아의 직접적 통제가 불가능해졌기 때문이다. 러시아는 우크라이나에 가스시설과 가스이용에 대한 요금을 청구했고, 우크라이나는 자신의 영토에 있는 시설로 자신의 것이며 가스관 통과료를 지불하라고 맞섰다. 러시아가 가스공급을 중단하자 우크라이나는 유럽으로 연결되는 파이프라인에서 천연가스를 빼내 썼다. 유럽이 공급 감소에 항의하자 당시 힘이 빠져 있던 러시아는 하는 수 없이 우크라이나에 대한 가스공급을 재개했다. 2006년 겨울 터져 나온 가스분쟁은 이때부터 시작된 것이었다.

구소련 시절인 1980년대 만들어진 우크라이나 통과 파이프라인은 유럽으로 가는 국가별로 따로 분리되어 있는 것이 아니라 우크라이나의 가스관과 통합하여 관리하고 있다. 즉, 우크라이나는 러시아로부터 공급받은 총물량에서 자국에 할당된 물량을 빼내 쓰는 구조이다. 따라서 우크라이나가 마음만 먹으면 언제든지 할당된 양보다 더 많은 가스를 빼낼 수 있으며 이렇게 되면 유럽 국가들에게 공급되는 물량이 줄 수밖에 없다. 우크라이나는 이런 시스템을 활용해 러시아의 압력에 물러서지 않았다.

그래서 러시아는 2012년 발트해를 관통해 독일과 직접 연결된 가스관인 노드 스트림이 가동된 이후 우크라이나 통과물량을 계속 줄이고 있다. 총 연간설비 수송량 142bcm 중 2014년에는 62bcm만 사용하였다. 러시아의 총 수출에서 우크라이나 통과물량의 비중도 계속 줄어 1998년 이전의 95%에서 2012년 노드 스트림이 가동된 이후 52%로, 2014년에는 40%까지 줄어들었다. 러시아가 이탈리아로 수출하는 물량이 증가하고 있어 우크라이나 통과물량은 당분간 좀 늘 수 있으나 노드 스트림의 확대로 수송용량이 대폭 늘어나면 우크라이나 통과물량은 더 줄어들 수밖에 없다.

러시아가 우크라이나에 민감한 것은 안보우려 때문이다. 실제로 소련 해체 이후 영토와 영향력이 크게 쪼그라든 러시아는 안보위협에 시달렸다. 미국과 유럽의 군사동맹인 나토가 과거 위성국이던 동유럽 국가들까지 확대되고 미국이 2016년 루마니아에 미사일방어MD 시스템을 가동한 데 이어 2018년 완공을 목표로 폴란드에도 MD기지를 만들면서 러시아의 안보위기는 고조되었다. 우크라이나는 러시아에게 마지막 보루였다. 우크라이나마저 나토의 영향권 안에 들어가면 코앞에 있는 모스크바가 큰 위험에 노출된다고 우려하기 때문이다. 소련시절에는 위성국가들이 첩첩히 모스크바를 둘러싸 서방국가와의 완충역할을 했으나 이제는 적진에 고스란히 노출된 것이다. 우크라이나는 과거 프랑스 나폴레옹부터 1, 2차 세계대전 당시 독일 나치군이 러시아를 침략할 때 육지 통로가 됐던 곳이다. 게다가 유럽으로 향하는 천연가스관의 대부분을 우크라이나가 차지하고 있다. 이런 우크라이나마저 친서방으로 움직이는 것을 보고만 있을 수 없었던 것이다. 우크라이나에서 2013년 12월 대규모 반정부 시위가 일어나 친러시아의 빅토르 야누코비치 정권이 붕괴되고 친서방 정권이 구성되자 러시아는 행동에 나섰다. 2014년 2월 우크라이나의 자치

공화국인 크림반도를 무력으로 점령하고 러시아에 귀속했다. 우크라이나 동부지역은 러시아가 실질적으로 장악하고 있다.

러시아의 영향력이 커지자 우크라이나에서는 다시 핵무기를 가져야 한다는 목소리가 커지고 있다. 한때 우크라이나는 핵폭탄 5,000발과 ICBM 170기를 가진 세계 3위 핵 대국이었다. 그러나 1994년 독립과 영토를 보장받는다는 조건으로 전부 러시아에게 넘겼다. 미국은 우크라이나의 안보우려를 고려해 미사일과 대전차 등 살상무기를 정부군에 공급하기로 했다. 러시아가 무리수를 써서라도 크림반도를 빼앗은 것은 식량 때문이기도 하다. 크림반도는 대표적인 곡창지대이다. 미국이 러시아의 크림반도 무력 병합을 저지하지 않은 것은 에너지 문제에 이어 식량문제마저 절박한 러시아를 건드리면 지역정세가 크게 혼란해질 수 있다는 우려 때문이기도 하다. 2022년 2월 러시아의 우크라이나 침공은 에너지 관점에서 보면 어느 정도 예측된 것이었다.

에너지가 키운 푸틴

푸틴 대통령은 '21세기 차르'라는 말을 들을 정도로 무소불위의 권력을 지니고 있다. 철권 독재를 누렸던 이오시프 스탈린 옛 소련 공산당 서기장 이후 러시아에서 가장 강력한 권한을 행사하고 있다는 말을 들을 정도이다. 이런 강력한 권력은 물론 높은 대중적 인기에 기반을 두고 있으며 그 인기의 기반은 바로 에너지다.

푸틴의 화려한 등장은 유가와 맥을 같이 한다. 그가 대통령에 당선되기 직전인 1999년의 국제유가는 30년 이래 최저 수준을 면치 못하고 있었다. 1970년대 두 차례의 오일쇼크와 1981년 이란-이라크 전쟁으로 인한 유가 폭등 이후 이어진 유전개발 노력으로 북해 등에서 대형유전이 발견되고 시장잠식을 우려한 사우디가 증산을 취하면서 유가가 배럴당 20달러를 넘지 못하고 있었다. 러시아 경제는 계속 악화되고 있었다.

그러나 2000년 5월 푸틴이 대통령에 취임하자마자 기다렸다는 듯이 유가가 급등하기 시작했다. 달러의 약세와 중국의 호황으로 인한 석유수요 급등, 게다가 2003년 이라크 전쟁까지 터지자 유가는 단박에 60달러를 넘어섰다. 브릭스 열풍과 더불어 미국 경제까지 개선되자 2008년 6월에는 135달러를 넘어서기도 했다. 유가가 치솟자 오일머니가 쏟아져 들어왔고 러시아 경제는 급속히 개선되었다. 그가 집권한 내내 유가는 고공행진 했고 푸틴의 인기는 식을 줄 몰랐다. 러시아는 적극적으로 원유와 천연가스를 내다 팔았고 국가의 부는 쌓여갔다. 경제는 6%를 넘는 고성장을 이뤄내었고 푸틴 대통령은 80%가 넘는 높은 지지를 받았다. 고유가에 힘입긴 했지만 외환보유액이 중국, 일본에 이어 세계 3위를 기록하는 등 무너졌던 경제를 살리고 다시 러시아를 군사대국으로 일구면서 러시아인들의 자존심을 되살렸다는 평가를 받고 있다.

2014년 하반기 유가 폭락으로 러시아 경제는 쪼그라들었지만 이미 푸틴의 정적들은 모두 제거된 상태였다. 그가 권력을 2024년까지 연장하는 데 큰 문제는 없어 보인다. 푸틴은 2000년부터 2008년까지 임기 4년의 대통령직을 연임하고 헌법의 3연임 금지조항에 따라 총리로 물러났다가 2012년 헌법 개정으로 임기 6년의 대통령직에 복귀했다. 푸틴은 2018년 대선에서 다시 승리해 2024년까지 재임할 수 있다.

에너지 지위 회복에 나서는 푸틴

푸틴 대통령이 무너지는 러시아를 다시 세운 것은 에너지 덕택이었다. 그는 에너지가 러시아를 살릴 유일한 길이라 생각하고 에너지 산업

복원에 큰 공을 들였다. 푸틴은 청년시절부터 에너지 문제에 큰 관심을 가졌다. 그가 1997년 마무리한 박사학위 논문도 러시아의 광물자원이었는데 그는 이 논문에서 석유와 가스는 러시아 경제부흥의 열쇠로 세계경제 진입에 큰 역할을 하게 되고 러시아를 경제대국으로 만들 것이라고 주장했다. 또한 그는 석유와 천연가스에 대한 중앙집권적 국가통제를 제시했다.

푸틴이 집권하기 전 러시아의 에너지 산업은 큰 혼란을 겪고 있었다. 소련해체 후 러시아는 시장경제를 받아들이면서 1990년대 에너지산업을 민영화시켰다. 그 과정에서 '올리가르히Oligarch'로 불리는 신흥재벌이 막대한 부를 쌓고 경제력을 장악했다. 이들은 당시 옐친 대통령의 비호 아래 에너지기업은 물론 산업전반과 언론까지 장악했다. 경제가 혼란을 거듭하면서 경제가 더 어려워져 갔다.

혼란의 시기에 혜성처럼 등장한 푸틴 대통령은 먼저 에너지부문의 국영화를 단행했다. 2003년 국내 최대 석유기업인 유코스Yukos를 강제 해체하고, 국영 석유기업 로스네프트Rosneft가 이 자산을 매입하도록 했다. 로스네프트는 몇 차례의 자산인수를 통해 러시아 1위의 석유기업으로 올라섰다. 국영 가스기업 가즈프롬은 2005년 민영 석유기업 시브네프트Sibneft를 인수하고, 사할린-2 광구 등 외국기업이 운영해 온 개발사업을 인수해 덩치를 키운 동시에 통제력 강화를 위해 가즈프롬의 정부지분을 높였다. 가즈프롬에 러시아 천연가스 수출의 독점권도 부여했다. 천연가스 생산이 줄어 가즈프롬의 매출이 감소할 때는 가스가격을 올려 손실을 보충해주었다. 가즈프롬을 위한 것이라면 어떤 정책도 마다하지 않았다.

또한 푸틴은 외국기업이 러시아와 합작회사를 설립할 경우 외국지분이 49%를 넘지 못하도록 법제화했다. 에너지산업의 국유화 과정을 통해 푸틴 대통령은 러시아의 에너지산업을 가즈프롬이 천연가스를, 로스네 프트가 석유를, 트랜스네프트Transneft가 파이프라인을 통제하는 메카니 즘을 통해 3대 국영기업 체제로 탈바꿈시켰다. 가즈프롬은 2016년 러시 아의 총 가스 생산 640bcm의 65%를 넘어서는 419bcm을 차지했다. 로스 네프트도 생산의 10%를 차지해 민간기업인 노바텍을 넘어섰다.

푸틴 대통령은 특히 러시아의 최대 자산인 천연가스를 통제하는 가즈 프롬에 많은 공을 들였다. 유가가 고공행진을 하던 2000년대 엄청난 현 금을 벌어들인 러시아 최대기업이자 세계 최대 가스기업인 가즈프롬을 자신의 정치적 욕망을 이루는 수단으로 활용했다. '푸틴에 의한, 푸틴을 위한' 조직으로 만들기 위해 자신의 최측근이자 후계자인 드미트리 메드 베데프로 하여금 가즈프롬을 통제하게 했다. 현재 가즈프롬을 이끌고 있 는 알렉세이 밀러 회장 역시 푸틴의 오랜 측근이고 핵심 요직은 푸틴의 측근들이 장악하고 있다.

가즈프롬은 에너지뿐만 아니라 미디어까지 장악해 국내 정치적으로 활용되고 있다. 축구 등 국제 스포츠행사에 가즈프롬의 광고판은 항상 가장 비싼 곳을 차지하고 있다. 2007년에는 시설을 보호한다는 명목으로 군대까지 보유하도록 허용되어 자금력과 군사력을 겸비한 무소불위의 권력기관이 되었다. 푸틴은 자신이 퇴임한 후 가즈프롬을 직접 운영할 계획까지 가지고 있는 것으로 보도되고 있다. 가즈프롬은 푸틴에게 '보 물 중의 보물Jewel in the Crown'이다. 푸틴은 이런 가즈프롬을 활용하여 주 변국에 대한 가스공급을 무기로 사용하면서 외교적 힘을 과시하고 있는 것이다.

2 셰일가스에 흔들리는 유럽시장

유럽의 러시아 가스 의존이 심화되고 있다

러시아가 크림반도를 무력으로 병합하자 미국과 유럽은 2014년 3월 러시아에 대한 제재를 가했다. 러시아를 G8에서 제외시키고 경제협상 중단, 러시아 자산 동결 등의 조치를 취했다. 특히 러시아 재정을 압박하기 위해 러시아산 에너지 수입을 중단하거나 축소하기로 합의했다. 그러나 유럽 국가들은 천연가스를 제재대상에서 제외시켰다. 당장 러시아 천연가스 공급이 중단되면 심각한 에너지난에 처하기 때문이었다. 러시아가 아무리 나쁜 짓을 하더라도 천연가스 수입중단까지는 못가는 것이다. 2014년 7월 우크라이나 동부에서 미사일 피격으로 인한 말레이시아항공 여객기가 추락하는 사고가 발생했는데 서방은 러시아를 주범으로 판단하고 추가로 방산분야와 에너지 기업에 대한 금융 제재, 에너지 품목에 대한 수출 통제 등 제재 조치를 취했는데 여기서도 역시 천연가스는 빠졌다. EU 집행위원회는 신규 러시아 파이프라인 건설에 어떠한 제재도 가하지 않고 있으며 유럽의 에너지 기업들은 러시아 에너지에 대한 투자를 계속하고 있다.

유럽이 러시아의 위협에 꼼짝 못하는 것은 에너지에 대한 의존이 심각하기 때문이다. 특히 천연가스는 파이프라인으로 공급받고 있는 러시아산의 비중이 절대적이다. 유럽에서 천연가스 수요가 지속적으로 성장하고 있고, 온실가스를 줄이기 위한 중요한 에너지원으로 인식하고 있기 때문에 향후 수요는 더 늘어날 것으로 보인다.

에너지에 있어 대부분 유럽 국가들의 정책은 선명하다. 온실가스의 감축과 원자력의 폐지 내지는 비중의 대폭 축소이다. 독일은 석탄이 발전믹스 비중의 40%를 넘는 최대 발전연료이다. 원자력은 13%, 천연가스 12.4%, 신재생이 29% 정도를 차지한다. 그런데 2020년까지 온실가스 배출을 1990년 대비 40%, 2050년까지 80~95%까지 줄이겠다고 공언했다. 게다가 2022년까지 원전 제로를 달성하기로 했다. 탈핵과 온실가스 감축 목표 둘 다 달성하기 위해서는 천연가스 발전량을 늘릴 수밖에 없다.

원전강국 프랑스는 원자력 발전 비중을 79%에서 2025년까지 50%로 줄이고 온실가스 배출도 2030년까지 1990년 대비 40%, 2050년까지 70% 감축 목표를 세웠다. 이를 위해 2022년까지 석탄발전소를 전부 폐쇄하기로 했다. 신재생 비중을 높여 전력 수요에 대처하겠다는 생각이지만 급감한 원자력 발전을 대체하기엔 많은 시간이 필요하다. 따라서 3%인 천연가스의 발전 비중이 상당히 올라갈 확률이 높다. 현재 신재생이 17%, 천연가스가 3%, 석탄이 2% 정도다. 50%로 줄여도 여전히 세계에서 원자력 발전 비중이 제일 높다.

영국은 2050년까지 이산화탄소 배출을 1990년 대비 80%의 감축 목표를 달성하기 위해 석탄발전소를 2025년까지 폐쇄하고 대신 신규 원전을 건설해 원자력 발전을 늘릴 계획이다. 영국의 발전량에서 석탄의 비중이 30%에 달해 모두 폐쇄하면 전력 수급에 큰 공백이 생길 수밖에 없는데 그것을 원전으로 대체하겠다는 것이다. 운영 중인 15기에 추가적으로 13기의 원전을 추진하고 있다. 그렇게 되면 20%선인 원자력의 비중이 크게 늘 것으로 보인다. 그러나 원전 반대 정서가 지속되고 있어 계획대로 실행될지는 미지수다. 20% 수준인 신재생 발전을 늘릴 수 있지만 역시 시간이 걸릴 수밖에 없다. 불가피하게 30%의 비중을 차지하고 있는 천연가스 발전이 좀 더 늘 가능성이 높다.

현실적으로 원자력에 대한 의존을 줄이면서 탄소배출을 줄이는 대안은 신재생과 더불어 천연가스밖에 없다. 따라서 현재 EU 전체 에너지 소비의 4분의 1을 담당하는 천연가스의 비중은 점점 더 커질 것으로 보인다. EU는 2015년 12월 UN 기후변화협약 당사국총회COP21에서 기후변화 대응을 위한 파리협정을 채택하여 에너지전환에 대한 의지를 분명히 했기 때문에 천연가스의 비중확대는 불가피한 일이 되었다.

그런데 문제는 유럽에서 자체 생산되는 천연가스의 양이 점점 줄고 있다는 것이다. 유럽은 전체 천연가스 소비 중 자체 생산은 30%를 조금 넘는 수준에 그치며 이 또한 점점 내려가고 있다. 유럽에서 생산하는 천연가스는 네덜란드가 반 정도를 차지하고 영국이 25%, 그리고 독일과 루마니아가 각각 7% 정도를 담당한다. 노르웨이도 일정량을 생산하고 있다. 그런데 네덜란드의 최대 생산지역인 그로닝겐Groningen에서 지진 발발에 대한 우려가 커지면서 2016년 6월 생산량 감축 계획을 발표하였다. 그로닝겐 가스전의 2016년 생산량은 2013년에 비해 42%나 감소한 47.4bcm을 기록했고 천연가스 수출국인 네덜란드는 2020년에는 순수입국으로 전환될 것으로 전망된다. 유럽의 생산도 2014년의 256bcm에서 2030년에는 150bcm에도 채 미치지 못할 것으로 전망되고 있다.07 일부 유럽 국가에 셰일가스가 매장되어 있으나 환경적·기술적 문제로 본격 개발되기는 어려울 것으로 보인다. 게다가 국제유가와 가스 가격의 하락으로 새로운 개발 프로젝트까지 지연되고 있다. 수요는 느는데 생산이 감소하는 현상이 심화되어 그 차이가 2000년의 200bcm에서 2030년에는 450bcm에 이를 것으로 보인다. 수요는 느는데 생산이 줄면 유럽의 수입 의존도는 더 커질 것이다. 러시아와 가스관 연결이 되어 있지 않은 아프리카 인접 유럽 국가들은 알제리로부터 파이프라인으로 수입하고 있고 카타르와 나이지리아에서도 소량 도입하고 있다. 최근에는 LNG 형태의 수입도 늘고 있다.

흥미로운 것은 우크라이나 사태로 인한 지정학적 불안과 EU와 미국의 제재에도 불구하고 유럽의 러시아산 천연가스에 대한 의존이 점점 심화되고 있다는 것이다. 전체 천연가스 수입 중 러시아의 비중은 1990년대 초까지는 20% 정도였다가 2000년대 중반 25%까지 천천히 오른 후 2011년부터는 급증해 2015년 31%, 2016년에는 34%까지 치솟았다. 2017년에도 가파른 상승세를 이어가고 있다. 2016년 도입량은 179.3bcm으로 사상 최대를 기록했는데 2017년에는 200bcm에 이를 것으로 보인다. 특히 유럽의 대규모 가스 소비국인 독일, 이탈리아, 영국 등의 러시아산 가스 수입이 두 자리 수 이상의 큰 폭으로 상승했다. 유럽은 2006년과 2009년 우크라이나와 러시아의 분쟁으로 가스 수급에 큰 어려움을 겪은 후 러시아 가스에 대한 의존을 줄이기 위해 노력을 계속해왔지만 의존은 더 심화되고 있는 것이다.

각 국가별로 의존도는 조금씩 다른데 과거 소련 연방국이나 위성국가였던 동유럽은 의존도가 매우 심하다. 에스토니아, 리투아니아, 라트비아, 헝가리, 체코, 슬로바키아, 폴란드 같은 나라들이다. 독일과 이탈리아 등 대형 소비국들도 러시아 가스에 대한 의존이 심한데 프랑스 같은 나라는 대규모 저장 시설을 지어 의존도를 줄이고 있다. 파이프라인이 직접 연결되어 있지 않은 영국, 스페인, 아일랜드 등은 러시아 가스를 거의 도입하고 있지 않다.

유럽의 러시아 가스 의존이 심화되고 있는 이유는 간단하다. 대안이 없기 때문이다. 수요는 늘고 생산은 줄어 수입을 더 많이 해야 하는데 가장 가까이에서 파이프라인으로 공급할 수 있는 나라가 러시아다. 더 중요한 것은 역시 '돈 문제'이다. 2014년 이후 저유가 상황에서 러시아 파이프라인 가스 가격이 크게 내려갔기 때문이다.

러시아 수입에 의존해야 하는 유럽은 나름대로 결속을 다지면서 대응하고 있다. 정보도 공유하고 공조 강화를 위한 협정도 채택해왔는데 이는 에너지 시장의 통합을 가속화시키고 있다. 2014년 러시아가 우크라이나 크림반도를 무력합병하자 에너지 안보에 대한 우려는 다시 고조되었는데 폴란드의 주도로 에너지 동맹 구축을 논의하고 2016년에는 '에너지 안보 패키지Energy Security Package 22'를 발표했는데 핵심은 러시아 의존을 줄이기 위해 공급원을 다변화하고 효율성을 높여 수요를 줄이는 것이다. 또한 가스 저장시설을 확충하여 비상시에 대비하고 러시아 의존을 줄이기 위해 LNG 도입을 모색한다는 것도 포함되어 있는데 미국산 LNG가 주요 대상으로 보인다.

미국 셰일가스, 유럽의 희망이 될까

발트해의 공기가 차가워지기 시작한 2014년 10월, 리투아니아의 조용한 항구도시 클라이페다가 갑자기 떠들썩해졌다. 수백 명의 주민들은 한껏 차려입고 항구로 몰려 나갔다. 엄청나게 큰 배 한척이 서서히 접안하자 사람들은 리투아니아 국기를 흔들며 함성을 질렀다. 의장대가 대포를 쏘며 반겼고 시장은 감격에 눈시울을 훔쳤다. 성대한 기념식은 생방송으로 전국에 중계되었다. 연단에 오른 시장은 "이제부터는 어느 누구도 천연가스로 우리를 압박하지 못할 것"이라며 연호하는 주민들을 향해 주먹을 불끈 쥐었다. 미국의 존 케리 국무장관도 축전을 보내 리투아니아 국민들의 에너지 안보를 위한 노력을 찬사했다.

이 배는 바로 FSRUFloating Storage and Regasification Unit라고 불리는 부유식 LNG 저장 재기화 선박이다. 해상에 떠 있으면서 수송선으로부터 LNG

를 받아서 저장할 수 있고 이를 기화시켜 소비자들에게 바로 공급하는 해양 플랜트다. 보통 LNG를 수입하려면 항구에 터미널을 지어 기체상태로 다시 바꾸는 설비와 저장시설을 갖추어야 하는데 이런 터미널이 없더라도 FRSU는 바로 LNG를 수입하여 연료로 쓸 수 있는 획기적 설비로, '해상 LNG 터미널'로 불린다.

리투아니아는 필요한 천연가스의 90%를 러시아 파이프라인으로 조달하고 있는데 이 FSRU를 통해 노르웨이로부터 LNG를 수입해 러시아 가스에 대한 의존을 줄이려는 것이다. 러시아는 이 FSRU가 발트해안의 유네스코 보존 지역을 훼손할 것이라며 극렬하게 반대했지만 받아들여지지 않았다. 러시아 외교관이 이 설비를 정찰하다가 추방되기도 했다. 리투아니아가 이 FSRU를 통해 노르웨이로부터 LNG를 대량으로 수입하여 러시아에 대한 의존도가 50%로 급락하자 고압적이던 러시아의 자세가 한결 누그러지고, 가격도 대폭 할인해 주고 있다. 1990년 소련으로부터 제일 먼저 독립을 선언했지만 수십 년 동안 러시아의 가스 압박에 시달린 리투아니아에게 FSRU는 정치적 자유 그 이상이었다. 공교롭게 이 FSRU의 이름은 '독립Independence'호이다. 리투아니아에 에너지 자유를 가져다 준 '독립호'는 바로 우리나라의 현대중공업이 건조한 것이다. 세계 에너지 안보에 크게 기여하는 FSRU는 대부분 우리나라 조선사가 만든 것이다.

리투아니아 등 러시아 천연가스에 절대적으로 의존하는 유럽 국가들은 고압적이고 일방적인 러시아의 가격정책에 큰 고통을 받아왔다. 겨울철 러시아의 갑작스런 공급중단으로 추위에 떨어야 했다. 요금협상은 애시당초 있지도 않았다. 러시아의 국영 가즈프롬이 매년 일방적으로 통보해주면 그것이 공급가격이 되는 것이다. 가격 통보는 항상 12월 31일 이루어지는데 말을 듣지 않으면 그 다음날 바로 공급을 중단하겠다는 협박과 같이 온다. 그렇게 되면 연중 가장 추운 시기를 가스난방 없이 지내야 한다. 물론 가스저장 설비를 갖추고 어느 정도 견딜 수 있는 서유럽 국가들에겐 훨씬 관대하다. 가즈프롬은 일부 유럽국가의 가스회사에 상당량의 지분을 보유하고 있으며 이사회까지 장악하고 있다. 이를 통해 가스시장을 마음대로 주무르고 있다.

러시아의 천연가스에 대한 의존을 줄이는 방법 중 하나가 바로 러시아가 아닌 다른 나라로부터 LNG 형태로 천연가스를 도입하는 것이다. 그러나 멀리서 기체상태로 생산되는 천연가스를 액화시켜 배로 수송한 다음 다시 기화해야 하는 LNG는 기체상태로 공급되는 파이프라인 가스보다 훨씬 복잡하고 가격도 높다. 우리나라가 독점하다시피 하고 있는 FSRU는 비용이 많이 들고 복잡한 설비 없이도 LNG 수입을 가능하게 하고, 좀 여유가 있는 유럽 나라들은 LNG 수입터미널, 수송 및 저장 시설 등 인프라 구축에 나서고 있지만 LNG는 여전히 수송에 어려움이 있으며 가격체계도 권역별로 분리되어 있다. LNG 공급 국가는 주로 카타르, 인도네시아, 호주 등으로 유럽과 지리적으로 멀리 떨어져 있어 도입이 간단치 않다.

그러나 이 문제를 해결해줄 구원자가 나섰다. 바로 셰일혁명의 진원지이자 든든한 동맹인 미국이다. 미국에게도 유럽이 러시아 가스에 쩔쩔 메고 러시아가 유럽의 에너지 안보를 쥐락펴락하는 것이 바람직하지 않다. 마침 셰일혁명으로 넘쳐나는 천연가스를 수출해야 하는 미국으로서는 유럽 국가들에게 공급하는 것이 경제적으로도 득이 된다. 2015년 12월 미국은 1975년 중반 오일쇼크 이후 지속해오던 원유에 대한 수출 금지를 완전히 해제했다. 천연가스는 미국은 자유무역협정을 체결하지 않은 국가로의 수출을 제한하고 있다.

미국은 발 빠르게 움직여 유럽에 대한 수출을 승인해 2016년 초 유럽에 첫 LNG 물량을 보냈다. 루이지애나 사빈 패스에서 셰일가스를 생산하는 셰니에르에너지가 보낸 첫 유럽 수출 카고가 4월에 포르투갈에 도착했다. 7월에는 미국의 두 번째 수출 카고가 스페인에 도착했다. 2016년 2월 미국의 첫 LNG 수출 물량을 브라질에 보낸 셰니에르는 점차 수출량을 늘리고 있는데 2020년까지 연간 100bcm까지 올릴 계획이며, 이 중 50%가 유럽으로 향할 것이라고 밝히고 있다. 미국산 LNG를 처음 구매한 유럽 국가는 포르투갈과 스페인인데 이 두 이베리아반도 국가는 러시아나 노르웨이와 파이프라인이 연결되어 있지 않아 알제리 등 인접 아프리카에서 LNG로 수입하고 있기 때문에 미국산 LNG도 쉽게 도입할 수 있었다. 셰니에르는 이들 국가와 장기계약을 체결했기 때문에 수출 물량이 늘어날 것으로 보인다.

'LNG'란 새로운 게임 체인저의 등장

미국이 스페인과 포르투갈에 보낸 물량은 시작에 불과했다. 러시아와의 본격적인 대결은 2017년 6월 폴란드가 미국산 LNG를 도입하면서 시작됐다. 폴란드는 역사적으로 러시아와 싸우기 위해 탄생했다고 일컬어질 만큼 러시아에 적대적이다. 그러나 연간 천연가스 수입량 16bcm 중 75%인 12bcm을 러시아로부터 파이프라인을 통해 수입하고 있다. 그전에는 거의 100%였기 때문에 러시아의 '에너지 인질'이라고 언급될 정도이다. 북부 발트해 연안에 LNG 수입터미널을 지어 2015년 12월 가동한 이후 노르웨이산 LNG를 도입하면서 그나마 러시아에 대한 의존도가 줄어든 것이다. 그 수입터미널을 통해 미국산 LNG도 도입하기 시작했다.

폴란드는 러시아 가즈프롬과의 장기계약이 2022년 만료되기 때문에 미국산 LNG 도입을 크게 늘려 상당부분을 대체할 계획이다. 미국은 당연히 대환영이다.

폴란드는 미국의 동유럽 핵심 동맹이자 러시아 견제의 전초기지로 미국의 미사일방어시스템도 2018년부터 가동된다. 트럼프 대통령은 2017년 7월 영국, 독일 등 오랜 동맹국들을 제쳐놓고 폴란드를 먼저 방문했다. 이에 화답해 폴란드는 9조 원에 이르는 미국의 신형 패트리엇 방공미사일을 구매했다. 정상회담에서 미국산 LNG 공급확대에 합의했고, 양 국가의 가스회사들은 장기계약을 서두르고 있다. 폴란드는 미국산 LNG를 대규모로 들여와 러시아 천연가스에 전적으로 의존하고 있는 우크라이나나 남유럽 국가들에 재판매할 계획도 가지고 있다. 폴란드가 미국 LNG의 유럽 허브가 되겠다는 것이다. 트럼프 대통령은 폴란드와 유럽 국가들이 러시아 가스의 '인질'에서 벗어날 수 있도록 도와주겠다고 약속했다.

리투아니아도 2017년 8월, 꿈에 그리던 미국산 LNG 도입을 시작했다. 리투아니아는 세니에르와 장기계약을 체결했기 때문에 앞으로도 많은 물량이 들어오게 된다. 90%의 가스를 러시아로부터 도입하고 있는 불가리아도 이웃 그리스의 LNG 수입터미널을 통해 미국산 LNG를 도입할 계획을 가지고 있다. 바야흐로 미국과 러시아의 천연가스 대전이 시작된 것이다.

물론 미국산 LNG가 수송비용과 액화, 재기화 비용 등을 고려하면 아직까지는 유럽시장에서 러시아 파이프라인 가스보다 가격경쟁력을 가지기 어렵다. 유럽으로 보내는 미국산 LNG는 mmbtu당 6.3달러로 러시아가 독일에 공급하는 파이프라인 가스 가격 4.9달러보다 상당히 높다. 러시아는 낮은 가격을 활용해 유럽에서 독점적 지위를 유지하기 위해 안간힘을 쓰고 있다. 공급가격을 인하하는 한편, 유연한 경매 시스템도 도입하고 있다. '을'인 구매자를 장기계약으로 단단히 묶어 놓던 과거 관행과는 확연히 다른 행태를 보이고 있는 것이다. 미국산 LNG에 보다 적극적으로 대응하기 위해 북극해의 야말 프로젝트도 적극 활용하여 LNG 수출 확대를 꾀하고 있다.

협상이나 대외관계에서 가장 중요한 것은 대안이 있느냐는 것이다. 미국의 LNG 수출 그 자체만으로도 유럽 국가들은 대안을 가지게 된 것이며, 그것이 과거 러시아의 고압적인 가격 관행과 위협을 약화시키고 있다. 미국에서는 셰일가스 채굴비용이 점점 낮아지고 있어 가격이 추가 하락할 수 있다. 또한 저유가로 수송비용도 줄고 LNG 설비 자체비용도 낮아지고 있다. 따라서 유럽시장에서 미국산 LNG의 가격경쟁력이 상당히 향상될 가능성이 높다. 미국도 넘쳐나는 셰일가스의 안정적 수출을 확보해야 하고 유럽에 더 많은 물량을 보내는 것이 러시아를 견제할 요긴한 수단임을 잘 알고 있다. 2017년 8월에는 미국이 러시아 가스의 대유럽 천연가스 수출에 직접 영향을 줄 수 있는 새로운 제재안도 통과시켜 러시아를 긴장시키고 있다. 미국의 셰일혁명이 에너지의 '게임 체인저'가 됐듯이 미국의 LNG 수출이 유럽 에너지 안보의 게임 체인저가 될 수도 있다.

러시아 의존을 줄이려는 유럽 : '남부회랑 프로젝트'

유럽이 러시아 가스 의존을 줄이는 더 확실한 방법은 러시아가 아닌 다른 공급국가와 파이프라인을 연결하는 것인데, 가장 현실적인 대안이 바로 카스피해 국가들이다. 아제르바이잔, 카자흐스탄 등 카스피해 연안

국가들은 '그레이트 게임'으로 불리는 자원전쟁의 중심에 있을 정도로 천연가스가 풍부하다. 자원개발을 놓고 연안국들 간에 영유권 갈등이 증폭될 정도다. 특히 이란과 투르크메니스탄의 천연가스 보유량은 세계 최대 규모를 자랑한다.

그렇게 해서 나온 것이 '남부 가스 회랑Southern Gas Corridor' 프로젝트다. 카스피해에서 러시아를 남쪽으로 우회해 코카서스 지역과 터키를 지나 유럽으로 가스 파이프라인을 건설하자는 것이다. 라인을 어떻게 연결할지는 여러 가지 구상들이 제안되었는데, 그 중 아제르바이잔에서 생산된 가스를 터키를 관통하는 파이프라인으로 유럽에 공급하는 프로젝트가 현재 진행되고 있다. 이 라인은 두 구역으로 되어 있는데, 아제르바이잔과 터키의 서해를 잇는 TANAPTrans-Anatolian Pipeline과 터키 서해에서 그리스, 알바니아, 아드리아해를 통과해 이탈리아를 잇는 TAPTrans

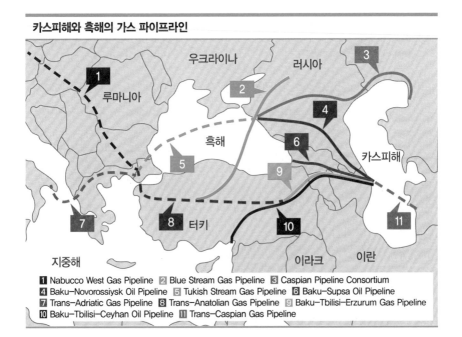

카스피해와 흑해의 가스 파이프라인

1 Nabucco West Gas Pipeline 2 Blue Stream Gas Pipeline 3 Caspian Pipeline Consortium
4 Baku–Novorossiysk Oil Pipeline 5 Turkish Stream Gas Pipeline 6 Baku–Supsa Oil Pipeline
7 Trans–Adriatic Gas Pipeline 8 Trans–Anatolian Gas Pipeline 9 Baku–Tbilisi–Erzurum Gas Pipeline
10 Baku–Tbilisi–Ceyhan Oil Pipeline 11 Trans–Caspian Gas Pipeline

Adriatic Pipeline 라인으로 구성되어 있다. TANAP 라인은 2018년 가동 개시를 목표로 2015년 3월 착공되었고, TAP는 2016년 5월 착공되어 2020년 가동될 예정이다. 이 파이프라인의 천연가스는 아제르바이잔 샤데니즈 Shah-Deniz 가스전에서 공급되며 수송량은 연간 16bcm이고 이 중 6bcm은 터키로 공급되고 10bcm는 유럽으로 향한다. EU 회원국들의 총 수요가 430bcm 정도임을 감안하면 많이 부족하지만 이 파이프라인의 연결상에 있는 그리스, 불가리아, 이탈리아 등 남동유럽 국가들에게는 큰 도움이 될 수 있다.

터키의 유럽 쪽 국경에서 끝나는 TANAP 라인에서 불가리아와 루미나아 헝가리를 지나 오스트리아로 이어지는 '나부코' 프로젝트와 이 라인을 서쪽으로 틀어서 거리를 줄인 '나부코 웨스트'도 추진되었지만 논의과정에서 일단 우선순위에서 배제되었다. 그러나 소비국 EU와 공급국 아제르바이잔이 적극적으로 추진의사를 표하고 있기 때문에 현실화될 가능성은 여전히 남아 있다.

아제르바이잔과 루마니아를 잇는 '화이트 스트림White Stream', 아제르바이잔과 그리스, 이탈리아를 잇는 '포세이돈' 라인도 제안되어 있다. 투르크메니스탄도 남부회랑을 통해 유럽으로 가스를 수출하려고 하는데 이 라인에 연결되기 위해서는 카스피해를 관통하는 해저파이프라인을 건설해 아제르바이잔과 먼저 연결되어야 한다. 이를 위해서는 카스피해를 공유하는 러시아가 합의해줘야 하는데 자국에게 큰 손실을 끼칠 이 프로젝트에 동의할지는 매우 불투명하다. 만약 이것이 여의치 않으면 투르크메니스탄은 카스피해를 우회해 남쪽의 이란을 경유하는 육상 파이프라인을 통해 유럽으로의 연결을 시도하고 있다. 세계 2위 천연가스 매장을 자랑하는 이란도 유럽 수출을 노리고 있기 때문에 양국 간 협력이 가능하다. 이 모든 라인들이 현실화되기는 힘들겠지만 지금 진행 중인 프로젝트만으로도 유럽은 러시아 의존을 상당부문 줄일 수 있다.

러시아의 선택, 노드 스트림과 사우스 스트림

남부회랑 프로젝트는 러시아에게 큰 충격을 줬다. 천연가스를 거의 독점으로 공급하며 유럽을 좌지우지하며 정치적 무기로도 사용했는데 유럽에게 대안이 생기면 '갑'의 지위를 상실하기 때문이다. 러시아는 연간 640bcm의 천연가스를 생산하여 440bcm을 국내 소비에 쓰고 200bcm을 수출하는데 이 중 80%인 160bcm 가량이 유럽으로 향한다. 독일이 45bcm을 받아서 가장 큰 시장이고 24bcm의 이탈리아, 10bcm의 프랑스가 뒤를 잇고 있다.

전체 수출액의 70%를 천연가스가 차지하고 있어서 유럽 수출이 줄면 러시아의 지갑은 쪼그라들 수밖에 없다. 게다가 상업생산이 이루어지고 있는 가스전은 대부분 유럽과 인접한 서시베리아에 위치하고 있다. 동시베리아와 극동에서의 신규 가스전 개발 사업을 적극적으로 추진하고는 있지만 아직 유럽시장으로 보내는 물량이 압도적이다. 더구나 러시아는 유럽에 대한 천연가스 수출을 크게 늘려 재정확충을 계획하고 있기 때문에 유럽시장의 상실은 러시아에 재앙일 수밖에 없다.

이 위기를 극복하기 위한 러시아의 선택은 '노드 스트림-2Nord Stream-2'와 '사우스 스트림South Stream'이다. 각각 발트해와 흑해를 관통하는 해상파이프라인을 통해 유럽과 터키에 경유국 없이 직접 천연가스를 공급한다는 프로젝트다. 러시아 북서쪽 연안에서 출발해 핀란드만을 지나 발트해의 독일 북동쪽 해안으로 이어지는 길이 1,225km 가스관인 노드 스트림은 전체가 해상으로 이어져 우크라이나와 같은 육상 경유국

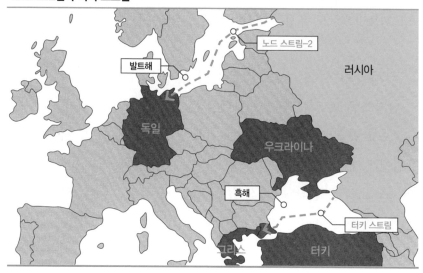

노드 스트림과 터키 스트림

이 없다. 따라서 경유국 분쟁에 따른 정치 리스크 없이 러시아 가스를 유럽의 최대 천연가스 소비국인 독일에 바로 연결되고 지선을 통해 서유럽 국가들로 이어진다. 2012년 가동 이래 한 번도 밸브가 잠긴 적이 없다. 기존 노드 스트림-1은 2개의 라인으로 구성되며, 1라인은 2011년, 2라인은 2012년에 가동을 시작해 연간 55bcm을 실어 나르고 있다.

여기에 두 개의 라인을 추가로 설치하는 것이 노드 스트림-2 사업이다. 이 두 신규 가스관은 연간 55bcm의 천연가스를 수송할 수 있어 러시아의 공급량을 두 배로 늘릴 수 있다. 4개의 관을 통해 110bcm의 러시아 천연가스가 독일의 북부 해안으로 들어오는 것이다.

노드 스트림이 완공되면 러시아 천연가스의 80%가 이 노선을 통해 유럽으로 공급될 것으로 보인다. 2017년 4월에는 러시아의 가즈프롬과 석유 메이저인 셸 등 유럽의 5개 주요 기업이 200억 유로의 비용이 드는 노드 스트림-2 건설을 위한 자금조달 협정을 체결했다. 이 파이프라인은

2018년 공사가 시작되어 2021년 9월 완공되었으나 국가들 간의 갈등으로 사용승인이 보류되고 있다.

미국은 누구의 손을 들어줄 것인가

노드 스트림-2 프로젝트가 현실화되자 우크라이나와 일부 유럽 국가들이 강하게 반발하고 있다. 우크라이나는 러시아 가스관 경유국으로 연간 20억 달러의 통과료를 받고 있고 이 파이프라인을 통해 비교적 안정적으로 천연가스를 공급받고 있는데 노드 스트림의 물량이 크게 확대되어 우크라이나 경유 물량이 줄어들면 통과료 수익도 감소되어 심각한 경제적 타격을 입게 된다. 실제로 노드 스트림-1이 가동된 이후 우크라이나 회랑을 통한 물량은 크게 감소했다. 통과료뿐만 아니라 필요한 가스 물량 확보도 어려워졌다. 러시아 가스에 100% 의존하던 우크라이나는 통과물량이 줄자 EU국가들에게 천연가스를 역수입해 메우고 있다. 역수입 가스가격이 러시아로부터 직접 구매한 것보다 비싸지만 우크라이나로서는 다른 방법이 없다. 우크라이나 경유 물량이 줄어들수록 우크라이나의 손실은 커질 수밖에 없다.

러시아는 우크라이나 통과물량의 장기계약이 끝나는 2019년 12월 이후로는 계약을 연장하지 않겠다고 천명해 우크라이나를 긴장시키고 있다. 현실적으로 물동량이 완전히 없어지기는 어렵겠지만 2020년부터는 통과물량이 훨씬 더 줄어들 것으로 보인다. 이와 관련 영국 옥스퍼드 에너지연구소는 노드 스트림과 함께 추진 중인 '터키 스트림(사우스 스트림)'이 일부라도 가동되면 우크라이나 통과물량은 완전히 없어질 것이라고 예측하고 있다.

동부지역의 친러시아계와 서부 지역의 친서방 주민으로 분열된 정치

상황도 더 악화될 것으로 우려하고 있다. 우크라이나의 친서방 정부는 미국에게 도움을 요청했다. 노드 스트림-2의 가동으로 대안이 생긴 러시아가 가스 공급자로서의 독점적 지위를 활용해 우크라이나를 더 압박할 것이고 결국 친러시아 세력이 우크라이나 전체를 장악할 것이라는 우려를 전달했다. 친서방 정부를 지원하는 미국도 이를 염려하고 있다. 러시아를 견제하기 위해선 친우크라이나의 친서방 정부를 보호해야 할 이유가 분명히 있는 것이다.

우크라이나 회랑에 연결되는 폴란드, 체코, 헝가리, 그리스, 루마니아 등 동유럽, 남유럽 국가들도 우크라이나 노선 물량이 크게 줄면 가스 공급의 안정성이 떨어지고, 러시아가 가스 요금도 올릴 것을 우려해 노드 스트림-2에 반대하고 있다. 유럽의 러시아 가스의존이 더 심화될 것이라는 우려를 표하며 미국에게 도움을 요청했다.

이에 미국은 노드 스트림-2 사업이 우크라이나와 동유럽 국가들의 에너지 안보를 해칠 것이라며 여러 차례 공식적인 반대를 표명했다. 미국 국무부뿐만 아니라 오바마 대통령과 바이든 부통령이 직접 나서서 사업의 중단을 촉구했으며, 미국 의회도 반대를 밝혔다. 미국이 이 프로젝트를 막을 수 있을까?

독일과 미국의 천연가스 갈등
: 에너지 앞에서 흔들리는 50년 동맹

미국의 유럽 최대 동맹국인 독일의 생각은 다르다. 유럽 최대의 천연가스 소비국인 독일은 필요한 천연가스의 대부분을 러시아로부터 조달하고 있다. 게다가 독일은 원전 제로를 선언했기 때문에 천연가스 수요가 늘고 있다. 천연가스 수요를 맞추기 위해서는 현실적으로 러시아로부터 더 많은 물량을 수입할 수밖에 없는 것이다. 게다가 독일은 세계 최고의 제조업 강국이다. 인구도 8,300만 명에 달해 EU에서 제일 많다. 2위인 프랑스보다 24%나 많다. 그만큼 에너지 사용량이 많은 것이다. 독일이 노드 스트림-2에 사활을 걸 수밖에 없는 이유다.

독일은 2011년 일본의 후쿠시마 원전사태에 대응해 2022년까지 원전 17기를 모두 폐쇄하기로 했다. 2011년에 8기, 2015년에 1기를 폐쇄했다. 원전을 줄이면서 전기수요를 맞추다 보니 석탄 발전이 늘어나 2013년에는 45%를 넘어서기도 했다. 이산화탄소의 배출도 크게 늘어났다. 신재생의 발전비중이 2012년 16.5%에서 2016년 29%로 늘어났지만 석탄발전의 증가를 막지 못하고 있다. 신재생 중에는 풍력이 단연 두드러져 4년간 두 배로 증가해 12%에 달하고 있다. 원자력은 2010년 22.2%에서 2016년 13.1%로 줄었고 천연가스도 2010년 14.1%에서 12.4%로 감소했다. 기후변화 대응을 주도하는 유럽의 맏형인 독일은 이미 대대적인 온실가스 감축을 선언했다. 2020년까지 온실가스 배출을 1990년 대비 40%, 2050년까지 80~95%까지 줄이겠다고 공언했다. 그러나 원자력과 천연가스가 줄고 석탄 발전이 늘면서 이 계획 달성에 빨간불이 켜진 것이다.

게다가 9기의 원전 폐쇄 이후 전기요금이 급등했다. 2016년 독일 전기료는 10년 전에 비해 62% 급등했다. 2000년까지만 해도 독일의 산업용 전기요금은 kWh당 6유로센트에 불과했으나 2017년에는 17센트가 넘어 거의 세 배가 올랐다. OECD 평균보다 훨씬 낮던 것이 OECD 평균보다 두 배 가까이 비싸졌다. 가정용 전기요금도 2000년 13.9센트에서 2017년 29.2센트로 두 배 이상 올랐다. 날씨에 영향을 크게 받는 신재생 비중을 급하게 늘리다보니 전력부하 변동성이 증가해 안정적 공급을 힘들게 하고 있다. 원전대국인 이웃 프랑스에서 전기를 사다 쓸 지경이다.

결국 당장 전기 수요를 충당하면서 기후변화에 대응하는 방법은 천연가스뿐이다. LNG를 수입할 수도 있지만 문제는 가격이다. 훨씬 싸고 안정적인 러시아 파이프라인 가스를 마다하고 멀리서 액화시켜 배에 싣고 와 다시 기화해야 하는 LNG를 쳐다볼 이유가 없는 것이다. 기존의 노드 스트림 가스관으로 받던 물량을 늘리는 것이 독일로서는 가장 합리적 선택인 것이다.

게다가 노드 스트림-2가 가동되어 러시아 가스의 80%가 이 라인을 통해 공급되면 독일은 이를 인접국에 중계할 수 있어 유럽의 강력한 가스 허브로서 역할을 할 수 있다. 독일의 북쪽 해안으로 연결된 파이프라인으로 대량의 러시아 가스가 공급되면 독일은 이것을 지선 가스관을 통해 유럽의 인접국에 공급하는 것이다. 독일은 이미 노드 스트림-1 가스관을 통해 받은 물량을 지선을 통해 슬로바키아에 판매하고 있다. 이런 식으로 독일은 노드 스트림-2를 통해 천연가스의 허브로서 지위를 누릴 수 있게 되고 정치적 영향력도 제고된다. 독일이 이를 마다할 리가 없다. 그동안 러시아 가스에 대한 의존 심화를 이유로 노드 스트림-2에 강력 반대하던 EU집행위원회가 2017년 3월 갑자기 입장을 바꿔 지지를 표명했다. EU의 큰 형님인 독일의 입김이 작용한 것으로 보인다.

독일은 미국의 핵심 동맹이다. 아시아에는 일본, 중동에는 사우디, 유럽 대륙에는 독일, 이 세 동맹의 축으로 세계전략을 꾸려왔다. 그래서 독일에 미군이 주둔하고 있다. 독일도 패전 이후 미국과의 동맹을 정책의 가장 앞자리에 두었다. 그러나 사활이 걸린 에너지 앞에서는 이 50년 동맹도 흔들리고 있는 것이다. 냉정하게 움직이는 국제사회의 본질이다. 트럼프 대통령 당선 이후 표면화되는 독일과 미국의 갈등은 이미 잠재되어 있던 것이다.

미국은 잇달아 러시아에 대한 제재조치를 취하고 있다. 러시아의 가스관 사업과 에너지부문을 정조준하고 있다. 트럼프 대통령은 의회가 통과시킨 제재안에 마지못해 서명했다. 미국이 러시아에 대해 강도 높은 조치를 취할지는 트럼프 대통령의 손에 달려 있다. 과연 그가 제재를 실행할까? 우크라이나와 동유럽 국가들의 요구대로 노드 스트림-2를 막기 위해 러시아에 제재를 가할까? 제재를 가하여 러시아 가스가 유럽으로 가는 것을 막고 대신 더 많은 미국산 LNG를 보낼까? 미국의 일부 에너지 업체들에게도 타격이 불가피한 제재를 취할까? 아니면 독일의 편을 들어 유럽으로 향하는 러시아 천연가스를 묵인할까? 어쩌면 미국 의회가 러시아 제재안을 통과시킨 진짜 이유는 트럼프 대통령의 친러시아 행보를 막으려는 것은 아닐까?

여기에 러시아는 노드 스트림이 지나가는 발트해에서 대규모 군사훈련을 진행하는 등 맞불을 놓고 있다. 러시아 천연가스를 두고 벌어지는 에너지의 정치학이 흥미진진하다.

악연의 역사를 끊고
차르와 술탄의 파이프라인 밀월이 시작되다

러시아와 터키는 악연의 역사가 깊다. 터키의 전신인 오스만제국은 이슬람세력의 대부로 동유럽과 중동지역을 평정했다. 로마제국의 영토를 거의 대부분 차지했었다. 흑해를 사이에 두고 정교를 믿는 제정 러시아와 사사건건 대립했다. 제1차 세계대전이 터지자 이슬람의 오스만은 어느 편에 설 것인지 선택해야 했다. 현재의 오스트리아인 합스부르크제국의 기독교 세력과 앙금이 있었지만 정교인 러시아와의 원한이 더 깊어 합스부르크 진영에 가담해 러시아에 맞서 싸웠다. 순간의 선택이 제국의 운명을 좌우했다. 합스부르크 진영은 졌고 오스만도 패전국이 되었다. 합스부르크제국은 지금의 오스트리아만 남기고 해체되었으며 오스만제국도 지금의 터키 지역만 남기고 문을 닫았다. 러시아와의 원한이 남긴 깊은 상처다.

터키 공화국으로 다시 태어났지만 러시아와의 악연은 끝나지 않았다. 친미국 노선을 택한 터키와 제정 러시아의 후신인 소련은 흑해를 사이에 두고 사사건건 다투었다. 최근에는 시리아 내전을 두고 터키는 반군을, 러시아는 정부군을 각각 지지하며 대립했다. 러시아는 시아파의 아사드 정권에 오랜 공을 들여 시리아의 항구도시를 러시아의 군항으로 만들어 지중해 진출을 위한 통로를 만들었고 시리아 라타키아의 공군기지도 영구임차했다. 아사드의 반미노선을 전략적으로 활용하기도 했다. 반면 수니파 국가인 터키는 같은 수니파인 시리아 반군을 지원하고 있다. 시리아와 긴 국경을 공유하고 있어 내전 개입이 불가피했다. 그 와중에 2015년 11월에 터키가 시리아 국경 근처에서 러시아 전투기를 격추시키는 사건이 발생했다. 러시아는 즉각 터키 농산물의 수입과 전세기 출항을 금지, 기업 활동과 고용을 제한하는 등 대규모 제재를 가했다. 2016년 12월에는 터키 주재 러시아 대사가 수도 앙카라에서 아사드를 지지하는 러시아를 비난하는 괴한에 의해 피살되었다.

양국 관계는 악화일로였고 러시아와 터키는 영원한 앙숙으로 남는 듯했다. 그러나 이 모든 것을 눈 녹듯이 풀어버린 것이 바로 에너지이고, 그 중심에 러시아가 원하는 흑해 관통 파이프라인 '사우스 스트림'이 있다. 2007년부터 구상되어 온 사우스 트림은 노드 스트림과 함께 러시아가 우크라이나를 경유하지 않고 바로 유럽에 가스를 공급하기 위해 추진해 온 역점 사업이다. 원래 구상된 노선은 러시아 흑해 연안에서 해저를 통해 유럽의 남쪽 발칸반도의 불가리아에 도착한 후 둘로 나뉘어 하나는 그리스와 이탈리아 남부지역으로, 다른 하나는 세르비아, 헝가리, 슬로베니아와 오스트리아를 거쳐 이탈리아 북부로 이어지는 것이었다. 2013년에 착공하여 2018년에 완공되면 연간 63bcm의 천연가스를 수송할 계획이었다. 흑해를 관통하긴 하지만 터키의 먼 바다이기 때문에 터키와 직접적 연관이 없는 프로젝트였다.

그런데 프로젝트가 시작된 2014년 초 러시아가 우크라이나를 강제 합병하는 일이 발생했다. EU와 미국은 러시아에 제재를 가했는데, 이때 EU가 '제3차 에너지 패키지Third Energy Package' 규정을 엄격하게 적용해 문제를 삼았고 불가리아에 건설 중단을 요청했다. 2007년에 가입해 EU 회원국이 된 불가리아는 이를 받아들여 건설을 중단시켰고, 푸틴 대통령도 반발하면서 사업이 무산되었다. EU가 2009년 채택한 제3차 에너지 패키지는 러시아의 가스공급 중단 등의 사태에 대비해 유럽 국가들의 에너지 시장 단일화와 공조를 위해 마련된 것으로 단일 에너지 기업이 전력·가스망의 운영권과 공급권을 동시에 보유할 수 없도록 규정하고 있는데, 러시아가 가스의 운용과 공급을 독점적으로 갖지 못하도록 하는 것이 목적이다.

그렇다고 포기할 푸틴 대통령이 아니었다. 푸틴의 대안은 EU 회원국이 아닌 터키를 활용하는 것이다. 건설 중에 있었던 사우스 스트림의 대부분을 그대로 사용하고 대신 불가리아로 향하기로 했던 방향을 남쪽으로 틀어 터키 이스탄불의 배후인 유럽 쪽 해안에 도달한 뒤 터키와 EU 회원국인 그리스의 국경까지만 파이프라인을 건설하는 것이다. 그렇게 되면 EU의 에너지 패키지 규정을 피할 수 있다. 여기서부터는 러시아 가스를 원하는 유럽 국가들이 터키-그리스 국경에서 출발하는 파이프라인을 만들어 공급받으면 된다. 파이프라인이 약간 우회하지만 길이가 기존 사우스 스트림과 별 차이가 없다. EU 규정에서 벗어나지 않고 현실적으로 러시아 가스 외에는 대안이 없는 그리스, 마케도니아, 세르비아, 헝가리 등 남부 유럽 국가들도 이 새로운 프로젝트에 참여하고 있다. 이 프로젝트의 일환으로 터키에서 그리스를 거쳐 이탈리아로 이어지는 가스관 사업도 추진 중에 있다.

'터키 스트림Turkish Stream'으로 명명된 이 노선은 4개의 관을 통해 원래 계획대로 연간 63bcm의 천연가스를 수송할 수 있다. 북쪽으로는 발트해를 가로지르는 노드 스트림, 남쪽으로는 흑해를 관통하는 터키 스트림, 이 두 개의 해상 파이프라인을 통해 러시아는 유럽에 직접 천연가스를 공급할 수 있다. 이 터키 스트림을 위해서는 터키의 협조가 필수적이다. 가스관이 터키 앞바다와 육지를 지나야 하기 때문이다.

터키로서도 이 프로젝트를 크게 반기고 있다. 터키의 에너지 상황은 열악하다. 휘발유가 세계에서 제일 비싼 곳 중 하나이며, 이스탄불의 꽤 큰 호텔에서도 정전이 빈번하여 통로에도 사람의 움직임이 있어야 전기가 들어오는 시스템으로 전기를 아끼고 있다. 외곽으로 조금만 나가면 집집마다 태양열 집전판과 물탱크가 지붕에 달려 있는 것을 볼 수 있다. 원유와 천연가스가 조금 나오긴 하지만 대부분 정치적으로 불안한 동부의 쿠르드 지역에서 소규모로 생산된다. 많은 양의 원유와 천연가스를 수입하고 있는데, 원유는 쿠르드 지역을 공유하는 이라크에서 주로 수입하고, 천연가스는 이웃 이란에서도 수입하지만 러시아로부터 가장 많이 도입한다. 매년 27bcm 정도의 천연가스를 러시아로부터 수입하고 있는데 흑해를 관통하는 해상 파이프라인 '블루 스트림Blue Stream'을 통해 주로 공급받고 있다. 2005년 개통된 블루 스트림은 러시아의 흑해 연안에서 해저를 통과해 터키 북부 삼순항까지 바로 연결하는 파이프라인으로 연간 16bcm을 수송할 수 있다. 러시아로서도 터키가 독일에 이은 두 번째 천연가스 수입국으로 놓칠 수 없는 고객이다. 터키는 부족한 에너지를 해결하기 위해 원전을 추진하지만 빈번한 지진으로 안전에 대한 우려가 높다.

따라서 터키 스트림이 가동되면 터키는 에너지 공급에 대해서 한시름 놓게 된다. 터키 스트림의 4개 라인 중 하나는 터키가 전적으로 사용하는 데다가 가스요금도 상당히 할인받고 통과료도 받을 수 있다. 더구나 많은 양의 가스가 터키 스트림을 통해 유럽 국가들에게 공급되면 터키는 남유럽의 주요 가스허브 역할을 할 수 있다. 터키 스트림은 터키에게도 놓칠 수 없는 프로젝트인 것이다. 터키가 이 파이프라인의 육상노선 건설비용의 절반을 내겠다고 약속하고 최대 적대국인 그리스에게까지 협력을 요청할 정도로 적극적이다. 러시아나 터키나 사활이 걸린 에너지의 판로와 확보를 위해서는 과거의 앙금이나 외교적 갈등 따위는 염두에 둘 여지가 없는 것이다.

러시아와 터키의 에너지 협력, 원자력으로 이어지다

러시아의 '21세기 차르'로 불리는 푸틴 대통령은 2000년 집권한 자타공인 세계 최고의 '스트롱 맨'이다. 3연임을 금지하는 헌법 때문에 총리로 잠시 물러났다가 다시 대통령에 오른 그는 2024년까지 장기집권을 현실화시키고 있다. 오스만제국 시절의 부흥을 꿈꾸는 '21세기 술탄' 에르도안 대통령은 한술 더 뜬다. 2003년 의원내각제의 최고 자리인 총리에 올라 집권한 그는 총리의 4선을 금하는 헌법 때문에 할 수 없이 상징적 지위인 대통령으로 있다가 아예 대통령제로 헌법을 뜯어고쳐 2014년 당선되었다. 5년 임기에 중임할 수 있어 2024년까지 재임할 수 있다. 만약 에르도안 대통령이 2024년 임기가 만료되기 전에 조기 대선을 결정한다면 의회의 동의를 거쳐 다시 출마할 수 있다. 이 경우 임기는 2029년까지 연장된다. 푸틴과 에르도안의 목표는 선명하다. 러시아제국과 오스만제국의 영화를 되살리는 것이다. 그러기 위해서 러시아는 최대 수입원인 에너지의 안정적 판매를, 터키는 최고 난제인 에너지 부족을 해결해야 한다. 그것을 위해 영원한 앙숙 차르와 술탄이 손을 잡은 것이다.

   푸틴 대통령과 에르도안 대통령은 2014년 12월 정상회담을 갖고 터키 스트림 건설에 합의했다. 이들은 2017년 3월 모스크바에서 다시 만나 터키 스트림 건설을 즉각 시작해 2019년 12월까지 총 32bcm을 수송할 1, 2라인을 완공하기로 했다. 러시아 에너지 장관은 이 일정을 발표하면서 2019년 12월은 우크라이나와 가스 통과국 계약이 만료되는 시기와 정확히 일치한다고 언급하며 터키 스트림이 완공되면 우크라이나 통과 물량은 완전히 없어질 것이라고 밝히기도 했다. 터키 스트림 공사는 2017년 5월 7일 시작됐다. 러시아의 흑해 연안 도시 아나파를 출발해 그리스 접경지인 터키 입살라로 뻗어가는 이 파이프라인은 해저 900km를 포함 총 길이 1,100km인 대규모 수송관이다. 연간 16bcm의 천연가스를 운반할 수 있는 파이프 두 개가 나란히 건설된다. 가스프롬 측은 1단계로 터키까지 파이프를 설치한 후, 2단계로 그리스와 불가리아 등 터키 인접국으로 확장한다는 계획이다. 향후에는 수송량을 63bcm으로 늘릴 계획이다.

   가스관 사업으로 연결된 차르와 술탄의 밀월은 원자력까지 이어지고 있다. 러시아가 수주한 터키의 최초 원전사업인 악쿠유Akkuyu 건설도 2023년 상업가동을 목표로 2017년 내에 착공하기로 합의했다. 터키 남부에 총 4기를 짓기로 한 이 프로젝트의 사업 규모는 220억 달러로 러시아 사상 최대 해외원전 사업이다. 핵 강국 러시아는 터키를 발판으로 해외원전 사업을 키워 영향력 확대를 노리고 있고, 터키도 이 원전이 가동되면 전력생산의 안정성이 크게 제고된다. 에너지 협력으로 앙금을 털고 손을 맞잡은 차르와 술탄은 한 걸음 더 나아가 정치적 위상을 높이려 하고 있다. 시리아에서 정부군과 반군을 각각 지원하던 러시아와 터키의 적극적 중재로 2016년 말 휴전을 이끌어냈다. 이 두 나라의 영향력은 점점 더 커지고 있고 에너지 협력을 발판으로 정치 지형도 바꾸고 있다.

３ 중국과의 에너지 밀월이 시작되다

러시아판 아시아 피봇, 푸틴의 '신동방정책'

러시아는 전략적 요충지이자 곡창지인 크림반도를 무력으로 합병했지만 그 대가는 혹독했다. EU와 미국이 강력한 제재를 취하고, 러시아의 최대 에너지 시장인 유럽이 카스피해 연안국에서 직접 천연가스를 조달하기 위해 새로운 파이프라인 건설 움직임을 보이자 러시아의 마음도 바빠졌다. 노드 스트림과 터키 스트림으로 유럽시장을 어느 정도 붙잡는다 하더라도 유럽으로 공급되는 가스를 생산하는 서시베리아 가스전이 점점 고갈되어 가고 있는 것은 심각한 고민이다. 동시베리아와 극동, 북극의 야말반도와 해상 대륙붕 등에서 신규 가스를 생산해야 목표인 2035년 800bcm를 달성할 수 있다.

그런데 동시베리아와 극동의 가스전에서 생산되는 천연가스를 유럽으로 보내기는 너무 멀다. 유럽이 러시아 천연가스에 대한 의존에서 벗어나려고 노력할수록 러시아도 유럽에 대한 의존을 줄여야 한다. 결국 지리적으로 가깝고 경제성장을 이끌고 있는 아시아 시장 확대가 반드시 필요한 것이다. 게다가 2014년 유가 폭락으로 재정난에 처한 러시아는 에너지 수요가 견고한 아시아 지역에 눈독을 들일 수밖에 없다. 러시아는 전체 천연가스 수출에서 동아시아 지역이 차지하는 비중을 2014년 7%에서 2025년 30% 이상, 2035년에는 최대 44%까지 높이는 계획을 가지고 있다. 동시베리아와 극동에 부존하는 막대한 자원을 개발해 낙후한 동부지역의 개발도 꾀하고 있다.

서방으로부터의 고립을 해소하기 위해서라도 아시아 국가와의 협력이 절실하다. 이웃 우크라이나는 소련 해체 이래 서방과 가장 가까운 관계를 맺고 러시아에 각을 세우고 있다. 푸틴이 시리아의 아사드 대통령을 지원한 것도 러시아에 손실을 끼치고 있다. 베네수엘라를 반미의 선봉으로 키우기 위해 엄청난 무기를 외상으로 보냈지만 베네수엘라는 파산상태에 빠져 있다. 2016년 러시아의 미국 대선 개입 의혹으로 서방의 제재는 더욱 강해졌다. 아시아로 향하는 푸틴의 발걸음이 빨라질 수밖에 없다. 극동에 사활을 걸고 있는 그는 매년 이 지역을 방문하며 개발을 독려하고 있다.

푸틴 대통령은 아시아로의 진출을 새로운 국정과제로 강력하게 추진하고 있다. 2012년 5월 집권 3기를 맞은 푸틴 대통령은 '신동방정책'을 천명하고 동시베리아와 극동지역 개발, 그리고 아시아 국가들과의 협력 확대를 기치로 내걸었다. 이를 실현하기 위해 극동지역을 '선도개발구역', '중요 전략지역'으로 지정하고 극동개발부를 신설하는 한편, 새로운 에너지 시장 개척을 위해 블라디보스토크를 에너지 허브로 발전시키는 구상도 추진하고 있다. 2015년 1월 동북아국가와의 경제·에너지 협력 촉진을 위해 '동방경제포럼Eastern Economic Forum'도 창설했다. 2015년부터 매년 가을 블라디보스토크에서 열리는 동방경제포럼의 주요 의제는 에너지이며, 우리나라 대통령도 참석하여 동북아 지역 에너지 협력을 모색하고 있다.

푸틴 대통령은 러시아의 장기 에너지 전략을 다루면서 처음으로 아시아 시장에 대한 목표치를 설정했는데, 그의 『에너지전략 2035』에 따르면 러시아는 2035년까지 아태지역으로의 석유 수출을 하루 220만 배럴로 증대시키며, 러시아 전체 석유 수출에서 아태지역 비중도 40%로 올릴 것을 목표로 설정했다.

신동방정책의 핵심은 동북아 에너지 시장

신동방정책의 핵심은 러시아의 극동에서 국경을 접하고 있는 중국, 한국, 일본이다. 세계 최대 에너지 소비국인 이들 나라에 원유와 천연가스 등 에너지를 팔고 자본과 기술을 활용한 에너지 협력을 추진하는 것이다. 실제로 동시베리아와 극동지역의 원유와 천연가스는 에탄과 헬륨 함유율이 높아 개발비용이 많이 들기 때문에 외부의 자본과 기술이 절실하다. 풍부한 자본력과 원유와 천연가스의 생산과 정제에서 첨단기술을 보유하고 있는 한국, 중국, 일본과의 협력이 답인 셈이다. 이들 세 나라는 지리적으로 가까울 뿐만 아니라 많은 양의 에너지를 수입해야 하기 때문에 러시아와의 에너지 협력은 '윈-윈'이 될 수 있다.

서시베리아 가스전의 고갈에 대비한 러시아는 2007년 이미 '동부가스프로그램Eastern Gas Program'을 진행해 동시베리아 및 극동지역에 천연가스의 생산과 수송, 공급의 통합시스템 구축을 통해 동북아시아 천연가스 시장을 차지하기 위해 노력하고 있다. 동부지역의 가스전을 개발하여 러시아 전체를 가즈프롬이 주도하는 통합가스공급시스템UGSS으로 연결하는 내용이다. 이 계획에 의해 가즈프롬은 공격적인 투자를 진행하고 있다. 동시베리아와 극동의 원유 개발을 위해 대규모 탐사를 추진하고 대규모 가스정제와 석유, 가스 화학단지의 건설 및 운영 사업을 추진하고 있다.

동부 UGSS는 크라스너야르스크, 이르쿠츠크의 코빅타 가스전, 야쿠츠크의 차얀다 가스전, 사할린 등 4개 가스전을 통합 연결하는 프로젝트다. 특히 동시베리아와 극동지역의 주요 가스공급원인 차얀다 가스전 개발사업에 대한 투자는 2015년 200억 루블에서 3배 이상 증대되었고, 2016년에만 총 38개의 가스정을 설치했다. 차얀다 가스전은 러시아가 중국으로 공급하기로 한 동부노선인 '시베리아의 힘' 프로젝트의 핵심 공급원이다.

러시아 원유를 아시아로 실어 나르는 ESPO

러시아 신동방정책의 중심은 동아시아에 있지만 기반시설은 아직 미비하다. 천연가스관은 아직 연결되어 있지 않다. 원유는 중국과 연결되어 있는 ESPO 송유관을 통해 수송하고 있다. 몽골 북쪽 이르쿠츠크의 에너지 중심도시 타이세트에서 극동 아무르에 이르는 2,757km의 ESPO-1과 여기에서 하바롭스크를 거쳐 블라디보스토크 동쪽 태평양 연안의 코즈미노 원유 수출터미널을 연결하는 2,100km의 ESPO-2로 이루어져 있다. ESPO 라인은 서시베리아 북쪽 유전지대에서 원유를 공급받는다. 푸틴 대통령은 동시베리아와 극동지역에서 생산된 원유를 중국으로 판매하기 위해 이 두 파이프라인을 건설했으며 ESPO-1은 2009년 12월에, ESPO-2는 2012년 12월에 각각 완공되었다. 우리나라의 정유회사도 이 파이프라인을 통해 러시아산 원유를 도입하고 있다.

ESPO가 건설되기 전에는 철도로 원유를 수송해야 했기 때문에 물량에도 한계가 있었고 운임도 비쌌는데 이 파이프라인의 가동으로 물량이 크게 늘어나 러시아 전체 원유 수출량의 18% 정도가 ESPO를 통해 아시아로 수출되고 있다. 러시아와 중국은 2011년부터 2030년까지 20년간 ESPO 송유관을 통해 연간 1,500만 톤, 즉 하루 30만 배럴의 원유를 공급하는 계약을 체결했고, 2013년 6월에는 2009년의 기존 계약에 추가하는 형태로 향후 25년간 연간 최대 3,100만 톤의 원유를 공급하는 계약을 체결했다.

이에 러시아는 ESPO의 수송용량을 늘리는 작업을 진행하고 있는데 ESPO-1의 수송용량을 연간 5,800만 톤에서 8,000만 톤으로, ESPO-2의 수송용량을 3,000만 톤에서 5,000만 톤으로 확충하는 목표를 당초 일정보다 10년 이른 2020년까지 앞당기기로 했다. ESPO-1의 수송용량이 8,000만 톤으로 증대되면, 이 중 3,000만 톤은 중국 지선을 통해 다칭 유전으로 수송되고 2,400만 톤은 ESPO-2를 통해 코즈미노항에서 동아시아로 수출될 계획이다. 나머지 2,600만 톤은 ESPO 송유관과 연결되는 러시아 내 지선을 통해 극동지역의 정제공장으로 공급된다.

동시베리아와 극동지역에서 원유 생산이 조금씩 증가하고는 있지만 러시아의 최대 원유 생산지는 여전히 서시베리아다. 가채 매장량도 서시베리아가 1,800억 배럴이 넘어 200억 배럴 수준의 동시베리아를 압도한다. 그런데 그동안 서시베리아 원유를 받아주던 유럽시장이 위축됨에 따라 서시베리아산 원유를 새로운 시장인 동아시아로 수송하기 위해서도 ESPO가 중요한 역할을 하고 있다. 현재 아시아로 수출되는 원유의 약 절반이 반코르Vankor 유전 등 서시베리아 지역에서 생산된 것으로 ESPO를 통해 동아시아로 수송되고 있다. 동아시아로 수출하는 물량이 늘어나면 그 증가분은 대부분 서시베리아산 원유가 채울 것이며 그렇게 되면 서시베리아에서 유럽으로 향하는 물량이 줄 수밖에 없어 러시아로서는 원유 수출에서 중요한 전환점에 서 있다고 할 수 있다.

중국과의 에너지 밀월로 입지를 강화 중인 푸틴

러시아는 2016년 사우디를 제치고 중국의 최대 원유 공급자로 올라섰다. 중국의 러시아산 원유 수입은 2014년 하루 평균 66만 배럴을 기록해 그전 15년 동안 20배 급증한 데 이어 2015년에는 28%, 2016년에는 25% 증가한 105만 배럴에 달해 급등세를 이어가고 있다. 중국의 원유수입에서 러시아가 차지하는 비중은 2013년 8.8%로 4위를 기록했으나 2015년에는 11.9%로 2위로 오른 데 이어, 2016년에는 13.8%까지 상승해 1위를 차지했다. 러시아는 중국에 대한 수출을 늘리기 위해 서시베리아에서 생산되는 원유도 ESPO를 통해 공급함에 따라 유럽으로 가는 물량도 줄이고 있다. 동시베리아 유전에서의 생산이 여의치 않음에 따라 서시베리아에서 생산된 원유를 카자흐스탄과의 스왑거래를 통한 중국 수출도 늘리고 있다. 중국은 블라디보스토크의 코즈미노항을 통해서도 러시아 원유를 공급받고 있는데, 이 원유가 들어오는 텐진에는 양국의 최초 합작 정유공장이 지어질 예정이다. 또한 중국은 러시아의 극동과 동시베리아 유전개발에도 적극 참여 중이다.

천연가스 부문에 대한 협력도 본격화될 것이다. '시베리아의 힘' 프로젝트가 가동되면 러시아는 중국에 동부지선을 통해 2018년부터 연간 38bcm이 천연가스를 공급하고 2020년부터 서부지선을 통해 30bcm을 천연가스를 추가로 보내게 된다. 이 국경을 가로지르는 가스관과 송유관은 양국관계가 새로운 단계에 올랐음을 알리는 것이고 '에너지 밀월'의 상징이 될 것이다. 또한 양국은 세 번째 가스 파이프라인을 건설할 계획도 가지고 있다.

여기에 중국 국영 가스회사인 CNPC는 러시아의 민간가스기업인 노바텍과 2014년 계약을 체결해 러시아 야말에서 생산된 LNG를 20년 동안 연간 300만 톤의 물량을 받기로 했다. 이를 위해 CNPC는 노바텍의 야말 LNG 지분 20%를 인수했다. CNPC 외에도 중국 실크로드기금이 2016년 야말LNG 지분 9.9%를 인수했고 중국개발은행과 수출입은행은 야말LNG 프로젝트에 총 191억 유로의 차관을 제공하고 있다. 또한 중국 CNOOC는 야말-LNG의 액화공정 관련 설비를 건설할 예정이다.

중국과의 에너지 밀월은 푸틴 대통령의 입지를 강화시키고 있다. 독일을 비롯한 유럽 국가들과의 에너지 협력을 바탕으로 외교적 힘을 과시하는 것이다. 동북아 지역에서의 외교안보 이슈에 대해서는 적극적으로 중국의 입장을 두둔하는 한편, 트럼프 대통령 당선 이후 고립에 처한 미국에 대한 날을 세우고 있다.

아시아 피봇, 그리고 신동방정책과 일대일로의 만남

역사는 작용과 반작용의 연속이다. 에너지 지정학에서도 그렇다. 발단은 셰일혁명이었다. 2000년대 후반부터 천연가스와 원유가 쏟아져 나오자 미국은 최대 과제이던 에너지 독립을 이루게 되었고, 원유 확보를 위해 1970년대 이후 중동에 집중되었던 대외관계의 축도 바꿀 수 있게 되었다. 셰일자원이 대량 생산되고 있음을 확인할 즈음인 2011년 미국은 '아시아 피봇'이라는 이름으로 아시아 중시정책을 내세웠다. 중동 대신 새롭게 떠오른 위협인 중국을 견제하기 위함이었다. 2013년 시진핑 주석은 '일대일로' 전략을 들고 나왔다. 중국을 압박하기 위한 '아시아 피봇'에 맞서 중앙아시아와 아프리카를 연결하여 지정학적 도전을 뚫겠다는 방안이다.

미국에 맞서기 위한 중국의 또 다른 선택은 러시아다. 우크라이나 사태 이후 셰일혁명으로 힘을 받은 미국과 유럽연합의 제재에 당면한 러시아와의 이해관계가 맞아 떨어졌다. 제재로 유럽 에너지 시장을 잃을 처지에 놓인 러시아는 자국판 아시아 피봇인 동방정책을 들고 나왔다. 절대로 같은 이익을 추구할 수 없을 것으로 보이던 중국과 러시아는 에너지라는 아이템을 통해 새로운 관계를 열어 나가며 동북아의 신냉전구도를 만들고 있다. 여기에 2011년 후쿠시마 원전 사고로 초유의 에너지 위기에 직면한 일본은 미국산 천연가스 도입을 통해 집단적 안보와 미국과의 동맹을 강화시키고 있다. 셰일혁명의 지정학적 여파가 한반도 주변 상황에 큰 변화를 일으키고 있는 것이다.

상호견제의 장치, 유라시아경제연합과 상하이협력기구

아무리 협력을 한다 하더라도 중국과 러시아는 여전히 앙숙이다. 푸틴 대통령은 당장 에너지 수출 문제가 급해 중국에 많은 양보를 했지만 중국의 힘이 더 강해지는 것을 결코 원하지 않는다. 그는 중국을 견제하기 위해 과거 소비에트연방국들과 힘을 합치고 있다. 푸틴은 2015년 1월, 독립국가연합에 속해 있던 카자흐스탄, 벨라루스, 아르메니아, 키르기스스탄 등과 함께 '유라시아경제협력기구Eurasian Economic Union: EEU 또는 EAEU'를 출범시켰다. 이들 5개국의 정치·경제·군사·문화 통합국가연합으로 향후 상품·노동·자본의 자유로운 이동, 단일 경제정책과 단일 통화 도입을 목표로 유럽연합EU을 모델로 하는 유라시아연합Eurasian Union을 구성한다는 구상이다. 계획대로라면 2025년 출범한다. EAEU는 구소련

면적의 91%에 달하며 1억 8,000만 명의 인구를 가지고 있다. GDP는 2조 1,000억 달러, 무역액은 1조 달러에 달한다. 전 세계 원유 생산량의 14%, 가스 생산량의 20%, 석탄 생산량의 6.4%를 차지하고 있다. EAEU는 우리나라와도 FTA를 추진하고 있다. FTA가 체결되면 구소련 국가들의 경제 영토를 단박에 얻는 효과가 있고 EAEU가 주요 에너지 수출국들이기 때문에 우리나라의 에너지 안보에도 큰 도움이 될 것으로 보인다. 우리나라는 2016년 러시아로부터 3,936만 배럴의 원유를 수입해 전체의 3.7%를 차지했고 카자흐스탄 물량도 점차 늘고 있다. 현재까지 EAEU와 FTA가 발효된 나라는 베트남 한 곳이지만 이집트, 이란, 인도, 칠레, 싱가포르, 아세안, 페루 등 여러 나라와 접촉을 진행 중이다.

EAEU 회원국들은 중국의 일대일로 대상국들과 겹친다. 따라서 러시아와 중국의 주도하에 EAEU와 일대일로의 연계를 추진하고 있다. 실제로 푸틴 대통령과 시진핑 주석은 2015년 정상회담에서 이 두 경제 전략의 연계에 대한 공동성명을 발표했다. 2017년 7월 모스크바 정상회담에서 양국은 이 구상을 위해 우리 돈으로 11조 5,000억 원에 달하는 680억 위안 규모의 공동기금을 조성하기로 합의했다. 모스크바와 러시아의 중부도시 카잔Kazan을 잇는 770km 길이의 고속철도 건설에 1조 루블을 공동 투자하기도 했다. 이 두 경제권의 연계는 중국과 유럽으로 이어지는 유라시아 대륙에 새로운 공동 경제공간이 출현한다는 걸 의미한다.

그러나 러시아의 EAEU 구상의 근본적인 목표는 중앙아시아에서 영향력을 확대해 나가고 있는 중국을 견제하기 위함이다. 구소련의 연방국들의 중국 경제에 대한 의존이 심화되고 하나씩 중국의 영향력으로 들어가는 것은 러시아에게는 위협이 아닐 수 없다. 게다가 중국이 일대일로 전략을 내세워 중앙아시아로의 진출을 가속화시키자 러시아는 이를 견제하기 위한 방편으로 EAEU를 활용하는 것이다.

중국은 중국대로 러시아를 견제한다. 지금은 쪼그라들었지만 엄청난 자원을 보유하고 있는 에너지 강국이자 지역패권의 경쟁국이기 때문이다. 러시아가 중국을 견제하기 위해 꺼낸 카드가 EAEU라면 중국이 이런 러시아를 견제하기 위한 방안은 상하이협력기구SCO다. 중국이 SCO를 EAEU의 대화상대로 지정한 이유다. SCO 회원국들은 지리적으로 일대일로와 밀접한 이해관계에 있으며, 사업에도 모두 참여하고 있다.

SCO는 2001년 6월 중국의 주도로 러시아, 카자흐스탄, 키르기스스탄, 타지키스탄, 우즈베키스탄 6개 회원국과 인도, 파키스탄, 이란, 몽골, 아프가니스탄 등 6개 옵서버, 터키, 벨라루시, 스리랑카 등 6개 대화 파트너로 시작됐다. 중국과 러시아는 애초 자국 영토에 거주하는 중앙아시아 소수민족들의 분리 독립을 막기 위해 SCO를 창설했다. 그런데 SCO의 주도권이 2010년 이후 중국으로 넘어가기 시작했다. 중국이 경제대국으로 부상하고 중앙아시아의 중국 경제에 대한 의존이 심화되었기 때문이다. 게다가 러시아가 2014년 우크라이나 크림반도 강제합병으로 서방의 강력한 제재를 받으면서 중앙아시아 국가들은 중국과의 관계를 더욱 강화해왔다. 옵서버였던 인도와 파키스탄이 2017년 7월 정식 회원국이 됨에 따라 SCO는 전 세계 인구의 44%에 달하는 31억 명이고 세계경제에서 차지하는 비중도 25%다. 핵보유국만도 4개국에 이른다. 러시아와 카자흐스탄, 키르기스스탄은 EAEU 회원국이기도 하다. EU 가입을 거부당한 터키도 SCO의 정식회원국으로의 승격을 희망하고 있다.

흥미로운 점은 중국과 앙숙인 인도의 가입이다. 그것도 인도의 철천지원수인 파키스탄과 함께 가입한 것이다. 인도와 중국은 영토분쟁 중이며 국경에서 군사도 대치하고 있다. 인도와 파키스탄은 전쟁도 불사할 수준의 관계다. 인도는 중국과 파키스탄을 견제하기 위해서 SCO에 가입했다. 호랑이 등에 올라탄 것이다. 또한 계속 수요가 늘고 있는 석유와 천연가스 확보를 위해 중앙아시아와의 협력을 위해서도 SCO에 가입하는 것이 필요하다고 생각했다. 모디 총리는 러시아와 투르크메니스탄 등 중앙아시아 국가로부터 천연가스를 대규모로 도입하기 위해 파이프라인 프로젝트를 추진하고 있다.

게다가 중국과 잠재적 라이벌인 러시아도 SCO 회원국이다. 전략적 이해관계가 다른 중국과 러시아, 인도와 파키스탄이 모두 회원국인 것이다. 따라서 정치적 성과를 이루어내기가 어렵다. 그러나 인도를 제외한 대부분의 회원국들은 미국, 유럽과 관계가 좋지 않다. 따라서 SCO가 미국과 유럽이 주도하는 NATO에 대항하는 역할은 가능할 것으로 보인다. 마침 트럼프 대통령 취임 이후 군사비 문제와 러시아 천연가스를 두고 미국과 EU의 갈등으로 NATO가 균열 양상을 보이는 데 반해 SCO는 덩치를 키우고 있어 대결 양상이 심화될 것으로 보인다.

중국은 SCO를 통해 미국과 러시아를 동시에 견제하려 하고 있고, 러시아는 EAEU를 통해 영향력을 확대하고 있는 중국을 견제하며 옛 소련의 위상 회복도 꾀하고 있다. 양국은 한편으로 에너지를 통한 협력을 추진하면서 다른 한편으로는 끊임없이 상대를 견제하고 있는 것이다.

05
일본, 에너지 위기를
기회로 만들다

에어컨 '빵빵한' 일본의 여름

1992년 여름, 일본 문부성 초청 대학생 연수프로그램으로 일본을 처음 방문했을 때, 제일 부러웠던 점은 '빵빵한' 에어컨이었다. 날씨는 매우 습하고 더웠지만, 일단 실내로 들어가면 시원한 바람이 땀을 금방 식혀줬다. 아무리 작은 집에도 방마다 에어컨이 설치되어 있어 열대야에도 밤잠을 설치지 않았다. 일본 사람들은 전기요금에 대한 큰 부담 없이 에어컨을 가동하고 있었다. 일본의 전기요금은 1970년대 오일쇼크 직후 급등했으나 1980년대 후반부터 가파르게 하락했다. 원자력 발전이 증가하여 비싼 연료인 석유를 대체하면서 전기요금이 크게 내려간 것이다. 1975년에는 발전량 중 석유의 비중이 62.1%로 압도적으로 높았고 원자력의 비중은 6.5%에 지나지 않았다. 오일쇼크로 전기요금 폭탄을 맞을 수밖에 없는 구조였다. 20년 후인 1995년엔 원자력의 비중이 34%로 급등했고 석유는 17.5%로 줄어들었다. 원자력 발전이 가파르게 증가하면서 전기요금도 현저하게 떨어졌다. 석탄의 비중도 급증하여 1975년 4%가 채 안된 것이 1995년엔 14%로 증가했다. 결국 당시 일본 주민들이 전기를 편하게 쓸 수 있게 한 것은 원자력과 석탄이었다.

우리나라와 같이 일본도 단순 연료 투입단가가 싼 원자력과 석탄 중심으로 전기를 생산하면서 전기요금을 낮게 유지했다. 우리나라나 일본이나 자원빈국으로 그 당시에는 어쩔 수 없는 선택이기도 했다. 그러나 일본과 우리가 분명히 다른 것이 있다. 바로 정도의 차이다. 일본에서 석유의 비중은 계속 줄어 현재 8%에 미치지 못하고 있다. 가격과 환경적 면에서 불리한 석유가 발전부문에서 밀리는 것은 세계적인 추세다. 우리나라에서도 2%에 지나지 않는다. 일본에서 석탄의 비중은 점점 늘어 2000년에는 18%를 넘어섰고 2015년엔 31.6%에 달했다. 우리나라의 40%와 비교하면 상당히 적은 비중이다. 천연가스의 경우 일본의 비중은 1975년 5.3%에서 빠르게 증가하여 1985년에는 22%에 이르고 2010년 30%로 오른 후 2011년 후쿠시마 사태로 더 가파르게 상승해 40%를 훌쩍 넘긴 후 2014년에는 46.2%로 최고점을 찍었다. 이후에 약간 줄긴 했어도 40%대 중반을 유지하고 있다. 우리나라의 25% 수준에 비하면 매우 높은 비중이다.

일본에서 원자력의 비중이 가장 높았을 때가 2000년의 34.3%였다. 이후에는 점차 줄어 2010년에는 28.6%를 기록한 후 후쿠시마 원전 사고 이후로는 매우 낮은 상태를 유지하고 있다. 우리나라 원자력 발전 비중이 30% 정도이니 평균적으로는 우리나라와 비슷하거나 조금 높다고 할 수 있다. 신재생은 일본이나 우리나라나 거의 없다시피 하지만 일본은 수력의 비중이 10%에 육박할 정도여서 우리보다 훨씬 높다. 물 많고 산 깊은 일본에서 수력발전의 비중은 원전과 석유가 많이 쓰인 1975년에도 20%를 차지하고 있었다.

후쿠시마 원전 사고, 에너지 위기를 부르다

우리나라처럼 원유, 천연가스, 석탄 등 필요한 에너지의 거의 전량을 수입에 의존해야 하는 일본은 전력 수급을 위해 일찍이 원자력 발전에 관심을 기울였다. 1966년 영국에서 소규모 원자로를 수입해 태평양 연안의 도카이무라에서 첫 원자력 발전을 시작하였다. 우리나라의 최초 원전인 고리 1호기가 1978년에 완공되었으니 우리보다 10년 이상 빨랐다. 세계에서 유일하게 원자력 폭격을 경험한 일본이었기 때문에 원자력 발전에 주저하기도 했지만 자원이 없는 그들로서는 피할 수 없는 선택이었다. 일본은 영국에 이어 미국에서도 원전을 수입하고 점차 자체 개발역량이 생기면서 총 55기의 원전으로 미국, 프랑스에 이은 세계 3위의 원자력 대국으로 우뚝 섰다. 그 원자력으로 전기를 충당하면서 경제가 빠르게 성장할 수 있었던 것이다. 원자력이 발전량에서 차지하는 비중이 1985년부터 20%를 훌쩍 넘었고 1990년대 말부터 2000년대 중반까지는 30%를 넘어서기도 했다.

그러나 원전에 과도하게 의존한 결과는 너무나도 참혹했다. 2011년 3월 11일 최악의 원전사고가 후쿠시마 원전에서 일어났다. 일본의 동북지역을 강타한 지진과 쓰나미의 여파로 후쿠시마 제1원전의 외벽이 무너지고 원자로가 녹아내렸다. 이 충격적인 장면은 전 세계로 생중계되었다. 사람이 피폭되면 수십 초 내에 사망으로 이어지는 치명적 방사능이 주변으로 퍼졌다. 무인 탐색 로봇조차 2시간을 견디지 못할 정도의 높은 방사능 수치 때문에 원자로 내부 상황이 어떻게 진행되는지조차 몰랐다. 참혹한 장면을 목도한 간 나오토 당시 총리는 모든 원전을 즉각 중단시키고 2030년까지 '원전 가동 제로'를 선언했다. 일본 전역은 극단적인 에너지 절약에 돌입했고, 주민들은 꼼짝없이 무더운 여름을 맨몸으로 견디며 지내야 했다. '빵빵한' 에어컨의 시절이 끝난 것이다. 그나마 원전 사고에도 더 큰 에너지 대란을 겪지 않은 것은 일본인 특유의 집단의식으로 에너지 절약에 적극 동참하고 원자력 발전의 비중이 30%를 넘지 않도록 발전믹스를 유지한 덕택이라 할 수 있다.

후쿠시마 원전 사고로 인한 전대미문의 에너지 위기를 적극적인 에너지 절약과 천연가스로의 연료 전환, 효율성 제고 등으로 가까스로 넘기자, 원전 사고의 여파로 인한 민주당의 몰락으로 집권에 성공한 자민당의 아베 정권은 원전 제로 선언을 뒤집고 다시 원전 스위치를 만지작거리고 있다. 대체연료 사용으로 인한 전기요금 인상으로 주민들의 불만이 커지고 있기 때문이다. 후쿠시마 원전 사고 이후 일본의 가정용 전기요금은 25% 이상, 산업용은 40% 가까이 상승했다.

어느 나라나 전기요금은 정치적 사안이다. 전기요금이 오르면 물가 전체에 광범위한 영향을 주고 정권의 인기는 떨어지게 되어 있다. '잃어버린 20년'을 치유하기 위해 엄청난 돈을 쏟아 부은 '세 개의 화살'을 당겼지만 효과가 신통찮은 상태에서 또 하나의 포퓰리즘적 처방인 전기요금 인하를 내놨는데, 그것을 위해 원자력 발전을 재가동하는 것이다. 2014년 이후 저유가로 부담이 줄긴 했어도 LNG 도입은 일본의 무역수지를 악화시키는 가장 큰 요인이었다. 제2차 세계대전의 응징으로 받은 두 차례의 핵 공격과 핵 공격에 다름 아닌 후쿠시마 원전 사고를 겪은 일본이지만 당장 원자력 없이 전기를 조달하기에는 힘겨운 부분도 있다. 원자력의 유혹을 뿌리치기 힘든 이유다.

안전심사를 통해 후쿠시마와 거리가 먼 큐슈전력의 센다이 원전 1,2호기가 2015년에, 시코쿠전력의 이카타 3호기가 2016년에 재가동되었다. 이외에도 20기가 넘는 원전이 안전심사를 통과했거나 심사 중에 있어 더 많은 원전들이 재가동될 것으로 보인다. 아베 정부는 발전에서 원전 비율을 2030년까지 20~22%로 끌어올린다는 계획이다. 목표를 맞추려면 적어도 30기의 원자로가 필요한데, 후쿠시마 사고 이후 원전수명이 최대 40년을 넘지 못하도록 제한되어 있다. 이렇게 되면 사고 전 가동되었던 42기 가운데 20여 기만 재가동이 가능하기 때문에 정부는 원전의 수명을 60년까지 연장할 수 있도록 노후 원전의 재가동도 추진하고 있다. 이것이 마땅치 않으면 신규 원전 건설도 추진하고 있다. 그러나 원전 반대 여론이 찬성보다 압도적으로 높고 환경단체로부터도 심한 반대에 직면해 있어 계획대로 될지는 미지수다.

에너지 소비 대국 일본의 고민과 선택

중국에 밀리긴 했어도 일본은 여전히 에너지 소비 대국이다. 일본 내에서 하루 5만 7,000배럴 정도의 원유와 천연가스가 생산된다. 우리나라의 동해 가스전에서 하루 1만 배럴 분량의 천연가스가 생산되는 것에 비하면 그나마 사정이 나은 편이다. 그러나 필요한 원유와 천연가스의 거의 전량을 수입에 의존해야 한다. 일본은 세계 물량의 30% 이상을 싹쓸이해 가는 부동의 세계 1위 LNG 수입국이다. 섬나라로 파이프라인이 연결되어 있지 않아 필요한 모든 천연가스를 LNG 형태로 도입해야 하기 때문이다. 천연가스 소비량은 하루 111bcm으로 세계 5위다. 석유제품은 미국, 중국, 인도에 이은 세계 4위의 소비국이며 하루에 400만 배럴 이상을 쓴다. 이 소비를 위해 세계에서 세 번째로 많은 원유를 수입해 하루 380만 배럴의 원유를 정제시설에 투입한다. 석탄 수입도 중국과 인도에 이은 세계 3위다.

석유 소비는 2000년대 초반 이후 계속 줄고 있다. 2016년 소비는 10

년 전에 비해 23%나 줄었다. 2011년 후쿠시마 사태 이후 모든 원전이 폐쇄되면서 석유 소비가 잠시 늘기도 했으나 하향추세는 계속되고 있다. 석유의 1차 에너지 비중도 1970년대 80%에서 현재 40%선으로 줄어들었다. 고령화도 원인이지만 천연가스와 친환경연료로의 전환, 소비의 효율화가 가장 큰 이유이다. 일본도 우리나라와 같이 중동 원유 의존도가 매우 높아 공급국 다변화를 시급한 과제로 두고 있다. 사우디가 34%, UAE 25%, 쿠웨이트 카타르가 각각 8% 등 중동국가 의존이 80%를 상회한다. 이를 완화하기 위해 러시아 원유 도입을 늘리고 있는데 10%에 근접할 정도로 상승했다. 러시아 원유는 ESPO-2 라인을 통해 코즈미노항에서 유조선으로 실어온다.

석유 소비의 감소와 달리 천연가스의 수요는 계속 증가하고 있다. 2008년 세계 금융위기가 해소되자 천연가스 소비가 크게 늘었고 2011년 후쿠시마 원전 사고 이후 다시 한 번 크게 증가했다. 2014년부터는 경기 후퇴와 석탄가격의 하락으로 상승세가 꺾이긴 했지만 천연가스 소비는 10년 전보다 42%나 증가할 정도로 가파르게 상승해왔다. 일본은 국내의 가스전에서 소량의 천연가스를 생산하지만 필요한 거의 대부분을 수입하고 있다. 천연가스 수입의 50% 이상을 호주와 동남아시아에 의존하고 있어 공급국 다변화를 위해 노력하고 있다. 1969년 미국 알래스카로부터 처음으로 LNG를 도입한 후 1970년대부터는 본격적으로 인도네시아 등 동남아시아와 중동에서 도입하고 있다.

영원한 동맹 미국으로부터의 LNG 도입

후쿠시마 사태로 모든 원전이 멈추자 일본이 선택한 대안은 천연가스였다. 석탄이 싸긴 하지만 온실가스 감축도 당면한 과제였다. 석유는 비싸고, 신재생 발전을 당장 늘리기는 불가능하기 때문에 현실적 대안은 천연가스뿐이었다. 원전 가동 중단 직후 천연가스 발전 비중이 46%까지 올라갔고 석탄은 31%로 석유는 11%로 상승했다. 사고 이전인 2010년의 천연가스 29%, 석탄 25%, 석유 7%에 비해 크게 증가한 것이다.

사고 이전까지 일본은 연간 6,000만~7,000만 톤 정도의 LNG를 수입했는데, 2,000만 톤을 추가 구매하자 수입액이 크게 증가했다. 일본이 물량을 대거 사들이자 LNG 아시아 가격이 20% 이상 폭등해 일본의 부담을 가중시켰다. 2011 회계연도의 무역수지가 마이너스 2조 6,000억 엔을 기록해 31년 만에 처음으로 적자를 기록했고 이듬해인 2012년에는 적자가 6조 9,000억 엔으로 확대되었다. 2010년에 6조 6,000억 엔의 흑자를 기록한 것을 감안하면 연료비 급증이 일본경제에 얼마나 큰 타격을 주었는지 짐작이 가능하다. 일본이 수입하는 LNG 가격은 유가에 연동되어 있는데, 당시 유가가 치솟고 있어서 일본의 연료비 부담이 가중되었다. 경제 활성화를 위해 진행되고 있던 엔저 정책도 연료 수입액의 상승을 부추겼다. 일본의 무역수지 적자는 유가 하락의 덕을 보기 전인 2015년까지 5년 연속 계속되었다. 연료 수입이 늘면서 에너지 자급률도 2010년 19%에서 2015년 6%로 떨어졌다.

연료비 급증으로 전력회사들이 심각한 재정난을 겪게 되자 전기요금이 큰 폭으로 인상되기 시작했다. 2014년 전기요금은 2010년에 비해 가정용은 25%, 산업용은 39%나 상승했다. LNG 수입 급증으로 무역수지 적자가 심화되자 다급해진 일본은 석탄으로 눈길을 돌렸다. 온실가스 감축도 급하지만 눈덩이처럼 불어나는 무역적자를 당해낼 재간이 없었다. 원전을 멈추고 LNG와 석탄, 석유 등 화석연료 사용이 증가하면서 온실가스 배출량도 크게 늘었다.

중장기 공급계약에 의해 정해진 물량을 받아들이던 일본이 후쿠시마 사태 이후 천연가스 발전을 위한 LNG 물량 확보를 위해 현물시장에서 구매를 늘렸는데 이것이 도입비용을 더 높였다. 발전사들은 눈덩이처럼 불어나는 적자에 시달려야 했다. 원전이 문을 닫은 상태에서 전기를 만들기 위해 더 많은 LNG를 수입해야 하는데, 가격은 치솟고 게다가 물량 확보까지 어려워진 일본은 그야말로 절대절명의 에너지 위기에 봉착해 있었다.

　　죽으란 법은 없었다. 일본에겐 셰일혁명으로 2000년대 후반부터 천연가스 생산이 급증한 영원한 동맹 미국이 있었다. 일본은 2012년 7월부터 2014년 5월까지 3개의 프로젝트Freeport, Cove point, Cameron를 포함해 향후 20년간 총 연간 1,717만 톤의 구매계약을 체결했다. 2012년 일본의 LNG 수입물량 8,800만 톤의 20%에 해당하는 거대한 물량이다. 이들 LNG 프로젝트가 개시되는 2017년부터 즉각 도입할 수 있는 계약이었다. 게다가 가격도 훨씬 저렴했다. 헨리허브 가격지표로 움직이는 미국의 천연가스 가격은 고유가에 묶여 있지 않았다. 일본이 기존에 다른 지역에서 도입하고 있던 LNG보다 절반 정도로 낮은 가격이었다.

　　그러나 이 물량을 받기 위해서는 미국 정부가 수출 승인을 해야 한다. 일본은 미국과 FTA 체결국이 아니기 때문에 미국산 천연가스를 도입하는 것이 용이하지 않았다. FTA 미체결국으로 LNG를 수출할 경우 미국 에너지부는 여론을 수렴하여 공익에 부합하다고 인정될 경우에만 이를 승인하며 연방에너지규제위원회FERC의 환경영향평가도 받아야 한다.

　　일본은 미국 정부의 승인을 얻기 위해서 외교적 역량을 퍼부었다. 2013년 2월 아베 총리는 재집권에 성공해 한숨을 돌리자마자 미국으로 달려갔다. 오마바 대통령과의 정상회담에서 거듭 LNG 수출 프로젝트의 승인을 부탁했다. 그해 5월에는 경제산업성 장관이 미국을 방문하여 LNG 수출 허용을 재차 요청했다. 정부의 외교적 노력과 함께 미쓰이, 스미토모 등 일본 기업들은 미국의 셰일가스 개발과 공급인프라 프로젝트에 적극적으로 참여해 미국의 생산기업들과 연대를 강화했다. 금융회사들은 각종 프로그램을 통해 보험 등 금융지원으로 대일 수출 리스크 완화에 나섰다.

에너지 위기를 동맹 강화의 기회로 삼다

마침내 2013년 5월, 미국 정부는 프리포트Freeport의 LNG 수출 프로젝트를 승인했다. 오사카가스, 주부전력, 도시바 등이 참여한 프로젝트다. 탄력을 받은 아베 총리는 2014년 4월, 오바마 대통령을 국빈 방문으로 초청해 정상회담을 갖고 나머지 LNG 수출 프로젝트에 대한 승인도 요청했으며, 오마바 대통령은 이의 승인을 약속했다. 이로써 일본은 저렴한 미국산 천연가스를 20년 동안 안정적으로 공급받을 수 있게 되었다. 당시 미국 LNG 매매계약은 가격도 기존 중동 물량보다 저렴한 데다가 목적지 조항이 없는 등 좋은 조건이어서 일본에게는 그야말로 구세주였다. 미국으로서도 셰일 붐으로 천연가스 생산이 급증하고 있는 시점에서 일본이라는 대규모 수요처를 확보하는 것이어서 마다할 이유가 없었다. 게다가 2014년 하반기 유가 폭락으로 셰일업체들의 채산성이 떨어지고 있을 때라 수출 길을 터주는 것이 필요했다.

일본은 한 걸음 더 나아갔다. LNG 도입계약 체결 후 일본은 미국산 에너지를 안정적으로 실어 날라야 한다는 이유로 수송로에 대한 미국의 강력한 안보우산을 제공해 달라고 요청했다. 미국산 LNG가 들어올 해상루트는 미국의 방위망과 연결되어 있으니 미국 에너지의 안전한 수송을 위한 집단적 안전보장, 즉 집단적 자위권 행사에 대한 요구였다. 미국으로서도 중국을 견제하기 위해서 일본의 적극적인 역할이 필요했는데 대규모 에너지 수송을 빌미로 일본에게 집단적 자위권을 허용한 것이다.

2015년 4월, 아베 신조 일본 총리의 미국 방문에서 일본이 집단적 자위권을 행사하도록 미일 안보협력지침 개정작업을 마무리했다. 정상회담 후 공동기자회견에서 양국은 군사·경제 동맹을 강화할 것이며 이를 위해 환태평양경제동반자협정Trans-Pacific Partnership: TPP를 신속히 타결할 수 있도록 노력할 것이라고 발표했다. 트럼프 행정부의 등장으로 TPP 체결은 불가능할 것으로 보이지만 일본은 미국산 LNG 도입으로 2016년 대미 흑자가 26.6% 줄어들었고 추가 구매의사도 밝혀 무역분쟁을 피해가고 있다.

LNG 수입을 안보동맹 강화로 이용한 일본은 이를 발판으로 2015년 9월에는 집단적 자위권 행사를 규정한 안보법제를 도입했다. 집단적 자위권은 일본이 단독으로 군사력을 사용할 수는 없지만 미국과 '집단적'으로는 가능하다는 의미이다. 이로써 자위대는 일본이 직접 공격을 당하지 않더라도 일본의 안전이 위협받거나 국제사회의 평화가 위태롭다고 판단될 경우엔 세계 어디서든 교전이 가능해졌다.

집단적 자위권은 일본에게는 큰 성과이지만 우리에게는 큰 위협일 수밖에 없다. 더 중요한 것은 일본이 이런 외교적 성과를 위해 주도면밀하게 움직일 동안 우리나라는 일본의 이러한 움직임조차 감지하지 못하고 있었다는 것이다. 2014년 4월 아베 총리와 오바마 대통령이 천연가스 수출과 안보라는 큰 합의를 이룬 정상회담을 할 동안 우리는 엉뚱한 곳에 외교적 노력을 쏟고 있었다. 오바마 대통령이 일본을 국빈 방문하면서 한국은 제외시키자 이는 외교적 패배라며 오바마 대통령의 방문을 유치하기 위해 백악관에 매달렸다. 결국 1박 2일의 한국 방문이 성사되었지만 우리가 얻은 것은 거의 없었다. 일본이 오바마 대통령을 미국 대통령으로는 18년 만에 국빈으로 초청해 에너지와 안보에서 큰 성과를 내는 동안 우리는 명분에만 매달려 있었던 것이다. 한국이 과거사에 집착한 사이, 국내 이슈에 매몰된 사이에도 국제질서는 국익에 따라 냉정히 움직이고 있다. 결과적으로 동북아사이에서 신냉전이 형성되고 한국은 중대한 외교적 도전에 직면해 있다.

러시아와의 영토분쟁도 에너지 협력으로

일본은 에너지 안보를 위해 러시아에도 전략적으로 접근하고 있다. 영토분쟁과 연계하여 에너지 협력의 고리를 찾는 것이다. 일본과 러시아는 오랜 영토분쟁을 겪고 있는데 러시아 연해주 캄차카반도와 일본 홋카이도 사이에 있는 30여 개의 화산섬들인 쿠릴 열도의 일부에 대한 소유권 분쟁이다. 양국은 1905년 러일전쟁 때 세게 붙었다. 만만하게 보던 일본에 밀린 러시아는 흑해 함대까지 동원해 대한해협에서 일전을 벌였으나 일본의 승리로 끝났다. 그 결과 일본은 쿠릴 열도와 사할린 절반을 양도받았다. 그것도 잠시. 제2차 세계대전에서 일본이 패하면서 승전국 소련에게 사할린 전체와 쿠릴 열도 모두를 되돌려줬다. 그러나 얼마 후 패전의 충격에서 깨어난 일본은 쿠릴 열도 중 홋카이도와 가까운 4개의 섬은 1845년에 체결된 러시아와 일본의 강화조약에 의한 일본 땅이라고 주장하며 반환을 요구하기 시작했다. 소련은 이 중 홋카이도에 거의 붙어 있는 작은 두 개의 섬은 양국 간 평화조약 체결을 조건으로 돌려주겠다는 제의를 하였으나, 일본이 미국과 1960년 안보조약을 체결하자 이를 철회하였다.

아베 총리는 이들 북방 4개 섬의 반환을 최대 외교과제로 내세우고 있다. 러시아가 돌려줄 의사를 표시한 두 개의 섬이라도 우선 받아놓겠다는 계획이다. 이를 이루기 위한 방법은 경제협력이다. 무려 6,000억 엔, 6조 원이 넘는 규모다. 거의 돈으로 섬을 사겠다는 의지인 것이다. 2014년 유가 하락과 우크라이나 사태로 경제적 어려움에 처한 러시아에게 당근을 제시하자, 푸틴 대통령은 쿠릴 열도 분쟁이 러시아와 일본을 연결하는 매개체가 될 수 있다며 반기고 있다. 일본의 물량공세는 '큰형' 미국이 러시아의 돈줄을 막기 위한 제재를 가하고 있는 가운데 진행되고 있다. 국익 우선으로 움직이는 냉정한 국제정치의 현실이다.

일본과 러시아 경제협력의 핵심은 에너지 협력이다. 영토분쟁도 해결하고 에너지 안보도 제고시켜 일본으로서는 두 마리의 토끼를 잡는 셈이다. 에너지가 부족한 일본에게 세계 최대의 자원보유국인 이웃나라 러시아와의 에너지 협력은 어쩌면 너무나 당연한 일이다. 일본은 많은 양의 원유와 천연가스를 러시아로부터 사들이고 있다. 2006년부터 사할린-1 프로젝트에서 생산된 원유를 도입하기 시작하였으며, 2008년부터는 사할린-2 프로젝트에서 그리고 2009년 말부터 ESPO를 통한 러시아 원유를 도입하고 있다. 일본 전체 원유 수입량의 9%에 달하고 있다. 러시아는 사우디, UAE, 카타르에 이은 네 번째 공급국이며, 러시아 원유는 일본이 중동지역에 대한 의존도를 낮추는 데 큰 역할을 하고 있다. 일본은 현재 러시아에서 상업 생산 중인 유일한 LNG 프로젝트인 사할린-2 프로젝트를 통해 2009년부터 천연가스를 도입하고 있다. 사할린-2 생산량의 80%를 쓸어 담고 있는 것이다. 일본의 전체 LNG 도입에서 러시아산이 차지하는 비중은 9%에 육박한다. 일본은 러시아의 극동자원 개발에도 적극 참여하여 사할린-1과 사할린-2 프로젝트에 미쓰이, 미쓰비시 등 일본 기업이 지분을 보유하고 있다.

대륙과 에너지 연결을 시도하다

사할린에서 생산된 천연가스를 LNG 형태로 수입하고 있지만 경제적이지는 않다. 사할린에서 기체상태로 생산된 천연가스를 액화시켜 배에 실어 바로 앞의 일본에 도착하면 이를 다시 기화시켜 국내에 공급하고 있는데, 이동거리가 너무 짧아 비용을 따지면 배보다 배꼽이 더 큰 형국이다. 사할린에서 LNG로 도입하는 우리나라와 마찬가지다.

그래서 나온 아이디어가 양국 간 가스 파이프라인을 설치하는 것이다. 현재 논의되고 있는 안이 사할린에서 홋카이도를 경유하여 일본의 본섬인 혼슈로 연결하여 도쿄로 이어지는 것이다. 사할린과 도쿄를 잇는 1,500km의 파이프라인은 연간 최대 25bcm의 천연가스를 수송할 수 있다. 60억 달러 정도의 비용이 소요될 것으로 보이는 이 사업은 2022년 완공을 목표로 추진되고 있다. 현실화되면 일본은 보다 저렴하게 천연가스를 구매할 수 있고 러시아는 안정적 판매처를 확보할 수 있게 된다.

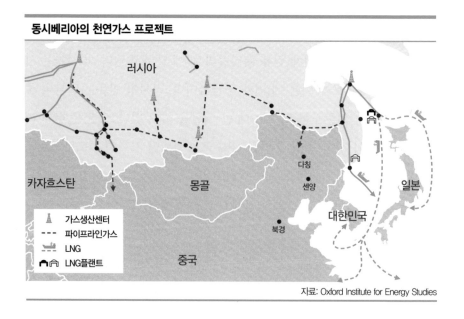

동시베리아의 천연가스 프로젝트

러시아

카자흐스탄

몽골

중국

다칭

센양

북경

대한민국

일본

🗼 가스생산센터
---- 파이프라인가스
⛴ LNG
🏭 LNG플랜트

자료: Oxford Institute for Energy Studies

이 파이프라인이 가동되어 러시아 천연가스가 대량 공급되면 일본의 에너지 안보는 크게 제고된다. 시민단체의 거센 반발에도 불구하고 추진하고 있는 원전 재가동도 최소화시킬 수 있고, 석탄 사용도 줄여 오염물질 배출도 크게 줄일 수 있다. 무엇보다 일본은 이 파이프라인을 통해 대륙과 연결될 수 있다. 섬나라인 일본은 필요한 모든 자원의 수입을 선박 수송에 의존하고 있는데, 러시아와 파이프라인이 연결되면 핵심 연료인 천연가스를 연중무휴로 받아들일 수 있다. 가스관이 건설되면 그 옆으로 송유관도 깔릴 수 있고 케이블이 놓이게 되면 전력망도 연결될 수 있다. 적어도 에너지에서만큼은 일본은 더 이상 섬나라가 아닌 것이다.

Chapter3.

에너지,
한반도의 미래를
바꾼다!

미국의 셰일혁명은 에너지 빅뱅을 불러왔고, 그 여파로 에너지 시장과 경제뿐만 아니라 국제질서까지 근본적으로 변화하고 있다. 미국도 중국도 러시아도 일본도 중동도 모두 변하고 있다. 에너지가 세상의 판을 바꾼 것이다. 고유가로 공급자가 에너지 시장을 좌지우지하던 시절에는 우리가 할 수 있는 것이 없었다. 그저 물량을 확보하기에 급급했을 뿐이다. 그러나 에너지 시장의 변화로 천우신조의 기회가 왔다. 우리나라와 같은 수요자들이 헤게모니를 쥘 수 있는 시장이 조성된 것이다. 에너지는 넘치고 공급자들은 팔기 위해 안달이다.

이런 환경을 활용해 에너지 대전환의 전기를 마련해야 한다. 더군다나 지금은 에너지의 흐름이 아시아로 모아지고 있다. 미국도 러시아도 중동도 아시아 시장으로 달려오고 있다. 그 핵심은 동북아시아다. 에너지를 팔아야 하는 나라들과 사야 하는 나라들이 국경을 맞대고 있고, 우리나라는 그 한가운데에 있다. 우리에게 연결은 운명이다. 대륙과 연결하고 대양과 연결해야 한다. 파이프라인을 깔고 전력망을 깔아 에너지가 통하고 전기가 통하게 해야 한다. 한반도를 관통하는 가스관이 깔려 에너지가 흐르고 그 옆으로 자율주행 고속도로가 만들어져 전기차로 중앙아시아를 넘어 유럽까지 내달릴 수 있고, 동북아시아를 아우르는 슈퍼그리드를 구축해 친환경 연료로 무한정 전기를 만들어 그 전기차들을 달리게 해야 한다. 이것이 대한민국의 운명을 바꿀 것이다.

01
세상은 더 빠르고
촘촘하게 연결되고 있다

대한민국은 반도국인가

인공위성으로 야간 촬영한 사진을 보면 낮에 보는 지도와는 다른 느낌을 받는다. 중국 대륙의 중부, 동부지역은 조명들로 환하게 빛난다. 넓디넓은 중국이지만 서북부 사막지대를 제외한 전체 중국의 영토가 고스란히 드러난다. 서쪽 쓰촨성에서 북부 몽골 인근까지, 동쪽 발해만 양쪽의 옌타이와 다롄까지, 산업화의 핵심지역인 중부와 동부는 해안선의 실루엣까지 선명하다. 불빛은 북쪽으로 이어져 선양, 창춘, 하얼빈까지, 그리고 러시아로 넘어가 블라디보스토크로 연결된다. 그 불빛은 일본으로 이어진다. 화려한 불빛으로 꽉 채운 일본, 오키나와 열도의 수많은 섬들도 빛을 내며 타이완 섬까지 이어진다.

야간 사진을 보면 대한민국은 영락없는 섬나라다. 일본, 타이완과 마찬가지로 대륙으로부터 끊겨져 있다. 북한 전체가 바다와 같은 암흑이기 때문이다. 한반도 남쪽에만 불빛이 가득하다. 자세히 보면 제주도 아래로 작은 점들이 반짝일 때도 있는데 바로 대형 유조선들이라고 한다. 이 바다 길을 통해 필요한 모든 자원을 수입하고 있다. 국내에서 나오는 일부 무연탄을 제외하고 모든 에너지원을 수입해야 하는 대한민국의 처지다.

사실 우리가 반도국가였던 적은 70년도 넘은 일이다. 제2차 세계대전 이후 한반도가 분단되면서 대한민국은 섬나라로 전락했다. 그때부터 우리는 모든 물류와 여객수송은 바다나 하늘에 의지하고 있다. 기차나 차를 타고도 갈 수 있는 중국과 러시아를 비행기와 선박에 의존해야 한다. 어떠한 역경도 불굴의 의지로 극복해온 우리나라는 이마저도 기회로 이용했다. '섬나라'가 된 대한민국은 바다로 눈을 돌려 수출대국을 지향하고 일본을 넘어 미국을 바라보며 한강의 기적을 만들었다. 대륙의 중국과 소련 공산세력과 미국, 일본의 해양세력이 첨예하게 부딪치는 냉엄한 상황에서 섬나라의 현실을 운명으로 받아들이며 살아왔다.

그러나 냉전이 끝난 지도 어언 30년. 소련은 러시아로 바뀌었고, 중국도 그때의 중국이 아니다. 세상은 변했고 더 빠르고 촘촘하게 연결되고 있다. 중국은 파이프라인과 철도를 통해 인도양과 통하고, '일대일로'를 통해 유럽과 아프리카의 끝까지 연결하고 있다. 일본도 섬나라에서 탈피하고 있다. 러시아와 파이프라인이 연결되면 일본은 더 이상 섬나라가 아니다. 그 옆으로 전기와 통신이 오가고 언젠가 도로와 철도도 깔릴 수 있다. 그것이 현실화되면 우리나라는 동북아에서 유일한 섬나라, 에너지 고립국으로 남는다. 주변국들끼리 연결될수록 우리의 거리는 멀어지게 되어 있다.

한반도 파이프라인 프로젝트

우리도 대륙과 연결하려는 시도를 한 적이 있었다. 바로 북한을 경유하는 파이프라인을 건설해 러시아로부터 천연가스를 도입하는 것이다. 사할린에서 생산된 천연가스를 LNG로 도입하던 것을 파이프라인으로 바꾸면 공급의 안정성을 획기적으로 높일 수 있고 비용도 크게 절약할 수 있다. 그 시도는 13년 전부터 있었다. 2004년 9월 당시 노무현 대통령은 러시아를 방문해 푸틴 대통령과 정상회담을 갖고 동시베리아와 극동지역의 유전과 가스전 개발, 그리고 이를 한국으로 수송하기 위한 파이프라인 건설에 합의했다. 또한 한반도 종단철도와 시베리아 횡단철도 연결 사업도 함께 추진하기로 했다.

후임 이명박 대통령은 정치적 노선은 달랐지만 이 파이프라인 프로젝트만은 계속 추진했다. 2008년 9월 모스크바 정상회담에서 이 사업을 구체화하기로 합의했고, 한국가스공사와 러시아 국영 가즈프롬이 양해각서를 체결했다. 2015년까지 가스관을 건설하여 연간 10bcm, LNG로 환산하면 약 780만 톤을 30년간 도입한다는 내용이었다. 가스공사의 2016년 도입 물량 3,185만 톤의 24%가 넘는 물량이다. 이 천연가스의 구매액은 30년간 총 900억 달러이며, 가스관 건설에 30억 달러, 블라디보스토크의 석유화학단지 건설에 90억 달러 등 총 1,000억 달러에 달하는 초대형 에너지 프로젝트였다. 우리나라가 자랑하는 건설을 에너지 도입과 연계하는 패키지 사업이었다. 가스관은 러시아 구간 150km를 지나 북한 내 740km, 남한 내 232km로 총 길이는 약 1,122km에 달한다.

예정대로 진행되었으면 2015년부터 가동되었을 이 사업은 통과국인 북한의 동의를 얻지 못해 진척을 보지 못했다. 특히 2009년 북한이 핵실험과 장거리 미사일 발사를 강행하고, UN이 결의1874호를 통해 북한을 제재하기로 결정하면서 이 프로젝트는 교착상태에 빠졌다. 러시아도 2008년 말 경제위기를 겪으면서 이 프로젝트에 관심을 둘 여유가 없었다.

그러나 2011년 8월 26일 메드베데프 대통령과 김정일 위원장의 시베리아 울란우데 정상회담을 계기로 급물살을 탔다. 정상회담에서 김정일 위원장이 가스관의 북한영토 통과에 동의하고 가스관 건설 프로젝트를 협의하기 위한 남·북·러 3국 특별위원회 발족에 합의했다. 며칠 후 북한 원유공업상이 모스크바를 방문하여 가즈프롬과 가스관 건설에 관한 양해각서를 체결하였고, 한국가스공사도 모스크바에서 가즈프롬과 이 사업의 로드맵을 체결했다. 늦어지긴 했지만 2017년부터는 파이프라인을 건설하기로 했다. 그러나 북한의 핵문제가 다시 불거지고 박근혜 정부가 강경모드로 전환하면서 이 프로젝트는 다시 교착상태에 빠졌다.

천연가스는 액화시켜 선박으로 수송하는 LNG 방안과 파이프라인을 통해 수송하는 PNG로 나눌 수 있다. LNG는 천연가스를 영하 162도로 냉각시켜 부피가 600분의 1로 축소된 액화가스로 선박을 통해 수송한다. LNG 터미널 건설에만 50억 달러가 들어간다. PNG는 육상루트overland와 해저루트underwater로 나눌 수 있다. 가스공사와 가즈프롬이 공동으로 진행한 남·북·러 가스관 사업 타당성 검토 결과에 따르면 육로 PNG 방식은 LNG 방식 운송비의 3분의 1 수준이다. LNG 수송은 액화와 재기화 비용으로 당시 가격을 기준으로 거리가 4,800km 이상일 때만 경쟁력이 있는데, 블라디보스토크에서 한국까지는 1,000km가 안 되기 때문에 이론적으로 LNG 형태의 해상운송은 경쟁력이 없고 이 방안을 채택할 경우 비싼 운송비용은 국내 판매가격에 그대로 반영될 수밖에 없다는 것이다. 가스공사는 가즈프롬과의 계약에 의해 연간 150만 톤의 천연가스를 LNG 형태로 2008년부터 2028년까지 20년간 도입하고 있다.

되살아나는 한반도 가스관 사업

그러나 이 프로젝트는 서랍 안에 영원히 갇혀 있을 사안이 아니었다. 문재인 대통령은 다시 이 프로젝트를 꺼내들었다. 2017년 5월 취임하자마자 러시아로 특사를 보내 이 사업의 재추진 의사를 보냈고 러시아도 화답했다.

대선기간 중 당시 문재인 후보와 인터뷰를 한 적이 있었다. 문 후보는 2시간 넘는 질의응답 중 한반도 가스관 사업 이야기를 할 때 가장 눈을 반짝였다. 이 프로젝트를 성사시켜 러시아로부터 깨끗한 에너지원인 천연가스를 안정적으로 도입해 석탄발전을 줄여 미세먼지에 대처하고, 원전도 줄여 나갈 것이라고 강조했다. 또한 이 프로젝트를 통해 북한을 협상 테이블로 이끌어내고 중단되었던 남북협력도 재가동해 한반도의 분단 리스크를 획기적으로 줄이고 평화체제를 공고히 하겠다는 의지를 보였다. 한마디로 에너지 안보, 환경문제, 북한문제 등 우리나라가 직면한 가장 중요한 세 가지 도전을 한반도 파이프라인을 통해 풀겠다는 의미이다.

문 대통령은 2017년 9월 블라디보스토크에서 열린 동방경제포럼에서 '신북방정책'을 발표하면서 러시아와 한국 사이에 '9개의 다리9-Bridge 전략'를 놓아 동시다발적인 협력을 해 나갈 것을 제안했는데, 그 가운데 천연가스 협력을 가장 앞세웠다. 9개의 다리에는 철도, 항만, 전력, 북극항로, 조선, 일자리, 농업, 수산분야 등이 포함되어 있다.

문 대통령은 취임 후 새로운 에너지 정책을 하나씩 실행시키고 있다. 노후 석탄발전소 10기를 임기 내 폐쇄하고, 수명이 끝난 원전은 바로 가동을 중지하고 새로운 원전 건설계획을 백지화하여 '탈석유·탈원전'의 시대를 열겠다고 발표했다. 실제로 노후 석탄발전소는 전력 성수기가 아닌 봄철에는 가동을 멈추게 했다. 수명을 다한 고리 1호기는 폐로작업에 들어갔고 월성 1호기도 수명이 끝나는 대로 문을 닫게 했다. 부족한 전기는 천연가스와 신재생으로 채우겠다고 했다. 신재생 발전은 아직 걸음마 단계로 전력 생산을 늘리기까지는 시간이 많이 걸리기 때문에 보다 친환경적이고 깨끗한 천연가스발전소의 가동률을 높이는 것이 유일한 현실적 대안이다. 한반도 가스관 프로젝트는 문재인 정부의 에너지 안보, 환경, 북한 정책의 핵심에 서 있는 만큼 강력하게 추진할 것으로 보인다.

우리나라는 전체 에너지 소비의 18%를 상회하는 천연가스의 수요 전량을 LNG 형태로 수입하고 있고 카타르, 호주, 오만, 말레이시아, 인도네시아 등 몇 개국이 우리나라 LNG 공급의 93%를 차지할 정도로 공급국이 제한되어 있기 때문에 러시아산 천연가스를 PNG로 도입하는 것은 수입루트 다변화로 에너지 안보에 기여할 것이다. 한국은 일본에 이은 세계 두 번째 LNG 수입국이고 가스공사는 세계에서 LNG를 제일 많이 수입하는 회사다.

우리나라가 러시아산 천연가스 도입을 추진한 것은 1990년대 초반부터였다. 1994년 야쿠츠쿠의 차얀다 가스전, 2001년 이르크츠크의 코빅타 가스전에 대한 타당성조사를 진행했으나 열악한 인프라와 시장 상황 등을 이유로 사업추진이 중단되었다. 2000년대 들어 러시아가 극동 및 동시베리아 지역의 자원개발을 모색함에 따라 우리나라의 추진계획도 재개되어 2004년 9월 모스크바에서 진행된 한-러 정상회담에서 가스공급과 관련된 협력 사업을 위한 정부 간 협정을 체결했다. 2006년 10월에는 가스도입 방식, 기술적, 경제적 주요 사항에 대한 연구를 담은 정부 간 가스 분야 협력협정을 체결하고 가스공사와 가즈프롬도 협력의정서를 체결했다. 2007년 러시아가 동부가스프로그램을 확정함에 따라 우리나라의 추진은 더욱 탄력을 받아 2008년 도입의 합의에 이르게 된 것이다.

러시아 천연가스를 파이프라인으로 받는 것은 기술적으로는 어려움이 거의 없다. 러시아에서 원산까지 철도가 있고 또 원산에서 서울까지 철도가 있기 때문에 그 루트를 이용하면 파이프라인 설치가 생각보다 쉬울 수도 있다. 러시아도 이 루트에 대해 항공사진을 통해서 검토한 바 있다. 따라서 가스관이 블라디보스토크-원산-서울(가스공사 인천기지)을 따라 건설될 수 있다. 2017년 6월 가동된 가스공사의 삼척기지와 링크할 수도 있다. 필요하면 이 기지에서 LNG로 전환하여 해외에 수출할 수도 있기 때문이다.

한반도 파이프라인 추진에 적극적인 러시아 그리고 신동방정책

러시아는 이 프로젝트에 가장 적극적이었다. 실제로 러시아는 오래전부터 북한에 대표단을 보내 이 사업에 참여를 설득하고 있다. 2,110억 달러에 달하는 북한의 채무도 면제해주고 나진과 하산을 연결하는 철도도 개통했다. 한반도 가스관 프로젝트가 수면 아래로 내려간 후에도 러시아의 노력은 계속되었다. 2015년 4월에는 사할린 가스의 북한 공급과 블라디보스토크와 나진항을 잇는 가스관 건설에 대해 논의했다. 같은 달 러시아 극동개발부는 북한 대륙붕에서 석유와 천연가스 탐사를 위한 지질조사를 진행할 예정이라고 발표하기도 했다.

아시아 에너지 시장을 뚫는 것에 러시아의 미래가 달려 있다고 할 만큼 절박한 푸틴 대통령은 한반도 파이프라인 프로젝트를 다시 적극 추진할 확률이 높다. 이것이 그의 '신동방정책'의 핵심이기도 하다. 중국과 두 개의 파이프라인을 연결해 대규모 천연가스를 팔기로 했고 일본과도 해저 파이프라인을 통한 천연가스 판매를 시도하고 있지만 한국도 무시할 수 없는 시장이다. 러시아가 개발에 중점을 두고 있는 극동지역 가스전의 주요 시장은 지리적으로 가깝고 발전용 및 도시가스용 천연가스 수요가 많은 한국이기 때문이다. 중국에는 아직 도시가스 수요 많지 않다. LNG 형태가 당장은 수월해 보이나 보내는 물량에 한계가 있기 때문에 러시아는 PNG를 선호할 수밖에 없다. 러시아 극동지역을 활성화시키려는 푸틴 대통령의 계획을 위해서라도 한반도 가스관은 반드시 이루어야 할 과업이다.

러시아는 또한 구소련 해체 후 약화된 동북아시아에서의 재건을 노리고 있다. 러시아는 한반도에서 영향력을 증대하고 있는 중국에 위협을 느끼고 있다. 중국은 2010년 북한의 나진항 부두의 10년 사용권을 획득한 것으로 알려지고 있다. 창춘-지린-투먼으로 이어지는 동북지역 개발의 활성화를 위해선 동해로 연결되는 나진항 이용이 필수적이다. 나진항을 통해 중국의 군함과 선박이 해군기지가 있는 블라디보스토크 근해까지 진출하게 되면 러시아로서는 큰 부담을 느낄 수밖에 없다. 러시아는 한반도 가스관 사업을 통해 이를 견제하려는 것이다.

한반도 가스관 사업은 러시아가 진행 중인 시베리아 횡단철도와 한반도 횡단철도의 연결로 이어질 수 있다. 가스관, 송유관 사업은 동북아지역의 철도와 도로연결, 전력망 연계 등 4대 프로젝트가 연동되어 있는 패키지의 성격이 짙다. 그래서 어느 한 사업이 속도를 내면 다른 사업이 병행적으로 추진될 수 있다.

북한의 반응, 그리고 가능성은?

북한은 오래전부터 러시아로부터 PNG 사업에 대한 제의를 받았지만 부정적 반응을 보여 왔다. 한때 동맹국이었던 러시아의 천연가스가 자국 영토를 통해 적대국인 한국에 대량으로 흘러가는 것을 원하지 않았을 것이다. 또한 러시아와 한국의 에너지협력은 북한의 외교적 고립을 심화시킬 수 있고, 740km에 이르는 북한 내 가스관이 군사시설과 DMZ를 통과하는 것을 군부가 반대했을 가능성이 크다. 가스관의 설치를 위해선 도로가 정비되어야 하고 이 도로를 통해 외부인들이 들어가 가압설비와 송전시설 등 부대시설을 설치하게 된다. 이 공사에 2~3년이 걸리고 완공 후에도 정기점검maintenance을 위해 외부인력 투입이 지속되기 때문에 북한 지도부로서는 달갑지 않았을 것이다.

그러나 울란우데 정상회담에서 김정일 위원장이 가스관의 북한 영토 통과에 합의한 바 있다. 국제사회의 지속적인 제재와 남북관계 경색으로 외화공급이 차단된 상태에서 북한이 받게 될 한 해 3억 달러 이상의 통과료transit fee는 뿌리칠 수 없는 유혹으로 작용한 것으로 보인다. 또한 러시아의 요구 수용에 대한 반대급부로 북한은 러시아 부레야 수력발전소로부터의 전기공급과 전투기 등 첨단무기 공급을 요구했을 가능성도 있다.

북한은 공개적으로 PNG 사업의 경제적 반대급부에 대한 기대감을 표출했는데, 2011년 8월 31일 북한 조선중앙통신은 '일정에 오른 에네르기(에너지) 공동계획' 보도에서 "(가스)수송관 건설과 관련한 여러 방안들이 검토되었으나 조선을 경유하는 가스수송관 건설이 비용상 가장 합리적이라는 것이 증명되었다"고 주장하면서 "모든 당사자들(남·북·러)에게 이익이 된다"고 했다. 북한에 중국의 영향력이 급증하고 있는 데 대한 지렛대로서 러시아와의 협력 강화를 추구하는 측면도 있다.

그러나 2011년 12월 김정일 위원장의 사망과 그의 아들 김정은의 등극으로 상황은 매우 불투명해졌다. 김정은 노동당 위원장이 연이은 핵실험과 미사일 발사로 국제사회를 자극하고 국제제재는 더 강력해져 북한으로 들어가는 돈줄과 에너지원을 차단하고 북한과 거래하는 제3국 개인과 기업도 제재하는 '세컨더리 보이콧'도 시행단계에 있다. 트럼프 대통령도 북한에 대한 '맥시멈 프레셔maximum pressure', 최고의 압박을 공언하고 있다. 이 상황에서 북한에 상당한 혜택에 들어가는 가스관 건설을 추진하는 것은 현실적으로 어렵다. 향후 이 사업은 북한의 손에 달렸다고 해도 과언이 아니다.

북한의 공급 교란 가능성*

북한 경유 파이프라인을 통해 러시아 천연가스를 공급받는 PNG 프로젝트의 가장 큰 문제점은 북한의 공급 교란 가능성이다. 러시아와 우크라이나 분쟁에서 보듯 국가경유 PNG는 경유국 리스크로 인해 본질적으로 불안정하다. 740km에 이르는 가스관이 북한 영토에 설치되면 정기보수, 압력체크 그리고 비상 시 가스흐름의 차단을 위해 일정 구간마다 밸브를 설치하는데 북한은 정치적 필요에 의해서 이 밸브를 조작하여 가스 공급을 차단할 수 있다.

러시아에서 수입하기로 한 연간 780만 톤의 천연가스는 우리나라 전체 소비량의 20%가 넘는 물량으로 공급이 갑자기 중단되면 에너지 안보에 큰 타격을 받는다. 특히 겨울 세 달의 소비가 연간 수요의 40%에 달하는데 이 시기에 공급이 차단되면 우리 산업과 가정에 심각한 피해를 끼친다. 동절기 전력수요는 이미 하절기를 상회하고 있어 가스발전소의 가동률이 떨어지면 정전대란을 초래할 수도 있다.

북한이 한국을 압박하기 위하여 가스관 밸브를 잠글 가능성은 언제든 열려 있다. 북한통과 가스관은 남북관계에 주도권을 쥐려고 하는 북

---

* 이 부분은 필자가 2011년 박진 전 국회 통일통상외교위원장을 자문해 국회에 제출한 국감자료를 재구성한 것임을 밝힌다.

한 정권에겐 엄청난 지렛대를 제공해 줄 수 있다. 북한이 자행한 천안함 피격, 연평도 포격 등 일련의 도발행위들은 한국을 압박하여 남북관계를 주도하려는 의도가 작용한 것임을 감안하면 북한이 정치적 목적으로 가스공급 차단을 시도할 가능성이 높다.

한국을 직접 비난하며 공급을 차단할 경우 북한이 러시아와 체결할 가스관 운영에 관한 합의서 위반으로 러시아로부터 불이익을 당할 가능성이 높다. 또한 한국은 이러한 상황을 대비한 러시아와의 가스공급 합의서를 체결할 것이다. 따라서 북한은 가스관을 통해 한국을 압박할 명분을 얻기 위해 러시아와 의도적으로 갈등을 유발하여 이를 핑계로 가스관에 손을 댈 수가 있다. 북한은 핵실험 등으로 유엔의 제재를 받고 있고 한국, 미국, 일본 등의 국가로부터도 제재를 받고 있다. 북한의 추가 핵실험이나 미사일 발사는 언제나 가능하며 국내의 정치적 목적 즉, 내부 단결과 혼란을 막기 위해서도 군사 도발, 핵과 미사일 실험을 감행할 수 있다. 이 경우 북한은 국제사회의 압박에 직면할 것인데, 북한은 이에 대응하여 가스관 차단 카드를 들고 나올 수 있다.

이러한 의도적 공급 교란 외에도 권력투쟁으로 인한 차단도 배제할 수 없다. 김정은 위원장의 지위에 문제가 발생할 수도 있으며 이 과정에서 친족, 군부 등이 반발을 일으켜 권력의 지렛대로 가스관을 차단하여 공급을 중단할 수 있다. 특이 가스관이 통과하는 지역의 지방 세력들이 가스관을 이용해 권력을 키울 수 있다.

내부 혼란으로 인한 공급 중단 가능성도 있다. '아랍의 봄'은 튀니지에서 경찰단속에 항의하는 과일 노점상의 분신으로 촉발되어 북아프리카와 중동으로 퍼졌으며, 수십 년 동안 독재 권력을 누려온 튀니지, 이집트, 리비아 정권을 붕괴시켰다. 북한에서도 배급제가 붕괴되자 시장에 의존하는 주민들이 점점 늘어나고 있다. 직접 시장에 종사하는 주민들뿐만 아니라 도매상, 중국에서 물건을 조달하는 수입상과 불법을 묵인하는 관료들까지 포함하면 시장을 통해 이득을 보는 사람들이 상당히 많다. 따라서 당국이 시장의 확산을 막기 위해 단속에 나서면서 주민들과의 충돌은 불가피해졌다. 이런 충돌에 대한 언론보도와 탈북자들의 증언도 있다. 당국에 대한 집단적 시위는 과거 북한에서는 상상할 수 없었던 행위로 시장화가 진행될수록 이러한 충돌은 많아질 것이다. 북한 정권이 외부정보를 철저히 차단하고 있지만 시장화가 가속화되고 정보가 유입되면 '평양의 봄'이 발생할 가능성이 높다. 내부 혼란의 경우 일부 세력이 가스관을 장악해 공급을 차단할 수 있다.

가장 큰 장애물은 북한에 대한 불신

북한 정권에 대한 불신 또한 큰 장애물이다. 국제사회에서 신뢰를 받지 못하는 국가를 상대로 에너지 안보가 달린 가스관 프로젝트를 할 수 있느냐는 것이다. 북한이 신뢰를 저버리고 정권차원에서 저지르는 범죄적 행위는 일일이 열거하기조차 어렵다. 신뢰부족으로 어느 누구도 북한에 투자하려고 하지 않으며 심지어 유일하게 남아 있는 사회주의 동맹국 중국도, 과거 동맹국인 러시아도 북한에 대한 불신으로 북한 진출을 꺼리고 있다. 단지 북한이 가지고 있는 유일한 자산인 천연자원과 지정학적 이점을 선점하기 위한 표면적인 협력만 추구할 뿐이다.

협의에 이르는 과정에서 러시아와 한국이 북한의 의도적 공급 교란을 막기 위한 여러 가지 장치를 마련할 테지만 북한이 이를 무시한다면 공급차단을 사전에 막을 현실적 방안은 거의 없다. 공급안보 측면에서는 가스가 석유보다 더 취약하다. 액체인 석유는 차량 등 대체 수송 수단이 있으나 가스의 경우 다른 방법을 통한 수송이 사실상 불가능하다. 일단 가스 파이프라인이 건설되면 예정대로 수송하거나 아예 안 하거나 두 가지 방법밖에 없다. 당사자 간의 협상력에 큰 변화가 생기는 것으로 인수자가 절대적으로 불리해진다.

따라서 PNG 사업은 국가 에너지 안보에 중차대한 만큼 최악의 시나리오 등 모든 가능성을 염두에 두고 준비해야 한다. 이 프로젝트는 지금 당장 재추진되더라도 2050년 이후까지 이어지는 장기적 사업이다. 그 사이 북한에 상당한 정치적·경제적 변수가 발생할 가능성이 매우 높기 때문에 이에 대한 준비도 장기적 관점에서 마련되어야 할 것이다.

다만 북한과 우크라이나는 큰 차이점이 있다. 우크라이나는 소련 시절 러시아와 한 국가였다가 1991년 소련 해체 후 분리되면서 의도하지 않게 러시아 파이프라인을 자신의 영토 안에 두게 되었다. 러시아와 유럽은 통과국 리스크를 제어할 아무런 장치를 처음부터 갖지 못한 것이다. 그러나 우리의 경우 우크라이나 분쟁을 교훈삼아 북한의 공급 교란을 방지하기 위한 안전장치 마련을 위한 시간이 있다. 러시아는 PNG를 성사시키기 위해 분쟁 시 조정 방법에 대한 내용까지 포함한 매우 구체적이고 견고한 계약을 북한과 체결할 것이라고 밝힌 바 있다.

중국 경유 파이프라인

북한 경유 가스관의 길이를 줄이기 위해 사할린에서 중국의 동북지역을 통과하고 북한을 짧게 경유해 한국으로 이어지는 가스관을 설치할 수는 있으나 가스관이 조금이라도 북한 영토를 통과하는 이상 공급차단 리스크는 상존하며 중국과의 추가 협의가 필요하기 때문에 현실적으로 실현 가능성이 높지 않다.

그래서 나온 방안이 북한을 우회하는 노선이다. 실제로 북한통과 PNG 대신 블라디보스토크에서 삼척까지 해저 파이프라인을 통한 공급이 검토되기도 했다. 동해안 해저루트는 경유국 리스크를 제거하지만 블라디보스토크의 수심이 깊어 매우 어려웠다. 그러나 많은 기술의 진전을 이루어 이 또한 현실적 대안으로 다가오고 있다. 일본도 사할린과 홋카이도를 잇는 해저 파이프라인을 추진 중이다.

또 하나의 방안은 중국을 경유한 파이프라인 건설이다. 러시아-중국의 산둥반도-한국 서해 노선이다. 한국가스공사와 중국의 CNPC가 실제 이 방안을 논의하기도 했다. 이 라인은 대륙의 에너지 대국인 중국, 러시아와 동시에 연결한다는 점에서 북한 경유 노선과는 또 다른 양상이다. 중국과 한국이 공동으로 러시아 가스를 구매하면 가격협상에서도 유리한 입장에 설 수 있다. 이 가스관이 연결되면 가스가 남을 때 중국으로 반출할 수 있고, 반대의 경우엔 중국으로부터 더 많이 도입할 수 있어 양국의 수급 조절에도 도움이 된다. 중국은 러시아 외에도 천연가스의 보고인 투르크메니스탄에서도 도입하고 있는데 우리도 이 라인에 연결되면 중앙아시아까지 에너지로 연결되는 효과를 누릴 수 있다. 다만 중국의 천연가스 수요가 계속 증가하고 있어 우리나라까지 보낼 물량이 있느냐는 문제가 있는데 이 또한 기술적으로 해결 가능한 문제로 보인다.

산둥반도의 웨이하이에서 서울까지는 380km이다. 북한을 지나는 한반도 가스관 계획의 740km보다 짧다. 한중 해저 가스 파이프라인 건설에 기술적 어려움은 없다. 약 1조 5,000억 원으로 추정되는 건설비 조달에 시간이 걸릴 수도 있다는 게 문제다. 한국과 중국 두 나라가 잘 관리하면 이 해저 파이프라인은 우리 서해권 발전과 평화증진에 큰 도움이 될수 있다. 가스관이 지나가는 연평도와 백령도 등 안보가 취약한 서해5도를 북한이 함부로 건드리지 못할 것이다. 물론 중국에 대한 불신의 문제가 있다. 사드배치를 두고 우리에게 보복한 사례를 보면 중국을 믿어도 되나 하는 것이다. 또한 중국에 대한 의존이 심화될 수도 있다. 협상에서 우세를 점하는 가장 좋은 방법은 대안을 가지는 것이다. 따라서 중국 경유 방안과 함께 북한 통과 방안, 동해안 해저루트 등도 함께 고려하는 것이 바람직하다.

북한을 꼼짝 못하게 할 방법

가스관 사업은 추진단계에서 종료까지 40년 이상 걸리는 장기적 사업이다. 40년 뒤에 어떤 일들이 발생할지 어느 정도는 예측을 하고 준비해야 한다. 중국 경유도 좋은 방법이지만 한반도의 미래와 통일을 염두에 두면 북한경유 가스관을 우선 추진하는 것이 더 바람직하다. 그렇다면 북한이 공급 교란을 못하도록 할 방법은 없는가?

일반적으로 국제 PNG 협정에서 도착지까지의 운송책임은 공급국가가 진다. 따라서 남북 군사분계선에서 우리가 물량을 인도받을 때까지 러시아가 책임을 지게 된다. 공급 교란에 대한 책임도 러시아에게 있고 대책도 러시아 측에서 마련하도록 해야 한다. 러시아가 북한을 꽁꽁 묶어 가스관을 절대 건들지 못하도록 하면 공급 교란 리스크는 많이 감소될 수 있다. 그래서 공급계약에서 가스의 인도 지점을 북러 국경이 아닌 남북 국경으로 해야 함은 가장 기본적인 사항이다.

그러나 일단 공급에 문제가 생기면 직접적인 피해를 받는 쪽은 우리나라이고 러시아에 모든 책임을 돌리는 것 또한 현실적이지 않기 때문에 북한의 공급 교란을 원천적으로 봉쇄할 대책이 필요하다. 남북관계의 악화로 북한이 밸브를 잠글 경우 러시아가 우리 측에 책임을 전가할 수도 있고, 북한이 의도적으로 러시아와 분쟁을 야기해 공급을 차단할 수도 있다.

파이프라인이 설치될 경우 북한에게 통과료를 줘야 하는데 이를 현금이 아닌 현물이나 전기 등 다른 형태로 지급해야 할 것이다. 통과료는 국토의 일부를 포기한 불편비용에 대한 보상이며, 또한 국경 간 교역에 따른 부가가치 창출을 도운 것에 대한 보상으로 마땅히 지급되어야 한다. 해당 파이프라인을 통한 수송이 다른 루트나 LNG 등 대체수단을 통한 수송보다 비용이 감소할 때 그 절감액의 일부로 주어지게 된다. 북한이 가스관으로 받는 편익이 클수록 공급차단 등의 일방적 행동을 하지 못할 가능성이 높아진다. 역으로 말해 공급중단으로 북한이 겪는 손실이 클수록 공급 교란의 행위를 못한다는 의미다. 단순한 계산으로 북한에 지불되는 통과료의 크기와 파이프라인의 안전성이 비례하는 것이다.

통과료를 산정하기는 어려우나 유럽에서의 전례를 통해 추산할 수 있다. 통과료는 수송되는 가스의 가치와 가스관의 길이 등에 따라 결정된다. 통과료가 통과물량의 5~10% 정도인 점을 감안하면 북한에 지불될 통과료는 현금 지불 시 연간 3억~5억 달러에 달한다. 실제 구매액 변동은 불가피하지만 2008년 합의된 가스 구매액은 30년간 총 900억~1,500억 달러로 매년 최대 5억 달러에 해당한다. 북한의 연간 총 수출액이 25~30억 달러 정도임을 감안하면 5억 달러에 달하는 통과료는 북한에게 큰 액수다. 북한은 이 돈을 30년간 지불받게 된다. 총 금액은 최대 90억~150억 달러에 달한다. 북한이 이 돈을 핵, 미사일 등 무기생산에 쓰지 않는다는 보장이 없다. 따라서 통과료는 현금지불이 반드시 배제되어야 한다. 북한은 주권국가로서 통과료를 현금으로 지불받을 권리가 있다고 주장할 가능성이 있다. 또한 북한은 현실적으로 천연가스를 사용할 수 있는 가스

발전소나 도시가스시스템이 없기 때문에 가스형태의 지불을 거절할 것이다. 북한이 현금을 고집하면 북한 통과 PNG 방안은 심각히 재고되어야 한다.

통과료 문제는 북한의 에너지난 해결, 가스와 전력 인프라 구축과 연계되어야 한다. 러시아와 접경지역인 북한의 나선 경제특구나 북중러 국경지대 또는 블라디보스토크에 가스발전소를 지어 러시아산 천연가스로 전기를 생산하여 통과료로 북한에 지불하면 된다. 2008년 가즈프롬과의 양해각서에 의하면 가스공사는 블라디보스토크에 연간 100만 톤의 폴리에틸렌, 50만 톤의 폴리프로필렌의 석유화학공장과 500만 톤 규모의 LNG 액화플랜트 건설을 제안했다. 여기에서 만들어진 폴리에틸렌과 폴리프로필렌을 북한에 공급할 수 있다. 북한의 산업화를 위해선 석유화학공장이 반드시 필요하고 여기에 필요한 원료를 공급받을 수 있는 것이다. 북한이 뿌리치긴 힘든 제안이다. 가스관 사업을 북한의 석유화학, 철강, 조선소 등과 연계하는 것도 좋은 안전장치다.

북한이 전기로 통과료를 지불받게 되면 북한에 공급되는 전기의 양을 차츰 늘려 북한의 의존도를 높이면 북한의 일방적 행위를 막는 데 효과적으로 PNG 사업의 안정성을 높이는 데 매우 긴요하다. 전기설비는 일단 구비되어 공급되기 시작하면 불가역적인 특징을 가진다. 북한의 의존도가 점차 높아질 수밖에 없는 것이다. 향후 북한 내부에 가스발전소나 도시가스망이 구축되면 북한에 인출되는 양을 점차 늘려 북한의 가스관에 대한 의존도를 높여야 한다. 인출량을 늘리기 위해선 가스관이 북한의 산업지대나 인구밀집지역을 통과시키는 것도 한 방법이다.

통과료를 천연가스로 생산된 전기와 석유화학 제품으로 지불하고 북한의 발전연료를 천연가스로 대체할 경우 북한은 지속적으로 천연가스를 필요로 하게 된다. 석탄을 쓰는 50만kW의 평양화력발전소는 에너지 효율이 낮고 이산화탄소 배출량이 많다. 가령 평양화력발전소의 연료를 천연가스로 대체하면 북한은 에너지 효율을 높이며 동시에 유엔의 청정 개발체제CDM에 따라 온실가스 감축분을 거래할 수 있게 된다. 이 경우 자연스럽게 온실가스 감축에 대한 남북협력 사업으로 연결시킬 수 있다.

또한 현실적인 방법 중 하나는 발전용 석유인 중유를 통과료로 지불 하는 것이다. 북한에 중유 발전소가 있지만 연료부족으로 가동이 거의 되지 않는다. 중유발전소들이 가동되면 북한의 전력난 해소에 도움이 될 것으로 보인다. 북한의 석탄발전소는 무연탄의 점화력이 약해 중유를 착 화용으로 함께 사용해야 한다. 즉, 중유가 없으면 석탄발전소의 가동도 어려워지는 것이다.

북한은 핵협상을 통해 두 차례에 걸쳐 국제사회의 중유 지원을 받았 는데, 첫 번째는 1994년 제네바협정Agreed Framework을 통해 1995년부터 2차 핵 위기가 터진 2002년까지 매년 50만 톤의 발전용 중유를 지원받았 다. 또한 2007년 6자회담의 '2.13 합의'에서 중유 100만 톤에 해당하는 에 너지 및 경제지원에 합의하고 50만 톤의 중유를 제공받았다. 이 물량도 대부분 석탄발전소의 착화용으로 사용된 것으로 보인다. 중유는 특징상 전용 탱크에만 저장할 수 있기 때문에 설비가 있는 동해 선봉항과 서해 송림항으로만 입고가 가능하다. 지원된 중유에 대한 국제사회의 모니터 링이 진행된 적이 있기 때문에 전용도 막을 수 있다.

또한 북한지역에서 대량 생산되는 석탄의 효율성을 높이기 위해 합성 천연가스synthetic natural gas: SNG 설비를 세우는 것도 고려해 볼 수 있다. SNG는 석탄을 고온·고압에서 가스화한 후 정제과정과 메탄합성공정을 거쳐 천연가스와 동일한 성분으로 만든 청정연료로 석유화학제품의 원료로 사용된다. 고체가 아닌 기체 상태로 사용하기 때문에 그만큼 불완전 연소가 적고 오염물질 발생도 줄어든다. 우리나라의 포스코와 SK이노베이션이 SNG 설비를 운영하고 있다. 이외에도 북한의 에너지 부족 해결과 산업화에 도움이 되는 통과료 지불방안들이 있다.

PNG 프로젝트의 안정적 관리와 정치적·경제적 부가효과를 얻기 위해선 한국이 북한 통과 파이프라인의 설치와 운영에 참여할 필요가 있다. 한국 업체가 가스관 건설에 직접 참여하는 것이 바람직하다. 러시아 건설업체는 한국에 비해 효율성이 크게 떨어지며 건설단가도 높고 공사 일정이 지체될 가능성도 높다. 따라서 천연가스 도입 시점을 더 늦추지 않기 위해서라도 한국 업체가 가스관 건설에 적극 참여해야 하고 이를 통해 러시아도 이익을 볼 수 있음을 알려 협조를 얻어야 한다. 아울러 러시아지역의 가스관 건설에도 우리 업체가 참여하도록 해야 한다. 러시아도 한국 건설업체의 참여를 환영하고 국제적 프로젝트를 만들어야 한다고 밝히고 있다. 또한 국제 금융기관 등 외부 투자를 유치해 안정성을 높이고 가스관 자체가 가지고 있는 상징성을 높일 필요가 있다.

북한은 PNG 사업을 담보로 국제금융기구에서 차관을 받을 수 있다. 상당한 규모의 통과료가 30년 동안 안정적으로 지불되기 때문에 이를 담보로 개발차관을 받을 수 있다. 북한은 심각한 외화난을 겪고 있기 때문에 효과적인 유인책이 된다. 이는 북한의 경제적 안정과 국제경제 편입에도 도움이 될 것이다. 궁극적으로 북한에 해외직접투자FDI가 증가하면 북한의 일방적 행동을 제약하게 된다. 북한이 공급을 차단하거나 합의조건을 지키지 않을 경우 명성reputation이 손상돼 투자 감소나 회수 등의 불이익을 당할 수 있다.

PNG에 관련된 국가들이 많을수록 북한이 독자적 행동을 할 가능성이 줄어든다. 남북파이프라인을 대한해협을 통한 해상루트로 일본과 연결하는 것도 좋은 안전장치다. 일본도 지리적으로 가까운 시베리아에서 천연가스를 수입하고 있으나 LNG로 만들어 선박을 이용해 수송한다. 해저 파이프라인 건설을 추진하고 있으나 해저 깊이가 2.5km이고 그 지역을 통과하게 되면 가스관이 부식될 수 있기 때문에 건설이 쉽지 않다. 한일 해저 가스관을 통해 일본이 시베리아 가스를 더 효율적으로 공급받을 수 있기 때문에 일본에서도 큰 관심을 가질 것이다. 러시아도 한반도 가스관을 통해 일본에 더 많은 천연가스를 수출할 수 있으니 마다할 이유가 없다. 중국과 러시아를 잇는 천연가스 파이프라인이 곧 연결된다. 남북가스관을 여기에 링크함으로써 가스관을 국제화시킬 수 있다.

러시아가 PNG 프로젝트를 적극 추진하는 배경에는 한반도에서 영향력이 증대되고 있는 중국을 견제하려는 의도도 강하다. 북한의 풍부한 지하자원과 지리적 이점을 노린 주변국의 경쟁이 가열되는 것이다. 일본도 언젠가는 북한과의 관계를 정상화할 것이고 청구권 자금을 앞세워 북한 진출을 노릴 것으로 보인다. 이런 면에서 PNG 프로젝트는 정치외교적·안보적 성격이 매우 강하다. 이 프로젝트는 21세기 중반 이후까지 이어지는 장기적 사업인 만큼 이를 잘 활용해 동북아의 정치경제적 역학구조에서 주도권을 쥐고 국익을 극대화하기 위해 외교적 노력을 다해야 한다.

02
에너지,
북한문제 해결의 돌파구

북한의 심각한 에너지 부족

개성공단과 금강산을 취재하기 위해 북한을 몇 차례 방문한 적이 있는데 가장 크게 느낀 점 중 하나가 전기 부족이었다. 숙소인 호텔에서도 전기사정이 좋지 않아 정전이 잦았다. 한번은 금강산 인근의 꽤 큰 불고기 식당에서 저녁식사를 하고 있었는데 전기 공급이 계속 불안정하고 너무 어두워 고기가 제대로 구워졌는지조차 알 수 없었다. 게다가 자주 정전이 되어 전기가 들어올 때 재빨리 입에 집어넣어야 했다. 한국의 지원을 받아 관광특구로 심혈을 기울여 만든 지역이 그 정도였다. 오가며 마을에서 본 전봇대 등 송배전 시설은 서 있는 것 자체가 신기할 정도로 낡았다. 1990년대 중반 '고난의 행군' 시기부터 주민들이 일부 송전선과 배전선의 구리를 절단해 팔아먹었다고 한다. 한번 정전이 발생하면 복구에 오랜 시간이 걸릴 수밖에 없는 것이다. 송배전 단계의 전력손실이 30%에 달하고 전력생산도 부족해 송전도 제한적으로 이루어지고 있었다.

실제로 북한은 심각한 에너지난에 처해 있다. 1990년대 산업붕괴의 가장 큰 원인이 에너지 부족이었다. 특히 북한의 경제구조는 전기중심으로 되어 있는데, 전력난이 심화되어 공장 가동률이 20%를 밑돌아 경제 전체가 어려워진 것이다. 북한의 발전설비는 국내에서 생산되는 석탄을 활용하는 화력발전소와 수력발전소로 매우 단순하게 구성되어 있다. 국내 생산 에너지원을 주로 사용하는 '주체경제', '자력갱생'의 원칙에 따라야 하기 때문에 수입을 해야 하는 천연가스 발전은 이루어지지 못하고 있다.

북한의 발전설비 용량은 7.6GW 정도로 114GW인 한국의 6.7% 정도다. 북한의 실제 발전량은 239억kWh로 5,404억kWh인 한국의 4.4%에 불과하다.[08] 실제 발전량이 더 적은 이유는 발전설비의 노후화가 심각하기 때문이다. 윤활유 등이 부족하여 기계적 성능이 저하되어 있는 데다 정기보수도 제대로 못하고 있다. 북한 총 발전설비의 60%를 넘게 차지하는 수력발전소는 산림 황폐화로 인한 수자원 감소와 설비 노후화로 가동률이 떨어져 있다. 전체 수력발전 설비의 70%는 지은 지 20년 이상 된 것이고 일제강점기 때 지어져 50년 이상 된 것도 절반 정도에 달하는데 이 중 1930~40년대에 지어진 발전소도 6개나 된다. 이나마도 1990년대 중반 대홍수 때 설비의 대부분이 훼손된 후 보수가 제대로 되지 않았다.

발전의 40% 정도를 차지하는 석탄발전소도 90% 이상이 20년 이상 된 것으로 정기 보수가 제대로 되지 않아 정상적 생산이 어려운 상태다. 질 좋은 석탄은 대부분 수출하고 남은 저질탄을 주로 투입해서 효율도 떨어진다. 더구나 석탄 광산설비도 노후화되어 생산이 한계에 이르렀고 인프라가 부족해 석탄수송이 제대로 이루어지지 않고 있다. 석탄발전 용량의 비중이 2000년에는 47%였으나 2011년 이후 계속 감소해 현재는 40%를 하회하고 있다. 생산량이 2,550만 톤으로 거의 변함없는 상태에서 중국으로 보내는 석탄 수출량이 2010년 456만 톤에서 2011년 이후 1,118만 톤 이상으로 급증했기 때문이다.

북한의 발전 설비들은 주로 1970년대 러시아와 중국의 기술로 건설되었는데 이후 지원이 중단되어 관리가 부실해지고 있다. 발전량 부족으로 주파수가 현저히 낮으며 송배선 체계가 낡고 비효율적으로 되어 있어 누전율이 높고 전압이 낮다. 전력 생산이 부진하니 소비도 많을 수가 없다. 전체 전기소비는 1990년 이후 30% 이상 감소했다. 그나마 64% 감소한 1차 에너지소비에 비해서는 더딘 편이다. 전기에 대한 의존이 상대적으로 높기 때문이다. 1인당 전력사용량은 현재 630kWh로 우리나라의 15분의 1에 불과하다. 1990년의 1,095kWh보다 42% 감소한 것이다. 게다가 수송과 산업이 전력기반으로 되어 있어 전기사용량이 많고 국가기관의 전기 사용도 많기 때문에 일반 주민들이 전기 혜택을 보기는 쉽지 않다.

북한의 산업구조는 '자급자족autarky'이다. 광산에서 철광석과 석탄을 생산하여 제철소에 공급하면 철강제품이 생산되고 이것이 주물공장으로 보내져 트랙터가 만들어지고 이 트랙터가 협동농장으로 보내져 식량생산에 사용되고, 생산된 식량이 광산으로 보내져 석탄 생산에 쓰이는 구조이다. 이러한 '주체형', '자기완결형' 산업구조의 취약점은 석유, 가스, 코크스 등 북한이 자체 생산하지 못하는 에너지 자원을 해결할 방법이 없다는 것이다. 부득이 수입을 해야 하는데 외화가 부족한 북한으로서는 여의치 않다. 그래서 수입해야 하는 석유 대신 석탄과 수력이 에너지 공급의 대부분을 맡아왔다. 운송체계가 차량이 아닌 전철 위주로 되어 있는 것도 이 때문이다. 기차도 대부분 전철화되었고 시내도 대부분 전철로 운행된다. 그래서 수송부문에서의 전력소비량 비중이 다른 나라보다 훨씬 높다. 화물운송도 철도중심으로 되어 있어 차량의 분담률은 20% 정도에 불과하다.

북한이 공식적으로 발표하는 무역자료가 없기 때문에 코트라에서 다른 나라의 대북한 교역을 바탕으로 역으로 집계하는데, 이 '거울통계 mirror statistics'에 따르면 북한은 매년 9억 달러 정도의 무역적자를 내고 있다. 2012년부터 2016년까지 5년 동안의 누적적자만 해도 50억 달러에 달한다. 그 이전부터 적자가 쌓여왔음을 감안하면 북한이 가지고 있는 외화는 씨가 말랐을 것이다. 게다가 핵과 미사일 프로그램으로 인한 국제제재가 북한으로 들어가는 외화를 차단하는 데 집중되면서 외화난이 가중되고 있어 에너지를 수입할 여력이 없다. 북한 무역적자의 90% 정도가 중국과의 교역에서 생긴 것인데 원유와 석유류 수입이 상당부분을 차지한다.

북한의 석탄수출액 감소는 셰일혁명이 부른 나비효과

미국발 셰일혁명은 북한에도 적지 않은 영향을 끼치고 있다. 천연가스 생산의 급증으로 가격이 크게 하락하여 전기 생산에서 석탄을 밀어내자 갈 곳을 잃은 미국 석탄이 국제시장으로 나오면서 석탄가격이 크게 하락했다. 우리나라의 유연탄 수입단가를 보면 북한의 수출 가격의 변화를 추정할 수 있는데, 2011년 우리나라의 유연탄 수입단가는 톤당 150달러였는데 2013년에는 100달러, 2015년 74달러로 하락하였고, 2016년에는 60달러로 떨어졌다. 2011년 기격과 비교하면 40% 수준에 불과하다. 이는 북한의 석탄 수출로 번 돈이 반 토막 났다는 것을 의미한다. 남북교류협력지원협회의 자료에 의하면 북한의 석탄 수출 단가가 2011년 102달러에서 2015년 53.5달러로 절반으로 떨어졌다.[09] 중국의 북한산 석탄 수입단가가 2000년대 초반까지 20달러를 넘지 못한 점을 감안하면 북한의 수출단가도 추가적으로 더 떨어질 가능성이 있다.

북한은 단가 하락으로 인한 손실을 만회하기 위해 더 많은 물량의 수출을 시도하고 있다. 북한의 대중국 석탄 수출은 2010년 464만 톤에서 2015년에는 1,963만 톤으로 4.2배나 증가하였다. 그러나 수출액은 2011년 11억 4,000만 달러에서 2015년 10억 5,000만 달러로 오히려 줄었다. 코트라가 분석한 자료도 이와 비슷한데, 2016년 석탄 등 북한의 광물 수출액은 14억 6,000만 달러인데 2011년의 16억 6,000만 달러보다 14% 정도 줄었다. 미국의 셰일혁명이 여러 단계를 거쳐 북한에도 큰 타격을 주고 있는 것이다. 석탄 등 광물이 북한 전체 수출의 42%를 차지하고 있기 때문에 충격이 클 수밖에 없다. 강화된 제재로 북한의 석탄 수출이 전면 금지되면 북한 국내 공급상황이 개선되어 전력사정이 다소 나아질 수는 있다.

한국광물자원공사는 북한의 석탄 매장량을 227억 톤으로 추정하면서 실제 채굴 가능한 매장량은 30%가 안 될 것으로 파악하고 있다. 한국은행에 따르면 북한은 2016년 3,106만 톤의 석탄을 생산했다. 2015년의 2,749만 톤보다 13% 증가했다. 1998년 1,860만 톤을 채굴했는데 생산량이 상당히 늘었다. 북한의 2016년 철광석 생산량은 525만 톤으로 1998년의 289만 톤보다 두 배 가까이 늘어났다. 국제제재로 석탄 수출이 제한되자 철광석 수출을 적극 늘리고 있는 것이다.

북한의 석탄 수출량은 통계청이 제시하는 가장 최근 자료인 2013년에 1,670만 톤을 기록했다. 그해 생산량이 2,660만 톤이었으니 전체 생산의 63%를 수출한 셈이다. 북한의 석탄 수출은 대부분 무연탄으로 주로 중국 북동부의 철강업체들에 공급되고 있다. 과거에는 일본에도 매년 30

만~50만 톤을 수출해 가장 큰 시장이었으나 2002년 일본인 납치 사건이 불거지고 2006년 핵실험이 이어지자 일본이 수입을 전면 중단했다. 반면 2010년 이후 중국의 경제성장과 베트남의 대중국 수출이 급감하면서 북한의 중국에 대한 석탄 수출이 급증했다. 수출량이 1990년대 수천 톤 수준에서 2010년 이후 1,000만 톤을 넘었다. 석탄 생산은 전력난과 기계장비 부족, 수송수단의 낙후 등으로 인해 추가적인 증산은 어려울 것으로 보인다. 중국의 수입업자들이 선투자 방식의 계약으로 물자와 자금을 먼저 지급해주고 석탄을 통해 분할 상환하는 방식을 취해왔다.

석탄은 북한 전체 에너지 공급의 45%를 차지하고 있다. 통계청에 따르면 2015년 북한의 전체 에너지 공급이 870만 toe(석유환산톤)이었는데 그 중 석탄이 393만 톤이었다. 그 다음은 수력으로 250만toe를 공급하여 29%를 담당했고 석유는 101만toe로 11.6%를 차지했다. 국내 석탄 소비의 67% 정도가 발전에 쓰인다. 북한의 2015년 전체 에너지 공급량 870만toe는 2014년의 1,105만toe, 2013년의 1,063만toe에 비해 크게 줄어들었고 10년 전인 2005년의 1,713만toe보다도 훨씬 적은 양이다. 에너지 부족이 점점 심화되고 있는 것이다.

구한말 목탄차의 재등장

목탄차는 차량에 나무나 숯을 싣고 엔진과 연결된 연소통에 넣으면 이것이 타면서 내는 일산화탄소 가스로 동력을 얻어 달리는 차량이다. 연소통이 열려 있기 때문에 외부로 새는 가스가 많아 에너지 효율이 떨어지고 힘도 약해 오르막길에서는 승객들이 차에서 다 내려서 밀어야 한다. 우리나라에서도 제2차 세계대전 당시 일본군이 군용차에 쓰기 위해 석유를 다 쓸어가자 그 대용으로 등장해 광복 직후까지 잠시 운행된 적이 있다. 석유가 공급되면서 목탄차는 사라졌고 북한에서도 마찬가지였다.

그런데 1990년대 후반 '고난의 행군' 시기에 경제난과 에너지난이 심화되자 이 목탄차를 장려하기 시작했고, 석유로 달리던 많은 차들이 목탄차로 개조됐다. 북한의 매체에서도 나무를 이용해 자동차와 트랙터로 물품을 수송하고 있는 '자랑스러운' 목탄차를 크게 선전했다. 목탄차에 사용할 나무를 마구 베면서 북한의 산림은 더욱 황폐해졌다. 중국이 산림보호를 위해 목탄 수출을 엄격히 제한하는 것과는 대조적이다. 그 후 경제가 안정되면서 사라지는 듯했던 목탄차가 2014년부터 다시 등장했다. 경제상황이 호전되어 교통수단에 대한 수요가 늘어나 옛날의 목탄차를 다시 끄집어냈을 수도 있지만 북한의 연료난의 단면을 보여주는 대목이기도 하다. 전기로 자동차가 달리는 21세기에 서울에서 얼마 떨어지지 않은 북한에서는 나무를 때 차량을 움직이고 있으니 한반도의 에너지는 19세기와 21세기를 교차하고 있는 것이다.

중국이 원유 공급을 중단하면 북한은 굴복할까

북한의 핵과 장거리 미사일이 고도화되면서 국제사회의 제재도 점점 강력해지고 있다. 북한의 6차 핵실험에 대한 제재로 2017년 9월 취해진 유엔안보리 결의 2375호는 북한의 '생명줄'로 여겨지는 석유공급이 처음으로 포함되었다. 그동안 취해진 제재 조치들은 핵무기 개발과 관련된 물자, 무기, 사치품, 자금 등을 제약하기 위한 조치들로 북한 에너지 공급에 직접적 영향을 미치는 조치들은 없었다. 군사용으로 쓰이는 항공유와 로켓유를 통제하고 북한이 석유를 밀수입하는 것을 막기 위해 해운과 항만에 대한 통제 정도에 그쳤다. 북한은 오히려 핵협상을 통해 중유(벙커C유)를 지원받은 적이 있다.

중국이 북한에 대한 원유 공급을 중단하면 북한은 굴복할까? 북한이 원유를 얼마나 수입하는지는 정확하게 공개되어 있지 않다. 발표하는 기관마다 천차만별이다. 미국 CIA의 『World Factbook』에 따르면 2013년 북한의 원유 수입량은 하루 7만 배럴, 즉 연간 2,555만 배럴이다. 중국의 해관통계를 보면 중국은 그해 57만 8,000톤, 즉 424만 배럴의 원유를 북한에 보냈다. CIA 자료와는 5배 차이가 난다. CIA 자료가 맞다면 중국은 엄청나게 많은 원유를 몰래 북한에 보냈고 미국 정보당국은 이를 알고 있었다는 것이다. 그러나 이는 사실이 아니다. 북한의 총 원유 정제용량이 하루 7만 배럴이다. 중국 인근의 봉화화학공장이 3만 배럴, 러시아 접경의 승리화학공장이 4만 배럴이다. 북한의 정유설비는 이 두 군데뿐이다. 게다가 승리화학공장은 1990년대 이후 가동이 중단된 상태다.[10] 봉화화학공장을 100% 가동해도 원유공급량은 연간 1,000만 배럴 남짓이다. 따라서 CIA 자료는 원유 도입량이 아니라 원유 정제용량을 잘못 기재했을 확률이 높다.

한국은행 자료에 의하면 북한은 2016년 390만 배럴, 2015년에는 385만 배럴의 원유를 수입했다[11]. 코트라에서는 북한이 중국으로부터 매년 50만 톤, 즉 367만 배럴의 원유를 수입하고 있다고 추정하고 있어 북한 원유 수입의 대부분은 중국산으로 보인다. 중국은 2014년 이후 북한에 대한 원유 공급 자료를 발표하고 있지 않다. 중국의 해관통계에 따르면 2013년에 57만 8,000톤, 2012년에 52만 3,000톤, 2011년에 52만 8,000톤의 원유를 북한에 보냈다. 1996년까지는 83~100만 톤 가량을 보냈으나 이후로는 급감해 50~58만 톤 정도를 보냈다. 이를 토대로 보면 중국은 장기계약에 의해 50만 톤, 즉 400만 배럴 정도의 원유를 계속 공급하고 있는 것으로 보인다. 중국산 원유의 도착지인 북한 봉화화학공장의 설비용량은 하루 평균

3만 배럴, 즉 연간 150만 톤이다. 봉화화학공장이 다른 곳으로부터는 원유를 사오지 않기 때문에 중국산 50만 톤만 정제하면 가동률은 30%로 추정할 수 있다. 물론 중국으로부터 더 많은 원유를 공급받아 실제 가동률이 이보다 높을 수도 있다.

북한의 원유 정제용량은 하루 7만 배럴로 우리나라의 337만 배럴의 2%에 불과하다. 그래서 원유와 함께 석유제품의 수입도 불가피하다. 북한의 석유제품 수입은 한해 20만 톤을 넘지 않았으나 중국으로부터의 원유수입이 급감한 1997년 이를 보충하기 위해 80만 톤으로 급증했다. 승리화학공장의 일시적 원유도입이 늘어남에 따라 석유제품 수입이 다시 감소하다가 2000년대 중반에는 한해 120만 톤까지 늘어났으나 2011년부터는 20만 톤으로 급감했다.[12] 2011년 이후에는 북한의 원유와 석유제품 도입이 동시에 줄었기 때문에 북한의 석유사정이 상당히 악화되었을 것으로 보인다. 물론 북한이 밀무역을 통해 원유나 석유제품을 들여오고 있을 가능성도 배제할 수 없다.

중국이 북한으로 보내는 원유는 주로 다칭 유전에서 생산된 것으로 조중우호송유관을 통해 북한 신의주에 있는 정유공장인 봉화화학공장으로 보내진다. 다칭 원유는 API 32.2도로 무거운 편이며, 황 함유 0.11%의 중간 정도의 저유황 원유다. 유황성분은 적어 탈황장치가 필요하지는 않으나 중질유라서 잔사유 성분이 70% 가까이에 이른다. 30%의 유분으로 나프타, 경유, 휘발유 등 북한이 필요로 하는 경질 석유제품을 생산하고 있다. 고도화 설비가 없는 북한에게 적합한 유종은 아니지만 대안이 없기 때문에 다칭 원유에 의존할 수밖에 없다.

조중우호송유관은 다칭에서 다롄항으로 이어지는데 션양 인근에서 지선을 통해 북한으로 들어온다. 중국 지역 260km를 지나 북한의 30여

km를 통과한 후 봉화화학공장으로 이어진다. 1974년 2월 착공되어 1976년 1월 완공된 이 송유관은 연간 최대 300만 톤의 원유와 100만 톤의 제품을 수송할 수 있다. 봉화화학공장에서 원유를 정제하여 만든 나프타는 파이프라인을 통해 안주에 있는 북한의 유일한 석유화학공장인 남흥청년화학연합기업소로 보내진다.

북한의 정제시설은 1970년대 중국과 러시아의 도움으로 구축되었다. 러시아는 원유 수출 대국이고, 중국은 지금은 거대 원유 수입국이지만 2000년대 이전까지는 원유를 수출하는 나라였다. 이들 나라는 사회주의 우방인 북한의 국경지대에 정유설비를 지어주고 낮은 가격으로 원유를 공급했다. 중국과 접경하고 있는 신의주 남쪽에 1975년 지어진 봉화화학공장이 있고 러시아와의 국경지역인 나진선봉지역에 1967년 건설된 승리화학공장이 있는 것은 이 때문이다.

줄어들 수밖에 없는 중국의 원유 공급

중국이 북한에 보내는 원유의 양이 줄어든 것은 중국의 경제성장으로 석유수요가 급증했고 공급원인 다칭 유전의 생산이 감소했기 때문인 것으로 판단된다. 중국은 줄어든 원유 대신 경유 등 석유제품을 공급하고 있는 것으로 보인다. 중국은 원유 정제를 통해 나프타, 경유, 휘발유 등 다양한 제품을 생산하는데 시장상황에 따라 일부 제품이 과다 생산되기도 한다. 가령 시장에서 공급이 부족한 휘발유를 더 많이 뽑기 위해서는 더 많은 원유를 정제해야 하는데 불가피하게 경유, 벙커C유 등 다른 제품들의 생산도 덩달아 늘어난다. 이럴 경우 과다 생산된 제품의 일부를 북한에 원유 대신에 보낼 수도 있는 것이다. 수입되는 석유제품 중 일부는 남포항이나 해주항을 통해 유조선으로도 들어온다.

중국이 조중우호송유관을 통해 북한으로 보내는 원유의 생산지인 다칭 유전은 고갈이 빠르게 진행되고 생산단가도 높아 2014년 이후 저유가 국면에서 생산을 제대로 못하고 있다. 미국의 셰일혁명 이후 경질유 공급이 늘어나 가격이 떨어지면서 중질유의 상대적 가격은 오르고 있어 중질유인 다칭 원유의 판매도 떨어지고 있는 것이다. 미국발 셰일혁명이 돌고 돌아 북한에게 타격을 주는 또 하나의 사례다.

다칭 유전을 운영하는 페트로차이나는 2017년 투자를 20% 감축했기 때문에 향후 생산은 더 줄어 북한으로 보내는 양도 감소할 것으로 보인다. 게다가 다칭 유전의 고갈로 중국의 전체 원유 생산도 사상 최저수준으로 빠르게 줄고 있다. 중국으로서는 북한에 많은 물량을 보낼 여유가 없게 되었다. 북한으로서는 러시아산 원유 도입을 적극적으로 추진해야 할 절박한 이유가 생긴 것이다. 러시아가 ESPO 송유관을 통해 북한으로 원유를 보낼 수 있는데, ESPO 블렌드blend 유종은 황 함유가 0.62%로 조금 많지만 API 34.8도로 다칭 원유보다 상당히 가벼워 잔사유 함량이 적다. 따라서 고도화 설비가 없는 북한에는 러시아 원유가 더 유용할 수 있다.

원유 공급 중단 조치, 득보다 실이 더 많을 수도…

중국이 북한에 보내는 원유 공급을 끊는다면 북한으로서는 큰 타격을 받을 수밖에 없다. 북한에는 비축시설이 따로 없고 정유공장이 자체적으로 가지고 있는 작은 탱크와 3곳에 있는 연유창 저유시설이 전부다. 이 때문에 중국의 원유 공급이 중단되면 북한이 3개월을 못 견딜 것이라는 분석도 있다. 북한의 석유 소비구조에 대해서는 알려진 것이 거의 없다. 따라서 석유가 부족해지면 어느 부분이 가장 큰 타격을 받을지도 정확히 알 수 없다. 미국의 노틸러스 연구소Nautilus Institute의 추정에 따르면 북한은 석유의 29%를 전기 생산에 쓰고 수송이 23%이다. 군사용이 19%를 차지해 원유공급이 중단되면 군사부문에 타격을 줄 수도 있다.

실제로 전투기뿐만 아니라 탱크 등 전투장비들은 그야말로 기름 먹는 하마다. 통상 전차는 10리터로 2km를 이동할 수 있을 정도로 연비가 떨어지는데 북한의 낡은 전차는 1km를 이동하기도 힘들 것으로 보인다. 제1, 2차 세계대전을 비롯한 거의 모든 전쟁의 승패는 석유의 공급에 따라 갈렸다. 현재도 마찬가지다. 북한의 미사일도 차량으로 이동해야 되고 사람도 실어 날라야 한다. 결국 전쟁은 기름이 하는 것이나 마찬가지다. 그러나 석유공급이 중단되면 조달 가능한 석유는 군에 최우선 공급할 것이기 때문에 피해는 일반 경제부문으로 고스란히 전이될 것이다.

통계청 자료에 의하면 2015년 북한 전체 에너지 공급에서 석유가 차지하는 비중은 채 12%가 되지 않는다. 2014년까지는 7%도 안 되었다. 석유공급이 늘어나지 않았기 때문에 실제로는 아직 7%선에 머물 것으로 보인다. 우리나라의 경우 총 에너지 공급에서 석유의 비중이 38%로 제일 높고 석탄이 30%, 천연가스 15%, 원자력이 12%다. 북한은 2016년 390만 배럴의 원유를 수입했다. 같은 해 10억 배럴이 넘은 우리나라 수입량의 0.4%에 불과하다. 석유 소비량은 우리나라의 0.7% 수준으로 매우 미미하다. 북한의 원유도입은 1990년대 초반까지만 해도 1,000만 배럴이 넘었다. 1990년에는 1,847만 배럴을 수입했고 1992년에는 1,114만 배럴을 들여왔다. 그러나 북한의 경제난이 고조된 1994년부터 수입량이 급감하기 시작해 667만 배럴로 떨어졌다. 1999년 233만 배럴까지 떨어졌다가 조금씩 회복하여 그 후로는 380만 배럴에서 420만 배럴 사이를 왔다갔다 하고 있다. 25년 전인 1990년 도입량 1,847만 배럴과 비교하면 2016년의 390만 배럴은 5분의 1에 불과하다. 1999년 도입량 233만 배럴은 1990년 도입량의 10분의 1 정도에 불과했다. 그래도 북한 경제는 붕괴하지 않았다. 석유가 부족하면 군에 집중 공급하고 일반경제는 나무나 석탄에 의존하며 견디는 것이다.

중국은 북한으로 보내는 원유에 대한 통계를 발표하지 않고 있다. 중국세관의 마지막 수치는 2013년 12월 9만 2,223톤이었다. 그해 총 공급물량은 57만 8,000톤, 즉 424만 배럴이었다. 베일에 싸인 북한에 대한 석유 공급량은 2017년 9월 유엔안보리가 북한의 6차 핵실험에 대한 제재를 취하면서 처음 드러났다. 결의 2375호는 북한에 대한 석유제품 공급을 연간 200만 배럴로 제한하고 원유는 현 수준으로 동결하는 조치다. 미국의 유엔 대표부는 따로 설명자료를 내면서 북한은 450만 배럴의 석유제품과 400만 배럴의 원유 등 총 850만 배럴을 공급받고 있다고 발표했다. 원유 공급은 현 수준이 유지되지만 석유제품은 55%가 감축되어 전체로는 30%가 줄어든다고 설명했다. 미국이 발표한 원유 공급량은 한국은행의 추정치와 거의 일치하고 있다. 중국이 연간 50만 톤, 즉 365만 배럴을 보내고 있기 때문에 나머지 35만 배럴 정도는 러시아에서 수입하고 있는 것으로 보인다.

북한이 400만 배럴의 원유를 정체하여 얼마나 많은 석유제품을 생산하는지를 알아봐야 하는데, 에너지경제연구원의 추정에 의하면 북한은 2014년의 경우 53만 톤의 원유를 수입해 48만 톤의 석유제품을 생산했다.[13] 원유를 무게 단위인 톤에서 부피단위인 배럴로 전환하면 7.33의 비율이 적용된다. 휘발유, 경유 등 석유제품으로 정제하면 부피가 다양하게 변하기 때문에 일괄적으로 적용할 수는 없지만 평균 8배 정도임을 감안하면 북한은 388만 배럴의 원유를 정제해 약 384만 배럴의 제품을 생산한다. 원유 투입량보다 약간 적은 양의 제품을 생산하는 것이다. 원유를 정제하면 부피가 늘어나기 때문에 일반적으로 투입된 원유보다 생산된 석유제품의 양이 많다. 우리나라의 경우 2016년 10억 7,000만 배럴의 원유를 정제해 11억 6,000만 배럴의 제품을 생산했다. 그러나 북한은 낙후된 정제설비 때문에 투입된 원유보다 생산된 제품이 적은 것이다. 1975년 가동된 봉화화학공장은 지어진 지 40년이 넘었고 정상가동에 반드시 필요한 정기보수도 제대로 실시되지 않아 효율성이 크게 떨어져 있다. 게다가 북한이 수입하는 중국의 다칭 원유의 잔사유 함유량이 70%에 달하기 때문에 경질제품 생산수율이 낮다. 북한의 수입 석유제품이 경유, 휘발유와 등유가 대부분인 것은 이 때문이다. 최근에는 경유의 비중이 늘고 있다. 따라서 북한의 실제 석유제품 생산은 이보다 더 적을 수도 있다.

북한의 석유제품 공급은 원유를 정제해 생산하는 400만 배럴과 수입 450만 배럴 등 총 850만 배럴이다. 국내 생산한 제품 중 30%인 120만 배럴의 벙커C유는 석탄발전소의 착화용 등 발전부문에 투입되고 280만 배럴은 수송과 난방으로 사용되는 것으로 보인다.

원유공급 중단이 북한에 얼마나 큰 타격을 주는지를 알기 위해서는 석유제품 수요를 봐야 하는데 북한의 석유 소비에 대한 자료는 없다. 그러나 에너지경제연구원과 유엔의 무역 자료 등을 통해 보면 대략적인 추정이 나온다. 지난 10년간 북한의 중국산 석유제품 수입이 휘발유, 경유, 등유가 각각 30% 정도임을 감안하면 북한의 소비도 같은 비율로 이루어짐을 짐작할 수 있다. 휘발유 경유는 수송용이고 등유는 난방용이다.

북한의 수송과 난방용 석유제품 공급은 국내생산 280만 배럴과 수입 450만 배럴을 합쳐 730만 배럴이기 때문에 휘발유와 경유 등 수송연료는 이 중 60%인 440만 배럴로 추산할 수 있다. 하루 12,000배럴, 즉 190만 리터다. 우리나라는 1,000만 대의 휘발유차와 940만 대의 경유차가 하루에 22만 배럴의 휘발유와 46만 배럴의 경유 등 총 68만 배럴을 소비하고 있다. 통계청에 따르면 북한의 차량 등록대수는 2015년 기준 27만 8,400대로 우리나라의 1.4%이다. 이를 단순히 적용하면 북한은 하루 9,520배럴, 즉 150만 리터를 사용한다. 위의 추산과 비슷한 수치이다. 유엔제재로 제품 수입이 450만 배럴에서 200만 배럴로 감축되면 총 공급은 480만 배럴, 수송용은 290만 배럴이 되어 34% 줄어든다. 그만큼 운행 차량수가 줄거나 주행거리가 감소할 수밖에 없다.

북한의 직접적인 통계가 없기 때문에 간접적으로 만들어진 매우 개략적이고 단순화된 추정이지만 이것은 북한의 석유에 대한 의존이 매우 낮다는 것을 보여준다. 의존율이 40%에 육박하는 우리나라의 기준으로 석유 공급 중단의 영향력을 분석해서는 안 된다는 의미이다. 자동차를 활용하는 북한의 최고 엘리트 계층에도 영향을 주겠지만 난방으로 쓰이는 등유가 부족해지면 일반 주민들의 연료난도 악화되어 석탄과 나무에 대한 의존도 늘어날 수밖에 없다. 결론적으로 북한은 석유에 대한 의존이 매우 낮고 석유 공급은 군 우선으로 하고 있으며, 필요하면 국가 차원에서 밀무역으로 조달할 수 있다. 따라서 중국이 북한에 대한 원유공급을 중단한다고 해서 기대한 만큼 김정은 정권에 엄청난 타격을 안기지는 못할 것으로 판단된다.

오히려 북한이 석유 공급에 대한 보복으로 해상으로 미사일을 쏘아댄다면 바닷길에 전적으로 의존하고 있는 우리나라의 원유 공급에 중대한 위협이 된다. 북한은 국제해사기구IMO나 국제민간항공기구ICAO에 사전 통보 없이 미사일을 발사하고 있어 해상 운송 리스크를 키우고 있다.

실제 해외 원유 수송업체들은 한국물량 수송의 리스크가 커진 만큼 운송료 인상을 요구하기 시작했다. 이러한 운송 리스크는 중국과 일본도 마찬가지다. 자칫 원유 공급 중단 조치가 득보다는 실이 더 많을 수도 있는 것이다.

북한의 원유 공급 대안인 러시아 루트

중국으로부터의 공급이 끊기면 북한에게도 대안이 있다. 바로 러시아다. 러시아가 블라디보스토크로 보내는 ESPO 송유관이 북한과 인접해 있어 원유를 수출하기 용이하다. 북한과는 송유관이 연결되어 있지 않아 블라디보스토크에서 선박이나 열차로 수송할 수 있다. 북한에서 가장 큰 정제설비인 승리화학공장이 러시아 국경과 맞닿아 있어 이 원유를 바로 공급할 수 있다. 선봉항의 해상 플랫폼을 통해 선박에서 원유를 받은 뒤 해저 파이프라인으로 부두까지 도착한 다음 6km 떨어진 승리화학공장까지 파이프라인을 통해 공급된다. 선봉항에는 유조선 전용 부두도 있다. 공장내부까지 철도가 연결되어 있어 블라디보스토크에서 열차로도 원유 수송이 가능하다.

소련 붕괴 이전까지는 선박이나 열차를 통해 매년 약 300~735만 배럴의 원유가 승리화학공장으로 공급되었다.[14] 그러나 1990년 이후 러시아 원유 공급이 끊기면서 가동이 거의 중단되었다. 2002년과 2003년 두 차례에 걸쳐 러시아 원유가 공급된 후 움직임이 없다가 최근에 다시 소량의 원유가 공급되고 있는 것으로 보인다. 유엔의 무역자료에 의하면 북한은 중동의 예멘과 카타르, 아프리카의 나이지리아, 가봉, 콩고 및 브라질, 태국 등으로부터 소량의 원유를 비정기적으로 들여왔는데 러시아 원유를 대체하기 위한 것으로 보인다. 북한의 서해에는 해상에서 원유를 받을 설비가 없어 유조선으로 도입된 모든 원유는 선봉항으로 왔을 것으로 보인다. 승리화학공장이 거의 가동되지 않고 있는 것으로 보이나 미국 스탠튼 그룹, 러시아 가즈프롬, 몽골의 정유업체 등이 투자의향을 내비치기도 했다. 러시아 원유공급이 재개되면 승리화학공장도 다시 가동될 것으로 보인다.

북한이 러시아 원유를 얼마나 수입하는지는 정확히 알 수 없다. 푸틴 대통령이 2017년 9월 중국에서 열린 브릭스 정상회담에서 러시아는 북한에 분기당 4만 톤 정도의 원유와 석유제품을 수출하고 있다고 언급했다. 연간 16만 톤 규모인데 과거보다 상당히 늘어난 물량이다. 유엔 자료에 의하면 러시아는 2015년에 3만 6,000톤의 석유제품을 북한으로 수출했다. 공식적인 도입이 아니라도 나진항, 선봉항, 청진항 등 동해의 항구를 통해 러시아 석유제품을 밀수입할 수도 있다. 실제로 러시아에서 밀수된 석유는 '나홋가 연유'로 불리며 유통되고 있다.[15] 블라디보스토크 인근 나홋카항에서 온 것이란 의미이다. 러시아의 북한에 대한 원유와 석유제품 수출이 늘고 있는 것은 러시아로 수입 루트를 다변화하려는 북한과 조금이라고 수출을 늘리려는 러시아의 계산이 맞아 떨어진 것으로 보인다.

전력부족은 북한경제 악순환의 핵심고리

분단 직후 수자원이 풍부한 북한 지역은 전력 자급이 가능했다. 일제가 산이 높고 골이 깊어 수력발전에 유리한 지형을 가진 북한 지역에 주로 댐을 건설했기 때문이다. 1941년 완공 당시 '동양 최대의 댐'으로 불렸던 압록강 수풍댐이 대표적이다. 해방 직후 전력의 90%가 북한 지역에서 생산되었을 정도다. 수력발전소는 1930~40년대에 지어져 당시로서는 최신 설비였다.

북한은 정권 초부터 전기에 많은 신경을 썼다. 김일성 주석은 전력이 '산업의 쌀이고 인민 경제의 생명선'이라며 전력문제의 중요성을 여러 차례 강조했다. 전력생산을 늘리기 위해 수력발전소를 증설하는 한편, 1970년대부터 사회주의 종주국인 소련과 중국의 도움을 받아 석탄발전소도 짓기 시작했다. 소련의 붕괴로 지원이 끊겨 전기가 부족해지자 작은 강이나 하천에도 소형발전소를 지어 보충하려 했다. 1970년대 후반부터 소형 수력발전소를 대대적으로 짓기 시작했다. 1998년에만 5,000개가 건설되었다. 전 국토의 발전소화를 이루는 듯했다. 그러나 작은 강은 수량이 일정하지 않고 가뭄이 들면 아예 말라버리기 일쑤다. 겨울철에는 쉽게 얼어버려 전기 생산에 큰 도움이 되지는 못했다. 2000년대 이후에는 대형 발전소 건설에 군인들을 대거 동원하는 등 국가적인 노력을 가하고 있다. 2016년에 백두산영웅청년발전소와 금야강군민발전소가 준공되었다. 김정은 시대에 들어서도 전력문제는 가장 우선적으로 해결해야할 과업으로 지목되었다.

북한은 안정적인 전력공급을 위해 원전 건설을 추진하기도 했다. 1980년대 중반 소련의 경수로를 들여오려 했지만 소련의 붕괴로 무산됐다. 핵에 대한 집착의 더 큰 의도는 핵무기 개발이었겠지만 원자력으로 전기를 얻으려 했던 것도 분명하다. 전기의 중요성을 알고 있던 김일성 주석은 1994년 제네바 합의를 진두지휘했다. 핵 프로그램 동결 대신에 전기를 생산하기 위해 한국형 경수로를 지원받는 합의였는데, 최종 타결석 달 전 김일성 주석의 갑작스런 사망과 북한의 우라늄 핵무기 개발이 드러나면서 합의는 폐기되었다. 원전 건설의 무산과 외화부족으로 석유 수입이 어려워지면서 북한의 전력난도 악화되었다. 가뭄과 홍수 등 반복되는 자연재해로 수력발전도 안정적이지 않고, 중국과 소련이 지어준 석탄발전소도 점점 노후화되고 있다.

자력갱생형 경제체제 아래서 전력부족은 북한경제 악순환의 핵심고리다. 전력생산이 부족하니 탄광으로 공급되는 전기도 부족하게 되어 석탄 생산도 줄어들 수밖에 없고, 석탄발전소의 가동률도 떨어지게 되어 전력부족을 악화시킨다. 석탄 생산이 늘어난 것은 전기가 탄광에 우선적으로 공급되었기 때문이다. 전기 공급이 잘 안되니 조명, 취사, 난방용 에너지가 부족해지고 주민들은 산에 올라 나무를 자를 수밖에 없다. 가뜩이나 민둥산인데 그나마 남아 있는 산림의 훼손이 심해지고 작은 비에도 토사가 대량으로 흘러내려 수력발전용 저수지에 유입됨에 따라 저수량이 감소하고 가뭄이 들면 쉽게 말라 버린다. 수력발전소의 가동률은 떨어지게 되어 전력부족을 악화시킨다. 산림이 훼손되면 탄관용 목재도 부족해져 석탄생산이 줄고 화력발전소의 가동률도 떨어져 전력부족은 더 악화된다.

북한은 전기 생산 자체도 절대적으로 부족할 뿐만 아니라 송배전 시설의 부족과 노후화로 30%에 가까운 전력 손실이 발생한다. 만들어봤자 30%는 소비지에 가는 도중에 없어지는 것이다. 소비지에 도착한 전기의 품질도 좋지 않다. 주파수가 낮고 전압변동이 빈번하게 발생하여 주파수와 전압을 낮추기 때문에 불이 오락가락하고 매우 어둡다.

분단 직후 전기가 부족한 남한은 경공업에 집중한 반면, 전기가 풍부한 북한은 중공업 우선정책을 펼쳤다. 이 때문에 전기 과소비형 산업구조가 만들어졌는데 전기 공급이 부족해지자 경제 전체가 마비되는 결과로 이어진 것이다. 이는 역으로 전력공급이 개선되면 경제가 좋아지는 것을 의미한다. 한국전기연구원의 보고서에 의하면 북한의 전기생산량이 1억kWh 증가하면 경제는 0.26% 상승한다. 이는 1%의 경제성장을 위해서는 3억 8,500만kWh의 추가적인 전기 투입이 필요하다는 것을 의미한다. 2016년 북한의 발전량 239억kWh의 1.6%에 해당한다. 즉 전기 생산을 1.6% 늘리면 경제가 1% 성장한다는 의미다.

남한은 수요자 중심으로 에너지 공급이 이루어진다. 다시 말해 경제가 성장하여 에너지 수요가 늘어나면 공급이 늘어나게 되어 있다. 반면, 중앙집권적 계획경제인 북한은 먼저 계획 하에 전기 공급이 이루어져야 경제가 성장하는 구조다. 이 때문에 북한의 전체 에너지 공급은 매년 3%씩 줄어왔지만 발전용 에너지 투입 감소는 1%가 채 되지 않고 특히 2010년 이후에는 0.2%에 감소에 그치고 있다. 그만큼 전기에 대한 의존이 크기 때문이다.

에너지 없는 경제성장?

한국은행의 2017년 7월 발표에 따르면 북한경제는 2016년 3.9% 성장했다. 국제사회의 강력한 제재에도 불구하고 17년 만에 가장 크게 늘어난 것이다. 1999년 6.1% 이래 최고 성장세다. 더욱 놀랍게도 이는 지난해 우리나라의 경제성장률 2.8%보다도 높았다. 남한과 북한의 1인당 소득 격차는 21.9배로 전년의 22.2배에서 축소됐다.

한국은행이 매년 발표하는 북한의 경제성장 추정치가 가장 믿을 만한 통계임에는 분명하지만 이것이 얼마나 정확한지에 대해서는 논란이 있다. 북한의 경제사정이 회복되고 있다는 방문자들의 증언과는 달리 2015년 경제가 마이너스 1.1%를 기록했다는 한국은행 발표가 나오자 혹시 강력한 대북제재를 가하고 있던 당시 정부의 눈치를 보고 있지는 않았는지 의심도 들었다. 북한경제가 성장했다고 발표하면 정부의 경제제재가

효과가 없다는 의미이기 때문이다. 게다가 2016년은 2015년과 별 차이가 없는데 자그마치 3.9%가 성장했다니 의심이 갈 수밖에 없다. 어쩌면 2016년 3.9%라는 놀라운 성장률은 그동안 차마 잡지 못했던 변수들이 한꺼번에 반영된 것은 아닐까하는 생각도 든다. 어떻든 북한의 경제가 서서히 개선되고 있는 것만은 분명해 보인다.

또 하나 놀라운 점은 북한의 이러한 경제성장이 에너지의 추가적인 투입 없이 진행되고 있다는 것이다. 통계청에 따르면 2015년 북한의 전체 에너지 공급은 870만toe로 2014년의 1,105만toe보다 20% 이상 줄었다. 2006년의 1,796만toe의 절반 수준, 1990년의 2,396만toe과 비교하면 3분의 1 남짓에 불과하다. 그런데도 경제가 꾸준히 개선되고 있다는 것이다. 한국은행이 우리 돈으로 환산한 북한 국민총소득(명목GNI)은 36조 4,000억 원으로 2000년의 20조 3,000억 원의 두 배에 가깝다. 절반의 에너지 투입으로 경제가 두 배로 성장한 것이다.

한국은행과 통계청 자료가 모두 사실이라면 북한은 에너지 없는 성장을 이루고 있는 셈이다. 과연 이것이 가능할까? 가능하다면 얼마나 지속될 수 있을까? 에너지 없는 성장이 어느 정도는 가능할 수도 있다. 산에서 나무를 베어 취사와 난방으로 쓰고 구한말에나 타던 목탄차를 다시 돌리고, 철길가에 떨어진 석탄 조각을 주워 쓴다면 도저히 불가능한 일이 아닐 수도 있다. 모두 통계에 잡히지 않을 것이기 때문이다. 주민들이 에너지 없이 생존하는 법을 터득했기 때문일 수도 있다. 어둠도, 배고픔도, 추위도 견디며 사는 것이다. 이제는 북한 전역으로 퍼진 장마당에서 상업 활동으로 생계를 유지할 수도 있다. 대신 가용한 에너지 자원은 모두 수출하면 무역통계에 잡히기 때문에 성장률에 그대로 반영된다. 그렇다 하더라도 반도 안 되는 에너지로 두 배의 경제성장을 이루는 것은 아무래도 그대로 받아들이기 힘들다. 이것은 단순한 에너지와 경제성장의 디커플링decoupling이 아니다.

백 번 양보해 에너지 없는 성장이 가능하다 하더라도 지속될 수는 없다. 2,500만 명의 인구가 추위와 배고픔에 떨며 웅크리고 있는 한 경제가 계속 성장할 수는 없다. 국가가 자원을 내다 팔아 지표상의 성장을 이룬다 하더라도 주민들의 생활에는 변함이 없고 이런 성장은 지속가능하지 않다.

에너지, 북한 핵문제 해결의 단초

북한이 여섯 차례의 핵실험을 실시하여 소형화 단계에 이르고 이를 장착할 대륙간탄도미사일ICBM 개발도 거의 완료된 상태에서 핵문제를 해결하기란 매우 어려운 상태가 되었다. 우리 정부의 최고 당국자들조차 북한 핵문제가 우리에게 가장 절박한 문제인데도 우리에게는 해결할 힘이 없다고 실토하기도 한다. 일부 전문가들은 북한 핵문제 해결은 물 건너갔으니 우리도 핵무장을 해야 한다는 주장도 제기하고 있다. 그러나 앞으로도 하염없이 북한의 핵을 이고 살아갈 수는 없는 노릇이다.

그렇게 풀기 어려운 북한 핵문제도 해결 직전에 도달한 적이 있었다. 바로 경수로 원전 사업이다. 1994년 10월 제네바 합의로 북한이 경수로를 지원받는 대신에 핵개발 동결과 핵확산금지조약NPT 복귀를 약속한 것이다 이 합의로 한반도에너지개발기구KEDO가 발족되고 함경북도 신포에 1GW급 경수로 2기를 짓기 위한 공사가 1997년 8월 착공되었다. 2003년 완공 때까지 매년 50만 톤의 중유도 지원하기로 했다. 신포 경수로 2기 2GW의 발전용량은 북한 총 발전용량 7.6GW의 26%에 해당하는 규모다. 여기에 추가로 매년 50만 톤, 2003년까지 최대 300만 톤의 중유를 지원받는 것이다. 북한의 에너지 부족 문제를 크게 완화할 수 있고, 이를 위해 핵개발 계획도 중단하겠다고 약속한 것이다. 그러나 김일성 주석이 사망하고 2002년 우라늄 핵개발 문제가 불거지면서 공사가 중단돼 공정률 34.5% 상태로 종료됐다. 합의가 제대로 지켜졌으면 북한 핵문제는 지금쯤 해결되었을지도 모른다. 남북관계는 크게 개선되고 북한 에너지 부족 문제도 없었을 것이다.

북한은 이후에도 에너지를 주면 핵개발을 중단하겠다는 의사를 밝혔다. 2000년 12월 남북 장관급 회담에서 신포 경수로 프로젝트의 지연을 이유로 들며 200만KW, 즉 2GW의 전기 공급을 요청했다. 2004년 진행된 6자회담에서도 핵 동결의 대가로 2GW의 전기 공급을 요청했다. 우리 정부도 2005년 북한에 대한 전력지원을 발표하고 세부점검에 들어갔다. 북한이 요청한 2GW는 2012년 가동된 신고리 1, 2호기의 용량을 합친 것과 같다. 당시 남한 전체 발전용량의 5% 정도에 해당하는 것으로 전력수요가 늘어나고 있던 때여서 수요 피크 시 전력 부족에 대한 우려도 있었다. 이후 핵문제가 다시 불거지면서 전력 지원 문제도 없던 일이 되었다.

북한이 요청한 2GW는 북한이 신포 경수로 사업의 중단으로 받지 못한 전력량과 같다. 그때 전력문제를 해결하지 못한 북한은 2010년 실험용 경수로를 영변에 짓기 시작했고 거의 완공된 것으로 보인다. 그러나 이 실험용 경수로가 실제로 가동될 수 있을지는 미지수다. 원자력에서 전기를 생산하는 것은 핵무기를 개발하는 것과는 다른 차원의 높은 수준의 기술이 필요하기 때문이다. 원전에는 200만 개 이상의 부품이 들어가고 핵분열이 과도하게 일어나지 않게 조절해야 하는 고난이도 기술의 집합체다.

신포 경수로 사업은 비록 미완으로 끝났지만 중요한 점을 시사한다.

에너지가 북한 핵문제 해결의 단초를 제공할 수 있다는 것이다. 북한이 핵개발을 추진한 초기에는 전기를 생산하기 위한 것이라고 주장하기도 했다. 실제적으로 에너지 문제의 해결 없이는 북한의 산업화와 지속적인 경제성장은 불가능하다.

03
진정한 대박은
'연결'이다

전기가 끊겨 생긴 분단, 전기로 연결해야

해방 당시 전국 발전용량은 1,723MW였는데 남한지역은 11.5%인 198MW에 불과해 북한 지역에서 50MW를 송전받았다. 그런데 1948년 5월 14일 북한이 갑자기 전기 공급을 끊었다. 그리고 4개월 후인 9월 9일 '조선민주주의인민공화국'이 수립되었다. 이로써 남북분단이 공식화되었지만 실질적인 분단은 전기가 끊긴 그날 시작된 것이다. 따라서 한반도가 다시 연결되기 위해서는 전기가 연결되어야 한다.

야간에 촬영한 인공위성 사진을 보면 북한 지역은 암흑 그 자체다. 한반도 남쪽은 도서지역까지 빈틈없이 전기를 환히 밝히고 있는 것과는 너무나 대조적이다. 북한의 발전설비 용량은 한국의 6.7%, 실제 발전량은 4.4%에 불과하다. 부족한 전기문제의 해결 없이 북한 산업화와 지속성장은 난망하다.

북한이 2000년대 핵개발 중단을 대가로 2GW의 전력을 요청하면서 남북이 다시 전기로 연결될 기회가 있었으나 현실화되지 못했다. 북한의 심각한 전력난을 감안하면 전력 지원은 언제든지 다시 등장할 수 있는 카드다. 기술적으로는 큰 문제가 없는 것으로 보인다. 남북한은 송전전압과 배전전압은 다소 차이가 있지만 전기 주파수는 같은 60Hz이다. 한국은 개성공단과 금강산관광지구에 각각 1만 5,000kW의 전력을 보낸 바 있다. 남북은 다른 나라와 전력계통이 연결되어 있지 않아 거래할 수가 없다. 단독계통으로 되어 있어 수요피크에 전력이 부족해지면 제한송전 외에는 방법이 없다. 반대로 피크 시간 이외에 전력이 남아돌아가도 그냥 버려야 한다. 저장이 어려운 전기의 특성상 어쩔 수 없다. 북한은 동절기에 전력수요가 피크에 이르지만 한국은 동절기와 함께 하절기에도 피크에 이르기 때문에 피크전력의 조절이 필요하다. 일단은 서쪽의 포천과 평양으로 송전망을 연계한 다음 중부와 동부지역을 연계하는 한반도 통합 에너지망 구축이 가능하다.

그러나 남한에서 전기를 만들어 북한에 보내는 옵션은 불가능해졌다. 북한에 전기를 보내기 위해 석탄발전소나 원전을 더 지을 수는 없기 때문이다. 전기를 만들고 보내는 것은 경제적·사회적 비용이 필요하기 때문에 사회적 합의가 필요한데, 원전 등 국내 전기공급과 관련한 논쟁이 진행 중이기 때문에 북한 전력 공급에 대한 논의는 불가능해 보인다. 따라서 남북뿐만 아니라 주변국까지 모두 포함시키는 동아시아 슈퍼그리드만이 해답이다. 몽골의 태양광과 풍력 등 신재생 자원을 이용하는 전력생산과 러시아 접경에서 천연가스를 이용하여 생산한 전력을 바탕으로 한국, 북한, 중국, 일본 등 소비국을 잇는 전력망인 슈퍼그리드로 연결하는 것이 남북한의 분단선을 넘어 전기가 연결되는 유일한 방법이다.

에너지와 환경문제를 동시에! '슈퍼그리드' 프로젝트

우리나라가 에너지와 환경문제를 완전히 해결할 수 있는 방법은 '슈퍼그리드super grid' 구상이다. 그리드는 전기를 생산하는 발전소부터 전기를 소모하는 가정이나 빌딩, 공장까지 전선으로 연결된 전력망을 말하는데 슈퍼그리드는 국가와 국가를 연결해서 거대한 전력망을 구축하는 것을 의미한다. 동북아 슈퍼그리드는 태양에너지와 풍력, 수력이 풍부한 몽골과 러시아의 시베리아와 극동지역에서 친환경적으로 전기를 생산해서 소비지역인 한국, 중국, 일본에 공급한다는 구상이다. 여기에 러시아 극동의 풍부한 천연가스로 만든 전기가 가세하면 신재생의 불안전성까지 완벽히 보완할 수 있다. 이 구상이 실현되면 우리나라에 더 이상의 석탄발전소나 원전이 필요 없게 되어 에너지와 환경문제를 동시에 풀 수 있게 되는, 그야말로 꿈의 프로젝트다.

슈퍼그리드가 처음 제안된 곳은 지구촌 기후변화 대책에 앞장서고 있는 유럽이다. 유럽은 2009년 구축된 EU통합전력망ENTSO-E을 통해 36개국이 전기로 연결되어 있다. 그러나 친환경으로 생산된 전기를 기반으로 하는 새로운 그리드를 추진하고 있다. 화석연료와 원자력 의존도를 줄이고 신재생에너지의 이용 확대를 통해 EU의 온실가스 감축목표 달성뿐만 아니라 단일전력시장Internal Electricity Market을 이룸으로써 에너지 안정화를 높인다는 계획이다. 기본 아이디어는 북아프리카의 광활한 사막에 태양광발전소를, 북해에 대규모 풍력, 수력발전 단지를 지어 전기를 생산해 그리드를 통해 유럽 전역으로 공급한다는 것이다.

두 개의 프로젝트가 추진 중인데, 먼저 북해의 풍력을 이용한 북유럽 슈퍼그리드Nord EU Supergrid는 독일, 영국, 노르웨이, 덴마크, 스웨덴 등 북해 연안의 16개국이 '슈퍼그리드의 친구Friends of the Supergrid'라는 이름으로 2009년 12월부터 추진하고 있는 사업이다. 2050년까지 총 4,500억 달러를 투자하여 500GW의 풍력발전으로 유럽시장에 전기를 공급한다는 목표로 현재 1단계로 2020년까지 30GW 해상 풍력발전단지 건설이 추진 중에 있다.

사하라 사막의 태양에너지를 이용해서 '데저텍Desertec 프로젝트'로 불리는 남유럽-북아프리카-중동 슈퍼그리드는 독일의 주도하에 2009년부터 추진 중에 있으며, 북아프리카 지역에 30여 개의 풍력발전소와 5개의 태양광발전소를 지어 생산된 전기를 지중해 연안의 남유럽 국가들에 공급하는 것으로 2050년까지 470GW가 목표다. 이 프로젝트 역시 3단계에 걸쳐 진행되며 최종 투입액은 7,727억 달러로 예상되고 있다. 첫 단계로 모로코에 4기의 태양광 발전소를 짓는 공사가 진행되고 있다.

남아프리카 그리드Grand Inga Project는 2000년대 초반부터 남아프리카 공화국이 주도하고 있는 사업으로 아프리카 중부 콩고강의 잉가댐에서 생산된 전기를 주변의 중부 아프리카뿐만 아니라 남쪽으로 앙골라와 나미비아를 거쳐 남아공까지, 북쪽으로 수단과 이집트까지 전력을 공급하는 프로젝트다. 총 발전량은 아프리카 전체 전력수요의 3배인 100GW에 달하며 투자규모는 총 3,500억 달러. 수력발전소가 들어서게 될 콩고의 내전 등 정치적 불안정으로 사업추진이 다소 지체되고 있다. 이외에도 섬으로 구성되어 그리드 연결이 매우 어려울 것으로 여겨졌던 동남아 국가들 간에도 슈퍼그리드 연결이 추진되고 있다.

동북아 슈퍼그리드, 현실로 다가오다

동북아지역에 슈퍼그리드를 구축하자는 아이디어는 놀랍게도 20년 전에 나왔다. 1998년 한국의 전기연구원과 러시아의 싱크탱크가 처음으로 제기했는데 2011년 후쿠시마 원전 사고 직후 손정의 일본 소프트뱅크 회장이 추진의사를 밝힌 후 진척을 보이고 있다. 동양의 엘런 머스크로 불리는 손 회장은 미래를 내다보는 안목을 가진 투자의 귀재로 평가받고 있기 때문에 그의 제안으로 사업적으로도 가능하다는 생각이 공감대를 얻고 있다. 실제로 그가 운영하는 소프트뱅크는 전력시장 등 에너지신사업에 투자를 아끼지 않고 있다. 그는 지진으로 후쿠시마 원전이 폭발하는 사고를 보면서 전기가 끊기면 무선통신도 무용지물이 된다는 사실을 새삼스레 깨닫고 전기 문제의 근본적 해결을 위해 아시아 슈퍼그리드를 추진하고 있다고 한다. 동남아시아와 인도까지 포함한 장장 3만 6,000km에 이르는 초대형 그리드다.

동북아그리드를 위해 가장 활발히 논의되고 있는 방안은 몽골과 러시아에서 한국, 중국, 일본으로 연계하는 것이다. 한국전력과 일본의 소프트뱅크, 중국 국가전력망공사SGCC, 러시아 국영전력공사인 로세티 등 4국 전력회사는 2016년 3월 양해각서를 맺고 예비 타당성 조사를 마쳤으며 일차적으로 한-중-일 전력망 연결을 추진 중이다. 이와는 별개로 2016년 9월 블라디보스토크에서 열린 동방경제포럼 기간 중 진행된 정상회담에서 러시아와 일본은 전력망 연계를 추진하기로 했다. 사할린의 천연가스발전소에서 생산된 전기를 해저케이블로 보내는 '파워 브리지Power Bridge' 프로젝트인데, 일본은 도쿄올림픽이 개최될 2020년 7월부터 러시아 전력을 공급받기를 희망하고 있다. 러시아와 전력망이 연결되면 함께 추진 중인 해저 가스관 프로젝트와 함께 러시아와의 영토분쟁 해결 및 동북아에서 정치적 위상 제고도 기대하고 있다.

일본의 구상에 자극받은 중국은 2016년 훨씬 더 큰 구상을 내놓았다. 중국의 GEIGlobal Energy Interconnection 구상은 아시아를 넘어 아프리카와 남미까지 연결하는 그야말로 '울트라' 초대형 슈퍼그리드다. 중국이 추진하고 있는 '일대일로'의 연장선으로 보이는데 정치적 색채가 묻어나 있다. 슈퍼그리드 논의 초기만 해도 중국은 큰 관심을 보이지 않았다. 그러나 2013년 에너지 안보 차원에서 일대일로 정책을 내세우면서 슈퍼그리드에 적극적으로 참여하고 있다. 정부차원의 전담기구도 따로 만들었다. 일대일로와 함께 슈퍼그리드를 추진하여 에너지 문제를 단숨에 해결하려는 의도로 보인다. 실제로 중국은 전력 수급에 불균형을 겪고 있다. 대규모 발전소를 지었지만 송전선 건설이 따라주지 않아 내륙지방은 전력이 부족하고 발전소 인근 지역은 남아돈다. 슈퍼그리드가 성사되면 이 문제도 해결하고 잉여전력은 한국과 일본으로의 수출도 꾀하고 있다. 중국은 러시아와도 동북아 슈퍼그리드의 일환으로 국경을 통과하는 2,000km의 고전압 직류 송전선의 건설을 추진하고 있다.

러시아도 적극적이다. 슈퍼그리드를 통해 한국과 일본에 전력을 판매하면 추가적 에너지 수입이 발생하고 낙후된 극동지역의 경제도 개선할 수 있다. 무엇보다 푸틴 대통령이 강력하게 추진하고 있는 신동방정책 차원에서도 꼭 필요한 사업으로 인식하고 있다. 푸틴 대통령은 동북아 슈퍼그리드의 자체 표현인 '아시아 에너지 고리Asian Energy Ring' 구상을 내놓고 동북아시아에 전력판매 의지를 표명했다. 이를 현실화하기 위해 정부 간 협의체 구성도 제안했다. 러시아는 동북아 슈퍼그리드의 최대 장애물인 북한을 끌어들이기 위한 노력도 진행 중이다. 북한과 전력연계를 통해 나진선봉 지역에 전기를 공급할 의사를 밝혔고 전력연계가 북한을 통해 한국에까지 연결될 수 있도록 추진 중이다.

우리나라도 적극적으로 추진할 계획이다. 문재인 대통령은 2017년 9월 블라디보스토크에서 열린 동방경제포럼에서 '신북방정책'을 발표하면서 동북아 슈퍼그리드 구축 협의를 시작하자고 제안했다. 러시아의 에너지 고리 구상이 몽골 고비사막의 풍력, 태양광과 함께 거대한 슈퍼그리드로 결합하면 동북아시아는 세계 최대의 에너지 공동체를 형성할 수 있다며 동북아 슈퍼그리드의 필요성을 강조했다. 문 대통령은 신북방정책과 신동방정책이 만나는 지점이 바로 극동이라며 공동개발 의지를 표명했다.

꿈을 현실로 바꾸는 기술들이 세상을 연결시키고 있다

동북아 슈퍼그리드 구상이 처음 나왔을 때만 해도 회의적인 시각이 대체적이었다. 몽골 고원에서 생산된 전기를 어떻게 산 넘고 물 건너 한국까지 보내겠냐는 것이었다. 엄청난 길이의 전선과 송전탑 문제는 고사하고 1,000km가 넘는 먼 곳으로 전기를 보내는 것 자체가 불가능하며, 또한 국가별 계통사정과 주파수가 달라 다른 나라에서 생산된 전기는 우리나라에서 받지 못한다는 것이다.

그러나 신기술이 이를 가능하게 했다. 바로 '송전혁명'을 이룬 초고압직류송전HVDC 시스템이다. 미국의 GE(제너럴일렉트릭)가 원천기술을 가지고 있는 HVDC는 발전소에서 생산되는 교류전력을 전력용 반도체를 이용해 초고압직류로 변환시켜서 송전한 뒤 교류로 재변환시켜 전력을 공급하는 기술이다. 대용량 전기를 2,000km가 넘는 장거리로 수송하는 것이 가능하며 송전탑도 대폭 줄일 수 있다. 또한 전력을 인위적으로 제어할 수 있고 전압·주파수가 다른 두 교류 계통을 연계시킬 수도 있어 전 세계적으로 빠르게 이 시스템이 도입되고 있다.

우리나라에서는 육지에서 생산된 전기를 제주도로 보내는 데 HVDC가 사용되고 있다. 제주도는 오랫동안 전기로부터 고립된 섬이었다. 원전도 없고 천연가스 공급도 최근에야 시작되어 전기는 소량의 신재생을 제외하고 전부 비싼 석유로 만들어야 했다. 그러다 해저 HVDC가 깔리면서 육지의 싸고 품질 좋은 전기가 공급되고 있다. 진도에서 제주까지 113km 길이의 케이블을 로봇이 해저지형에 맞게 땅속 깊이 매설했다. 해저 케이블의 손상을 막기 위해 레이더 시스템을 이용해 상시 모니터링하고 있다. 그야말로 첨단 ICT가 융합된 4차 산업혁명의 총아인 셈이다. 새로운 기술들은 먼 섬 지역에도 고품질의 전기 공급을 가능케 하며 육지에서 멀리 설치된 해상 풍력발전에도 적용되고 있다. 송전탑이 없이도 수천 km 떨어진 곳에 전기를 보내는 기술이 세상을 연결시키고 있는 것이다.

한반도 파이프라인 구축은 동북아 에너지 네트워크의 출발점

남북을 관통하는 파이프라인이 구축되고 이 루트를 통해 대량의 천연가스가 한국으로 흘러 들어오면 한반도의 지정학적 구도는 크게 변할 것이다. 지구촌 마지막 냉전의 화약고flash point로 일컬어지는 휴전선을 통과해 한국으로 이어지는 이 파이프라인은 남북협력과 한반도 평화의 상징이며 동북아 에너지 네트워크의 출발점이 될 것이다.

이는 동북아지역의 평화와 안정에도 크게 기여할 것이다. 또한 동북아국가 간 협의체인 광역두만강계획Greater Tuman Initiative: GTI도 활성화시킬 수 있다. 한국, 중국, 일본이라는 대형 소비시장과 직접 연결된 러시아 극동과 동시베리아는 세계적인 에너지 크러스트cluster가 될 것이다. 러시아는 동시베리아 지역에 대한 투자로 인프라를 개선하고 있다. 극동지역 가스전 개발도 이 같은 노력의 일환이다. 사할린-하바로프스크-블라디보스토크를 잇는 가스관, 일명 S-K-V 라인의 일부가 2011년 개통되었는데 당시 총리였던 푸틴이 행사에 참석해 이 프로젝트에 대한 그의 의지를 표명했다. 사할린-콤소몰스크-하바로프스크 가스라인도 건설해 야쿠시야-하바로프스크-블라디보스토크 라인과 연결할 계획이다.

가스관뿐만 아니라 송유관, 전력망과 철도가 이 지역을 촘촘히 엮을 것이다. 수요 면에서도 동북아 에너지 네트워크의 조건을 충족한다. 한국, 중국, 일본은 세계 최대의 원유와 천연가스 수입국이다. 천연가스는 이미 동북아시아가 핵심 거래지역이다. ESPO 송유관을 중심으로 원유의 거래량이 늘면 미국의 WTI, 유럽의 브렌트, 중동의 두바이유에 이어 동북아시아에 새로운 석유거래시장이 만들어질 수 있고, 이것은 우리나라가 적극 추진 중인 동북아 오일 허브 프로젝트 현실화에 큰 도움이 될 것이다.

에너지 협력을 막는 아시아 패러독스의 덫

동북아 에너지 협력을 가로막고 있는 것은 기술적 문제가 아니라 정치적 갈등이다. 경제분야에서 협력과 상호의존성은 높지만 정치분야에서는 갈등에서 벗어나지 못하는 '아시아 패러독스Asia's Paradox'의 덫에 단단히 걸려 있다. 한국과 일본이 역사문제와 영토갈등을 극복할 수 있을까? 한국과 중국이 이념과 안보의 갈등을 뚫을 수 있을까? 중국과 일본이 역사와 영토분쟁을 접어둘 수 있을까? 여기에 냉전의 최대 적이었던 미국과 러시아도 동아시아 정치 갈등에 개입하고 있다. 동북아 에너지협력과 슈퍼그리드를 현실화시키기 위해서는 이러한 정치적 갈등이 비켜나 있어야 한다.

가장 큰 난관은 역시 북한이다. 핵과 미사일에 몰두하고 있는 김정은 정권이 과연 에너지 협력의 길을 열겠는가 하는 것이다. 북한이 끝내 문을 열지 않아 동북아 슈퍼그리드에서 북한이 배제되면 한국과 다른 나라들을 연결하는 것은 바닷길밖에 없다. 엄청난 길이의 해저케이블이 설치되어야 하는데 용량문제가 발생할 수 있고 비용도 걸림돌이다. 기술적 문제는 차치하더라도 동북아 에너지협력 구상에서 북한을 빼고 진행하는 것이 적절하겠는가? 남과 북이 영구분단으로 살던가, 아니면 통일까지는 아니더라도 실질적인 교류와 협력을 기대한다면 북한을 빼고 동북아그리드를 추진하는 것은 미래지향적이지 않다.

또한 러시아와 중국이 먼저 북한에 전력을 제공하고 나서면 우리가 동북아그리드의 낙오자가 되고 에너지 고립이 심화될 수 있다. 실제로 러시아는 크라스키노와 청진을 잇는 175km 전력망을 깔아 300MW의 전기 공급을 추진하기도 했다. 나진선봉을 공동개발하기로 한 중국은 이 지역에 전기를 공급하기로 합의했다. 훈춘과 나진을 연결하는 전력망을 건설해 2013년 9월부터 100MW의 전기를 공급하기로 했으나 공사가 지연되고 있다. 중국은 또 중유를 쓰는 선봉화력발전소를 대체하기 위해 새로운 석탄발전소를 추진하고 있다. 이러한 방안들이 현실화되면 청진의 이북지역은 완전히 중국과 러시아의 전력계통으로 편입될 것이다. 이 지역은 중국과 러시아의 영향력 아래 들어가게 될 것이고 우리는 한반도 동북지역의 전력계통을 통해 대륙과 연결되는 기회도 잃게 될 것이다.

세계경제의 25%를 차지하고 있는 한중일 3국은 소비하는 전력도 세계 전체의 30%가 넘는다. 전 세계에서 에너지를 가장 많이 쓰는 나라들이다. 바로 옆에는 풍부한 신재생 자원과 천연가스로 전기를 대량 생산할 수 있는 나라들이 있다. 이런 지역에 전력망이 연결되어 있지 않다는 것은 전 지구의 손실이며 인류의 환경과 후생을 저해하는 일이다. 다행스럽게도 에너지 시장의 변화는 우리에게 일말의 기회를 제공하고 있다. 동북아 에너지 협력의 당위성과 가능성을 높이고 있는 것이다.

세계 에너지 시장의 중심으로 부상한 아시아

석유는 교역에 의해 소비된다. 전 세계 석유의 62%가 국경을 넘는 교역이 이루어진 후 소비된다. 하루에 4,000만 배럴의 원유와 2,100만 배럴의 석유제품이 거래된다. 합하면 하루 6,100만 배럴의 석유가 거래되고 있다. 원유 거래의 흐름은 역시 대부분 중동에서 시작된다. 세계 최대 석유수출국인 사우디의 유전지역인 페르시아만에서 가장 많은 양의 원유가 반출되고, 이 물량은 미국, 아시아, 유럽 등 주요 소비지로 향한다. 러시아에서도 많은 물량이 유럽과 아시아로 수출된다.

가장 많은 원유의 종착지는 최대 석유 소비국인 미국이다. 하루 평균 780만 배럴 가량 수입한다. 중국은 원유 수입량에서 2004년에 한국을 따라잡았고 2009년에는 일본을 제친 후 세계 2위 자리를 지키고 있다. 하루 750만 배럴 정도를 수입하고 있는데 셰일혁명 이후 수입량이 줄고 있는 미국마저 제치고 곧 1위로 등극할 것으로 보인다. 중국은 원유와 석유제품을 합한 총 석유의 교역 기준으로는 2014년에 이미 세계 최대 수입국이 되었다.

수요가 가파르게 증가한 인도가 하루 400만 배럴을 조금 상회하는 물량을 수입해 3위로 올라섰고, 300만 배럴을 조금 넘게 수입하는 일본은 4위로 밀려났다. 하루 295만 배럴을 수입하고 있는 한국이 5위로, 2위부터 5위까지 모두 아시아 국가다. 6위 독일, 7위 스페인, 8위 이탈리아만 하루 수입량이 100만 배럴이 약간 넘고 그 아래로는 모두 100만 배럴이 되지 않는다. 6위부터 그 아래 대다수의 나라들을 다 합쳐도 중국, 인도, 일본, 한국을 합친 1,750만 배럴에 미치지 못한다. 여기에 100만 배럴을 조금 못 미치게 수입하는 11위 싱가포르, 12위 타이완까지 합치면 아시아의 수입물량은 세계 원유시장을 좌지우지할 만큼 엄청나다.

천연가스는 중동과 러시아를 출발점으로 교역이 이루어진다. 파이프라인 천연가스는 단연 러시아에서 유럽으로 보내는 물량이 압도적이다. 카자흐스탄에서 중국으로 보내는 흐름이 있고 캐나다와 미국사이에서, 그리고 미국이 멕시코로 보내는 흐름도 있다. 남미 볼리비아에서 브라질과 아르헨티나로 보내는 물량도 있다. 그 외에도 인도네시아에서 싱가포르로, 카스피해에서 터키로 보내는 등 크고 작은 파이프파인이 깔려 있다. LNG의 흐름은 최대 수출국인 카타르에서 동아시아와 유럽으로 향한다. 호주와 인도네시아에서 동아시아로 가는 흐름도 있고, 서아프리카에서 유럽과 남미, 일본으로 향하는 LNG 물량도 있지만 가장 큰 흐름은 중동에서 동아시아로 향하는 것이다.

원유와 천연가스의 흐름을 단순하게 표현하면 물량은 서쪽에서 동쪽으로 흐른다. 그리고 오랫동안 그 흐름의 헤게모니를 서쪽의 산유국들이 가지고 있었다. 가격도 마음대로 정하고 불리한 계약도 강요했다. 그 횡포의 가장 큰 피해자는 동아시아 국가들이었다. 수입에 크게 의존해야 하는 동아시아 국가들은 달리 방법이 없었다. 판매자 우위의 시장이었기 때문이다.

그러나 미국발 셰일혁명이 이 흐름을 바꾸어 놓았다. 시장에 물량이 넘쳐 나면서 매수자 우위로 바뀌었다. 원유를 끊임없이 받아주던 미국이 오히려 물량을 내놓고 있다. 엄청난 셰일오일의 물량에 당황한 중동 산유국들은 시장점유율을 지키기 위해 온 힘을 다하고 있고 주 소비국인 아시아 국가들에 대한 가격 인하를 단행하고 있다. 러시아도 신동방정책의 구호 아래 아시아 시장에 구애를 하고 있고, 아프리카와 라틴 아메리카 국가들도 아시아로 물량을 보내기 위해 안간힘을 쓰고 있다.

천연가스도 마찬가지다. 물량을 받아주던 미국이 수출을 시작하자 천연가스의 흐름이 요동쳤다. 우크라이나 사태 후 유럽 시장이 흔들리자 러시아는 아시아 수출에 사활을 걸고 있다. 중국과 대규모 공급계약을 체결하고 한국과 일본으로 공급 확대를 노리고 있다. 새로운 경쟁자를 맞은 카타르와 호주도 아시아로 물량을 보내기 위해 애쓰고 있다. 기존 LNG 도입 물량의 75% 이상을 차지하는 동아시아로의 쏠림 현상이 심화되고 있다.

결국 원유와 천연가스의 헤게모니가 매수자에게로 들어왔고 그 중심에 아시아가 있는 것이다. 세계 전체의 1차 에너지 소비에서 인도를 포함한 아시아-태평양 지역의 비중은 1990년 33%에서 2014년 47%로 증가한 후 2025년에는 50%를 넘어서고 2035년에는 52%에 달할 것으로 전망된다. 향후에도 세계 에너지 소비를 주도하는 곳은 아시아가 될 것이다.

'아시아로', 우리에게 주어진 절호의 기회
: 에너지 협력으로 갈등의 역사에 종지부를…

동아시아는 잘나가는 지역이었다. 고도성장의 표본으로 간주되며 여러 나라들의 경제모델로 추앙받았다. 21세기에는 세계의 중심이 될 것이라고 치켜세워졌다. 세계 2위 경제대국 중국과 3위 일본, 11위의 한국이 상호 간의 교역을 통해 부를 증진시켰다. 여기에 세계 최강 미국이 동아시아에 발을 담그고 있고 한때 미국과 힘을 겨루던 러시아도 합류하고 있다.

그러나 동아시아는 여전히 불안전하다. 이웃 국가들 사이의 정치적 파열음은 일상다반사이다. 역사문제, 영토분쟁, 안보갈등으로 조용할 날이 없다. 여기에 북한의 핵과 미사일 개발이 기름을 부었다. 전쟁의 기운마저 감돌고 있다. 경제적으로는 상호의존하고 협력하지만 안보 측면에서는 갈등이 심화되는 아시아 패러독스의 현실이다. 정치적 갈등으로 전 세계에서 유일하게 공동체를 형성하지 못하고 있는 곳이 동아시아이다.

아시아 패러독스를 해소할 유일한 아이템은 에너지다. 에너지를 팔아야만 하는 나라와 에너지를 사야만 하는 나라가 국경을 맞대고 있기 때문이다. 서로가 '윈-윈'하며 경제적 실익과 안보적 혜택을 누릴 수 있게 하는 것이 에너지 부문이다. 지금까지 동아시아에서 에너지 협력은 미진했다. 에너지 시장의 구조상 그럴 필요가 없었기 때문이다. 오랫동안 사회주의 이념을 공유한 러시아와 중국도 에너지 부문에서의 협력은 거의 없다시피 했다. 러시아는 유럽시장에 치중해 있었고 석탄에 의존하던 중국도 러시아의 원유와 천연가스에 별 관심이 없었다. 한국과 일본은 안정적인 도입을 위해 중동에 크게 의존하고 있어서 러시아나 중국과의 에너지 관계는 거의 없었다.

그러나 미국발 셰일혁명으로 에너지 시장의 구조가 바뀌자 동아시아 국가들의 에너지 이해관계도 달라졌다. 미국산 원유와 천연가스가 시장에 나오면서 기존 산유국들이 아시아 시장을 지키기 위해 안간힘을 쓰고 있다. 아시아 석유허브인 싱가포르에서 대규모 회의가 열리면 미국 등 산유국들은 엄청난 규모의 대표단을 보내 아시아 정유회사의 마음을 사기 위해 노력한다. 러시아는 유럽시장의 대안으로 아시아로 눈을 돌리고 있다. 러시아와 중국은 대규모 천연가스 계약을 체결하고 원유의 공급량도 빠른 속도로 늘리고 있다. 일본도 미국산 LNG를 도입하는 한편, 러시아와의 에너지 협력도 강화하며 기회를 모색하고 있다. 사할린과 연결하는 가스관 설치도 추진하고 있다. 우리나라도 미국산 원유와 천연가스를 도입하는 동시에 러시아산 원유와 천연가스의 도입 확대를 시도하고 있다. 북한을 통과하는 가스관이 만들어지면 한국과 러시아 그리고 북한의 에너지 협력은 새로운 지평을 열게 된다. 한국과 중국을 연결하는 가스관도 만들어질 수 있다.

세계 에너지 시장의 흐름이 아시아를 중심으로 바뀐 것은 우리에게 절호의 기회다. 셰일혁명 이후 '아시아 피봇' 정책으로 아시아에서의 역할을 강화하는 미국. 이런 미국에 대항하여 '일대일로'의 기치 아래 에너지 지원과 수송로 확보에 미래를 거는 중국. '신동방정책'을 내세우며 동아시아 에너지 시장을 갈망하는 러시아. 에너지 위기를 한일동맹 강화로 이용하며 정치적·군사적 몸집을 키우는 일본. 분단된 국토에서 섬처럼 고립된 채 에너지 수입에 전적으로 의존해야 하는 한국. 여기에 고질적인 에너지난으로 가장 가난한 나라 중 하나로 전락한 핵무기 보유국 북한까지. 가치와 이해관계를 달리하는 나라들이 강력하게 충돌하며 새로운 냉전구도를 만들고 있는 동아시아. 이제 그 갈등의 역사에 종지부를 찍어야 한다. 에너지가 그것을 가능하게 하고 있다.

한반도 가스관이 연결되면 그 옆으로 송유관도 놓일 수 있고 전력케이블도 함께 깔릴 수 있다. 남북한의 연결로 동아시아의 슈퍼그리드가 형성되고 동아시아공동체 구상은 큰 힘을 받을 것이다. 에너지 협력은 결국 동아시아에서 반세기 이상 지속되어 온 '차가운 전쟁'에 종지부를 찍고 새로운 협력의 시대를 열어나갈 것이다.

유럽연합의 탄생도 에너지 협력에서 비롯되었다

유럽은 지구상에서 가장 많은 전쟁이 일어난 지역이다. 유럽의 산림이 울창한 이유가 전쟁으로 하도 많은 사람들이 죽어 거름이 되었기 때문이라는 우스갯소리가 있을 정도다. 그런 유럽도 공동체를 만들어 경제적·정치적 가치를 공유하며 살고 있는데, 그 공동체를 만들 수 있게 한 것이 바로 에너지다.

EU 탄생의 출발점은 1952년 발족한 유럽석탄철강공동체ECSC다. 제2차 세계대전으로 엄청난 피해를 입은 프랑스가 독일이 다시는 전쟁할 수 없도록 무기를 만드는 에너지원인 석탄과 철강을 공동 관리하는 방안을 제의했고 독일, 이탈리아, 네덜란드, 벨기에, 룩셈부르크가 동참했다. 이들 6개국은 1957년 로마에 모여 유럽경제공동체EEC와 유럽원자력공동체EURATOM를 창설하는 로마조약을 체결했고 많은 나라들이 참여했다. 1965년 EEC와 EURATOM을 통합하여 유럽공동체EC가 됐으며, 1973년 영국은 13년의 노력 끝에 EC의 회원국이 되었다. 이후 1992년의 마스트리흐트조약에 따라 1993년 11월 현재의 EU가 출범했고 2002년 유로화를 도입했다.

유럽은 전쟁으로 폐허가 되었지만 역발상적인 에너지 협력을 통해 EU라는 정치·경제 공동체를 세운 것이다. 섬나라인 영국과 멀리 북해의 나라들을 포함 모든 유럽 국가들은 전력망으로 촘촘히 연결되어 있다. 각 나라마다 특색에 맞게 에너지 정책을 구사하면서 전력이 부족해지면 그리드를 통해 전기를 사올 수 있다. 연결된 그리드 덕택에 신재생 등 새로운 에너지원에 대한 개발을 적극적으로 실행할 수 있는 것이다. 석탄이라는 에너지로 출발한 공동체가 전기 에너지의 공유단계로 접어들어 완전한 협력체가 되었다. 기후변화, 신재생에너지 개발 등 인류의 문제, 미래의 문제를 유럽이 먼저 고민하고 앞장설 수 있는 것은 지역공동체이기 때문에 가능하다. EU는 세계평화에 기여한 공로로 2012년 노벨평화상을 받았다.

우리에게 지정학적 기회를 주는 북극항로

지구의 수명을 앞당기고 있는 지구 온난화는 우리에게 뜻밖의 기회를 주고 있다. 빙산이 녹아내리면서 북극항로가 열리고 있는 것이다. 얼음이 녹는 기간이 길어지면서 상업적 목적의 항해가 가능하게 되었다. 2009년부터 현재까지 200여 차례의 시범적 상업 운항이 이루어졌다. 북극에 묻혀 있는 엄청난 자원에 대한 개발여건도 좋아져 경제적·전략적 이득을 선점하려는 관련국들의 경쟁이 치열해지고 있다. 미국, 캐나다, 러시아, 덴마크, 노르웨이 등 연안국들의 영토분쟁도 달아오르고 있다. 군사시설을 신축하고 군사훈련도 진행하고 있다. 중국과 러시아는 오호츠크 해에서 합동군사훈련을 준비하고 있다.

북극항로는 아시아와 유럽을 잇는 최단거리 지름길이다. 수에즈운하를 통해 네덜란드에서 동아시아로 오는 기존 남방항로는 2만 1,000km인데 반해 러시아 캄차카 반도와 북극해를 거쳐 유럽으로 가는 경로인 북극항로는 1만 2,700km다. 거리가 40% 정도 단축되는 것이다. 연료비를 줄일 수 있고 또한 무수히 많은 리스크가 도사리고 있는 수에즈 항로를 피할 수 있는 대안이 생기는 것이기 때문에 우리로서는 기회가 아닐 수 없다.

북극항로의 상업적 이용이 가능해지면 우리나라의 에너지 안보에도 큰 도움이 될 것으로 보인다. 북극해 동부 해상지역에서 생산되는 원유는 ESPO을 통해 블라디보스토크까지 수송되고 있고 천연가스도 육상 가스관을 통해 중국지역으로 수송될 예정인데, 북극항로가 열리면 선박으로 직접 우리나라까지 수송할 수 있다. 러시아 북극해의 야말 LNG 사업을 통해 선박으로 LNG 수송도 가능하다. 야말반도는 막대한 양의 원유와 천연가스를 매장하고 있다. 여기서 생산된 원유는 서쪽으로 열린 북극항로를 통해 서유럽으로 수출하고 있다. 미국을 비롯해 중국, 일본, 이탈리아 등 많은 나라들이 북극해의 자원개발과 항로개척에 뛰어들고 있다.

야말반도에서 수에즈를 거쳐 한국으로 오는 데는 30일 이상이 걸리지만 북극항로를 이용하면 15일이면 충분하다. 따라서 우리나라도 적극적인 투자가 필요한 시점이다.

북극항로가 열리면 우리나라는 기존의 태평양과 대서양에 이어 북극해라는 새로운 해양루트를 가지게 되는 것이다. 특히 한반도는 남중국해와 북극항로를 연결하는 지점에 있어 지정학적 이점이 상당하다. 북극항로의 아시아 허브로 역할이 가능하다는 이야기다. 천연가스와 원유 파이프라인 그리고 전력 그리드와 함께 북극항로를 통해 유럽으로 바로 이어지면 우리나라는 대륙과 해양으로 새롭게 연결되는 기회를 얻게 된다.

'연결'을 통해 지정학적 운명을 바꾸자

박근혜 정부 시절 한때 유행했던 말이 '통일 대박'이었다. 2014년 박 전 대통령의 신년사에서 '통일은 한마디로 대박이다'라는 파격적인 표현으로 화제를 모았다. '통일은 대박'이라는 대통령의 말에 증권시장도 발빠르게 움직였다. 통일의 경제적 이익과 남북관계 개선에 대한 기대를 가득 안고 '통일펀드'가 탄생하기도 했다. 통일되면 수혜를 받을 종목에 투자하는 펀드다. 그러나 통일펀드는 쪽박펀드가 되었다. 한국에서 이야기하는 통일 대박은 북한 지도부의 '쪽박'을 의미하는 것으로 북한은 날선 반응을 보였고 남북관계는 내내 경색되었기 때문이다.

사실 통일 대박이라는 말은 박 대통령이 사용하기 훨씬 이전인 2012년 중앙대 신창민 교수의 저서에서 먼저 나왔다. 그는 통일에 대한 무관심과 통일비용에 대한 부담으로 인한 부정적인 시각에서 벗어나야 함을 강조하기 위해 통일은 남한에 부담이 아니라 새로운 경제발전의 기회라고 주장했다. 통일이 이뤄지면 분단 지속에 따른 비용이 사라지고 10년 뒤에는 말 그대로 대박에 가까운 통일 이득을 얻게 된다는 설명이다. 통일의 편익을 경제적으로 잘 제시한 글로서 꽤 큰 반향이 있었다.

실제로 통일은 가난한 북한을 떠안는 부담이 아니라 우리나라의 지속가능한 발전을 위해서 꼭 이뤄야 할 과업으로 여기는 것이 타당하다. 우리나라의 인구와 경제구조가 한계에 도달했기 때문에 국가 재건nation rebuilding 차원에서 우리의 필요에 의해서 통일을 추진하는 것이 바람직하다. 따라서 통일에 드는 비용을 치르는 것은 불필요한 부담을 떠안는 것이 아니라 미래를 위해 투자하는 매우 합리적인 선택이다.

통일 대박을 주장하는 사람들은 북한의 '풍부한' 노동력과 천연자원을 활용해야 한다고 강조한다. 그러나 이런 접근은 결국 약탈적 시각과 다름없다. 그리고 인구가 늘어나 수요층이 두터워지는 것은 반길 일이나 젊은 노동력이 과도하게 많아지는 것이 반드시 바람직한 것은 아니다. 공장은 점점 자동화되고 로봇과 3D프린터가 웬만한 물건들을 다 만들고 있어 이미 노동력은 일터에서 밀려나고 있고 4차 산업혁명이 진화될수록 이런 현상은 가속화될 것이다. 은퇴 세대 등 연령분포의 변화에 따라 많은 신규 노동력이 필요할 때도 있겠지만 추세적으로는 실업문제가 점점 더 커질 수밖에 없고 유휴 노동력의 관리는 국가나 기업의 가장 큰 과제가 될 것이다.

또한 북한의 '풍부한' 천연자원은 대부분이 석탄이다. 그런데 지금은 석탄사용을 크게 줄이거나 아예 중단해야 할 시점이다. 전 세계가 그 방향으로 가고 있고 우리도 그렇게 해야 한다. 4차 산업혁명이 빠르게 진화하고 있는데 북한의 석탄을 이용하기 위해 통일을 이루자는 주장은 시대의 흐름을 읽지 못하는 발상이다. 물론 희토류 등 소중한 천연자원도 있는 것으로 보이지만 그것 때문에 통일을 주장할 수는 없다.

통일 대박은 북한의 노동력과 천연자원을 얻는 것이 아니다. 진정한 통일 대박은 바로 대륙과의 '연결'이다. 우리나라는 반도국이지만 남북 분단으로 인해 대륙에서 분리되어 섬처럼 고립되어 있다. 필요한 에너지 전량을 수입해야 하고 이 또한 모두 길고 험난한 바닷길에 의존해야 한다. 세계 10위 안에 드는 무역대국이지만 선박이나 항공기로만 물품을 수송해야 한다. 중앙아시아는 그리 멀지 않지만 물건을 주고받으려면 먼 길을 돌고 돌아야 한다. 러시아와 중앙아시아에 엄청난 자원이 묻혀 있지만 북한이 가로막고 있는 한 우리가 육로로 들여올 수 있는 방법은 없다.

20세기 우리나라가 열강의 먹잇감이 된 것은 지리적 요인이 컸다. 대륙과 해양이 만나고, 사회주의와 자본주의가 충돌하는 지점에 위치한 지리적 환경이 우리를 고달프게 했다. 그러나 땅덩이를 떼서 다른 곳으로 옮기기 않는 이상 우리의 지리적 운명은 바뀔 수 없다. 나폴레옹이 말한 것처럼 지리는 운명이기도 하다. 그러나 21세기는 다르다. 지리적 운명을 바꿀 수 없지만 지정학적 운명은 바꿀 수 있다. 바로 연결을 통해서다. 지난 반세기 분단으로 인한 지리적 한계로 우리의 눈은 해양 쪽으로만 향했지만 연결을 통해 대륙으로도 시선을 보낼 수 있다. 연결을 통해 우리나라는 진정한 반도국이 될 수 있다. 통일의 길이 멀고 현실적으로 어렵다면 연결을 위해서라도 경색된 남북관계를 뚫어야 한다.

04
에너지 시장의 변화는
우리에게 큰 기회

세상이 변할 때 우리도 변해야 한다

지나고 보면 에너지는 인류 역사를 바꾸어왔다. 나무장작과 숯을 거쳐 석탄이 증기기관의 연료로 쓰이며 대량생산의 산업혁명을 이루었다. 석유가 나와 내연기관이 개발되면서 산업혁명이 새로운 단계에 도달했고 전기가 발명되면서 3차 산업혁명이 꽃을 피웠다. 이제 막 시작단계에 들어간 4차 산업혁명은 새로운 에너지를 만들고 이것은 인류 문명과 역사를 또 한 번 바꿀 것이다. 에너지 패러다임의 변화가 산업과 경제의 패러다임을 바꾸고 그것이 역사의 패러다임도 바꿀 것이다.

세상은 변하고 있다. 세상에 변하지 않는 것이란 없다. 영원한 약자는 있을지 몰라도 영원한 강자는 없다. 분명한 것은 변화에 적응하지 않는 강자는 없다는 것이다. 다른 곳에서는 나무를 쓸 때 영국은 석탄으로 산업혁명을 일으켜 해가 지지 않는 대영제국을 영위했고 다른 나라가 석탄에 중독되어 있을 때 석유를 개발한 미국이 2, 3차 산업혁명을 연달아 터트려 세상에 대한 장악을 21세기까지 이어가고 있다. 기술혁명에 셰일혁명까지 일으킨 미국이 4차 산업혁명을 이끌 것이라는 것은 누구도 부정하지 않을 것이다.

세상이 변할 때 우리도 변해야 한다. 변화의 수레에 우리도 올라타야 한다. 세상이 연결될 때 연결되지 않으면 그것은 '왕따'이고 낙오자다. 대륙이고 해양이고 따지지 말고 연결을 시도해야 한다. 세상이 변하는 것은 무엇보다 돈을 보면 알 수 있다. 투자의 방향을 보면 변화의 흐름을 볼 수 있다. 돈은 석유와 석탄을 떠났다. 투자의 방향이 전기로 몰리고 있다. 전기의 친환경적 생산과 이를 효율적으로 저장하고 소비자에게 보내기 위한 노력에 돈이 몰리고 있다. 에너지 대전환은 이미 시작되었다.

석유 이후의 시대를 준비하는 나라들

석유의 시대가 끝날 수밖에 없는 것은 미국, 중국, 인도, 일본, 사우디 등 전 세계 석유소비를 주도하고 있는 대부분의 나라에서 소비 증가율이 줄어들고 있기 때문이다. 먼저, 최대 소비국 미국의 석유수요는 이미 1970년대 오일쇼크 이후 상승폭이 크게 꺾였다. 오일쇼크를 기점으로 석유소비를 줄이고 대체에너지 개발에 몰두했다. 지미 카터 미국 대통령은 1979년에 이미 태양광 발전을 위한 패널을 백악관 지붕에 32개를 설치했고, 존재로만 알고 있었던 셰일가스 개발에 착수했다. 2000년대 중반 국내 원유가 바닥을 보이고 원유수입의 비중이 늘어 에너지 안보 위기가 고조되자 미국의 석유소비는 본격적으로 하락하기 시작했다. 2004년 하루 2,100만 배럴에 육박하던 석유소비가 계속 가파르게 감소해 2013년에는 1,850만 배럴로 떨어졌다. 10년 만에 12% 감소한 것이다. 석유가 필수재로 수요의 탄력성이 크지 않음을 감안하면 감소폭이 상당히 크다고 할 수 있다.

2014년 유가 폭락으로 석유소비가 다소 반등하고 있지만 상승폭은 미미하다. 셰일혁명 이후 천연가스가 석유의 수요를 대체해가고 있기 때문이다. 셰일가스 생산이 본격화되기 전인 2005년만 하더라도 미국 전체 에너지 소비에서 석유가 40.3%, 천연가스가 22.5%를 차지했었는데 2014년에는 석유는 35.3%로 줄고, 천연가스는 28%로 증가했다. 10년 만에 격차가 반 이상 줄었고 그 이후로도 계속 좁혀지고 있다. 즉 미국은 점점 석유를 적게 쓰고 천연가스를 많이 쓰고 있다는 것이다. 전력생산은 물론이고 산업, 상업, 주거, 심지어 석유가 96% 이상 압도적 비중을 자랑하던 수송부문까지 천연가스가 잠식해 들어가고 있다. 미국 에너지정보청은 석유수요가 2040년까지도 최고 수준이었던 2005년 수준 소비량에 미치지 못할 것이라고 예측하고 있다. 어쩌면 영원히 그 수준을 회복하지 못할 것이다. 미국에서 탈석유의 흐름이 명백하게 진행되고 있는 것이다.

석유소비 2위의 중국은 아직 여전히 석유에 배가 고프다. 수요가 아직 견고하다. 중국의 석유수요는 1993년 하루 300만 배럴 수준이었지만 2016년에는 1,111만 배럴을 기록했다. 24년 동안 해마다 11.3%씩 증가한 것이다. 이렇게 많은 물량이 사용되고 있지만 중국에서 석유는 차량에나 쓰는 보조연료에 지나지 않는다. 중국의 1차 에너지 소비에서 석유는 20%에 지나지 않는다. 석탄이 64%로 압도적 1위를 달리고 있다. 석탄의 과다사용이 심각한 환경문제를 일으켰고 이를 해결하기 위한 중국의 선택은 석유를 건너뛰고 천연가스로 가는 것이다. 석유는 보조연료의 지위에서 벗어나지 못한 채 천천히 가라앉을 것이다.

3위 석유 소비국 인도의 방향도 명확하다. 석유 수요 증가는 계속되지만 상승폭은 눈에 띄게 둔화되고 있다. 석유 차량을 천연가스 차량으로 대체하고 있는 등 석유소비를 줄이기 위한 노력을 계속하고 있다. 2032년까지 신차의 100%를 전기차로 채운다는 계획도 추진하고 있다. 다른 나라들도 마찬가지다. 석탄과 함께 석유를 화석연료 감축의 주 대상으로 지정하는 등 공격적인 목표를 내세우고 있다. 석유소비 감축을 위한 노력은 석유로 먹고사는 중동 산유국들도 예외가 아니다.

중동 산유국들의 탈석유 시대 준비

"아버지는 낙타를 탔고, 나는 자동차를, 내 아들은 비행기를 타겠지만 손자는 다시 낙타를 탈 것"이라는 우습지만 슬픈 이야기가 있다. 원래는 UAE에서 나왔지만 사우디에서도 많이 돌던 말로, 척박한 사막에서 석유가 나와 부유해졌지만 석유가 고갈되면 다시 유목민 시대로 돌아갈 것이라는 우려를 표현한 것이다. 석유의 매장량이 계속 늘어나 석유 고갈의 우려는 없지만 석유의 소비가 끊기면 그들은 다시 사막의 유목민으로 돌아가야 할 수도 있다.

석유 시대의 종말에 대한 예언은 놀랍게도 44년 전의 당시 사우디 석유장관의 입에서 나왔다. 25년 동안이나 사우디 석유장관을 지내며 '석유 황제'로 군림했던 아메드 야마니는 사우디에서 석유가 한창 나올 때인 1973년 돌이 없어서 석기시대가 끝난 것이 아니듯이 석유가 고갈되기 전에 석유시대가 끝날 것이라고 예언했다. 사우디의 원유 매장량은 2016년 말 2,665억 배럴로 전 세계의 15.6%에 달하며 향후 57년 동안 쓸 수 있는 양이다. 2016년 매장량이 20년 전인 2,614억 배럴보다 늘어난 것을 감안하면 사우디의 매장량은 앞으로 더 늘어날 수도 있을 것으로 보인다.

야마니의 경고는 사우디의 지나친 석유 의존이다. 석유는 사우디 재정수입의 75%를 차지하고 총 수출액의 90%에 달한다. 야마니의 우려가 현실로 다가온 것은 2014년 유가 폭락에 의해서다. 세계 최대 산유국이자 수출국인 사우디는 유가 폭락의 직격탄을 맞았다. GDP는 2014년 7,569억 달러에서 2016년 6,990억 달러로 쪼그라들었다. 석유가 대부분인 수출이 2014년 3,420억 달러에서 2년 만에 1,820억 달러로 반 토막 났기 때문이다. 사우디가 자랑하는 외환보유고도 2014년 7,320억 달러에서 2016년 536억 달러로 급감했고 무역수지 흑자는 최고치였던 2012년 2,312억에서 2016년에는 355억으로 크게 줄었다. 정부 수입revenues에서 원유가 차지하는 비중은 고유가 시기에는 92%를 넘어서지만 유가가 하락하면서 75%선으로 떨어졌다. 그러나 천연가스까지 합치면 여전히 90%에 달한다. 저유가가 더 길게 갈 것으로 예상되기 때문에 사우디의 경제적 어려움은 더 커질 수밖에 없다.

그래서 사우디의 차세대 지도자 무함마드 빈살만 왕세자가 2016년 4월 들고 나온 것이 '비전 2030'이다. '미스터 에브리싱Mr. Everything'으로 불리는 무함마드는 비전 2030을 통해 '석유 없는 사우디'를 구호로 내걸었다. 2030년까지 사우디는 비석유 부문 정부 수입을 50조 원에서 2030년 300조 원까지 늘리고 태양광 발전시설에 1,000억 달러를 투자할 계획이다. 석유에 대한 중독을 없애겠다는 상징적인 조치로 석유부의 명칭도 에너지산업광물부로 개명하고 석유만이 아니라 에너지 정책 전반으로 영역이 확대됐다. 재원을 마련하기 위해 미국으로부터 어렵사리 돌려받은 국영 석유회사 사우디아람코의 상장IPO을 통해 지분의 일부를 매각할 계획도 발표했다.

다행히 사우디는 땅 밑의 엄청난 석유뿐만 아니라 땅위도 '평평한' 사막지대의 혜택을 받았다. 지표면에 내리쬐는 태양에너지를 고스란히 받을 수 있기 때문이다. 2016년 7월까지 21년 동안 사우디 석유장관을 지낸 알 나이미는 한국을 방문할 때마다 북한산을 오르며 한국의 자연이 부럽다고 했다. 사우디에는 그런 계곡과 나무가 없기 때문이다. 그러나 사막밖에 없는 사우디지만 그 밑에는 엄청난 석유가 있고 그 위에는 햇빛을 받을 수 있는 넓은 대지가 있다. 나이미 전 장관은 이제 땅 밑에서 퍼 올리는 석유 대신 하늘에서 내려오는 태양에너지에 몰입해 있다. 사우디는 신재생에너지 발전용량 목표를 확보하기 위해 '국가 재생에너지 프로그램National Renewable Energy Program'을 추진하고 있다. 2030년까지 전력생산의 10%를 신재생으로 채울 계획이다. 흥미로운 점은 천연가스 발전을 2030년까지 현재의 50%에서 70%로 올리기로 정하면서 천연가스 공급이 부족하면 수입해서라도 충당하겠다는 것이다.

재생에너지를 향해 노력하는 산유국은 사우디만이 아니다. 쿠웨이트 역시 오는 2030년까지 총에너지의 15%를 신재생에너지로 채울 계획이고 두바이, 카타르, 이집트 등도 총에너지의 20%는 신재생에너지를 활용할 계획이다. 지난 반세기 동안 사막에 파묻힌 석유만 팔아 세계 최고의 부를 누렸던 중동 산유국들이 이제는 그 넓디넓은 사막 표면에 태양광 패널을 세워 새로운 에너지를 만들고자 하는 것이다. 미래를 준비하는 중동 산유국들은 석유 없이도 신재생에너지의 메카로 다시 한 번 도약할 것으로 보인다.

천연가스 황금시대의 도래

에너지의 사용은 고체연료에서 액체연료 그 다음 기체연료로 진전되기 마련이다. 효율과 소비자 이익, 그리고 환경보호 차원에서 이런 변화는 당연하다. 천연가스는 석유나 석탄보다 열효율이 높지만 오염물질은 훨씬 적게 배출한다. 천연가스 1kg은 1만 3,040kcal의 발열량을 가지지만 원유 1kg은 1만 730kcal, 석탄 1kg은 4,500kcal에 그친다. 반면 천연가스의 오염물질 배출은 석탄의 절반, 석유의 3분의 2에 불과하다. 생산비 측면에서도 원유 채굴과정에서 수반되는 천연가스가 가장 저렴하다. 발전소 건설비용 또한 원전이 4조 5,000억 원, 석탄의 2조 원보다 훨씬 적은 1조 4,000억 원 정도다. 21세기 연료의 종착점인 전기의 생산을 위한 가장 합리적이고 미래지향적인 선택이 석탄과 석유, 원자력을 줄이고 천연가스와 신재생 중심으로 가는 것이다.

발전뿐만 아니라 수송에서도 천연가스의 비중이 늘어나고 있다. 천연가스가 발전과 취사, 난방 등에서는 석탄과 석유를 빠르게 대체하고 있으나 수송에서는 아직 대부분 석유가 쓰인다. 그러나 수송에서도 서서히 천연가스가 석유를 잠식해 나가고 있다. 우리나라뿐만 아니라 많은 나라에서 천연가스 차량이 경유차를 대체하고 있다. 유럽을 비롯한 여러 나라에서 휘발유차와 경유차의 판매 금지를 추진하고 있다.

바다에서도 연료가 석유 대신 천연가스로 바뀌고 있다. 선박 연료로 사용되는 벙커C유는 원유정제에서 제일 마지막에 남는 찌꺼기로서 다른 석유제품보다 최대 3,500배 많은 황이 들어 있는데, 이것이 연소하면서 황산화물과 초미세먼지 등 각종 대기오염물질을 만들어낸다. 한국해양수산개발원에 따르면 벙커C유를 사용하는 초대형 크루즈선 한 척이 경유차 350만 대, 컨테이너선 한 척이 경유차 500만 대 정도의 황산화물을 배출한다. 이에 UN 산하기관인 국제해사기구IMO는 2020년부터 선박연료의 황 함유량 기준을 3.5%에서 0.5% 이하로 강화하였다. 이 규정에 따라 모든 선박은 연료를 황을 적게 내뿜는 고급 석유제품이나 천연가스를 연료로 써야한다. 아니면 황산화물 저감장치인 스크러버를 설치해야 한다. 선박이 정박하는 동안 벙커C유 대신 육상에서 선박으로 전기를 공급하는 육상전원공급장치AMP를 도입해야 한다는 주장도 힘을 받고 있다. 이런 규제들이 실행되면 항만이나 선박에서 우리의 코끝을 자극하던 매캐한 벙커C유 냄새에서 해방될 수 있다.

또한 차세대 신재생에너지원으로 주목받고 있는 수소연료전지에서도 천연가스의 역할이 크다. 연료전지는 수소와 산소의 화학반응을 통해 전기에너지를 얻는 장치로 오염물질이 거의 배출되지 않고 에너지 효율도 높다. 수소연료전지로 구동되는 수소차는 일반 전기차와 함께 머지 않아 자동차 시장을 평정할 것이다. 그 수소연료전지에 사용되는 수소가 바로 천연가스 열분해로 만들어진다. 글로벌 석유회사인 로열더치셸은 석유 이후 시대에 대비해 수소연료전지차 시대를 준비하며 인프라를 구축하고 있는데 2015년에 540억 달러를 투자해 천연가스전문기업인 BG그룹을 인수하며 사업을 확장하고 있다. 토탈과 도요타 등도 2017년 연료전지 사업에 대한 대규모 투자계획을 밝혔다. 우리나라의 정유회사들도 수소를 제조하기 위해 천연가스 도입을 늘리고 있다.

천연가스의 용도는 앞으로 더욱 다양해질 것이고 수요도 늘어날 것으로 보인다. 인류의 궁극적인 에너지가 신재생과 핵융합이긴 하지만 그것으로 에너지 수요를 완전히 채울 때까지는 오랜 시간이 걸리기 때문에 '브리지bridge' 연료로서 천연가스의 역할이 매우 적절하다고 할 수 있다. 바야흐로 천연가스의 황금시대가 도래할 것이다.

우리에게 기회를 주는 LNG 시장의 변화

LNG 시장은 오랫동안 공급부족 상태였다. 따라서 공급자들이 시장을 주도했다. 'JKT'로 불리는 일본, 한국, 타이완과 신흥 소비대국 중국 등 산업이 발달한 동아시아 지역에 수요가 몰리면서 '아시아 프리미엄'이 형성됐고 다른 지역에 비해 비싼 가격에 LNG를 사야 하는 불이익을 당했다. 또 공급이 부족한 시장에서 보다 안정적으로 LNG를 조달받기 위해 15~20년간 장기계약을 체결하면서 보통 1년 계약의 원유에 비해 불합리한 조건을 감수해야 했다.

하지만 미국발 셰일혁명이 LNG 시장의 구도를 바꾸었다. LNG 생산량이 늘어나면서 시장이 공급과잉으로 변했고, 핵심 소비자인 동아시아 국가에는 기회가 생기고 있다. 셰일혁명의 본산지인 미국에서는 천연가스 가격이 10분의 1토막 났지만 유가에 연동되어 움직이는 우리나라와 동아시아의 LNG 수입가격은 유가 반등의 영향으로 미국만큼 큰 폭으로 떨어지진 않았다. 그러나 셰일혁명의 영향으로 확연히 떨어진 것은 사실이다. 게다가 파나마 운하가 확장되어 미국산 물량이 아시아로 향하기 시작하자 아시아 LNG 가격도 큰 폭으로 떨어졌다. 우리나라의 LNG 도입 가격은 2014년 상반기 mmbtu당 17달러에서 2017년 6달러 정도까지 떨어졌다.

앞으로도 상당기간 LNG 가격은 낮게 유지될 것으로 보인다. 수요의 성장은 더딘 데 반해 공급물량은 계속 늘어날 것이기 때문이다. 2016년 세계 LNG 생산능력은 연간 3억 4,000만 톤이고 물동량은 2억 6,400만 톤인데 1억 톤 이상의 신규 액화설비를 건설 중이어서 향후 10년 정도는 공급과잉이 지속될 것으로 보인다. 현재 가장 큰 액화설비 보유국은 최대 수출국 카타르로 연간 8,000만 톤이고 호주가 6,000만 톤으로 그 뒤를 따르고 있는데, 이 양대 LNG 수출대국이 생산량을 계속 늘리고 있다. 말레이시아, 알제리, 나이지리아, 인도네시아 등이 2,000만 톤 이상이고 카리브해의 섬나라 트리니다드토바고, 오만도 1,000만 톤이 넘는다. 여기에 유럽의 대체 시장을 찾는 러시아와 셰일혁명의 진원지 미국도 1,000만 톤 수준의 시설을 보유하고 있다.

2016년 732만 톤의 LNG를 수입한 이집트는 국내생산이 늘어나 2019년부터는 LNG를 수출할 준비를 하고 있다. 게다가 천연가스 매장량이 24.3tcm인 카타르보다 38% 더 많은 33.5tcm으로 전 세계 매장량의 18%를 차지하고 있는 이란은 아직 LNG를 수출하지도 못하고 있다. 달러가 필요한 이란마저 뛰어들면 LNG 시장은 또 한 번 요동칠 것이다. 따라서 LNG 시장은 앞으로도 상당기간 공급과잉 상태를 유지해 세계 2위 LNG 수입국인 우리에게 유리하게 작용할 것으로 보인다. 새로운 계약 체결에서는 의무인수조항과 목적지제한조항 같은 불합리한 조건이 개선되고 있다. 보다 좋은 조건과 저렴한 가격으로 LNG를 대량 조달할 수 있게 된 것이다. 우리가 과거에 가져보지 못한 환경이다.

우리나라는 바뀌고 있는 LNG 시장에서 주도권을 잡기 위해 LNG 트레이딩 허브 개설을 추진하고 있다. 현재 동아시아 시장에서는 싱가포르, 일본, 중국 상하이에 LNG 트레이딩 허브가 개설되어 운영되고 있다. 2015년 7월 석유와 함께 개설된 상하이 허브SHPGX는 중국이라는 막강한 수요시장이 가장 큰 강점이다. 중앙아시아, 미얀마와 연결된 파이프라인과 함께 국내에 촘촘하게 연결되어 있는 파이프라인이 상하이와 연결되어 있고 2개의 LNG 터미널을 보유하고 있다. 중국 정부의 유인으로 최근 거래량도 증가하고 있다. 그러나 아직 시장에 대한 신뢰가 형성되어 있지 않고, 당국의 규제도 장애요인이다.

일본은 도쿄상품거래소 장외시장에서 LNG 스왑 거래를 취급하는 JOEJapan OTC Exchange를 2014년 설립하였다. 가격이 높게 책정되어 있고 일본 내 수요도 비교적 탄탄하지만 시장 참여자가 많지 않아 유동성 확보에 애를 먹고 있다. 싱가포르 증권거래소SGX도 2017년 LNG 선물과 스왑을 상장하여 파생상품 등을 취급하고 있으나 역시 규모가 크지 않다.

우리나라도 이들과 경쟁하는 LNG 트레이딩 허브 설립을 추진하고 있다. 우리나라는 세계 최대 수요국인 중국과 일본 사이에 위치한 지리적 강점을 지니고 있다. 우리나라가 LNG 트레이딩 허브가 되면 그만큼 많은 물량을 확보할 수 있어 경쟁력이 제고된다. 여기에 선박용 LNG 벙커링 시장의 허브를 우리나라에 개설하면 큰 상승효과를 누릴 수 있다. LNG 시장의 변화에 따라 단기와 현물계약 비중이 늘어나고 선박연료로 LNG 사용이 늘어나 동아시아 지역에서의 LNG 허브가 꼭 필요한 만큼 우리나라가 큰 역할을 할 수 있도록 여러 가지 정책적 지원이 필요하다.

침묵의 살인자 '미세먼지'는 절박한 현실의 문제

미세먼지가 우리 일상생활의 큰 이슈로 떠올랐다. 미세먼지가 최근 갑자기 늘어나거나 성분이 더 나빠지거나 한 것은 아닐 것이다. 화석연료 사용이 증가하면서 오래전부터 우리를 괴롭혔던 것인데 우리가 인지하지 못하고 있었을 뿐이다. 화석연료 사용이 늘어나는 겨울과 봄에는 미세먼지가 많이 악화되어 실제로 눈에 보이는 날들이 많아지면서 우려가 커지고 있는 것이다. 이제 미세먼지는 우리의 일상생활을 제약하는 중대한 문제가 되었다. 일기예보에서 알려주는 미세먼지 농도 지수는 반드시 알아두어야 할 필수사항이다.

미세먼지는 대기 중의 입자성 물질을 통칭하는 것으로 화석연료의 연소, 자동차 등의 배출가스에서 발행하며 황산염과 질산염 등 유해성분이 대부분이다. 화석연료에서 배출된 질산화물과 황산화물이 대기 중의 암모니아와 화학반응을 일으키며 만들어지는 것이다. 지름 10㎍(마이크로그램, 1㎍=100만 분의 1g) 이하를 미세먼지, 5㎍ 이하를 초미세먼지로 분류한다. 지름이 50~70㎍ 정도인 사람 머리카락의 10분의 1도 안 될 정도로 작아서 코털이나 기관지 점막에서 걸러지지 않고 바로 폐의 깊숙한 곳까지 들어가고 산소와 함께 혈관 속으로도 침투한다. 그래서 '침묵의 살인자'로 불린다. 금방 눈이 따갑고 목이 아픈 것을 느끼면 이미 많은 양의 미세먼지가 침투한 후의 일이다.

이제는 숨 쉬는 것만으로도 치명적 병에 걸리고, 맘 편히 산책조차 할 수 없게 되었다. 공원에서 눈과 입을 꽁꽁 싸맨 채 운동하는 것은 진풍경도 아니다. 몸이 스쳐도 말도 건넬 수 없는 삭막함이 감돈다. 건강을 위해 운동한다지만 운동하는 것 자체가 더 끔찍한 결과를 초래할 수도 있다. 어린 아이들은 바깥에서 뛰놀지도 못하고 아파트에서 뒹굴며 층간소음으로 분쟁만 늘어난다. 하늘에서 하늘색 찾기가 점점 더 어려워지고 있다. 더 큰 문제는 미세먼지에 대한 연구결과가 없다는 것이다. 어디서 어떻게 얼마나 많이 만들어지는지, 우리 인체에는 어떤 경로를 통해 어떻게 해를 끼치는지 알려진 게 별로 없다. 그냥 문 꽁꽁 닫고 공기청정기를 틀어놓고 집안에 가만히 있는 것이 상책이란다. 그래서 핵폭탄만큼이나 무서운 것이 미세먼지다.

2017년 7월 우리나라가 미국 항공우주국NASA과 함께 처음으로 국내 대기질 조사를 실시해 그 결과를 발표한 것이 그나마 신뢰성 있는 정보다. 조사결과 초여름 수도권 미세먼지 오염의 52% 가량이 국내에서 발생한 것이고 42%가 외부에서 바람을 타고 넘어왔고 그중 34%가 중국발이다. 북한도 9%를 차지했다. 역시 석탄 사용이 많은 중국에서 편서풍을 타고 날아온 것이 많은 비중을 차지한 것이다. 미세먼지가 가장 심한 봄철에 다시 한 번 실시하면 더 정확한 결과가 나오겠지만 이 자료로도 중국에 문제를 제기할 수 있게 되었다. 환경과 에너지가 국경을 뛰어넘는 이슈이며 이웃나라들이 힘을 모아 해결해야 할 문제임을 보여주는 사례다. NASA와의 공동연구가 보여주는 중요한 사실은 미세먼지 발생의 반 이상이 국내 요인이며 이것만으로도 WHO 기준을 초과한다는 것이다. 중국에 대책을 요구하는 것과는 별개로 우리 스스로 미세먼지를 줄이기 위한 대책을 마련해야 한다.

우리나라의 대기오염은 이미 심각한 상황에 직면했다. 비행기를 타고 인천공항 근처로 오면 거대한 오염물질에 쌓인 모습을 쉽게 발견할 수 있다. 대기오염으로 악명 높은 베이징이나 인도의 델리보다 낫다고 위안할 문제가 아니다. 대기오염으로 인한 우리나라의 초과사망자가 1만 4,000여 명에 달해 매년 전체 사망자 수의 4~5%에 이른다. 경제협력개발기구OECD의 2017년 보고서에 따르면 초미세먼지에 노출된 인구가 한국이 단연 1위이고, 2060년 대기오염으로 인한 조기사망률은 인구 100만 명당 1,109명으로 2010년 359명의 약 3배에 달할 것이라며 경고하고 있다. 전 세계적으로는 대기오염으로 연간 650만 명이 조기 사망에 이르고 있다. 경제적 비용도 만만찮은데 지금보다 상황이 심각하지 않았던 2013년 국립환경과학원 자료에 따르면 대기오염으로 사회적 비용이 약 104조 원에 달해 국민 1명당 연간 200만 원의 손실이 발생한다.

미세먼지는 국민의 생명권과 직결되어 있다. 미래의 문제가 아니며 지금 당장 조치를 취해야할 절박한 현실의 문제이다. 겨울과 봄에 농도가 짙어지면 호들갑 떨다가 여름이 되면 전력 수급에 급급해 미세먼지를 잊어버리는 악순환의 반복은 말아야 한다. 미세먼지 발생의 원점을 조준한 획기적인 대책이 절실하다.

석탄발전소의 운명은?

문재인 대통령이 추진하고 있는 탈석탄 정책은 미세먼지를 줄이기 위한 노력의 일환이다. 30년 이상 된 노후 석탄발전소 10기를 임기 내 모두 영구 폐쇄할 것이라고 공약했다. 이들 중 수급에 결정적 문제가 없는 8기는 매년 전력수요가 비교적 적은 봄 4개월 동안 강제로 가동 정지하기로 했다. 과격한 조치로 보이지만 이 노후발전소 대부분은 2022년 5월 임기 종료 전에 수명이 끝나기 때문에 실제 효과는 크지 않다. 임기 후에 수명이 끝나는 것은 2025년 폐쇄 예정인 보령 1, 2호기 두 기밖에 없고 수명을 3년 정도 앞당기는 수준에 불과하다. 이 발전기는 1970~80년대에 지어진 것으로 용량이 크지 않다. 10기의 발전용량을 모두 합해봐야 3.3GW에 불과하다. 우리나라에 있는 60여 개의 석탄화력 전체 용량의 10%가량이며 원자력 등을 포함한 전체 설비용량 114GW의 3%에 미치지 못한다. 이 노후발전기는 전체 석탄발전소의 오염물질 배출의 20%에 육박하기 때문에 폐쇄효과는 적지 않다.

그러나 새로 지어져 가동에 들어가고 있는 신규 석탄발전기는 초대형으로 용량은 원전 하나에 맞먹는 1GW이다. 2017년 1월 우리나라 최초의 1GW 석탄발전기인 당진9호기를 필두로 줄줄이 가동될 예정이다. 2022년까지 총 20기가 지어지고 있는데 총 용량은 18GW가 넘는다. 2022년까지 3GW가 줄고 18GW 늘어나는 셈이다. 문 대통령의 '탈석탄' 외침이 무색해 질 수밖에 없다. 새로 건설된 석탄발전소는 오염물질 저감 장치가 장착되어 있긴 하지만 그래도 석탄은 석탄이다. 문 대통령은 건설 중인 석탄발전소의 공정률이 10%가 안 되는 경우에는 원점에서 재검토하겠다고 공약했지만 허가를 얻어서 이미 시작한 공사를 취소하는 것은 여간 어려운 일이 아니다. 이 중에는 민간업체에서 짓고 있는 것도 있어서 법

정공방을 야기할 수도 있다.

2017년부터 신규 석탄발전소 가동이 늘어난 이유는 2011년 대규모 정전 사태를 겪은 정부가 전력 공급량을 늘리기 위해 대거 신규 석탄발전 사업허가를 내주었기 때문이다. 그때도 환경오염에 대한 우려가 제기되었으나 당장 정전사태로 국민들의 원성을 산 정부로서는 전기료 부담을 최소화하면서 공급을 늘릴 수 있는 석탄발전을 선택한 것이다. 그런데 전력 수요는 생각만큼 그렇게 빠르게 증가하지 않았다. 공급능력은 2012년 76.7GW에서 2017년 96.6GW로 26% 증가한 반면, 최대 전력수요는 2012년 74.3GW에서 2017년 86.5GW로 16% 증가하는 데 그쳤다. 그나마 2012년부터 2015년까지 3년 동안은 연 1% 남짓 증가에 그쳤다. 예비전력도 비상대책이 시작되는 5GW의 두 배 수준인 10GW 정도를 유지하고 있다. 2011년 정전대란 이후로 국민들이 전기 소비를 줄이고 가전업체들도 전력 소모가 적은 제품들을 잇달아 내놓은 데다가 경기도 위축되어 전기 수요가 둔화된 것이다.

에너지 정책은 적어도 수십 년 앞을 내다보고 만들어야 하는데 당장 급하고 정치적으로 부담이 된다고 손쉬운 석탄발전소를 선택한 결과 그 피해가 나타나기 시작한 것이다. 이제는 짓고 있는 석탄발전소도 중단해야 할 판이니 몇 년 앞도 내다보지 못한 정책이다. 그 잘못된 정책의 불똥은 엉뚱하게 천연가스발전소들이 떠안게 되어 있다. 우리나라의 발전정책이 낮은 단가에 최우선적으로 맞춰져 있기 때문이다.

우리나라는 발전비용이 상대적으로 싼 원자력과 석탄이 '기저base-load' 발전으로 먼저 가동되고 수요가 늘어 추가 공급이 필요할 때만 천연가스나 석유 발전이 돌아간다. 따라서 국가가 운영하는 원자력과 석탄 발전은 가동률을 최대한 높게 유지한다. 반면, 가스발전소는 필요할 때만 돌아가니 가동률을 40% 넘기기도 쉽지 않다. 2011년 정전 대란 당시에는 전력이 부족해 가스발전소 가동률이 크게 높아졌다. 뜻밖에 수익을 본 민간발전회사들은 앞 다투어 가스발전소를 짓기 시작했는데, 전기 수요도 정체된 데다가 대규모 신규 석탄발전소마저 가동을 시작하니 가스발전소 가동률이 크게 떨어질 수밖에 없는 것이다. 현재는 가동률이 33% 수준으로 천연가스발전소 10대 중 7대가 개점휴업 상태다.

과연 석탄이 제일 싼 연료일까
: 사회적 비용과 발전단가

그렇다면 과연 석탄 발전 비용이 제일 낮을까? 발전단가는 세금이 포함되어 있고 기준에 따라 계산이 다르지만 단순 연료비만 따지면 석탄이 LNG보다 아직은 약간 싸다고 할 수 있다. 발전연료 비용은 도입가격이 그때그때 달라지지만 원자력의 우라늄 단가가 kWh당 3~5원대로 가장 싸고, 유연탄이 10~50원, LNG 50~200원 순이다. 여전히 석탄이 LNG보다 싸지만 격차는 많이 줄어들고 있다. 수입 유연탄의 가격보다 유가와 연동돼 있는 LNG이 가격이 더 많이 떨어졌기 때문이다. 미국은 자국에서 생산된 천연가스를 그대로 발전에 투입하기 때문에 가격경쟁력이 있지만 우리나라는 액화시켜 특수선박에 실어 수입한 뒤 다시 기화시켜 사용해야 하기 때문에 상대적으로 비쌀 수밖에 없다. 그러나 2014년 이후 LNG 가격이 많이 떨어져 석탄과의 격차가 줄어들고 있다.

연료에 대한 불합리한 세금체계도 석탄 사용을 부추기고 있다. LNG를 국내에 들여올 때에는 수입가격의 3%에 해당하는 관세가 붙고 여기에 수입부과금(kg당 24.2원), 안전관리부담금(4.8원), 개별소비세(60원) 등이 부과된다. 반면 LNG보다 탄소를 훨씬 많이 배출하는 석탄에는 관세는 물론 수입부과금, 안전관리부담금 등이 부과되지 않고 개별소비세만 kg당 30원이 붙는다. 우라늄은 관세는 물론 개별소비세도 내지 않는다. 기저 발전 연료로 가장 많이 쓰이는 석탄과 원자력에 적은 세금을 부과해 전기요금을 낮게 유지하려는 정책 때문이다. 물론 전기는 석탄과 천연가스를 연소시켜 나오는 열량으로 생산하기 때문에 열량단위로 비교하면 세금의 차이는 다소 줄어든다. 그러나 이유를 막론하고 오염물질을 훨씬 더 많이 내뿜는 석탄에 더 낮은 세금을 부과해 사용을 부추기는 것은 결코 미래지향적일 수 없다. 석탄에 대한 세금을 올리고 대신 LNG에 대한 세금을 낮추면 두 연료의 발전비 격차는 더 줄어들 것이다.

게다가 이제는 환경비용과 안전비용, 사회적 갈등비용 등 외부비용도 발전원가에 포함시켜 계산해야 할 때가 되었다. 한국자원경제학회가 2013년에 내놓은 보고서를 보면 석탄화력의 외부비용은 51.7원/kWh이다. 원자력 외부비용은 36.5~72.6원/kWh인 데 비해 LNG는 외부비용이 6.3원/kWh에 불과하다.

미국과 영국 등 선진국에서는 '균등화 발전단가Levelized Cost of Electricity'란 새로운 지표를 내놓고 있다. 이는 발전소의 설계, 건설, 운영, 자금조달, 폐기에 이르기까지 전 비용을 총발전량으로 나눈 발전원가를 의미한다. 미국 에너지정보청이 2017년 4월 미국 발전소들의 균등화발전단가를 분석한 보고서를 통해 2022년부터 가동에 들어갈 최신 발전소들을 기준으로 석탄과 LNG, 원자력, 신재생의 발전단가를 비교했는데, 그 결과 풍력이 2016년 기준 메가와트시MWh당 52.2달러로 가장 저렴했고, 56.5달러의 LNG, 66.8달러 태양광이 그 뒤를 이었다. 원자력의 균등화 발전단가는 99.1달러, 석탄은 무려 140달러에 달했다.

미국은 엄격한 온실가스 기준을 적용하기 때문에 석탄발전의 경우 탄소제거설비 등을 갖춰야 해 건설비가 올라가기 때문이고, 원전의 경우에도 안전비용 등이 반영되었다. 영국 정부의 연구결과도 마찬가지로 유지비와 탄소세를 포함한 전체 비용은 LNG가 석탄이나 원전보다 훨씬 싸게 나타났다. 게다가 신재생에너지는 기술경쟁이 고조될수록 가격이 떨어지게 되어 있다. 우리나라도 단순 연료 투입비만 따지지 말고 환경, 갈등 등 사회적 비용을 포함한 새롭고 공정한 지표를 적용할 때가 되었다.

신규 석탄발전소의 또 다른 문제는 송전선이다. 급하게 석탄발전소를 짓다보니 가정이나 공장까지 이어줄 송전선로가 부족해진 것이다. 신규 발전소들은 용량이 1GW에 달해 기존의 허용된 송전선으로는 전기를 전달할 수가 없다. 기존 발전소에 연결된 송전선로는 대부분 포화 상태이다. 신규 발전소를 가동하려면 새로 송전선을 깔거나 기존 발전소의 전력생산량을 줄여야 한다.

새로 깔 송전선의 비용과 시간도 문제지만 송전선과 송전탑 건설은 밀양과 청도 사태에서 보았듯이 엄청난 사회적 갈등을 동반한다. 신규 석탄발전소들이 강원도 지역에 몰려 있어 전기 수요가 많은 수도권으로 전기를 끌어 오려면 백두대간을 끊어야 한다. 환경단체들의 엄청난 반대가 불 보듯 뻔하다. 이 문제들이 해결되지 않으면 큰돈을 들여 새로 지은 발전소가 송전선이 부족해 가동되지 못할 수도 있다는 것이다. 송전선까지 잘 연결된 기존의 천연가스 발전기는 LNG 값이 석탄보다 조금 더 비싸다고 놀리고, 새로 지은 석탄발전소는 송전설비가 부족해 또 놀려야 하는 딱한 처지에 놓인 것이다.

원자력발전소는 해안이나 물이 풍부한 곳에 지어야 한다. 연료봉을 냉각시키기 위해 많은 양의 물이 필요하기 때문이다. 석탄화력발전소는 물 자체를 끓여야 하기 때문에 많은 양의 깨끗한 물이 필요하고 보일러를 식혀야 하기 때문에 냉각수도 필요하다. 태안화력발전소는 하루에 2만 2,000톤 이상의 물을 써 태안군 전체의 사용량보다 많다. 가뭄이 들면 충남 지역의 물 부족이 더 심각해지는데 그 지역에 석탄발전소가 밀집해 있기 때문이다. 새로 건설되는 대규모 석탄발전소도 마찬가지다. 석탄발전소는 기본적으로 물이 많은 해안이나 농촌지역에서 건설해 수요가 많은 내륙의 도심으로 보낸다. 석탄을 수입해야 하니 바닷가에 지어야 한다. 도심까지 보내기 위해선 장거리 송전망과 송전탑이 필요한 구조다. 따라서 원전이나 화력발전소를 새로 지어 많은 비용과 사회적 갈등을 야기하기보다 기존의 천연가스 발전소의 가동률을 높이는 것이 합리적이다.

탄소배출의 주범 '석탄' 생산·소비의 급격한 감소

더 말할 것도 없이 석탄은 환경오염의 주범이다. 고체인 석탄은 기체인 산소와 혼합이 잘 안 되기 때문에 불완전 연소가 일어나 많은 양의 탄소를 대기 중에 발생시킨다. 한전경제경영연구원과 국립환경과학원의 분석에 따르면 석탄 발전은 천연가스 발전에 비해 이산화탄소 배출은 2.5배, 미세먼지와 초미세먼지는 각각 1,300배와 1,700배 많이 배출하고 있으며, 황산화물 3,226배, 질산화물은 2배 많게 배출하고 있다.

전 세계적으로도 석탄이 전체 이산화탄소 배출량의 46%를 차지해 34%의 석유, 19%의 천연가스를 압도한다.[16] 석탄이 세계 1차 에너지소비에서 차지하는 비중이 30%에 미치지 못하는 점을 감안하면 탄소배출 비중은 월등히 높다. 최대 탄소 배출연료는 오랫동안 석유가 차지했었다. 당연히 소비가 많았기 때문이다. 1970년대까지 줄곧 50%를 넘나들던 석유소비의 비중은 1980년부터 낮아지기 시작하여 2000년대 들어서는 30%

이하로 떨어졌다. 반면 탄소배출에서 40%를 넘지 않던 석탄의 비중은 2000년대 들어 개도국 소비가 늘어남에 따라 석유를 제치고 1위로 등극했다. 천연가스는 소비가 크게 증가하고 있음에도 탄소배출에서의 비중은 여전히 20% 아래에 머물고 있다.

당연하게도 최대 온실가스 배출국은 석탄을 제일 많이 쓰는 중국이 압도적 1위이고 미국, 인도, 러시아 순이다. 1인당 이산화탄소 배출은 17톤에 달하는 미국이 압도적이다. 중국은 이에 훨씬 못 미치는 7톤 정도이지만, 문제는 1인당 배출이 가파르게 증가하고 있다는 것이다. 1990년부터 2014년까지 4배 증가했는데, 13억이 넘는 인구가 이 속도로 배출하면 지구환경은 머지않아 큰 위기에 직면할 것으로 보인다. 반면 미국의 1인당 배출은 빠르게 감소하고 있다. 최근에는 온실가스 증가를 주도하던 개도국에서도 석탄의 사용을 줄임에 따라 증가폭이 둔화되고 있다. 인도 등 주요 소비 국가들도 심각한 환경오염 문제에 직면하여 석탄 발전을 줄이고 있기 때문이다.

석탄의 소비와 생산의 감소세는 뚜렷하다. 2017년 7월 발표된 BP 통계에 의하면 2016년 세계의 석탄 소비는 1.7% 줄어 3년 연속 감소했다. 미국이 8.8%로 가장 많이 감소했고 최대 소비국 중국도 1.6% 감소했다. 세계 1차 에너지소비에서 석탄이 차지하는 비중도 2004년 이후 가장 낮은 28.1%로 떨어졌다. 석탄 생산은 2000년대 중반에는 매년 증가율이 17%에 달하기도 했으나 2011년 10% 정도를 기록한 이후 가파르게 하락해 마이너스 성장을 기록하고 있다.

소비가 감소함에 따라 석탄의 생산은 2016년 사상 가장 큰 폭인 6.2% 감소했다. 미국은 세계 전체 석탄 매장의 22.1%를 보유해 1위지만 2016년 생산은 전체 생산의 10%인 3억 6,500만 톤을 기록했다. 트럼프 대통령의 지원에도 불구하고 2015년 생산량보다 19%나 줄어든 수치다. 미국은 2000년대 중반까지도 매년 6억 톤 이상의 석탄을 생산했으나 셰일가스 생산이 본격화되면서 석탄 생산이 가파르게 감소하고 있다. 중국의 매장량은 세계 전체의 21.4%로 2위지만 생산은 단연 1위다. 2016년에는 26억 9,000만 톤을 생산해 세계 전체 생산의 46.1%를 차지했다. 중국에서도 2014년부터는 생산이 서서히 줄어들기 시작했다. 2016년 생산은 2015년에 비해 7.9% 감소했다. 스펜서 딜 BP 수석 이코노미스트는 통계 발표 자리에서 불과 4년 전만 해도 석탄은 세계 에너지 수요증가의 가장 큰 몫을 차지했었는데 석탄 생산 감소 속도는 놀라울 정도라고 말했다.

'석탄 제로'의 영국
: 석탄은 어떻게 역사 속으로 사라지는가

2017년 4월 21일은 영국에게 의미 깊은 날이었다. 석탄으로 산업혁명을 일으킨 후 135년 만에 처음으로 석탄으로 전력을 생산하지 않는 '석탄 없는 하루'를 보낸 것이다. 24시간 동안 모든 석탄 발전을 멈추고 천연가스, 원자력, 풍력, 바이오매스 등으로 전기를 만들어 수요를 충족했는데 천연가스가 절반 가량을 충당하고 원자력이 4분의 1 정도의 비중을 차지했다. 24시간 동안 석탄을 쓰지 않은 것은 1882년 런던에 세계 첫 석탄발전소가 문을 연 후 처음이다. BBC는 이 날을 "한때 강력한 연료였던 석탄이 어떻게 역사 속으로 사라지는지를 보여주는 신호"라고 의미를 부여했다.

2016년에도 기념비적인 일이 있었다. 그해 풍력 발전이 전체의 11.5%를 차지해 석탄의 9.2%를 앞지른 것이다. 신재생과 천연가스 발전이 늘면서 석탄발전의 비중이 사상 최저로 떨어졌다. 석탄의 발전량도 1935년 이후 최저를 기록했다. 석탄발전은 9%의 바이오연료에도 곧 추월당할 처지이다. 석탄발전량은 2012년 이후 78%나 줄어들었다. 2016년 2, 3분기에는 태양광이 석탄보다 더 많은 발전량을 기록하기도 했다. 겨울철에는 일조량이 적어 발전량이 많지 않지만 여름철에는 석탄을 거뜬히 제칠 수 있게 된 것이다. 석탄은 1950년대 중반까지 영국 전기 생산의 거의 100%를 차지했다. 그 후로 소량의 석유가 투입되기 시작했고 1960년대 들면서 원전이 가동되기 시작했다. 원전의 비중은 2015년 21%에서 2016년 25%로 증가했다. 석탄발전은 주로 천연가스로 대체했는데 천연가스의 발전량 비중은 2015년 29.7%에서 2016년 42.7%로 급증했다. 천연가스의 비중이 1990년에는 불과 0.2%였는데 지난 25년 동안 괄목한 성장을 이룬 것이다.

석탄은 산업혁명으로 부를 일으키고 세계를 제패한 대영제국의 힘의 원천이었다. 한 세기 넘게 영국의 에너지를 책임졌다. 그러던 석탄이 영국에서도 점차 설 땅을 잃고 있는 것이다. 영국의 석탄 사용량은 산업혁명 이후 급속히 증가했다. 1950년대 후반에는 한해 2억2천만 톤을 넘기도 했다. 1960년대 들어 석유 소비가 늘면서 석탄 소비는 급감하기 시작했다. 석탄이 온실가스의 원인이라는 인식이 확산되면서 소비는 더욱 줄어들었고 2016년 소비는 1,800만 톤에 그쳤다. 1950년대의 8%에 지나지 않는 양이다. 2016년의 석탄 발전량은 1935년 이후 최저를 기록한 후 2017년 들어 더 줄고 있다. 2015년 12월에는 영국의 마지막 지하 탄광으로 남았던 요크셔 지방 켈링리 탄광이 문을 닫았다. 주로 천연가스로 대체하고 원자력과 신재생 발전도 늘어 전기 공급에 아무런 문제가 없다. 2015년 11월 영국 정부는 2025년까지 모든 석탄발전소를 폐지하겠다고 발표했다. 10년 전만 해도 상상조차 못했던 '석탄 제로'의 영국이 성큼 앞으로 다가온 것이다.

그러나 아직도 이렇게 많은 석탄이…

그러나 놀랍게도 아직 석탄은 세계에서 석유에 이어 가장 많이 쓰이는 에너지원이다. 석유와 같은 단위로 환산하면 석탄은 2016년 37억 3,000만 톤이 사용되어 44억 2,000만 톤의 석유에 이어 2위를 기록했다. 천연가스는 32억 톤으로 그 뒤를 따르고 있다. 석탄의 소비가 2015년의 37억 5,000만 톤보다 약간 줄긴 했어도 아직 어마어마한 양의 석탄이 사용되고 있는 것이다. 중국이 18억 9,000만 톤의 석탄을 소비해 2016년에도 부동의 1위를 지키고 있다. 2016년 세계 전체 소비량의 절반이 넘는 양을 중국 혼자 사용한 것이다. 2015년부터 미국을 제치고 2위에 오른 인도가 4억 2,000만 톤을 소비해 세계 소비의 11%를 점유했고 미국은 3억 6,000만 톤을 사용했다. 우리나라도 8,200만 톤을 사용해 세계 전체의 2.2%를 차지하며 러시아, 일본, 남아공에 이어 7위를 달리고 있다.

중국, 인도가 있는 아태지역이 사용하는 석탄의 양은 전 세계 사용량의 74%를 차지해 그야말로 석탄의 블랙홀이다. 석탄을 가장 적게 쓰는 지역은 석유와 천연가스가 풍부한 중동으로 세계 전체 석탄소비의 2%에 불과하다. 중동지역의 전기생산은 천연가스가 67%로 압도적으로 많고 석유가 27%를 차지하고 있다. 석유는 대부분 수출하고 인프라가 부족해 수출이 여의치 않은 천연가스를 발전 연료로 쓰고 있는 것이다. 석탄 발전 비중은 3%에 불과해 온실가스 배출에 대한 책임에서는 자유롭다.

더욱 놀라운 것은 소비에서 석유와 석탄의 격차가 점점 줄고 있다는 것이다. 1970년대 중반만 해도 전체 에너지 소비에서 석유가 차지하는 비중이 50%에 근접했고 석탄은 30%에 훨씬 못 미쳐 10% 포인트 이상의 차이를 보였으나 좁아져 2010년대 초반에는 불과 2~3% 포인트 차이에 불과했다. 2015년부터 석탄사용이 다시 30% 아래로 떨어져 격차가 약간

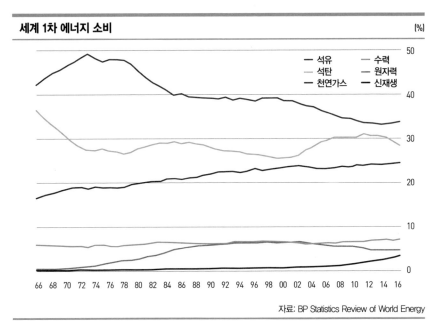

세계 1차 에너지 소비 (%)

범례: 석유, 석탄, 천연가스, 수력, 원자력, 신재생

자료: BP Statistics Review of World Energy

벌어지긴 했지만 여차하면 석유를 앞지를 기세다. 석유소비가 그만큼 빨리 줄고 있다는 것이다. 2016년 기준으로 석유가 33.3%, 석탄이 28.1%, 천연가스가 24.1%를 기록했다.

더더욱 놀라운 것은 가장 사용하기 편해 대세 에너지로 굳어지고 있는 전기를 만드는 데 석탄이 제일 많이 사용되고 있다는 것이다. 전 세계 평균 40%로 22%인 천연가스와 11%인 원자력에 압도적으로 앞선다. 지난 수십 년 동안 40% 정도를 유지해 한번도 1위 자리를 내 준적이 없다. 결국 전기차는 석탄으로 달린다고 해도 틀린 말이 아니다.

석유와 천연가스는 중동과 러시아 북미 등 일부 지역에 집중적으로 매장되어 있는 반면 석탄은 전역에 골고루 분포되어 있어 어떤 나라든 손쉽게 캐내 쓸 수 있기 때문에 아직도 널리 쓰이고 있다. 차량의 내부에서 연소시켜야 하는 수송연료의 경우 석탄은 석유에 비해 열효율도 낮고 저장, 보관 등 사용에 있어서 불편한 점이 많아 시장에서 밀려났지만, 발전소에서는 석탄의 이러한 단점이 크게 부각되지 않고, 무엇보다 다른 연료에 비해 가격이 낮기 때문에 석탄을 우선적으로 전기 생산에 투입하는 것이다.

미국과 유럽의 선진국에서도 석탄은 최대의 전기 생산연료이다. 미국은 2000년대 중반까지만 해도 발전에서 석탄의 비중이 50%를 훨씬 넘었다. 2009년에 49%를 기록하여 처음으로 50% 밑으로 내려온 후 셰일가스가 전기 생산에 본격 투입된 이후 계속 내려가 2016년에는 처음으로 천연가스에 추월당했다. 산업혁명의 나라 영국도 1990년 이전까지 석탄의 비중이 70%에 이르렀다. 이후 천연가스와 원자력의 비중이 늘면서 현재는 석탄 32%, 천연가스 30%, 원자력 19%의 발전믹스를 유지하고 있다. 일본은 1980년대까지는 석유의 비중이 절반 정도로 압도적으로 높아 석탄의 비중은 10% 정도에 그쳤으나 점점 늘어 1990년대는 20%선, 2000년대 초부터는 30%에 달하고 있다. 개도국에서는 석탄의 비중이 압도적이다. 중국은 석탄의 비중이 1980년대보다 더 늘어 72%를 넘기고 있고 인도도 석탄이 70%를 상회하고 있다.

석탄을 가장 많이 쓰는 4차 산업혁명 시대

세상은 바야흐로 4차 산업혁명의 시대다. 기승전 그리고 4차 산업혁명이다. 어딜 가도 4차 산업혁명 이야기를 하지 않으면 명함도 꺼내지 못한다. 로봇이 인간의 노동을 대신하고, 인공지능이 인간의 뇌를 대신하는 세상. 모든 것이 연결되어 있어 나의 눈만 봐도 내 컨디션을 알아내고 알아서 집안 온도를 조절하고 병원 예약을 하는 세상. 3D 프린터로 비행기를 만들고 인공 장기를 만드는 세상. 들도 보도 못한 새로운 세상을 연다는 4차 산업혁명.

그러나 우리는 진정으로 4차 산업혁명의 도래를 논할 수 있는가? 4차 산업혁명의 모든 자재들은 전기로 움직이는데, 아직도 석탄으로 전기를 만들고 있다면, 전기 생산의 무려 40%를 석탄에 의존해야 한다면 우리는 그것을 4차 산업혁명이라 할 수 있는가? 석탄의 시대인 1차 산업혁명 때보다 더 많은 석탄을 쓰고 있고, 그로 인한 환경오염으로 전 지구가 신음하고 인류의 생존 자체가 불투명해지고 있는데, 2, 3차 산업혁명을 뛰어넘어 '4차' 산업혁명을 이야기할 수 있는가? 과도한 석탄 사용으로 숨도 제대로 쉴 수 없고 어린아이들이 바깥에서 마음대로 뛰놀 수 없다면 문명의 발전이고 인류의 진보라 할 수 있을까?

미국도, 유럽도, 일본도, 우리나라도 석탄이 최대 에너지원이라면 우리는 4차 산업혁명을 논할 수 없다. 전기로 자동차를 굴리고, 자동차가 알아서 주행하고, 드론이 물건을 배달하고, 3D프린터가 비행기를 만들고 인공지능이 이세돌을 이긴들 우리는 여전히 석탄에 의존하는 1차 산업혁명의 시대에 살고 있는 것이다. 화려한 전자기기에 둘러싸인 인류사회의 속은 여전히 시커멓고 4차 산업혁명의 동력은 여전히 석탄이다.

진정한 의미의 4차 산업혁명 시대는 에너지 분야의 혁신이 전제되어야 한다. 적어도 오염물질을 내뿜는 석탄 의존시대는 끝내고 친환경연료로 전기를 만들어 수요를 충족해야 '혁명'이란 말에 걸맞다고 할 수 있지 않을까? 그래서 4차 산업혁명은 곧 에너지 전환과 맞물려 있는 것이다. 어찌 보면 인류는 더 원시시대로 되돌아갈 수도 있다. 햇볕, 바람, 파도와 해류, 미생물에서 에너지를 얻는 것이다. 전기차가 석탄이나 원자력이 아닌 바람이나 햇빛으로 달려야 진정한 4차 산업혁명이라 할 수 있다.

05
에너지 대전환의 기회에
올라타자

원자력의 놀라운 에너지 효율

원자력 발전은 우리에게 없어서는 안 될 존재다. 오늘날 우리가 전기를 부족함 없이 쓸 수 있게 된 데는 원자력의 역할이 크다. 당장 원자력 발전을 멈추면 공장의 기계도 멈추고 열대야에도 에어컨을 켤 수 없다. 원자력 발전의 연료인 우라늄 1그램은 1,800리터의 석유, 3톤의 석탄과 맞먹는 에너지를 만들 수 있다. 매우 적은 연료로 막대한 에너지를 얻기 때문에 자연에 끼치는 영향도 적고 수입에 대한 부담도 적다. 우리나라가 우라늄을 수입하기 위해 지불한 금액은 전체 에너지 수입액의 0.04%에 불과하다. 그것으로 우리나라 전체 발전량의 30%를 감당하고 있는 것이다. 우라늄은 미국의 전략물자이기 때문에 미국 대통령이 딴 마음을 먹으면 공급에 심각한 문제를 겪을 수도 있다. 그러나 우라늄은 한 번 수입하면 18개월 정도 비축이 가능한데 100일 정도의 석유와 50일 정도의 천연가스보다 월등히 길다. 가공도 국내에서 자체 기술로 가능하기 때문에 공급에 문제가 생겨도 시간을 벌 수 있다.

우라늄은 석유나 천연가스와 달리 대규모 저장시설도 필요 없다. 지구촌에 분쟁이 늘어나고 불안정이 심화되고 있는 것을 감안하면 필요한 에너지를 전량 수입해야 하는 우리나라로서는 에너지 안보를 위해 **빼놓을 수 없는 것**이 원자력인 것이다. 미국이 자국에 묻혀 있는 화석연료로 에너지 안보를 강화하듯이 우리도 우리 실정에 맞게 에너지 안보를 강화하기 위해서는 원료 조달이 비교적 용이하고 자체 기술력도 있는 원자력이 답이라는 것이다. 또한 원전은 일단 한 번 지어놓으면 전기 생산단가가 천연가스나 석유, 석탄보다도 훨씬 낮기 때문에 저렴한 전기요금의 혜택을 볼 수 있다. 저소득 계층에 더 필요한 에너지가 원자력이다.

게다가 원자력은 온실가스와 오염물질 배출이 거의 없는 친환경 에너지다. 연료를 직접 연소시키는 화석발전과 달리 우라늄의 핵분열에서 발생하는 에너지를 이용해 증기를 만들어 전력을 생산하기 때문이다. 국제원자력기구IAEA에 따르면 원전이 1kWh당 배출하는 온실가스는 10g으로 석탄의 991g과 천연가스 549g 등과 비교할 수 없을 정도다. 1,400MW 원전 1기는 연간 418만 톤의 석탄 소비를 줄일 수 있다. 만약 1970년대부터 원자력이 본격적으로 활용되지 않았으면 엄청나게 많은 석탄이 사용되었을 것이고 그만큼 많은 탄소를 대기 중에 뿜었을 것이다. 지구는 지금보다 더 뜨거워졌을 것이고 많은 섬들이 바다에 잠겼을 것이다. IAEA에 따르면 1970년에서 2012년 사이 원자력 사용으로 64.5기가 톤의 이산화탄소(GtCO2)가 감축되었다.[17]

또한 원자력은 고밀도 에너지원이다. 밀도가 높으므로 많은 땅을 요구하지 않는다. 태양광의 100분의 1, 풍력발전의 600분의 1의 면적으로도 충분하다. 우리나라와 같이 국토가 좁고 산지가 많은 반면 인구밀집도가 높은 나라에서는 신재생 같은 저밀도 발전을 늘리기에 한계가 있다. 고밀도 발전을 통해 더 많은 땅을 숲으로 남겨둘 수 있다는 뜻이다. 그래서 대규모 원전 사고를 당한 미국도, 러시아도, 일본도 꿋꿋이 원전을 돌리고 있는 것이다.

석탄과 석유는 땅에서 캐는 에너지이지만 원자력은 사람의 머리에서 나오는 에너지라는 말이 있듯이 기름 한 방울 나지 않지만 고급인력을 가진 우리나라로서는 원자력이 에너지 수급의 가장 확실한 대안이었다. 원자력이 일본을 항복시킨 것을 본 이승만 정부는 원자력에 매진했다. 1959년 한국원자연구소가 발족되었고, 미국의 선진기술을 배우기 위해 273명의 학생이 유학길에 올랐다. 볼모지에서 시작했지만 진척은 매우 빨랐다. 1978년 우리나라의 최초 원전인 고리 1호기가 완공되어 오일쇼크를 넘는 데 큰 역할을 했다. 우리나라는 세계 21번째의 원자력 국가가 되었고 이후 원전산업은 급속도로 성장했다.

2016년 12월 신고리 3호기가 우리나라의 25번째 원자로로 상업 운전을 시작했다. 국내 최대 규모인 1,400MW급으로 한국표준형원전인 'APR-1400' 첫 번째 원자로다. 587MW인 고리 1호기의 두 배가 넘는 발전용량으로 부산, 울산, 경남 지역의 전력수요 12%를 감당할 수 있다. 설계수명은 60년에 달한다. 신고리 3호기와 함께 공사가 시작된 신고리 4호기는 2018년 9월 완공 예정이다. APR-1400의 두 번째 짝인 신한울 1, 2호기는 2018년 4월과 2019년 2월에 각각 가동될 예정이다. APR-1400의 세 번째 작품인 신고리 5, 6호기는 공론화과정을 거쳐 공사가 재개되었다. 미국 원전업체인 웨스팅하우스의 원천기술이 바탕이 되긴 했지만 APR-1400은 우리 기술의 집약으로 만들어진 것으로 개발비만 2,350억 원이 들어갔다. 100% 외국기술로 만든 고리 1호기가 나온 지 40년 만의 쾌거였다.

APR-1400은 국내보다 해외에서 더 유명하다. 2009년 UAE에 이 모델 4기를 186억 달러에 수출해 우리나라는 세계 6번째 원전 수출국이 되었다. APR-1400 1기는 2,000cc급 자동차 25만 대를 수출한 것과 맞먹는 효과를 냈다. APR-1400의 첫 작품인 신고리 3호기는 가압경수로형PWR 제3세대 원전 중에서 세계 최초로 상업운전에 돌입한 원자로다. APR-1400은 까다롭기로 소문난 미국 원자력규제위원회NRC의 안전성 평가도 일부 통과했다.

원자력은 실로 엄청난 에너지원이다. 인류를 가난과 암흑에서 구제하고 전기를 마음껏 쓰면서도 지구를 더럽히지 않는 유일한 에너지다. 인류가 만들어낸 과학기술의 총아이기도 하다. 원자력은 세계 전체 전력공급의 11% 정도를 담당하고 있다.

원자력 발전의 태생적 한계

그러나 원자력은 태생적 한계가 있다. 원자력 발전은 핵무기 개발의 부산물이다. 1942년 등장한 인류의 첫 원자로인 '시카고 파일-1'은 맨해튼 프로젝트의 일환이었다. 일본의 히로시마와 나가사키 핵 폭격에서 원자력의 위력을 실감한 미국과 소련, 영국 등 전승국들은 전후 원전개발에 박차를 가했다. 미국은 1951년 12월 원자로를 이용해 전구의 불을 밝히는 실험에 성공했다. 원자로 EBR-1이었다. 3년 뒤 소련은 5MW의 전력을 생산하는 원전을 세계 처음으로 만들었다. 상업용 원전은 1956년 영국에서 처음 나왔다. 잉글랜드 북서부 콜더홀Calder Hall에 들어선 이 원전은 초기 50MW, 나중엔 200MW의 전력을 생산했다. 국제원자력기구가 세워진 것은 그 이듬해의 일이다. 1970년대 후반 오일쇼크를 겪으면서 많은 나라들이 원전을 본격적으로 추진하기 시작했다. 1960년대 후반까지는 수력만이 유일한 저탄소 발전이었는데 원자력이 가세한 것이다.

핵무기 개발에서 시작된 원자력 발전은 초대형 사고의 위험도 안고 있다. 인류가 원자력을 이용한 이래 세 차례의 원전 사고를 당했다. 첫 번째는 미국 펜실베이니아의 쓰리마일섬에서 발생했다. 1979년 3월 28일 새벽 4시, 가동 4개월째인 쓰리마일 원전 2호기의 냉각수 급수 펌프 고장으로 원자로가 2,200℃까지 치솟으며 노심 내 연료봉이 녹아내렸다. 10만 명의 주민들이 부리나케 대피했다. 다행히 방사능 피폭은 매우 제한적이었고 인명피해는 없었다. 이 원자로 건설에 20억 달러가 들어갔는데 사고 후 정화하고 해체하는 데 10억 달러가 또 들어갔다. 충격에 빠진 카터 행정부는 당시 오일쇼크를 극복하기 위해 마련해 놓은 70여기의 원전 건설 계획을 취소했다.

그 후로 30년이 넘도록 미국은 하나의 원전도 건설하지 않았다. 오바마 대통령이 온실가스 배출을 줄이기 위한 노력의 일한으로 2012년 처음으로 신규 원전 5기의 건설을 승인했다. 그러나 건설계획이 취소된 곳도 있어 제대로 완공될지는 미지수다. 쓰리마일 원전 사고가 미국의 석유 기업들에 의해 의도적으로 부풀려졌다고 보는 시각도 있다. 원전을 계속 건설하면 자신들에게 손해가 날 것을 우려한 석유기업들이 원전은 매우 위험하다는 인식을 확산시키기 위해 쓰리마일 원전 사고의 피해를 과장했다는 주장이다. 반핵 시위에도 석유기업들이 뒷돈을 댔다는 보도도 있었다.

두 번째 사고는 구소련 시절 우크라이나의 북부 체르노빌 원전에서 발생했다. 1986년 4월 26일 새벽 1시 24분 원전 4호기에서 수소폭발이 일어나 노심이 파괴되었다. 보수과정에서 전기출력을 높이는 실험을 하다

실수로 터진 것이다. 사고로 인한 직접 피해로 56명이 사망했다고 알려져 있는데 정확한 피해규모는 아무도 모른다. 10만 명이 목숨을 잃었을 것이라는 주장도 있다. 방사성 물질이 계속 흘러나왔지만 사고는 이틀 후에서야 공표되었기 때문이다. 사고수습 인력 24만 명이 피폭되었고 반경 30km 이내에 살던 37만 명이 고향을 떠났다. 유럽 전역에 걸쳐 반사능 오염이 발생했다. 2010년 미국의 사이언스 아카데미는 체르노빌 참사로 1986년부터 2004년까지 피폭으로 인한 질병으로 100만 명에 가까운 사람들이 사망했다고 발표하기도 했다.

세 번째는 일본의 후쿠시마 원전 사고이다. 2011년 3월 11일 오후 3시 36분, 160km 떨어진 해저에서 발생한 동일본 대지진으로 생긴 쓰나미가 원전을 덮쳐 발전기가 침수되면서 전원이 꺼지고 냉각기가 작동하지 않아 노심이 녹고 수소폭발이 발생했다. 직접 피폭 사망자는 없었지만 반경 20km 이내 주민 21만 명이 대피했다. IAEA에 따르면 대기 중 방사능 유출 규모가 체르노빌의 10분의 1 수준인데 그 정도로도 전 세계에 어마어마한 충격을 가져왔다. 체르노빌 사고의 규모를 짐작할 수 있다.

원전에서 사고가 발생할 경우 가장 중요한 것이 냉각장치가 가동되어 연료봉이 가열되는 것을 막는 것이다. 다른 에너지원과 달리 원자력은 가동이 중지되어도 연료봉은 상당 수준의 열을 품고 있다. 바로 냉각되지 않으면 온도가 급속도로 올라가 노심이 녹아내리고 수소가 발생해 폭발에 이르고 방사성 물질이 유출되는 것이다. 세 차례의 사고는 모두 냉각장치가 작동되지 않아 노심이 녹으면서 발생했다.

60년이 넘는 원전의 역사에서 세 차례 발생한 사고였지만 당사국과 지구촌이 겪은 충격은 실로 엄청났다. 특히 2011년 핵 선진국 일본에서 자연재해로 발생한 후쿠시마 원전 사고 이후 대규모 반핵 운동이 일어나고 많은 나라들이 탈핵을 선언했다. 당사국인 일본은 모든 원전을 정지하고 2030년까지 원전제로 달성 목표를 세웠다. 독일은 노후 원전 가동을 즉각 중단하고 운영 중인 17기의 원전 모두를 2022년까지 폐쇄하기로 결정했다. 우리나라는 1조원을 투자해 원전 안전시설을 보강했다.

원전 사고는 다른 사고와는 근본적으로 다르다. 국가의 존립 자체를 좌우할 수도 있다. 수백 년 동안 땅과 물을 오염시켜 사람이 접근할 수 없게 하고 후손에게까지 그 피해를 물려준다. 히로시마 원폭 피해에서 알 수 있듯이 3세까지 유전 질환이 이어진다. 원자력은 아직까지 인간이 다스리기 어려운 위험한 에너지임에 틀림없다. 우리나라는 세계적으로 유례를 찾기 힘들 정도로 원전이 일부 지역에 집중되어 있다. 2016년 기준 10만㎢당 원전 수가 한국이 25.7기로 일본의 11.5기, 미국의 1.1기보다 압도적으로 높다. 2030년에는 35.9기까지 증가될 전망이다. 특히 고리 원전은 6기의 원자로를 가동하고 있는데 3기의 공사가 진행 중이어서 모두 완공되면 세계에서 가장 많은 원자로를 보유하게 된다. 주변에 부산, 울산 등 대도시와 석유화학, 조선, 자동차 등 대규모 공장이 밀집되어 있어 재난발생 시 국가경제에 막대한 영향을 끼친다. 세계에서 가장 밀집도가 높은 원전 5곳 중 3군데가 한국에 있다. 게다가 지진의 안전지대로만 알던 우리나라에 점점 더 크고 많은 지진이 발생하고 있어 우려가 커지고 있다. 원전이 지진대의 단층과 멀지 않은 것도 염려를 키우고 있다. 후쿠시마 사태와 같은 대규모의 원전 사고가 30년 내에 발생할 확률이 63% 이상이란 연구결과도 있어 원전이 밀집된 우리나라로서는 걱정이 아닐 수 없다.

아무도 해결하지 못한 핵폐기물

원자력 에너지는 오염물질을 많이 만들지 않는다. 방사능은 원전뿐만 아니라 일상적인 생활에서도 유출되고 있다. 병원의 진료과정에서도 비행기를 탈 때도 심지어 우리 몸속에서도 나온다. 석탄이나 석유, 천연가스 채굴과정에서도 방사능이 나온다. 유엔과학위원회UNSCEAR의 보고서는 원자력 발전은 방사능을 발생시키는 작은 요인에 불과하다고 판단하고 있다.[18] 그러나 이것은 어디까지나 원전이 안전하게 관리되고 있을 때의 수준으로 사고가 나면 수치가 급증한다.

핵연료의 양이 워낙 적다 보니 사용후핵연료, 즉 폐연료봉의 양도 매우 적다. 우리나라가 지난 40년간 원자력발전을 통해서 나온 사용후핵연료는 1만 4,000톤이다. 석탄 폐기물과는 비교조차 안 된다. 그러나 사용후핵연료의 치명적 위험성이 문제다. 폐연료봉은 타고 남은 연탄재와 같은데, 핵분열 과정을 거쳐 수명이 다 된 폐연료봉은 원자로에서 끄집어내 폐기처분해야 한다. 그러나 폐연료봉도 계속 발열하기 때문에 폭발과 방사성물질 누출 가능성이 크다. 폐연료봉 같은 고준위 핵폐기물의 방사능이 자연수치로 낮아지려면 최소 10만 년이 걸린다.

그런데 이런 위험한 폐기물을 처리할 방법이 없다. 그냥 원전 내 수조에 넣어 임시저장하고 있는데 이 수조가 곧 포화상태에 이르기 때문에 최종 처리방법을 찾아야 하지만 쉽지 않다. 우리나라 원전의 수조 보관설비는 이미 포화상태에 이르렀다. 사용후핵연료 배출이 많은 중수로형 월성원전은 저장률이 85%에 달해 2019년부터는 더 이상 지하수조에 보관할 수가 없다. 다른 원전도 2024년부터 완전포화에 이른다. 이것도 사실 2016년부터 포화상태에 이를 것인데 조밀 저장으로 몇 년 늦춘 것이다. 수조 안에 보관하는 폐연료봉의 간격을 좁힌 것인데 원자력안전위에서 안전 확인은 했다지만 조밀하게 보관하고 있는 폐연료봉끼리의 상호 반응에 따른 부작용 우려도 있다.

화장실 없는 아파트?

우리나라는 원전이 급해 폐기물에 대한 대책 없이 많은 원자로를 건설했다. 그런데 이것은 아파트를 지으면서 화장실을 만들지 않은 것과 비슷하다. 얼마간은 견디겠지만 오염물질이 쌓이면 결국 그 아파트에 살 수가 없게 된다. 배설물로 사람이 밀려날 수밖에 없는 근본적 한계를 가진 아파트를 지어놓은 것이다.

사실 사용후핵연료를 포함한 핵폐기물 문제는 전 세계 어느 국가도 아직 명확한 해법을 찾지 못하고 있다. 사전 처리를 통해 폐기물의 부피를 줄이고 시멘트나 유리로 밀폐한 후 땅 속 깊은 곳에 묻는 것이 지금으로선 유일한 방법이다. 이마저도 부지 문제 등으로 어려움을 겪고 있다. 1970년대에 부지선정을 끝내 가장 빠르게 진행되고 있는 핀란드의 지하 처리시설인 온칼로Onkalo도 2023년에야 운영에 들어갈 예정이다. 미국은 1977년부터 폐기물을 지하에 묻고 있고 네바다주의 유카산을 영구처분장 부지로 정했지만 2009년 오바마 행정부는 이를 무산시켰다. 대신 미국은 에너지 예산의 가장 많은 부분을 핵폐기물과 오염정화에 쓰고 있다.

우리나라는 1986년부터 부지를 선정하려고 했지만, 안면도부터 굴업도와 부안에 이르기까지 주민들의 거센 저항에 부딪쳐 무산됐다. 부지선정 문제로 폭력사태까지 벌어지자 정부는 2004년 중저준위 처분장과 고준위 시설을 따로 건설하겠다고 발표했고 2005년 경주를 중저준위 처분장으로 최종 낙점했다. 원전에서 사용한 작업복이나 장갑과 같은 방사능 오염도가 낮은 중저준위 폐기물을 처리하기 위한 경주 방폐장도 부지선정에 20년이나 걸렸고 건설에도 10년이 걸렸다. 폐연료봉 같은 고준위 폐기물을 보관할 장소 선정작업은 아직 시작도 못하고 있다. 기본계획도 2016년에야 겨우 나왔는데 이에 따르면 2028년 부지를 선정하고 2053년에 가동할 예정이다. 부지선정을 두고 엄청난 사회적 갈등이 예고되고 있다.

우리가 전기를 만들기 위해 지은 원전과 그 주변 땅, 거기서 나오는 수많은 폐기물이 묻힌 자리는 어쩌면 우리의 후세들은 영원히 사용하지 못할 것이다. 우리가 땅에 묻은 핵폐기물은 고스란히 후세들의 몫이다. 우리가 어떤 땅을 물려주든 후세들은 아무런 준비 없이 받아들여야 한다. 그래서 원자력 발전은 지금 우리가 전기를 맘껏 쓰기 위해 후세들의 물건을 약탈한 것이나 다름없다. 석탄발전으로 나오는 미세먼지나 탄소는 지금 우리가 숨 쉬는 공기를 오염시키지만 원전과 관련된 땅과 오염물질은 다음 세대를 넘어 후세 인류를 병들게 할 수도 있다.

원전을 줄이는 지구촌

후쿠시마 원전 사고 후 거의 모든 나라들이 신규 원전 건설을 백지화했다. 전 세계 31개 나라에서 446기 발전용 원자로를 보유하고 있지만 실제로 원전을 계속 짓고 있는 나라는 중국과 우리나라뿐이다. 이 중 6개국이 탈핵 선언을 했다. 오스트리아와 이탈리아는 이미 탈원전을 달성했고 독일, 스위스, 타이완은 2034년까지 우리나라는 2079년까지 달성 목표를 세웠다. 스웨덴과 벨기에는 아직 논쟁 중에 있다. IAEA에 따르면 현재 59기의 원전이 건설 중에 있고 160기가 건설될 예정인데, 2040년까지 200여 기의 원자로가 폐쇄될 것으로 보인다.

독일은 후쿠시마 사고 직후 노후 원전 8기를 즉각 가동을 중단하고 나머지 9기도 2022년까지 폐쇄하기로 했다. 현재 총 전력 생산량에서 원전이 차지하는 비중이 13%에 불과하다. 스위스에서는 2017년 5월 국민투표로 신규원전 금지를 골자로 한 '에너지 전략 2050'을 가결시켰다. 이 전략은 원래 2012년 발표된 것으로 2029년까지 모든 원전을 폐쇄하겠다는 내용이었는데 2016년 국민투표에서 부결되었다. 2017년 국민투표에서 가결된 것은 이보다 순화된 신규원전 건설금지이다. 신재생 발전 비중도 2035년까지 4배로 늘리고 1인당 에너지 소비를 2000년 대비 43% 감축도 포함되어 있다. 스위스는 원자력 발전의 비중이 30%로 상당히 높지만 수력 발전이 56%를 차지한다. 신재생은 2% 정도다. 이탈리아와 오스트리아는 국민투표로, 타이완은 법개정으로 탈원전을 채택했다.

원전 강국 프랑스는 원자력 발전 비중이 80%에 가까워 다른 나라에 비해 월등히 높다. 신재생이 17%, 천연가스가 3%, 석탄이 2% 정도다. 2017년 5월 취임한 에마뉘엘 마크롱 대통령은 프랑스 원자력 비중을 2025년까지 50%로 낮추겠다고 발표했다. 반면 영국은 이산화탄소 배출을 줄이기 위해 석탄발전소를 2025년까지 폐쇄하고 대신 신규 원전을 건설해 원자력 발전을 늘릴 계획이다. 운영 중인 15기에 추가적으로 13기의 원전을 추진하고 있다. 20%선인 원자력의 비중이 크게 늘 것으로 보이는데 원전 반대 정서가 지속되고 있어 계획대로 실행될지는 미지수다. 55%의 헝가리, 56%의 슬로바키아 등 원전 의존도가 높은 국가들은 추가적인 원전 건설을 추진하고 있다.

원전을 계속 지어야 할까

전기를 마음대로 쓸 수 있는 것은 엄청난 혜택이다. 전기를 아껴 써야 하는 것은 분명히 맞지만 그렇다고 무조건 사용량을 줄일 수는 없는 노릇이다. 전기를 부족함 없이 쓸 수 있게 된 것은 인류문명의 진보 덕분이다. 반대로 전기가 부족해 고통을 받는다는 것은 퇴보일 수밖에 없다. 갈수록 극단으로 치닫는 날씨에 폭염주의보 문자를 받고서도 요금폭탄이 두려워 에어컨에 손을 대지 못한다면 그것은 문명의 뒷걸음질이다.

전기를 부족함 없이 써야 한다면 우리가 원자력을 버릴 수 있을까? 우리나라의 자연환경으로는 신재생으로 전력수요를 충당하기는 현실적으로 아직은 불가능하고 앞으로도 오랜 시간이 걸릴 것이다. 원자력이 위험하긴 하지만 더욱 발달한 4차 산업혁명의 기술을 장착하면 지금보다도 더 안전하게 관리될 수 있을 것이다. 원전에 대한 찬반 논쟁은 듣다 보면 완전히 딴 세상을 이야기하는 듯하다. 찬성하는 쪽은 전기요금만 이야기하고 있고 반대하는 편은 재난만 이야기하고 있다. 이 논쟁은 결국은 우리 모두가 좀 더 쾌적하고 편리하게 살기 위한 것이다.

우리나라는 현재 24개 원자로를 가동 중이며 총 발전설비는 22.5GW이다. 2017년 6월 폐쇄된 고리 1호기는 빼고 2016년 12월 가동된 신고리 3호기는 포함된 것이다. 2022년 11월 설계수명이 끝나는 월성 1호기를 시작으로 2030년까지 11개의 원자로가 폐쇄된다. 총 9.1GW이다. 2018년 9월 1.4GW 신고리 4호기가 가동되고 1.4GW의 신한울 1, 2호가 2019년까지 가동되어 4.2GW가 만회된다. 따라서 2030년이 되면 지금보다 4.9GW 줄어 총 발전 용량이 17.6GW로 된다. 원전의 21%가 감소하는 것이고 총 발전용량 113.7GW에서는 4.3%가 감소한다.

원전 사고를 원천적으로 막고자 한다면 하나도 없는 것이 제일 좋다. 그러나 풍족한 전기를 포기할 수 없다면 그래서 원전이 불가피하다면 반드시 안전이 담보되어야 한다. 안전하지 않은 원전은 일고의 가치도 없다. 안전을 담보하기 위해선 가장 위험한 것부터 없애야 한다. 가장 위험한 것은 가장 오래된 것이다. 안전성을 높이는 신기술을 보강해 짓고 있는 것은 계속 짓고 대신 지은 지 30년이 넘은 노후 원전을 서둘러 폐쇄하는 것이 합리적이지 않을까? 그것이 전력수요를 맞추면서 원전의 안정성도 높이는 방법이 아닐까? 원전을 가동하는 한 안전을 최우선에 두어야 하고 안전성을 높이는 새로운 기술도 계속 장착되어야 한다.

분명한 것은 우라늄을 연료로 핵분열에 의한 원자력 발전은 지속가능하지 않다. 지구상에 원전이 가장 많은 때는 바로 지금이고 반세기가 지나면 원전을 운영하는 나라는 지금 짓고 있는 몇몇 나라들밖에 없다. 지구상에서 원전이 완전히 사라질 날도 그다지 오래 남지 않은 것이다. 세계 최대의 원전업체인 미국의 웨스팅하우스는 파산했고 원전 강국 프랑스의 아레바도 파산 직전에 프랑스전력공사로 넘어갔다. 원전의 어두운 미래를 보여주는 대목이다. 그러나 원전을 줄이는 만큼 다른 방법으로 전기를 만들어야 한다. 원전을 빨리 줄이고 싶다면 대체 에너지 개발에 더 박차를 가해야 한다.

우리나라에서도 신재생이 가능할까

세계적 태양광 전문가인 토니 세바 스탠퍼드대 교수는 저서『에너지 혁명 2030Clean Disruption of Energy and Transportation』에서 2030년까지 태양광과 풍력이 화석에너지와 원자력을 쓰는 발전소를 완전히 대체할 것이라고 전망했다. 태양광 등 신재생에너지 시대가 석유의 고갈이나 지구온난화 방지 노력 때문에 억지로 오는 것이 아니라 태양광발전이 화력발전이나 원자력발전이 따라올 수 없을 만큼 저렴해지기 때문이라고 주장한다. 이 책을 여러 번 읽으며 그렇게만 되면 정말 좋겠지만 과연 가능할지 의문을 지울 수가 없었다. 그의 주장이 넓고 일조량이 풍부한 미국의 자연환경을 바탕으로 한 것이어서 우리나라는 어떨지 의문이 들었다. 그가 주로 연구한 곳은 북아프리카와 사우디와 함께 지구상에서 태양에너지가 가장 풍부한 캘리포니아 지역이다.

2016년 6월 서울의 한 세미나에서 그를 만나 물어봤다. 국토가 좁은 데다가 70%가 산지이고 전기 소비자의 대부분이 아파트에 살고 있는 한국에서도 '그리드 패리티grid parity'가 가능하겠냐고. 그리드 패리티란 신재생에너지 발전단가와 화석에너지 발전단가가 같아지는 균형점을 말한다. 그는 제주도의 환경을 언급하며 한국에서도 충분히 가능하다고 설명했다. 특히 IT가 발달한 한국은 개인이 에너지를 사고파는 '프로슈머'로 에너지 인터넷internet of energy 혁명의 주인공이 될 것이라고 강조했다. 그의 말대로 에너지 혁명의 기폭제는 그리드 패리티에 달려 있다. 재생에너지의 생산원가가 화석연료 발전원가와 같아지거나 낮아지면 굳이 환경을 파괴하는 화석연료를 사용할 필요가 없다. 4차 산업혁명을 통한 기술의 진화로 생산원가가 떨어지고 국제유가가 상승할수록 그리드 패리티는 그만큼 빨리 다가오게 된다. 토비 세바 교수의 예견이 우리나라에서도 곧 실현되기를 기대하지만 상당한 시간과 비용은 불가피할 것이다.

태양광발전소를 짓기 위해서는 넓고 평평한 부지가 필요하다. 우리나라의 제일 큰 태양광 발전소는 영월에 있는데 야산 3개를 깎아 만든 것이다. 1GW의 태양광 발전설비를 짓기 위해선 13.2㎢의 부지가 필요하고 풍력은 4~5㎢의 부지가 필요하다. 우리나라의 현재 총 발전설비는 114GW인데 이것의 35%인 40GW를 태양광만으로 감당하기 위해서는 여의도 면적의 190배의 부지가 필요한 셈이다. 국토가 좁은 우리나라에서는 발전소에서 멀지 않은 곳에 민가가 있을 수밖에 없어 주민들과의 갈등도 불가피하다. 풍력발전은 소음이 심해 지역주민들의 반대가 심하다. 도심에서는 세로로 뻗은 고층아파트에 가로로 넓은 대규모 태양광 패널을 설치하는 것이 쉽지 않다. 게다가 우리나라의 일사량은 미국의 70% 수준이다.

풍력발전을 위해서는 바람이 한 방향으로, 일정한 세기로 불어야 하는데 산지가 많은 우리나라는 바람의 질도 좋지 않아 풍력단지를 지을 수 있는 곳이 많지 않다. 결국 태양광과 풍력발전을 위한 자연환경이 좋지 않아 발전비용도 높을 수밖에 없어 그만큼 그리드 패리티가 쉽지 않다. 또 다른 신재생 연료인 바이오에탄올은 그 자체에 문제가 있다. 지구촌에는 아직도 많은 사람들이 식량 부족에 시달리고 있는 엄중한 현실에서 내 차에 친환경적인 기름을 넣겠다고 옥수수밭을 갈아엎는 것은 도덕적이지 않다.

그러나 여러 가지 문제가 있지만 분명한 것은 어렵더라도 태양광과 풍력 등 신재생 발전으로 가야 한다는 것이다. 지금 계산하는 신재생에너지의 발전단가는 5년 후의 발전단가와는 많은 차이가 있을 것이다. 무한정으로 무료로 공급되는 신재생에너지의 연료비는 궁극적으로 '0'이기 때문이다. 이미 30여 개 나라에서 그리드 패리티를 달성했다.

원전과 같은 대형 사고의 가능성이 역시 제로에 가까워서 보험이 필요 없다. 우리나라의 발전량 중 신재생의 비중은 2~4%에 불과하다. 아이슬란드는 90%에 육박하고, 노르웨이는 44%, 뉴질랜드 39%, 스웨덴 34%, 칠레는 32%인데 이 나라들은 자연환경이 적합해 그렇다손 치더라도 우리의 이웃인 중국은 놀랍게도 25%이고 일본도 13%이다. 자연환경이 문제가 아니라는 것이다. 우리나라는 세계 최하위 수준이다. 신재생 발전의 비중을 높이는 노력은 반드시 계속되어야 한다. 우리에게도 분명 기회는 있다. 유휴농지를 활용한 '전기 농사Agri-PV' 등 발상의 전환을 통한 획기적이고 대담한 시도가 필요하다. 우리나라가 자랑하는 IT기술을 적용하면 더 효과적일 것이다. 문제는 시간이다. 에너지 문제는 냉정하게 접근해야 한다. 지나치게 이상적이고 낙관적인 전망에 의해 목숨과도 같은 에너지 안보를 훼손할 수는 없는 것이다.

에너지는 전기로 귀결되고 있다

에너지의 사용은 점점 전기로 모아지고 있다. 전기 사용의 편리함 때문이다. 플러그만 꽂으면 손쉽게 냉난방이 가능하다. 전기용품은 점점 늘어나고 있다. 더우면 에어컨, 추우면 난방기, 습기가 많으면 제습기, 습기가 부족하면 가습기에, 이제는 미세먼지 때문에 공기청정기까지 필요해졌다. 기후 변화에 따라 새로운 전기용품이 등장한다. 부엌에는 인덕션 전기레인지가 가스레인지를 대체하고 있다. 4차 산업혁명의 기기들은 전기를 먹고 있고 그 총아인 전기차는 물론 전기로 움직인다. 4차 산업혁명의 핵심으로 통하는 데이터 센터는 '전기 먹는 하마'로 불린다. 구글의 전기 사용량은 샌프란시스코의 전체와 비슷하다. 전력 문제를 해결하기 위해 세계적인 IT 기업들은 아예 에너지 기업으로 변신하고 있다. 구글과 애플, 테슬라 등 굴지의 기업들이 전기 생산에 뛰어들고 있다. '비트코인' 등 미래 경제를 뒤흔들 가상화폐 채굴은 수많은 컴퓨터가 동시에 투입되어야 하기 때문에 엄청난 전기를 필요로 한다. 중국의 비트코인 채굴업자들은 아예 수력발전소 옆에 진지를 구축할 정도이다. 우리나라도 조선업의 쇠퇴로 전기 수급에 여유가 있는 거제 지역을 중심으로 가상화폐 채굴업자들이 작업하고 있다. 미래 먹거리로 각광받고 있는 에너지 신산업은 모두 전기 에너지와 관련되어 있다. 전기가 충분히 공급되지 않으면 모든 것이 무용지물인 것이다.

전기의 사용량이 늘어남에 따라 세계의 투자도 전력산업으로 몰리고 있다. 국제에너지기구IEA의 『2017년 세계에너지투자World Energy Investment 2017』에 의하면 2016년 전 세계 에너지 투자의 43%가 전력부문에 이루어져 전기에너지가 화석연료를 제치고 처음으로 1위 에너지 투자분야로 등극했다. 석탄과 석유 등 화석에너지가 지난 2세기 동안 누려온 자리를 전기에 내준 것이다. 에너지 분야에 대한 2016년 세계 총 투자는 2015년보다 12% 줄어든 1조 7,000만 달러로 전 세계 GDP의 2.2%에 해당하는 것이다. 이 중 7,180억 달러가 전기에너지에 투자되어 화석에너지 전체 투자보다 약간 많았다. 향후 격차가 점점 벌어져 전기에너지의 존재감이 더 부각될 것으로 전망되고 있다. IEA는 재생에너지 투자가 증가하고 전기차 등으로 전기 소비가 늘면서 전력산업의 투자비중이 늘고 있다고 설명했다. 반대로 화석연료에 대한 투자는 가파르게 줄어들고 있다. 이는 향후 에너지의 중심이 화석연료에서 전기에너지로 빠르게 넘어갈 것이라는 의미다.

아무도 묻지 않는 질문, '전기차는 친환경인가'

전기는 2차 에너지다. 석유나 석탄처럼 자연에서 직접 채굴한 에너지가 아니라 무언가로부터 인공적으로 만들어져야 하는 것이다. 1차 에너지인 화석연료와 달리 전기는 아무리 많이 사용해도 오염물질이 나오는 것이 보이지 않는다. 그래서 전기는 깨끗한 에너지로 생각하기도 한다. 전기를 많이 사용하면 그만큼 화석연료 사용을 줄일 수 있을 것 같기도 하다. 여기서 아무도 묻지 않는 질문이 있다. 전기차는 친환경적인가? 배기가스가 전혀 나오지 않으니 무공해 차량으로 보이기도 한다. 그렇다면 전기차가 도로를 가득 채우면 대기오염 문제는 없어지는 걸까?

아쉽게도 2차 에너지인 전기는 1차 에너지인 화석연료와 대체관계가 아니다. 전기를 많이 쓴다고 화석에너지 사용이 줄어드는 것이 아니라는 것이다. 오히려 전기를 많이 쓸수록 화석연료의 사용이 더 늘어난다. 우리가 쓰는 전기는 주로 석탄으로 만들어지기 때문이다. 전기차가 도로를 가득 메우면 차량에서 배출되는 오염물질은 없을지 몰라도 그 전기차의 바퀴를 돌리기 위해 석탄발전소의 굴뚝은 더 많은 오염물질을 내뿜게 된다. 전기차는 껍데기일 뿐이다. 가정에서 공장에서 도로에서 건물에서도 에너지 사용이 전기로 귀결되면 지구는 더 빨리 뜨거워지고 우리의 하늘은 더욱 어두워질 것이다. 이제는 어떻게 전기를 만들 것인가에 답할 차례다.

우리나라는 전기의 45%를 석탄으로 만든다. 탄소배출은 없지만 결코 미래지향적이라 할 수 없는 원자력이 30%를 담당하고 있고 천연가스가 17%, 그리고 수력과 바이오매스르 포함한 신재생이 6%이다. 그런데 원래 설비용량은 이와는 좀 다르다. 천연가스 설비가 32%로 제일 많고 석탄이 31%, 원자력 20%, 신재생 7%, 수력 6%, 석유 4%이다. 발전 연료로 쓰는 석탄이 천연가스보다 싸기 때문에 석탄발전소의 가동률을 높이고 천연가스발전소의 가동을 줄여서 실제 발전량에서 차지하는 비중은 석탄이 천연가스의 두 배가 넘는 것이다. 같은 이유로 원자력 발전도 실제 설비보다 훨씬 높다.

이런 식으로 전기를 만들면 전기차가 많아질수록 미세먼지와 온실가스는 늘어날 수밖에 없다. 석유가 석탄보다 오염물질을 적게 배출하니 전기차 대신 차라리 석유차를 그냥 쓰는 것이 친환경적 선택일 수도 있다. 전기차가 미래의 대세라면 적어도 그 전기를 어떻게 만들 것인가에 대한 질문과 해답은 있어야 하지 않을까?

'전기세'에 대한 단상

우리나라에서 전기요금은 '전기세'로 불린다. 소비자가 사용한 서비스에 대한 지불인데 세금이라니? 그것은 많은 사람들이 전기요금을 마치 '나라에서 뜯어가는' 돈으로 인식하기 때문이다. 그만큼 전기요금은 정치적이다. 선거를 앞두고 전기요금이 오른 것을 본 적이 있는가? 전기요금이 사회 전체에 미치는 영향이 크기 때문이다. 사실 단일요금 중에 전기요금만큼 파괴력 있는 것은 없다. 전기요금이 오르면 모든 것이 오른다. 공장의 제조비용이 올라 상품가격에 고스란히 반영된다. 우리나라 전기소비의 57%를 산업부문에서 차지하고 있어 전기요금 인상은 물가에 직격탄이다. 농산물 가격도 오른다. 이것을 파는 마트가 전기 요금인상을 가격에 반영하기 때문이다. 전기에서 자유로운 상품은 없다. 고로 전기요금이 오르면 모든 상품의 가격이 오르고 서민들의 원성도 따라서 올라간다. 이것을 좋아할 정치인은 없다.

전기요금이 세금으로 인식되는 또 하나의 이유는 눈에 보이지 않는 전기가 일종의 공공재로 인식되기 때문이다. 말하자면 안보와 같은 것이다. 우리가 안전하게 살 수 있도록 나라를 지키는 군인과 경찰을 위해 기꺼이 세금을 바치는 것처럼 우리를 안락하게 살게 해주는 전기를 위해 세금을 내는 것이다. 눈에 보이지 않지만 안보와 전기가 없으면 생활 자체가 불가능하다.

전기요금이 전기세인 또 다른 이유는 소비자가 선택할 수 없다는 점때문이다. 어떻게 가격이 결정되는지 원가는 얼마고 마진은 얼마인지 소비지는 알지 못한다. 사실 전기가 무엇으로 만드는지조차 모르는 사람도 많다. 소비자가 고를 수 없고 일방적으로 받은 것에 대한 대가이니 세금으로 인식될 만도 하다. 전기도 소비자가 고를 수 있도록 다른 상품의 원산지 표시처럼 전기에 원료가 표시되면 어떨까하는 생각이 들기도 한다. 석탄으로 만든 전기, 천연가스로 만든 전기, 원자력으로 만든 전기, 신재생으로 만든 전기 등. 건강을 염려하는 소비자가 비싸더라도 친환경 제품을 구매하듯, 어떤 소비자는 비싸더라도 신재생 전기를 쓰고, 원전에 반대하는 소비자는 가스 전기를 쓰고, 무조건 싼 것이 좋다는 소비자는 석탄이나 원자력 전기를 고를 수 있으면 어떨까? 그러나 무엇을 원료로 썼든 만들어진 전기는 다 똑같으니 '합리적' 소비자라면 아무도 더 비싼 가격을 지불하지 않을 것이다. 그래서 부질없는 생각인 줄은 알지만 논란이 되고 있는 전기요금을 보며 상상한 것이다.

에너지 시장의 변화가 주는 대전환의 기회

전기요금을 낮게 유지하기 위해서는 발전단가가 상대적으로 낮은 석탄에 크게 의존해야 한다. 그러나 여러 차례 강조했듯이 석탄은 답이 아니기 때문에 석탄발전을 줄여 나가는 것이 마땅하다. 전기요금과 온실가스 발생을 기준으로 하면 원자력이 가장 합리적 선택이다. 그러나 치명적 위험성과 태생적 한계 때문에 원전에 의존할 수는 없다. 그렇다고 원전을 닫으면 석탄발전을 높일 수밖에 없는데 오염물질을 뿜어내는 석탄발전소를 그대로 둔 채 탈원전을 외치는 것은 어쩌면 사치일 수도 있다. 신재생이 궁극적인 답이지만 전기수요를 완전히 충당하기까지는 많은 시간이 필요하다.

답은 천연가스이다. 석탄발전소의 문을 닫고 원전에 대한 의존을 줄이면서 전기수요를 맞추는 현실적 방법은 천연가스밖에 없다. 기저발전의 원칙을 바꾸어 천연가스발전소의 가동률을 높여 전기를 우선적으로 공급하고 원자력과 석탄 순서로 배열하는 것이 바람직하다. 원자력은 안전이 최우선인데, 80%가 넘는 원전 가동률을 낮추고 예방정비를 강화하면 안전성도 크게 높일 수 있다. 그러면서 신재생에너지에 대한 투자를 늘려 전원믹스에서의 비중을 높여가야 한다.

석탄과 원자력 시대에 종지부를 찍고 천연가스와 신재생으로 가야 한다면 천연가스의 안정적 공급은 필수적인 요소다. 그래서 발상의 전환이 필요하다. 천연가스를 해양의 한 방향으로만 들여올 것이 아니라 대륙으로도 눈을 돌려야 한다. 마침 셰일혁명으로 에너지 시장이 근본적으로 변했다. 저유가는 지속될 것이고 천연가스 가격은 유가보다 더 오랫동안 낮게 유지될 것이다. LNG 공급 프로젝트는 늘어나고 있고 물량은 아시아로 몰리고 있다. 우리나라는 이제 중동과 호주뿐만 아니라 미국으로부터도 LNG를 들여올 수 있고 러시아에서 파이프라인을 통해서도 도입할 수 있다. 파이프라인도 북한을 관통해 들여올 수도 있고 중국을 경유해 서해로 들여올 수도 있다. 러시아산 LNG 도입을 늘릴 수도 있다. 일부 공급국에 절대적으로 의존할 필요가 없어진 것이다. 협상은 대안이 있을 때 가능하다. 모든 대안들을 하나씩 테이블에 올려놓고 득실을 따져봐야 한다.

세계 2위의 LNG 수입국인 우리나라가 LNG 도입을 크게 늘리면 가격이 상승할 수도 있다. 따라서 액화석유가스LPG도 같이 도입해 LNG의 보완재로 사용할 필요가 있다. LPG는 원유 정제를 통해서도 생산되지만 천연가스액인 NGL에서도 추출된다. 셰일가스에는 NGL 성분이 많아 미국의 LPG 생산도 빠르게 늘고 있다. LPG는 발열량은 kg당 12000kcal정도로 천연가스보다 약간 적지만 액화온도가 프로판은 -42도 부탄은 -0.5도로 -160도인 LNG보다 높아 가공하기 용이하다. 또한 기체상태로 사용하기 때문에 불완전연소가 적어 오염물질 배출이 매우 적다. LPG를 LNG 발전에 섞어서 사용하거나 LPG 발전 설비를 따로 설치할 수도 있다. 전 세계적으로도 고립된 지역을 중심으로 LPG 발전이 늘어나고 있다. 미국의 GE는 400MW 규모의 LPG 발전소를 아프리카 가나에 짓고 있고 지멘스 등 유수의 기업들도 LPG 발전설비 개발과 생산에 박차를 가하고 있다.

셰일혁명으로 미국의 천연가스 생산이 급증하면서 덩달아 LPG 생산도 크게 늘어났다. 미국산 물량이 시장에 쏟아져 나오면서 LPG 가격이 많이 떨어졌다. 우리나라는 2015년 중반부터 미국산 LPG 수입을 늘리고 있는데 현재 매달 400만 배럴 이상을 수입해 미국이 최대 공급국이 되었다. 마침 파나마 운하가 확장되어 수송비도 줄었다. 따라서 LNG를 보완할 발전연료로서 LPG가 큰 역할을 할 수 있다. 우리에게 석탄과 원자력의 의존을 줄일 수 있는 강력한 현실적 대안이 생긴 것이다. 에너지 시장의 변화가 우리에게 대전환의 기회를 주고 있다.

에너지 대전환, 결국은 선택이다

우리나라의 에너지 정책은 오랫동안 공급의 안정과 경제성에 중점을 두어왔다. 북한으로 인한 단절과 지정학적 고립 속에서 급속한 산업화를 뒷받침하기 위해서 최대한의 에너지를 최소한의 비용으로 안정적으로 공급하는 것이 지상과제였다. 그래서 불리한 조건을 감수하면서 대량 공급할 수 있는 중동지역에 의존하고 조금이라도 싸게 구입하기 위해 장기 계약을 마다하지 않았다. 기름 한 방울 나지 않는 나라에서 에너지를 쏟아 부어야 돌아가는 중화학 중심의 대규모 장치산업을 일으키면서 저렴하게 전기를 공급하기 위해 석탄과 원자력에 크게 의존해왔다.

그렇게 앞선 나라들을 하나씩 따라잡으면서 세계 10위권의 경제대국이 되어 이제 한숨 돌리는가 했는데 우리는 또 거대한 패러다임의 변화 앞에 직면해 있다. 지나친 석탄발전으로 오염물질이 하늘을 뒤덮어 숨 쉬는 것조차 자유롭지 않고, 잦아지는 지진발생 뉴스가 들릴 때마다 원전 사고의 두려움에 휩싸이게 되었다. 에너지의 핵심가치가 '싸고 많은'에서 '안전하고 깨끗한'으로 바뀔 때가 되었다. 후세에 대한 배려가 당장의 돈 계산을 앞서야 할 때가 된 것이다. 그러나 에너지는 한시라도 부족하면 안 되는 만큼 공급의 안정성과 경제성은 여전히 놓칠 수 없는 과제다.

동전의 양면과도 같은 이 난제를 풀기란 여간 어렵지 않다. 값싸고 안정적인 공급에 집중하면 환경과 안전이 훼손될 수 있고, 아직 오지 않고 불투명한 미래를 위해 환경에 우선순위를 두면 그만큼 당장 우리가 치러야 할 비용이 늘어나게 된다.

결국은 선택이다. 어려운 이론을 갖다 대지 않더라도 최선의 선택은 기회비용을 줄이는 것이다. 그 선택을 위해 포기해야 하는 비용을 최소화하는 결정을 해야 한다. 그러나 훨씬 더 중요한 선택의 기준은 그것이 되돌릴 수 있는가 하는 것이다. 되돌릴 수만 있으면 선택은 한결 쉬워지지만 '백년대계'로 불리는 에너지에서는 불가역적이다. 일부의 주장대로 지구 온난화가 화석연료를 과다 사용한 인간행위의 결과가 아니라 태양 흑점 때문일 수도 있고 자연의 순환과정일 수도 있다. 그러나 그렇게 믿고 에너지 사용에 변화를 주지 않는다면, 그 선택은 참혹한 결과를 낳을 수도 있고 되돌릴 수도 없다.

에너지는 긴 안목으로 봐야 한다. 10년이면 강산이 변한다는 말은 옛말이다. 2~3년마다 강산이 바뀌고 있다. 그래서 '장기' 계획으로 10년을 잡는다. 그러나 에너지 분야에서 10년은 단기다. 적어도 한 세대에 해당하는 30년은 되어야 그래도 중장기 축에 들어간다. 지금의 계획, 지금의 결정에 대한 결과가 30년 후에 나온다는 얘기다. 그만큼 에너지는 길고 넓은 안목으로 봐야 한다. 그래서 에너지는 대책이 아니라 정책이다.

에너지 빅뱅의 시대 : 가만히 있는 것은 무모한 일이다

우리가 알지 못하는 사이에 미국에서 셰일혁명이 일어났고 그것이 에너지 빅뱅을 불러왔다. 그 여파로 에너지 시장과 경제뿐만 아니라 국제질서까지 근본적으로 변화하고 있다. 미국도 변하고 중국도, 러시아도, 일본도, 중동도 변하고 있다. 에너지가 세상의 판을 바꾼 것이다.

예전에는 우리에게 답이 없었다. 고유가로 공급자가 좌지우지하던 에너지 시장에선 우리가 할 수 있는 것이 없었다. 그저 물량을 확보하기에 급급했다. 그러나 에너지 시장의 변화로 우리에게 천우신조의 기회가 왔다. 우리나라와 같은 수요자들이 헤게모니를 쥘 수 있는 시장이 조성된 것이다. 에너지는 넘치고 공급자들은 팔기 위해 안달이다. 우리가 지금처럼 싸고 풍족한 에너지 환경을 가져본 적이 있었던가? 이런 환경을 활용해 에너지 대전환의 전기를 마련해야 한다.

또 하나 중요한 변화는 에너지의 흐름이 아시아로 모아지고 있다는 것이다. 미국도 러시아도 중동도 아시아 시장으로 몰려오고 있다. 그 핵심은 동북아시아다. 에너지를 팔아야 하는 나라들과 사야 하는 나라들이 국경을 맞대고 있고 우리나라는 그 한가운데에 있다. 우리에게 연결은 운명이다. 아니, 연결이 우리의 운명을 바꾼다. 대륙과 연결하고 대양과 연결해야 한다. 파이프라인을 깔고 전력망을 깔아 에너지가 통하고 전기가 통하게 해야 한다. 한반도를 관통하는 가스관이 깔려 에너지가 흐르고 그 옆으로 자율주행 고속도로가 만들어져 전기차로 중앙아시아를 넘어 유럽까지 내달릴 수 있고, 동북아시아를 아우르는 슈퍼그리드를 구축해 친환경 연료로 무한정 전기를 만들어 그 전기차들을 달리게 해야 한다. 이것이 대한민국의 운명을 바꿀 것이다. 이렇게 하는 것이 무모하다고 생각하는가? 세상은 변하는데 아무것도 하지 않고 가만히 앉아 운명을 탓하는 것이 바로 무모한 것이다.

에너지
빅뱅

주석

01_ BP Statistics Review of World Energy, June 2017

02_ 'Today in Energy – U.S. crude oil exports went to more destinations in 2016', EIA, 2017. 3. 28

03_ 'Annual Energy Outlook 2017 with Projections to 2050', EIA

04_ World Energy Balances in 2017, International Energy Agency

05_ 'Today in Energy – U.S. crude oil exports went to more destinations in 2016', EIA, 2017. 3. 28

06_ BP Statistics Review of World Energy, June 2017

07_ Oxford Institute for Energy Studies, OIES

08_ 〈통일대비 에너지 부문 장단기 전략 연구〉, 에너지경제연구원, 2015

09_ https://www.sonosa.or.kr/, 남북교류협력지원협회

10_ 〈북한의 에너지 교역실태 연구〉, 에너지경제연구원, 2015

11_ 남북한의 주요 경제지표 비교, 한국은행

12_ https://comtrade.un.org, UN Comtrade

13_ 〈유엔 대북제재 결의 2270호의 북한 에너지 수급 영향〉, 에너지경제연구원, 2016

14_ 〈북한의 에너지 교역실태 연구〉, 에너지경제연구원, 2015

15_ 〈북한의 에너지 교역실태 연구〉, 에너지경제연구원, 2015

16_ World Bank Data

17_ Climate Change and Nuclear Power, IAEA, 2015

18_ Sources and Effects of Ionizing Radiation, United Nations Scientific Committee on the Effects of Atomic Radiation (UNSCEAR), Vol. I, United Nations, 2010